아더핑크의
하나님의 주권

The Sovereignty of God

Arthur W. Pink

아더 핑크의
하나님의 주권

완역본

아더 핑크 지음
임원주 옮김

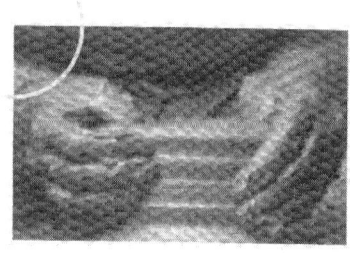

예루살렘

아더핑크의 하나님의 주권

```
1판 1쇄 발행    2004. 01. 27.
    9쇄 발행    2021. 03. 10.


지은이    아더핑크
옮긴이    임원주
펴낸이    박성숙
펴낸곳    도서출판 예루살렘
주  소    10252 경기도 고양시 일산동구 고봉로 776-92
전  화    031-976-8970
팩  스    031-976-8971
이메일    jerusalem80@naver.com
창립일    1980년 5월 24일(제16-75)
등  록    (제59호) 2010년 1월 18일

ISBN      978-89-7210-386-8 03230
```

책값은 뒤표지에 있습니다.

도서출판 예루살렘은 말씀과 성령 안에서 기도로 시작하며
영혼이 풍요로워지는 책을 만드는 데 힘쓰고 있으며,
문서선교 사역의 현장에서 하나님 나라의 비전을 넓혀가겠습니다.

나의 힘이신 여호와여 내가 주를 사랑하나이다(시 18:1)

하나님의 주권

"하나님이 보좌 위에 계신다"는 이것이 우리의 확신이다.

"주의 생각은 한결같다, 누가 주를 돌이키게 할 수 있을까? 주는 자신이 원하는 바로 그것을 행하신다."

.... 본문중에서 ....

역자 서문

재번역 판에 관하여

아더 핑크의 이 책 [the Sovereignty of God]는 '개혁주의신행협회'에서 「하나님의 주권: 하나님의 뜻대로」(김진홍 번역)라는 이름으로 1971년에 출판되어 오늘에 이르고 있다. 개혁주의신행협회는, 아더 핑크의 출판인이었던 미국의 I. C. Herendeen의 허락 하에 번역 출판을 하였다는 점에서는 기득권을 가지고 있다고 하겠다. 그러나 몇 가지 점에서 중대한 결함이 있기에 재번역을 하지 않을 수가 없었다. 첫째, 아더 핑크의 초기 판과는 달리 개혁주의신행협회 번역은 the Banner of Truth Trustee 판을 사용한 것으로 보인다. 이것은 아더 핑크 본래의 판에서 저자 자신이 중시하던 몇 개의 장을 생략하였다. 유기를 다룬 제 4 장, 하나님의 주권과 인간의 책임을 다룬 제 8 장, 몇몇 난제와 반대주장을 다룬 제 11 장, 그리고 결론 뒷부분에 첨가하였던 네 개의 부록을 빼고 번역한 것이다. 게다가 번역문의 경우에도 말이 이어지지 않거나 어색한 부분들도 상당부분 임의로 빼놓았기 때문인 경우가 많다. 결과적으로 대략 30% 가량 분량이 줄었다.

본인이 이 재번역을 시도할 수 있었던 것은 미국인 친구이며 핑크 애호가인 팀 카(Tim Carr)가 1929년판을 가지고 있었기 때문이다. 1918년에 초판이 나왔고 1929년에 나온 것은 제 3판이며 이후로도 몇 판이 나왔지만 저자 자신에 의한 그리고 의미있는 수정은 이 3판까지인 것 같다.

오늘날 많은 사람들이 아더 핑크의 입장을 고등 칼빈주의(Hyper-Calvinism)로 보고 이를 무척 부담스럽게 생각하여 그 "과격한" 부분을 생략한 것으로 보이지만 그의 본래 사상에 대한 심판은 독자가 직접 내려야 하고 저자 고유의 목소리를 실제 그대로 충실하게 전달하는 것이 그 중간에 있는 자들의 사명이라고 생각한다. 더구나 30%가까이 생략해서라도 계속 출간할 수밖에 없다면 저자의 사상과 글솜씨가 얼마나 탁월한지를 미루어 짐작할 수 있을 것이다.

이 나라 신학도에게 아더 핑크는 매우 익숙한 이름이지만 실제로는 잘 알려져 있지 않고 따라서 매우 낮게 평가되고 있다. "하나님의 하나님다우심"이라는 이 주제는 모든 건전한 그리스도인이 가장 기본적으로 이해해야 할 주제이지만 아더 핑크만큼 쉽고 충분하고 명쾌하게 다룬 책을 구하기가 쉽지 않다. 좋은 목회자뿐만 아니라 좋은 평신도 지도자들을 육성해야 하는 과제를 해결하기 위해서라도 본서의 재번역과 소개가 필요하다고 판단하였다.

더욱이, 역자가 속한 교단의 미국 쪽 전통은 이미 오래 전부터 "칼빈주의"라고 하는 그 본연의 뿌리를 외면해왔고 지금 돌이킬 수없이 심각한 질병을 앓고 있다. 이런 와중에 역자는 일련의 교회사 관련 강의를 통해 그 역사성과 신학 전통을 회복하고 우리 시대와 상황에 맞는 비전을 모색하고자 지난 수년 동안 노력하였다. "개혁주의는 편협하다", "개혁주의는 교회를 망친다"는 오해와 비난을 받으면서도 몇몇 의식있는 사람들의 협력으로 약간의 결실을 거두기도 하였지만 칼빈주의에 대한, 다른 교수들의 혐오와 반감으로 인해 더 이상의 강의가 어려워졌고 강사 신분에 불과한 역자로서도 달리 방도를 찾을 길이 없었다. 따라서 신학생의 육성을 위해서는 이와 같이 기본적인 서적의 번역과 소개가 필수적이게 되었다.

이 책을 개혁주의신행협회에서 속간하지 않게 된 것에는 개혁주의신행협회의 의사에 대한 본인의 오해가 컸던 것 같다. 즉, 본인의 번역이 부적당하여 거절하고 기존의 번역을 고집하겠다는 것으로 역자가 오해한 것 같다. 역자 개인적으로 볼 때, 동일한 책에 대한 충실한 번역본이 여러 가지 존재하는 것도 독자에게 유익하고 출판계의 활력에도 보탬이 되리라고 생각하였다. 물론, 처음에는 동료와 후배 신학생들 사이에 돌려보는 것으로 만족하려 하였으나 '예루살렘' 출판사의 윤희구 사장님과 편집실 식구들의 진리에 대한 열정, 좋은 책에 대한 순수한 애정, 출판을 통해 한국 교회와 성도들에게 봉사하겠다는 아름다운 마음이 출판이라는 결실을 낳게 하였다.

특별한 감사

저술도 어렵지만 번역도 그에 못지 않게 어려운 일임을 언제나 새롭게 느낀다. 출판사 편집실의 모든 식구가 구석구석 다듬어 모양을 갖추게 하고 아름답게 단장하여 갓난아이를 낳듯이 세상에 내놓는 과정은 출산의 고통에 비길만하다. 이뿐만 아니다. 은사이신 피영민 목사님이 시무하시는 강남중앙침례교회와, 의료선교사의 꿈을 키우고 있는 이서용 전도사 부부, 성전의 잣대에 부족함이 없는 좋은 교회를 세우겠다는 비전을 품은 최영희 전도사 부부, 한정아 부부의 물심양면의 적극적인 후원이 없었다면 역자의 작업은 불가능하였을 것이다. 강남중앙침례교회는 성경교육 교재를 개발해야 하는 역자의 과업에 유예를 주었고, 다른 사람들은 역자의 큰 시름을 뒤로 하고 이 번역 작업에 한결 정성을 다할 수 있게 해 주었다. 나의 아내 한은미와 아들 덕현에 대해서 뿐만 아니라 이 후원자들의 도움에 대한 진정한 보답은, 그들 각각이 품은 소명에 이 책이 유익하게 사용될 뿐만 아니라 이서용 전도사 가정의 '은총'이와 '호민'이 남매, 최영희 전도사 가정의 '시원'이, 한정아 가정의 '원웅'이 같은 아이들이 아더 핑크의 이 책을 통해서 건강하고 멋진 그리스도인으로 자라나게 될 때 이루어지게 될 것이다. 그런 날이 속히 오기를 염원하면서 번역에 임하였다. 늘빛 교회의 강좌를 통해서 만남을 가지는, 장차 이 나라와 교회에 그 맡은 바 공헌을 하게 될 미래의 지도자들에게도 감사드린다. 이 미래의 지도자를 이끌고 양육하는 황영식 목사의 가정에 특별한 응답이 있기를 기원하며….

Sursum Corda !

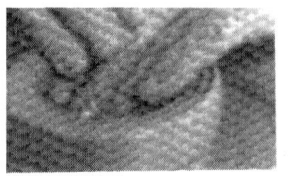

초판 서문

　이 책은, 인간이 몰입할 수 있는 가장 심오한 질문 몇 가지를 하나님의 말씀으로 새롭게 검토하고 있다. 다른 사람들이 오랜 세월에 걸쳐 이 강력한 문제와 씨름해 왔고 우리는 그 덕을 보고 있다. 본인은 이 글이 독창적이라고 주장하지는 않지만, 이 주제를 전적으로 독립된 관점에서 검토하고 다루고자 한다. 어거스틴과 아퀴나스, 칼빈과 멜랑톤, 죠나단 에드워드와 랄프 어스킨(Ralph Erskine), 앤드류 풀러(Andrew Fuller)와 로버트 할데인(Robert Haldane)과 같은 이들의 저술을 착실하게 검토하였다. 슬프게도, 이 고명한 인물들은 현 세대에게는 제대로 알려져 있지 않다. 당연히 그들의 모든 결론을 그대로 반복하지는 않겠지만 우리는 그들의 노고에 깊이 빚지고 있음을 기꺼이 인정한다. 깊은 학식을 지닌 이 신학자들의 글을 인용하기를 자제했다. 이 시대 독자들의 신앙이 인간의 지혜가 아니라 하나님의 능력에 입각할 필요가 있기 때문이다. 이런 이유로, 성경을 자유롭게 인용하였고 우리가 전개한 모든 진술에 대한 성경적 증거를 제시하였다.

　이 글이 일반적으로 받아들여지리라 기대하지는 않는다. 현대 신학은 창조주 하나님에게 영광을 돌리기보다는 피조물을 신성화하는 추세이며, 현대의 이성주의라는 누룩은 기독교 세계 전체에 빠르게 퍼지고 있다. 다원주의의 악한 영향은 대부분의 사람들이 깨닫고 있는 것보다 훨씬 더 빠르게 확산되고 있다. 여전히 정통적이라고 간주되고 있는 우리의 종교 지도자들 가운데 많은 사람들을 지성소의 잣대로 재보면 매우 이교도적임이 드러날 것이다. 다른 진리에 대해서 지성적으로 명확한 사람들조차 교리적으로 건전한 경우가 드물다. 오늘날, 인간의 완전한 황폐와 전적 부패를 실제로 믿고 있는 사람들은 거의 없다. 인간의 "자유 의지"를 언급하고, 인간에게 그리스도를 받아들이거나 거부하는 본성적 능력이 있다고 주장하는 사람들은 아담의 타락한 후손들의 실제 상태에 관한 자신들의 무지를 드러낼 뿐이다. 죄인은 전혀 소망이 없는 상태라고 믿는 사람들이 별로 없다면, 하나님의 절대적 주권을 실제로 믿고 있는 사람들은 그보다 훨씬 더 적다.

비성경적 가르침의 폭넓은 영향에 더하여, 현 세대의 한탄스러운 피상성도 고려해야 한다. 어떤 책이 교리에 관한 글이라고 말만해도, 거의 모든 성도들과 대다수 설교자들은 거부감을 갖는다. 현대인들은 가볍고 짜릿한 것을 갈망한다. 자신들의 마음과 지적 능력 양쪽에 필요한 것을 주의 깊게 검토하는 인내를 가진 사람은 거의 없다. 하물며 그러한 열정은 언급할 수도 없다. 하나님의 보다 깊은 것들을 연구하고자 하는 열망을 품고 있는 사람들이 이와 같은 연구에 필요한 시간을 마련하기가 요즘같이 치열한 시대에는 점점 더 얼마나 어려워져가는지도 우리는 잘 알고 있다. 하지만 "뜻이 있는 곳에 길이 있다"는 말은 아직도 진리이다. 앞에서 언급한 기가 질리는 특성들에도 불구하고, 이 작은 일에 깊은 관심을 기울이기를 즐거워할 경건한 남은 자들이 지금도 존재한다고 우리는 믿는다. 이와 같은 뜻은 "적절한 때에 공급하심"을 받는다는 사실을 우리는 신뢰한다.

우리는 오래 전에 세상을 뜬 어느 사람의 말 즉, "공공연한 비난은 패자의 최후 수단이다"라는 말을 잊지 않는다. 이 책에 "고등 칼빈주의"라는 경멸적인 딱지를 붙여 던져버리는 것에는 신경 쓰지 않는다. 우리는 논란을 벌이고 싶지 않다. 이 책에서 논하는 진리에 반론을 제기하고 싶어하는 자들에 대항하여 목록을 작성하자는 도전은 받아들이지 않겠다. 우리 개인에 대한 평판이라면 우리 주님께 맡기겠다. 바로 그분께 이 책을 바치는 것이며, 어떤 결실을 거두든지 (이 책이 주님의 거룩한 말씀과 일치한다면) 주님의 백성들에게 빛을 비추는 일에 이 책을 사용하시고, 몰래 스며들 수도 있는 거짓된 가르침의 해로운 영향으로부터 독자들을 보호해 달라고 주님께 기도한다. 이 책을 쓰는 동안 저자가 받은 기쁨과 위로를 독자들과도 나누게 된다면, 영적인 것들을 분별할 수 있는 은혜를 주시는 하나님께 경건히 감사드려야 할 것이다.

1918년 6월
아더 핑크

2판 서문

이 책의 초판이 나온 지 벌써 2년이 지났고 저자가 생각했던 것보다 훨씬 더 큰 사랑을 받았다. 명백히 어려운 주제를 다룬 책을 꼼꼼히 읽음으로써 도움도 받고 축복도 받았다고 많은 독자들이 알려왔다. 모든 감사의 뜻으로 인하여 우리는, 오직 자신의 빛 속에서 우리로 빛을 보게 하신 주님께 진심으로 감사를 돌린다. 이 책을 함부로 경멸한 사람들은 소수였다. 우리는 이 사람들을 "하늘에서 주신 바 아니면 사람이 아무 것도 받을 수 없느니라"(요 3:27)는 말씀에 따라 하나님께, 그리고 하나님의 은혜의 말씀에 맡긴다.

우리에게 우호적인 비판을 보내온 사람들도 있다. 이 비판들을 주의 깊게 검토하였으며, 결과적으로 이 개정판은 믿음의 지체들에게 초판 이상으로 유익을 줄 것이라고 생각한다.

설명을 덧붙일 필요가 있는 것 같다. 그리스도의 많은 존경스러운 지체들은, 우리가 하나님의 주권을 너무나 극단적이고 일방적으로 다루었다고 느끼고 있다. 하나님의 말씀을 해설할 때 근본적으로 요구되는 사항은 "진리의 균형"을 보존해야 한다는 것이라고 지적받았다. 이 점에 대해서는 진정으로 동의한다. 두 가지 사실 즉, 하나님은 주권자라는 사실과 인간은 책임져야 하는 피조물이라는 사실은 논란의 여지가 없다. 그러나 이 책에서는, 하나님의 주권을 다루고 있다. 인간의 책임성은 쉽게 인정되지만 매 쪽마다 멈추어 이것을 주장하지는 않는다. 대신에, 오늘날 거의 보편적으로 무시당하는 측면을 강조하려고 하였다. 아마도 이 시대의 종교 문헌 가운데 95%가 인간의 의무 및 책무를 진술하고 있을 것이다. 사실상, 인간의 책임을 해설하고 있는 바로 그들이, 하나님의 주권을 매우 크게 무시함으로써 진리의 균형을 깨뜨린 자들이다. 인간의 책임을 주장하는 것은 완벽하게 옳은 일이다. 그러나 하나님에 관해서는 어떤가? 하나님을 위해서는 어떤 권리 주장도, 어떤 권리도 없지 않은가! 만일 "진리의 균형"을 회복하려면 이와 같은 책이 수 백 권이 필요하고, 전국에 걸쳐 이 주제에 관해 수만 번의 설교를 해야 할 것이다. "진리의 균형"은 이미 깨졌다. 비록 전적으로는 아닐지라도 하나님 쪽을 최소화하고 인간 쪽을 지나치게 강조함으로써 균형을 상실하고 말았다.

이 책이 일방적이고 진리의 한쪽 측면만을 즉, 잊혀진 측면인 하나님 쪽을 다룬다는 점을 인정한다. 나아가서는 인간의 측면을 지나치게 강조하고 하나님 쪽을 불충분하게 강조하는 것과, 하나님 쪽을 지나치게 강조하고 인간의 측면을 불충분하게 강조하는 것 가운데 어느 쪽이 훨씬 더 개탄스러운 것이냐는 의문을 제기할 수도 있을 것이다. 분명히, 우리가 잘못이긴 해도 옳은 것을 택하였다. 분명히, '인간을 지나치게 중시하고 하나님을 지나치게 경시하는 것'이 '하나님을 지나치게 중시하고 인간을 지나치게 경시하는 것'보다는 훨씬 더 위험하다. 그렇다. "우리는 하나님의 주장을 지나치게 멀리 밀고 갈 수 있을까", "하나님의 주권의 절대성과 보편성을 너무나 극단적으로 주장할 수 있을까"

라는 질문을 던질 수도 있을 것이다.

  전능하신 하나님이 이 주제에 관하여 자기 자녀들에게 계시하시기를 기뻐하셨던 것을 발견하고자 하는 열렬한 갈망과 함께 성경을 2년 동안 열심히 연구한 뒤에 확인할 수 있었던 사실은, 전에 쓴 것을 철회할 이유가 없다는 것이다. 이 책에서는 자료를 재배열하였지만 그 내용과 교리는 변함이 없이 그대로이다. 이 책의 초판에 복을 주신 하나님께서 이 개정본도 훨씬 더 폭넓게 사용하시기를.

1921년

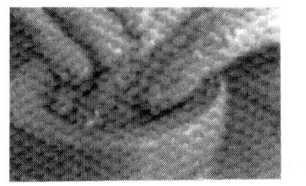

3판 서문

    이 책의 세 번째 판이 요구된다는 사실에 하나님께 감격의 찬양을 드린다. 어둠이 깊고 인간의 뽐냄이 점점 더 노골적이 되어 갈수록, 하나님의 주장을 강조할 필요가 더욱 커진다. 종교 언어의 20세기 바벨탑이 많은 사람들을 당황스럽게 만들수록, 하나님의 종들이 인간의 심령을 붙들어 맬 확실한 곳을 가리켜 줄 의무가 더욱 분명해진다. 주 하나님이 우주를 다스리고 만물들을 자신의 뜻대로 다스리신다는 확신만큼 평안과 안정을 주는 것은 없다.

    성령 하나님이 우리에게, 성경에는 이해하기 "힘든" 것들이 있다고 말씀하셨다. 여기에서 "불가능"이 아니라 "힘든" 것임을 명심하라. 인내하면서 하나님을 기다리면, 성경과 성경을 근면하게 비교하면, 전에는 모호해 보이던 것을 훨씬 충분하게 이해할 수 있게 된다. 지난 10년 동안, 하나님은 우리에게 하나님 말씀의 어떤 부분들에 더 깊은 빛을 비춰주시기를 기뻐하셨다. 그리고 이것을 우리는 다른 구절들에 관한 우리의 해설들을 개선하는 데에 사용하려고 노력하였다. 이 전 판의 교리를 변경하거나 수정할 필요가 없다는 사실은 정말 순전하게 감사할 일이다. 그렇다. 시간이 흘러갈수록, (하나님의 은혜에 의하여) 우리는 점점 더 강력하게 하나님의 주권이 가지고 있는 진리, 중요성, 가치를 깨닫는다. 이 교리는 우리 삶의 전 영역에 속한다.

　세계 곳곳에서 보내온, 이 책의 이전 판으로부터 받은 도움과 축복을 언급한 자발적인 편지들로 인해 우리 마음은 거듭해서 즐거움을 누렸다. 어느 그리스도인 벗은 이 책을 읽음으로써 마음이 움직이고, 이 책이 제공하는 증거에 의하여 감동받음으로써, 50개 국가에 있는 선교사들에게 무료로 이 책을 보내 그 영광스러운 메시지가 온 지구에 퍼지도록 하는 일에 사용해 달라고 수표를 보내왔다. 그들 가운데 정말 많은 사람들이 흑암의 권세와의 싸움에서 정말 큰 힘을 얻었다고 우리에게 알려왔다. 그 모든 영광은 오직 하나님의 것이다. 주여! 이 세 번째 판을 사용하여 하나님의 위대한 이름을 높이고, 세상에 흩어져 있는 굶주린 양들을 먹이시는 일에 사용해 주시기를 바랄 뿐이다.

1929년

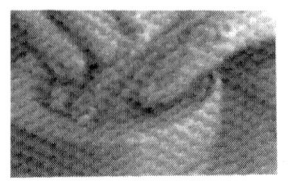

차례

역자서문　6
초판서문　10
2판 서문　13
3판 서문　16
일러두기　20

서 론　26

제 1 장　하나님의 주권에 대한 정의　38

제 2 장　창조에서의 하나님의 주권　52

제 3 장　통치에서의 하나님의 주권　58

제 4 장　구원에서의 하나님의 주권　80

제 5 장　유기에서의 하나님의 주권　128

제 6 장　실행에서의 하나님의 주권　169

제 7 장 하나님의 주권과 인간의 의지   195

제 8 장 하나님의 주권과 인간의 책임   221

제 9 장 하나님의 주권과 기도   251

제 10 장 하나님의 주권에 대한 우리의 태도   271

제 11 장 난제 및 반대 의견   291

제 12 장 이 교리의 가치   321

결 론   344

부 록   364

  부록 I 하나님의 의지   364

  부록 II 아담의 경우   370

  부록 III 요한복음 3:16에서 언급된 "세상"의 의미   378

  부록 IV 요한일서 2:2   384

주요성구 색인   391

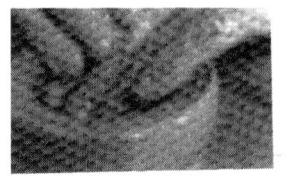

일러두기

　본문에 나타나는 성경구절을 번역자의 개인역으로 하되, 하단 각주에 영어성경 구절을 제시하였습니다. 필요한 경우 "개역한글" 성경 구절도 제시하였다.

　아더 핑크가 사용한 영어 성경 구절을 가능한 "NIV" 본문으로 바꾸었다. 문맥 상 필요한 경우만 KJV을 제시하였다. 이 경우에도 하단 각주에 NIV 본문을 병기하였다. 하단 각주의 성경구절 끝에 별도의 표시가 없으면 NIV이고, (KJV)와 같이 표시된 것은 KJV 본문을 사용한 것이다.

　본문 중에 원저자인 Pink의 성경구절 인용에 약간 차이가 있는 경우도 있다. 예를 들면 본문의 문장은 실제로는 요한복음 12:36절부터 인용하고 있으면서도 표기는 요한복음 12:37절부터 로 라고 명기하고 있는 경우 역자가 임의로 요한복음 12:36 이하로 수정하였고 이런 경우는 별도의 표기를 달지 않았다.

　본문에 여호와(Jehovah) 혹은 주(the Lord)처럼 호칭되는 경우 여호와 "하나님" 혹은 주 "하나님" 처럼 "하나님" 이라는 명칭을 역자가 덧붙이기도 하였다.

　"sovereignty"는 저자가 직접 형용사 "absolute"를 붙여 사용한 경우는 본문 전체에서 한 두 번에 불과한데 이런 경우를 제외하고는 "절대주권"으로 번역하지 않고 단지 "주권"으로만 하였다. 그러나 그 실제 의미에 있어서 "절대주권"과 "주권"은 같은 내용을 갖는다. 아래의 "sovereignty"의 개념에서 소개한 것처럼 이 용어 자체가 "가장" 혹은 "최고"의 개념을 가지고 있기 때문이다.

본문에 대괄호 [ ] 안에 있는 문구는 문맥의 원활한 이해를 돕기 위하여 역자가 삽입한 것이다.

소괄호 ( )에 삽입된 글은 저자인 아더 핑크가 직접 써넣은 글이다.

Sovereignty(주권)의 용어 이해

우리말로 "주권"으로 번역한 "sovereignty"은 "Lordship"과는 그 함축하는 바가 다르다. "sovereignty"의 명확한 개념이 형성된 것은 14세기 경 프랑스이다. 12세기 이후 발달되기 시작한 법학(시민법)이 상당한 수준까지 성장하였고, 프랑스 국왕의 권한 역시 매우 강력해져서 제후 권력과 교회 권력을 능가하게 되었다. 그 이전까지의 국왕은 그 명칭을 제외하고는 다른 제후들과 별다를 것이 없었고, 그저 여러 제후 가운데 한 사람에 불과하였고 실제로는 국왕보다도 약한 제후가 없었던 때도 있었다. 교회 권력의 후원으로 국왕의 명칭과 명분을 겨우 유지하고 있었을 뿐이었다. 그러나 장기간에 걸쳐 결혼과 상속 등을 통하여 실력을 쌓으면서 제후 중의 제후 즉, 가장 강력한 제후가 되었고 14세기 무렵에 이르러서는 프랑스 강토 내에서 최고의 통치권을 가진 존재임을 천명하게 되었다. 이를 법률적으로는 "최고 항소심판권"이라고 하며 이 권한은 프랑스 최고법관들을 임명할 권한과 국왕이 이들을 통하여 내리는 판결에 대해서는 일체의 도전을 허용하지 않고 국외 심지어 교황청의 간섭도 배제함으로써 성취된다. 이 같은 국왕의 대권을 담은 용어가 이 "sovereignty"이며 lordship과는 다른 면모이다. 결과적으로, 이 주권 개념은 "입법권"과 "사법권"을 통해 실현되는 것이며 국왕의 직접 봉신인 대제후 및 교황청과의 다툼은 "성직(주교 및 수도원장) 임명권"과 "재판관할권"에 관한 다툼을 초래하게 된다.

잉글랜드의 경우는 헨리 8세의 개혁과정에서 "Supremacy" 혹은 "Supreme Head"라는 용어를 통해 이와 같은 "주권" 개념을 표현하였다. 헨리 8세의 종교개혁은 좁게는, 1529년에 의회를 소집함으로써 시작하여 1544년에 제 4차 왕위계승법을 통과할 때까지 밟았던 일련의 과정을 가리킨다. 그 가운데서 6차 회기 (1534. 11. 3-1535. 2. 4)에 통과시킨 네 개의 주요 법안 가운데 오늘날 흔히 "수장령"으로 번역하는 Act of Supremacy와 반역법 (Treason Act)이 있다. 전자는 잉글랜드 국왕의 공식 명칭에 "Supreme Head in earth of the Church of England"라는 어구를 삽입할 것을 강제하는 법이고, 후자는 국왕의 명칭 가운데 어느 하나를 빼거나 국왕을 분열주의자라고 하는 경우에 이를 반역죄로 처벌하겠다는 법이다. 이것은 잉글랜드 국왕이 교황수장권 (the papal supremacy)에 대항하는 국왕수장권(the royal supremacy)를 천명하고 잉글랜드 및 잉글랜드 국왕의 통치권이 미치는 곳에서는 아래로는 제후로부터, 옆으로는 교황을 포함한 외국의 군주로부터의 간섭을 일체 받지 않겠다는 선언이었다. 구체적으로는 "최고 항소 재판권", "교황 칙령을 거부할 권리",

"잉글랜드 교회와 주민에 대한 최고 통치권"의 선언으로 표명하였다.

저자는 이런 역사적 배경을 가진 "주권" 개념을 통해 "하나님의 하나님 되심" 즉, 온 우주와 인간사 심지어 인간의 운명을 다루심에 있어서의 그 최고 통치권은 오직 하나님만의 것임을 설명하고 있다. "하나님이 어떤 분이신가"와 "창조주요 구속주이신 하나님과 피조물인 나와의 관계성"에 관한 정확한 개념화는 구원받은 모든 사람이 온전한 그리스도인이 되기 위한 성장의 전환점이기에 본서의 가치는 이루 말할 수없이 큰 것이다.

아더 핑크의
하나님의 주권

The Sovereignty of God
Arthur Pink

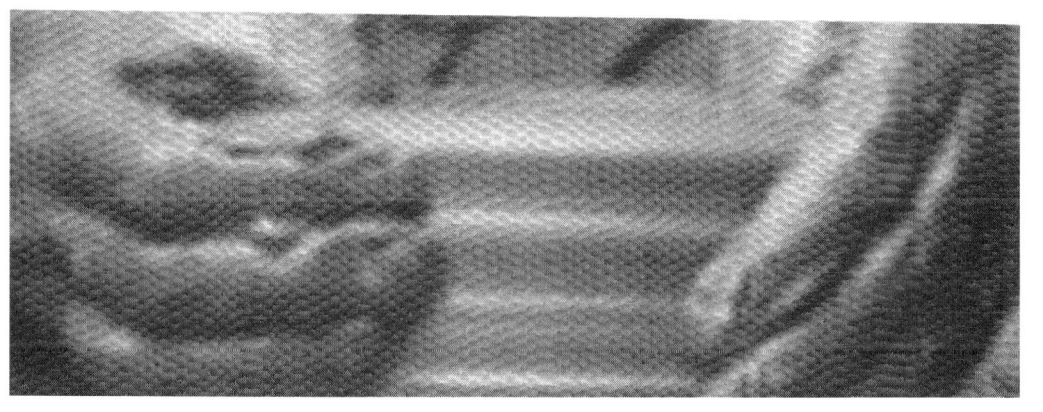

서론

    오늘날, 누가 세상사를 주관하고 있는가? 하나님인가, 사탄인가? 하나님이 지극히 높은 하늘에서 다스린다는 사실을 대체로 인정하지만 이 세상을 그렇게 통치한다는 사실은 거의 보편적으로, 직접적으로는 아닐지라도 간접적으로는 부정한다. 사람들은 철학과 이론을 통해서 하나님을 뒷전으로 점점 더 밀어내고 있다. 물질계를 예로 들어보자. 하나님이 만물을 인격적이고 직접적인 행위에 의하여 창조하였다는 사실을 부인할 뿐만 아니라, 하나님이 자기 손으로 만드신 것들을 주관하는 일에 직접적인 관심을 기울인다는 사실도 거의 믿지 않는다. 모든 것이 (비인격적이고 추상적인) "자연 법칙"을 따른다고 가정한다. 창조주가 만들어낸 세계로부터 창조주를 이런 식으로 추방한다. 그러므로 우리는 인간들이 유치한 개념들을 통해서 하나님을 인간의 영역에서 배제하는 것에 놀랄 필요 없다. 인간은 "자유로운 행위자"이며 따라서 자신의 운명을 지배하고 결정하는 존재라는 이론이 기독교계 전반에 걸쳐서도 주장된다. 그렇게 하지 않는 경우는 극히 드물다. 세상에 존재하는 악의 상당 부분이 사탄에게 책임이 있다고 기꺼이 주장하는 자들은, "인간의 책임성"에 관해서는 많은 말을 하면서도 실제로는 자신의 악한 마음에서 나오는 것을 사탄 탓이라고 하면서 자기 책임을 부정하기도 한다(막 7:21-23). 그러나 누가 오늘날 세상사를 주관하는가? 하나님인가, 사탄인가? 진지하고 포괄적인 관점으로 세계를 보라. 온 사방에 혼돈과 혼란이 엄청날 뿐이다. 죄가 만연해 있고 무법천지이다. 악인과 탐욕꾼들이 점점 더 악해지고 있다(딤후 3:13). 오늘날, 모든 것이 혼란에 빠져있는 듯하다. 통치자들은 삐걱거리고 있으며 옛 왕조들은 뒤집혀지고 있다. 민주주의는 혁명을 일으키고 문명은 분명한 실패작이다. 기독교계의 절반은 최근에 목숨을 건 싸움에 빠져들었다. 그 거대한 갈등의 끝에서, 우리는 민주주의가 세상을 안전하게 만드는 대신에 세상을 매우 불안케 하는 존재라는 사실을 발견하였다. 불안, 불만족, 불법이 도처에서 날뛰고, 또 한차례의 큰 전쟁이 얼마나 빨리 닥칠지 아무도 장담하지 못한다. 정치가들은 망연자실해 있다. 인간의 마음은 "세상에 임할 일을 생각하고 무서워 기절할 것이다"(눅 21:26). 이런 것들은 마치 완전한 통제권이 하나님에게 있는 것처럼 보이는가?

우리의 관심을 종교계에 한정해 보자. 복음이 1,900년 동안 전파되었음에도 불구하고 그리스도는 여전히 "사람들로부터 멸시 당하고 배척 당하고 있다." 설상가상으로, 그리스도(성경의 그리스도)를 선포하고 친미히는 사람들은 극소수에 불과하다. 현대의 대다수 설교단에서는 그리스도를 경멸하고 그와의 인연을 끊고 있다. 대다수 교회는 청중을 끌어 모으려고 미친 듯이 노력하였음에도 불구하고 점점 비어가고 있다. 교회에 얼씬도 하지 않는 엄청난 수의 사람들은 또 어떤가? 성경에 비추어 볼 때, 사망으로 가는 넓은 길을 택하는 사람들은 "많고" 생명에 이르는 좁은 길을 택하는 사람들의 숫자는 "매우 적다"는 사실을 받아들이지 않을 수 없다. 기독교는 실패하였다고 선언하는 사람들이 많고, 절망의 그림자로 얼굴이 그늘진 사람들이 많다. 주의 백성들 가운데 적지 않은 사람들이 당황하고 있으며, 그들의 신앙은 혹독하게 연단 받고 있다. 하나님에 관해서는 또 어떤가? 하나님이 보고 들으시는가? 하나님은 무능력하신가 아니면 무관심하신가? 기독교 사상의 지도자로 간주되는 사람들 가운데 많은 사람들이, 하나님은 지난번의 무서운 전쟁

[1차 세계대전]의 발발을 피하지 못하였고, 그것을 끝내지도 못하였다고 말한다. 그런 상황은 하나님의 통제력 밖에 있다고 공공연하게 떠들어댄다. 이런 일들은, 마치 하나님이 세상을 통치하고 계시는 것처럼 보이게 하는가?

누가 오늘날, 세상사를 주관하고 있는가? 하나님인가, 사탄인가? 간혹 복음적 예배에 참석하는 세상 사람들의 마음에 어떤 인상이 새겨지는가? "정통주의적"이라고 간주되는 설교를 들으면서 어떤 개념을 형성할까? 기독교인들이 믿고 있는 하나님은 "실의에 빠진" 모습은 아닐까? 현대의 평균적인 전도자의 말에 진지하게 귀 기울여본 사람은, 그 전도자는 자비로운 의도로 가득 차있지만 그런 의도를 실행할 능력은 없는 하나님을 묘사하고 있다는 결론을 내리고, 하나님은 인간에게 축복을 주기 원하지만 사람들이 하나님에게 그렇게 허락하려들지 않는다는 결론을 내리지는 않을까? 그렇다면 보통의 청중은, 사탄이 우위를 차지하였고 하나님은 비난보다는 동정을 받아야 한다고 결론을 내려야 하는가?

오히려 세상 모든 일에서는 하나님보다도 사탄이 세상에서 훨씬 더 많은 일을 처리한다는 사실을 입증해 주지 않는가? 아! 그것은, 우리가 믿음으로 행하고 있느냐 눈에 보이는 것으로 행하느냐에 전적으로 좌우된다. 독자여! 그대는 그저 눈에 보이는 것에 근거하여, 하나님이 세상에 관한 그리고 이 세상에 대하여 맺고 있는 관계를 생각하는가? 이 질문을 진지하고 정직하게 바라보라. 만일 그대가 기독교인이라면 부끄러움과 슬픔으로 머리를 떨구면서 "그렇습니다"라고 인정하지 않을 수 없을 것이다. 오호라. 정말로, 우리는 "믿음으로" 행하는 경우가 거의 없다. "믿음으로 행한다"는 것은 무엇을 의미하는가? 그것은 성경이, 우리의 생각을 형성하고 우리의 행위를 규정하고 우리 삶의 틀을 만든다는 뜻이다. "그러므로 믿음은 들음에서 나며 들음은 하나님의 말씀으로 말미암았느니라."[1] 하나님이 이 세상과 어떤 관계를 맺으시는가를 알 수 있는 유일한 출처는 오직 진리의 말씀 즉, 성경뿐이다.

누가 오늘날, 세상사를 주관하고 있는가? 하나님인가, 사탄인가? 성경은 무엇이라고 말하는가? 우리는 이 질문에 대해 직접적인 답변을 생각하기 전에 먼저, 우리가 지금 보고 듣는 바로 그것을 성경이 예언하였음을 생각하자. 유다서의 예언은 지금 실현되고 있다. 이 주장을 충분히 전개하면 우리의 주제에서 너무 멀리 빗나가겠지만 8절에 있는 "그러한데 꿈꾸는 이 사람들도 그와 같이 육체를 더럽히며 권위를 업신여기며 영광을 훼방하는도다"[2]라는 문장을 특별히 염두에 두자. 그렇다. 저들은 지극히 높은 곳에 계신 분, "유일한 군주, 왕중의 왕, 만군의 주" 하나님에 대해 험담을 늘어놓는다. 특히, 우리 시대는 불경스러움으로 가득 찬 시대이다. 결과적으로 불법의 정신 즉, 속박을 견디지 못하고 자아 의지를 제 맘대로 하지 못하게 막는 것이라면 모조리 내팽개치고 싶어하는 그런 정신이 거대한 조수처럼 밀려와 세상을 빠르게 집어삼키고 있다. 새로운 세대는 극악무도한 범법자들이다. 부모 권위의 붕괴와 상실 속에서 공적 권위의 폐지에 대한 확실한 전조를 발견한다. 그러므로, 인간의 법을 점점 더 무시하는 모습, 명예를 당연히 받아야 할 자에게 주기를 거부하는 모습을 볼 때 대중들이 전능하신 입법자 하나님의 위엄과 권위와 주권을 점점 더 밀쳐내고 그런 주장을 하는 자들에게 점점 더 짜증내는 것에 놀랄 필요가 없다. 게다가 상황은 나아지지 않을 것이다. 오히려, 그럴수록 더 확실하게, 예언의 말씀은 저들이 점점 더

---

[1] 롬 10:17, Consequently, faith comes from hearing the message, and the message is heard through the word of Christ. KJV에서는 "by the word of God"으로 되어 있다.
[2] 유 8, In the very same way, these dreamers pollute their own bodies, reject authority and slander celestial beings.

악해져간다는 사실을 깨닫게 해 준다. 우리는 그런 조류를 가로막을 수 있으리라고 기대하지 않는다. 이미 그러기에는 너무 늦었다. 우리가 바랄 수 있는 유일한 것은, 우리 동료 성도들에게 시대 정신에 대해 경고하는 것이며 그 해로운 영향이 미치지 못하게 대응하도록 하는 것뿐이다.

누가 오늘날, 세상사를 주관하고 있는가? 하나님인가 사탄인가? 성경은 무엇이라고 하는가? 만일 성경의 분명하고 적극적인 선언을 믿는다면 불확실할 여지는 전혀 없다. 하나님이 온 우주를 다스리신다는 사실을, 왕권이 하나님의 수중에 있다는 사실을, 하나님이 모든 것을 "자신의 선하신 뜻에 따라" 다스리신다는 사실을, 성경은 거듭해서 단언한다. 성경은, 하나님이 모든 것을 창조하셨을 뿐만 아니라 그 손으로 이루신 모든 것을 지배하고 통치하신다고 주장한다. 하나님은 "전능"하시며 하나님의 뜻은 철회할 수 없으며 하나님의 모든 통치 영역 하나하나에서 절대적인 주권자라고 성경은 주장한다. 가능한 대안은 오직 두 개뿐이다. 하나님이 다스리시든지 다스림을 받든지, 휘두르든지 휘둘려지든지, 자신의 뜻을 성취하든지 피조물에 의하여 좌절당하든지. 하나님은 "지극히 높으신" 분이며 모든 왕 중에 유일한 주권자요 왕으로서 완벽한 지혜와 무한한 능력을 소유하신 분임을 인정한다면, 그분은 명목만이 아니라 실제로도 하나님이심에 틀림없다는 거역 못할 결론에 도달한다.

위에서 간략하게 살펴본 바에 따르면, 오늘날의 상황 때문에 하나님의 전능성, 하나님의 충분성, 하나님의 주권을 새롭게 검토하여 새롭게 묘사할 필요가 있다. 하나님이 여전히 살아계심을, 하나님이 여전히 살펴보심을, 하나님이 여전히 통치하심을 이 땅의 모든 설교단에서 우레처럼 토해내야 한다. 신앙은 지금 도가니 속에 있다. 신앙은 지금 불로 연단을 받고 있다. 마음과 생각을 위한 확고하고 충분한 안식처는 하나님의 보좌를 제외하면 어디에도 없다. 이제 전에 없이 필요한 일은, 하나님의 신성을 충분하고 적극적이고 건설적으로 표현하는 것이다. 격렬한 질병에는 격렬한 치료가 요구된다. 사람들은 상투적인 말과 단순한 일반화에 식상해 있다. 분명하고 상세한 무엇인가를 요구하고 있다. 달콤한 물약은 투정부리는 아이들한테나 필요하다. 어른들에게는 단단한 약이 훨씬 낫다. 하나님의 충분한 개성에 관한 성경적 이해 이상으로, 영적 활력을 우리에게 불어넣어 주도록 고안된 것은 없다. "자기 하나님을 아는 백성은 강해질 것이며 위업을 달성한다."3)

의심의 여지없이, 세계적 위기가 임박해 있다. 모든 곳에서 사람들은 불안에 떨고 있다. 그러나 하나님은 그렇지 않다! 하나님은 결코 놀라지 않으신다. 하나님에게는 예기치 못한 긴급사태란 없다. 그는 "모든 일을 자신의 목적에 맞춰 이루시는"4) 분이다. 그러므로 비록 세상이 공포에 사로잡힐지라도, 신자들에게는 "두려워 말라"는 말씀을 주신다. 하나님은 "모든 것"을 직접 통제하신다. "모든 것"이 하나님의 영원한 목적에 따라 움직인다. 그러므로 "하나님을 사랑하는 자에게는 즉, 하나님의 목적에 따라 부르심을 입은 자들에게는 모든 것이 합력하여 선을 이루고 있다."5) "만물이 그로부터 나오며 그를 통하며 그에게로 돌아가기"6) 때문에 그렇게 되지 않을 수 없다. 그러나 오늘날 하나님의 백성들조차 이 사실을 거의 깨닫지 못하고 있다. 하나님은 멀리 떨어져 있어

---

3) 단 11:32 하, the people that do know their God shall be strong and do exploits(KJV).
4) 엡 1:11 하, … who works out everything in conformity with the purpose of his will.
5) 롬 8:28, And we know that in all things God works for the good of those who love him, who have been called according to his purpose.
6) 롬 11:36, For from him and through him and to him are all things. To him be the glory forever! Amen.

서 지상 위에서 벌어지는 일에 직접 손대지 못하는 구경꾼에 불과한 존재라고 생각하는 사람들이 많다. 사람에겐 의지가 있다. 하지만 하나님에게도 있다. 사람에겐 능력이 주어져 있다. 그러나 하나님은 전능하시다. 일반적으로 말해서, 물질 세계는 법칙이 지배한다. 그러나 그 법칙 위에는 입법자이시며 집행자이신 하나님이 계신다. 인간은 피조물에 불과하다. 하나님은 창조주이시다. 인간이 눈을 뜨기 전 무한한 영원 전부터 "전능하신 하나님"(사 9:6)이 존재하셨고 세상의 기초를 놓기 전에 자신의 계획을 세우셨다. 그의 능력은 무한하고 인간은 유한하기 때문에 전능하신 하나님의 손으로 만들어진 피조물에 불과한 인간이 하나님의 목적과 계획에 저항하거나 좌절시키지 못한다.

인생은 심오한 문제라는 것과, 우리는 사방에 신비로 둘러 쌓여있다는 것을 기꺼이 인정한다. 그러나 우리는—자신의 기원을 모르고 자기 앞에 놓인 것을 의식하지 못하는—들짐승과는 다르다. 그렇다. "우리에게는 훨씬 분명한 예언의 말씀이 있다." 이 예언의 말씀을, "동이 트고 태양이 너희 마음에 떠오를 때까지 어둠 속에서 빛나는 등불에 의지하듯이 의지하는 것이"[7] 잘하는 것이다. 이 예언의 말씀에, 사람의 생각에서 기원한 것이 아니라 하나님의 생각에서 기원한 그 말씀에 "주의를 기울이는 것"이 정말 잘하는 것이다. "예언의 말씀은 결코 사람의 뜻에 의하여 나오는 것이 아니라 하나님의 거룩한 사람들이 성령에 의하여 감동을 받아 말한 것이다."[8] 거듭 말하지만, 우리는 이 예언의 말씀에 귀기울여야 한다. 우리가 이 말씀으로 돌아가서 그것으로부터 교훈을

---

[7] 벧후 1:19, And we have the word of the prophets made more certain, and you will do well to pay attention to it, as to a light shining in a dark place, until the day dawns and the morning star rises in your hearts.

[8] 벧후 1:21, For prophecy never had its origin in the will of man, but men spoke from God as they were carried along by the Holy Spirit.

받을 때, 모든 문제에 적용해야 하는 근본 원리를 발견한다. 사람과 세상으로부터 출발해서 하나님에게로 거슬러 올라가는 대신에, 하나님에게서 시작해서 인간에게로 내려와야 한다. 즉, "하나님으로부터 시작하라!"는 이 원리를 현재 상황에 적용해야 한다. 오늘날의 방식대로, 세상으로 시작해서 하나님에게로 거슬러 올라가 봐라. 그러면 하나님이 세상과 전혀 연결되지 않는 것으로만 보인다. 그러나 하나님으로 시작해서 세상으로 내려와라. 그러면 문제가 훨씬 더 선명하게 해명된다. 하나님은 거룩하시기 때문에 하나님의 진노는 죄를 불태우신다. 하나님은 의로우시기 때문에 하나님의 심판은 하나님을 거역하는 자들의 머리에 떨어진다. 하나님은 신실하시기 때문에 하나님 말씀의 엄숙한 위협은 실현된다. 하나님은 전능하시기 때문에, 아무도 성공적으로 하나님을 거역하지 못하고 하나님의 지혜를 좌절시킬만한 어려움은 존재하지 않는다. 하나님은 스스로 있는 자이시며 영원히 변치 않는 하나님이시기 때문에, 바로 그렇기 때문에, 우리는 우리가 하고 있는 것을—하나님이 쏟아 붓는 심판의 시작을—땅위에서 지켜본다. 즉, 하나님의 확고한 정의와 흠 없는 거룩함을 고려한다면, 우리 눈앞에 펼쳐지는 것 이외의 다른 어떤 것도 기대하지 못할 것이다.

그러나 마음은 오직, 신앙이 발휘되고 있을 때에만 하나님의 절대주권이라고 하는 축복된 진리를 의지하고 즐거워할 수 있다고 강조해서 말한다. 신앙은, 항상 하나님께 전념하는 것이다. 그것이 신앙의 성격이다. 그것이 지성주의적 신학과 다른 점이다. 신앙은 "보이지 않는 그분을 바라보면서" 견디는 것이다.[9] 모든 것이, 잘못을 저지를 수 없을 만큼 현명하고 불친절할 수 없을 만큼 너무나 사랑이 많으신 그분의 손

---

9) 히 11:27, By faith he left Egypt, not fearing the king's anger; he persevered because he saw him who is invisible.

에서 나온다는 사실을 인정함으로써, 실망스러운 일들과 고초와 인생의 비탄스러운 일들을 견뎌내는 것이다. 그러나 우리가 하나님 그분 이외의 어떤 다른 대상에 마음을 쏟는다면 마음의 안식도 심령의 평안도 더 이상 존재하지 않을 것이다. 우리 인생에 닥치는 모든 것을 하나님의 손으로부터 받는 것으로 받아들일 때, 우리를 둘러싼 환경들이 어떠하든지 —오두막집에 거하든, 지하 감옥에 던져져 있든, 순교당할 처지에 있든— "줄로 재어서 내게 주신 그 땅은 즐거운 땅입니다"[10]라고 말할 수 있게 된다.

그러나 만일 성경의 증언에 굴복하는 대신, 믿음에 의하여 행하는 대신, 우리 눈이 보는 물중과 그로 인한 이성을 따른다면 실질적인 무신론이라는 수렁에 빠질 것이다. 혹은, 다른 사람들의 의견과 관점들이 우리를 지배하게 되면 평화는 끝장나고 만다. 우리를 오싹하게 만들고 슬프게 만드는 죄와 고통이 이 세상에 많다는 사실을 인정한다면, 하나님의 섭리적 돌봄 속에는 우리를 깜짝 놀라게 하는 것들이 많다는 사실을 인정한다면, "만일 내가 신이라면 이것을 허용하지 않겠고 저것을 참지 않을 것이"라는 따위의 말을 떠드는 불신앙적인 속물들과 일체가 될 이유가 없다. 오히려 어리석은 수수께끼를 멀리하고, 옛 사람과 더불어 "내가 입 다물고 가만히 있습니다. 주께서 이 일을 하셨기 때문입니다"[11]라고 말하는 것이 훨씬 낫다. 하나님의 심판은 "헤아릴 수 없고" 하나님의 방법은 "찾아내지 못한다"고 성경이 우리에게 가르친다.[12] 신앙

---

10) 시 16:6, The boundary lines have fallen for me in pleasant places; surely I have a delightful inheritance.

11) 시 39:9, I was silent; I would not open my mouth, for you are the one who has done this.

12) 롬 11:33, Oh, the depth of the riches of the wisdom and knowledge of God! How unsearchable his judgments, and his paths beyond tracing out!

을 단련하고 하나님의 지혜와 의로우심에 대한 확신을 강화시키고 하나님의 거룩한 뜻에 대한 복종을 마음에 품게 되면 그렇게 되지 않을 수 없다.

신앙의 사람과 불신앙의 사람 사이의 근본적인 차이점이 여기에 있다. 불신자는 "세상으로부터 나와서," 세상적 기준에 의하여 모든 것을 판단하고, 인생을 시간과 감각의 견지에서 바라보고, 모든 것을 자신의 현세적인 손익에 따라 계산한다. 그러나 신앙의 사람은 하나님을 끌어들여 모든 것을 하나님의 관점에서 바라보고, 영적 기준으로 가치판단하고, 인생을 영원이라는 견지에서 본다. 신앙인은 이렇게 함으로써, 폭풍의 와중에서도 마음의 평온을 누린다. 이렇게 해서, 하나님의 영광을 소망하며 즐거워한다.

지금까지, 이 책에서 우리가 추구하고 있는 사고방식을 드러냈다. 하나님은 하나님이시기 때문에 자신이 원하는 대로 오직 자신이 원하시는 대로만 하신다는 것, 하나님의 큰 관심은 자신의 원하는 바를 성취하고 자신의 영광을 높이는 것, 하나님은 최고유일의 존재이시며 우주의 주권자라는 것, 그것이 우리의 첫 번째 전제이다. 이 전제로부터 시작해서 먼저, 창조에서, 그 다음에는 하나님의 손으로 하신 일들을 통치하심에서, 세 번째로는 택자들을 구원하심에서, 네 번째로는 악한 자들을 유기하심에서, 다섯 번째로는 인간들에게 및 인간들 내부에서의 활동에서 하나님의 주권이 발휘되는 것을 고찰하겠다. 그 다음에, 인간의 의지와 인간의 책임과 관련하여 하나님의 주권을 다루고, 창조주 하나님의 위엄을 고려할 때 피조물에게 합당한 유일한 태도는 무엇인가를 확인하겠다. 또 한 장을 분리하여 몇몇 난제들을 다루고 독자들에게 제기될 가능성이 있는 문제들을 다루겠다. 또 하나의 장을 할애하여 기도와 관련하여 하나님의 주권을 세심하지만 간단히 검토하겠다. 마지막 장에서, 하나님의 주권은 우리 심령을 위로해 주고 우리 영혼에 힘을 주고 우리 삶을 축복하기 위하여 성경이 우리에게 주는 진리라는 사실을 보여주고자 하였다. 하나님의 주권을 적절히 파악하면 경배하는 마음이 높아지고, 실천적 경건을 촉진하고, 섬기고자 하는 열정이 불붙는다. 그리고 사람의 마음에 깊은 겸손이 깃들게 하고, 그만큼 자신의 조물주 앞에서 자신을 무가치한 존재로 여기고, 또 그만큼 하나님을 영화롭게 한다.

이 책의 주장은 이 나라의 종교문헌과 유명한 설교자들 사이에 유행하는 가르침으로부터 많은 반대를 당한다는 사실을 우리는 잘 알고 있다. 하나님의 주권과 그 모든 추론은 자연인의 의견 및 사상과 직접적인 불화를 일으킨다는 것도 기꺼이 인정한다. 그러나 진실로, 이러한 문제를 고려할 능력이 우리에게는 없다. 우리에게는 하나님의 개성과 방식을 적절하게 평가할 능력이 없다. 이렇기 때문에, 하나님은 자신의 생각을 우리에게 계시하셨다. 하나님은 그 계시에서, "내 생각은 너희 생각과 다르다, 내 길도 너희 길과 다르다. 하늘이 땅 보다 높은 것처럼 내 길은 너희 길보다 높고 내 생각은 너희 생각보다 높다"[13]고 분명하게 선언하신다. 이 성경 말씀에 비추어 볼 때만, 성경의 많은 내용들이 육적인 생각에서 나온 소견들과 갈등을 일으키고 하나님과 원수된다는 것을 알 수 있다. 그러므로 우리의 호소는 시대의 대중적 신념이나 교회의 신조를 향한 것이 아니라, 여호와 하나님의 율법 및 증거를 향한 것이다. 우리가 바라는 유일한 것은 이 책의 내용을, 진리의 어린양에 비추어 기도하는 마음으로 쓴 이 책을 공평무사하고 세심하게 검토해 달

---

13) 사 55:8-9, "For my thoughts are not your thoughts, neither are your ways my ways," declares the LORD. "As the heavens are higher than the earth, so are my ways higher than your ways and my thoughts than your thoughts."

라는 것뿐이다. 부디 독자들이 "모든 것을 시험하라, 선한 것을 굳게 붙들라"[14)]는 하나님의 훈계를 유념하기를!

---

14) 살전 5:21, Test everything. Hold on to the good.

제1장
하나님의 주권에 대한 정의

> 오! 주여! 위대함과 능력과 영광과 승리와 위엄은 주의 것입니다. 천지에 있는 모든 것이 다 주의 것입니다. 오! 주여! 그 나라가 주의 것입니다.[1]

주는 존귀하시며 모든 것 위에 계신 머리이시다. 하나님의 주권, 이것은 한때 일반적으로 이해되던 표현이다. 종교적인 문헌에서 흔히 사용되던 문구였다. 설교단에서 빈번하게 강설되던 주제였다. 많은 심령들에게 위로를 주고 기독교인의 성품에 대담성과 안정성을 부여하던 진리였다. 그러나 오늘날 도처에서, 하나님의 주권을 언급하는 것은, 알아듣지 못하는 말로 떠드는 셈이다. 만일 보통의 교회에서, 오늘 설교 주제는 하나님의 주권이라고 광고하면 마치 이미 죽은 언어에서 어떤 구절을 빌려온 것처럼 느낄 것이다. 오호라! 정말 그럴 것이다. 오호라! 역사를 푸는 열쇠이며 섭리를 해석해 주고 성경의 기초이며 기독교 신학의 토대인 이 교리가 이토록 처참하게 무시당하고 이처럼 이해받지 못하는 처지가 되었다!

하나님의 주권. 이 말은 무슨 뜻인가? 하나님의 지상권, 하나님의 왕

---

[1] 대상 29:11, Yours, O LORD, is the greatness and the power and the glory and the majesty and the splendor, for everything in heaven and earth is yours. Yours, O LORD, is the kingdom; you are exalted as head over all.

권, 하나님의 하나님되심을 의미한다. 하나님은 주권적이라고 말하는 것은, 하나님은 하나님이시라고 선언하는 것이다. 하나님은 주권적이라고 말하는 것은, 하나님은 지극히 높으신 유일한 분이며 하늘의 군대 중에서 그리고 땅위에 존재하는 자들 가운데서 자신의 뜻대로 행하시며 따라서 그의 손을 막을 자가 없고 네가 무엇을 하느냐고 따질 자가 없다고 선포하는 것이다.[2] 하나님은 주권적이라고 말하는 것은, 하나님은 전능자 즉, 하늘과 땅의 모든 권세를 소유한 분이시며 따라서 하나님의 생각을 물리치거나 하나님의 목적을 좌절시키거나 그의 뜻을 거역할 수 있는 자가 없다고 선언하는 것이다.[3] 하나님은 주권적이라고 말하는 것은, 하나님은 "모든 나라를 다스리는 통치자"이며,[4] 왕국을 세우고 제국을 뒤엎고 왕조의 운명을 자신이 가장 즐거워하는 대로 결정하신다고 선언하는 것이다. 하나님은 주권적이라고 말하는 것은, 하나님은 "유일한 군주, 만왕의 왕, 만유의 주"이라고 선언하는 것이다.[5] 성경의 하나님은 그런 분이다.

현대주의적 기독교의 하나님과 성경의 하나님은 정말 다르다! 오늘날, 성경에 주의를 기울인다고 고백하는 자들 사이에서조차 매우 널리 퍼져있는 신 개념은, 비극적인 풍자화, 진리를 신성모독적으로 희화화한 것이다. 20세기의 하나님은 속수무책이고 허약한 존재로서 실제로 사려 깊은 사람으로부터는 전혀 존경받지 못한다. 대중의 마음 속에 있

---

2) 단 4:35, All the peoples of the earth are regarded as nothing. He does as he pleases with the powers of heaven and the peoples of the earth. No one can hold back his hand or say to him: "What have you done?"

3) 시 115:3, Our God is in heaven; he does whatever pleases him.

4) 시 22:28, for dominion belongs to the LORD and he rules over the nations.

5) 딤전 6:15, which God will bring about in his own time--God, the blessed and only Ruler, the King of kings and Lord of lords,

는 그런 하나님은 감상적 우수가 만들어낸 작품이다. 수많은 현대적 설교단의 하나님은 경외의 대상이 아니라 동정의 대상이다. 인류의 거의 대부분이 죄 가운데 죽어가고 영원한 절망에 빠져들어 가는 것이 명약관화한 이런 시점에서, 성부 하나님이 온 인류의 구원을 목적하였고 성자 하나님이 온 인류를 구원한다는 명백한 의도를 갖고 죽으셨고 성령 하나님이 세상을 그리스도에게로 인도하려고 애쓰고 있다고 말한다는 것은, 성부 하나님은 실의에 차있고 성자 하나님은 불만에 차있으며 성령 하나님은 좌절에 차있다고 말하는 셈이다. 우리는 문제를 과감하게 진술하였다. 그러나 불가피한 결론이다. 하나님은 온 인류를 구하기 위하여 "최선을 다하시고 있"지만 인류의 대다수는 하나님에게 자신들을 구하도록 허락하지 않을 것이라고 주장하는 것은, 창조주 하나님의 의지는 무능하며 피조물의 의지는 전능하다고 주장하는 셈이다. 많은 사람들이 하는 것처럼, 사탄에게 죄를 뒤집어 씌워도 어려움은 없어지지 않는다. 사탄이 하나님의 목적을 좌절시킨다면 사탄이 전능자이고 하나님은 더 이상 지상권자가 아니기 때문이다.

창조주 하나님의 본래 계획은 죄로 인해 좌절되었다고 선언하는 것은, 하나님을 권좌에서 밀어내는 것이다. 하나님이 에덴 동산에서 기습 당하였고 지금은 그 예기치 못했던 재앙을 회복하려고 애쓰고 있다고 생각하는 것은, 지극히 높으신 하나님을 유한하고 오류를 범하는 죽을 운명을 지닌 존재의 수준으로 떨어뜨리는 것이다. 인간이 자유로운 행위자이며 자신의 운명을 결정하고 따라서 자신의 조물주를 견제할 능력이 있다고 주장하는 것은, 하나님에게서 전능하심이라는 속성을 제거하는 것이다. 창조주가 부과한 한계를 피조물이 깨뜨렸고 이제 사실상 하나님은 아담의 타락에 의하여 야기된 죄와 고통 앞에서 어쩌지 못하는 구경꾼이라고 말하는 것은 성경의 명백한 선언 즉, "인간을 향한 분노 때문에 높아지실 것이요, 주는 그 남은 진노를 억제하실 것이라"⁶⁾는 말씀을 거부하는 것이다. 한 마디로 말해서, 하나님의 주권을 부인하는 것은, 논리적 귀결에 따르면 공허한 무신론에 도달할 수밖에 없는 길에 들어서는 것이다.

성경의 하나님이 가지고 있는 주권은 절대적이고 저항할 수 없고 무한하다. 하나님은 주권적이라고 말할 때, 하나님이 자신의 영광을 위하여 자기 원대로 만드신 우주를 통치하실 권리를 확인하는 것이다. 하나님의 권리는 토기장이가 진흙에 대하여 갖고 있는 그런 권리 즉, 그 진흙을 원하는 어떤 모양으로라도 만들고 똑같은 진흙 덩어리로 존귀한 그릇과 천한 그릇을 만들어 낼 수 있는 그런 권리라고 인정하는 것이다. 하나님은 자신의 의지와 본성 이외의 어떤 법칙에 종속되지 않는다고, 하나님 자신이 법이며 자신의 일을 다른 누구에게 설명해야 할 일체의 의무가 없다고 인정하는 것이다.

주권은 하나님의 전 존재의 특성을 규정한다. 하나님은 자신의 모든 속성에 있어서 주권적이다. 하나님은 자신의 능력을 자기가 원할 때, 원하는 곳에서, 원하는 방식으로 발휘한다. 성경 곳곳에서 이 사실이 확증된다. 이 능력은 오랫동안 잠들어 있는 것처럼 보이다가도 저항할 수 없는 힘으로 표출된다. 파라오는 이스라엘이 광야로가서 하나님을 경배하지 못하게 방해하였다. 어떻게 되었는가? 하나님이 자신의 능력을 발휘하여 이스라엘을 인도해내셨고 그 잔인한 감독자들을 도륙하셨다. 잠시 뒤에, 아말렉 사람들이 광야에서 이스라엘을 공격하려고 덤벼들었다. 어떻게 되었는가? 하나님이 이 경우에도 그 능력을 표출하여 홍

---

6) 시 76:10, Surely your wrath against men brings you praise, and the survivors of your wrath are restrained.

해에서 하셨던 것처럼 자기 손을 펼치셨는가? 자기 백성의 원수들은 즉각적으로 뒤엎어지고 멸망했는가? 아니다. 반대로, 하나님은 "대대로 아말렉과 싸우리라"고 단언하셨다.[7] 또, 이스라엘이 가나안 땅에 들어갈 때, 하나님의 능력을 뚜렷하게 펼쳐 보이셨다. 여리고 성이 이스라엘의 진로를 가로막았다. 어떻게 되었는가? 이스라엘은 화살 한 대 날리지 않았고 칼 한 번 내리치지 않았다. 하나님이 손을 뻗쳐 성벽을 허물었다. 그러나 이 기적을 결코 반복하지 않으셨다! 그 외의 어떤 성도 이런 식으로 함락되지 않았다. 다른 모든 성은 칼로 정복해야 했다!

하나님이 능력을 주권적으로 행하시는 모습을 보여주는 사례를 많이 예시할 수도 있을 것이다. 예를 하나 더 들어보자. 하나님이 능력을 발휘하심으로써 다윗은 거인 골리앗에게서 구원받았다. 사자의 입을 막아 다니엘을 상처 없이 구하셨다. 히브리 청년 셋이 격렬히 타는 용광로에 던져졌지만 전혀 해를 입지 않고 그슬리지도 않은 채 나왔다. 그러나 하나님의 능력이 언제나 개입하여 하나님의 백성을 구하는 것은 아니다. 성경에 따르면, "잔인한 조롱과 채찍, 심지어 결박과 투옥이라는 시련을 당한 이들도 있었다. 돌에 맞은 이들도 있었고, 톱으로 찢겨지고 유혹을 당하고 칼로 죽임을 당한 이들도 있었다. 양가죽, 염소가죽을 걸치고 떠돌며 헐벗고 고초와 고문을 받은 이들도 있었다."[8] 하지만 왜? 왜 이 믿음의 사람들은 다른 사람들처럼 구원받지 못하였는가? 왜 하나님의 능력이 개입하여 어떤 이들은 구원해 주고 다른 이들은 구원해 주

---

[7] 출 17:16, He said, "For hands were lifted up to the throne of the LORD. The LORD will be at war against the Amalekites from generation to generation."
[8] 히 11: 36-37, Some faced jeers and flogging, while still others were chained and put in prison. They were stoned; they were sawed in two; they were put to death by the sword. They went about in sheepskins and goatskins, destitute, persecuted and mistreated.

지 않는가? 왜 스데반은 돌에 맞아 죽게 하고 베드로는 감옥에서 구원하시는가?

하나님은 다른 사람들에게 자기 능력을 보내심에 있어서 주권적이다. 왜 하나님은 므두셀라에게 그 시대의 다른 모든 사람들보다 오래 살 수 있는 생명력을 부어주셨는가? 왜 하나님은 삼손에게 일찍이 다른 어떤 인간도 소유한 적이 없는 완력을 주셨는가? "주 네 하나님을 기억하라. 너에게 부자가 되는 능력을 주신 이가 바로 하나님이시다."[9] 하지만 하나님은 이 능력을 모두에게 똑같이 부어주지 않는다. 왜 그런가? 왜 하나님은 모간, 카네기, 록펠러 같은 사람들에게 이런 능력을 주셨는가? 이 모든 질문에 대한 답은, 하나님은 주권적이며 주권적이시기 때문에 자신이 기뻐하시는 대로 하신다는 것이다.

하나님은 자신의 자비를 베푸심에 있어서 주권적이다. 반드시 그렇다. 자비를 베푸는 그분의 뜻이 자비가 어디로 향할지를 정하기 때문이다. 자비는, 사람이 권한을 쥐고 있는 어떤 권리가 아니다. 자비는, 비참한 인생들을 불쌍히 여기고 구원해 주시는 신적 속성 즉, 하나님의 찬양 받을만한 속성이다. 하나님의 의로운 통치 하에서는 오직 비참한 운명에 처해야 마땅한 사람만 비참해진다. 그렇다면 자비를 받는 대상자들은, 비참한 자들이고 모든 비참함은 죄의 결과이다. 따라서 비참한 자들은 자비가 아니라 처벌을 받아 마땅한 자들이다. 자비를 받을 만하다고 말하는 것은 모순된 말이다.

하나님은 자신이 기뻐하는 자에게 자비를 베푸시고, 스스로 옳다고 여겨질 때는 주지 않으신다. 매우 유사한 상황에 처한 두 사람이 드린

---

[9] 신 8:18, But remember the LORD your God, for it is he who gives you the ability to produce wealth…

기도에 하나님이 응답하신 방식을 보면 이 사실이 매우 두드러지게 나타난다. 모세의 단 한차례 불순종에 사형을 선고하셨고 모세는 유예해 달라고 탄원하였다. 그러나 그의 바램은 이루어졌는가? 아니다. 그가 이스라엘에게 말하기를, "주께서 너희 때문에 나에게 격노하셨고 내 말을 듣지 않으시고 '이젠 됐다. 더 이상 이 문제를 내게 거론하지 말라'고 말씀하셨다고 하였다." 10) 두 번째 예에 주목하라. "그 때에 히스기야가 병들어 죽게 되었다. 그리고 아모스의 아들 선지자 이사야가 히스기야에게 가서 여호와가 말씀하시기를, '너는 네 집을 정리하라. 네가 죽을 것이고 더 이상 살지 못할 것'이라고 하셨다고 전하였다. 그러자 히스기야가 벽쪽을 향한 채 '여호와여, 내가 주께 간구하오니, 내가 주 앞에서 진리와 완전한 마음으로 어떻게 행하였는지와 주님 보시기에 선한 것을 어떻게 행하였는지를 지금 기억해 주십시오'라고 기도하면서 통곡하였다. 이사야가 궁정 안 뜰로 나오기 전에 주의 말씀이 그에게 임하여 '돌아가라, 내 백성의 우두머리인 히스기야에게 전하라, 네 조상 다윗의 하나님 여호와가 말씀하시기를 내가 네 기도를 들었다. 내가 네 눈물을 보았다. 보라! 내가 너를 고치겠다. 사흘째 되는 날에 너는 여호와의 집에 올라가라. 그러면 내가 네 날에 15년을 더해주겠다'고 하셨다." 11) 이 두 사람 모두 사형선고를 받았다. 두 사람 모두 간절히 그 형

---

10) 신 3:26, But because of you the LORD was angry with me and would not listen to me. "That is enough," the LORD said, "Do not speak to me anymore about this matter."

11) 왕하 20:1-6, In those days Hezekiah became ill and was at the point of death. The prophet Isaiah son of Amoz went to him and said, "This is what the LORD says: Put your house in order, because you are going to die; you will not recover." Hezekiah turned his face to the wall and prayed to the LORD, "Remember, O LORD, how I have walked before you faithfully and with wholehearted devotion and have done what is good in your eyes." And Hezekiah wept bitterly. Before Isaiah had left the middle court, the word of the LORD came to him: "Go back and tell Hezekiah, the

을 경감해 달라고 기도하였다. 모세는 "주께서 내 말을 듣지 않으신다"고 썼고 죽었다. 그러나 히스기야에게는 "내가 네 기도를 들었다"는 응답이 왔고 생명이 연장되었다. 로마서 9:15— "나는 내가 자비를 베풀 자에게 자비를 베풀 것이고 불쌍히 여길 자를 불쌍히 여길 것이다"12)—에 표현된 진리에 대한 놀라운 예증이며 표본이 아닌가!

여호와가 육신이 되어 사람들 사이에 거하시게 되었을 때 하나님의 자비—즉, 비참한 인생들을 불쌍히 여기심—를 주권적으로 행사하심이 나타났다. 예를 하나 들자. 유대인들의 어떤 절기 중에 주 예수께서 예루살렘에 올라가 베데스다 연못으로 가셨다. 이 연못가에는 병자들, 소경, 절름발이, 중풍병자들이 "매우 많았다." 이들은 누워서 연못물이 움직이기를 기다리고 있었다. 이 "매우 많은 사람들" 중에는 "38년 된 어떤 병자가 있었다." 어떤 일이 일어났는가? "예수는 누워있는 그 사람을 보자 그의 병이 벌써 오랜 줄을 아시고는 그에게, '낫고자 하는가?'라고 묻자 그는 '네, 하지만 물이 움직일 때 나를 들어 물에 넣어줄 사람이 없습니다. 내가 가고 있는 동안에 다른 사람이 먼저 물에 뛰어들어갑니다'라고 대답하였다. 예수는 그에게 '일어나라, 네 침상을 들고 걸어가라'고 명령하셨다. 그러자 그 사람이 즉시 온전해져서 자기 침상을 들고 걸어갔다."13) 다른 모든 사람들은 놔두고 이 한 사람만 선택하신

---

leader of my people, 'This is what the LORD, the God of your father David, says: I have heard your prayer and seen your tears; I will heal you. On the third day from now you will go up to the temple of the LORD. I will add fifteen years to your life. And I will deliver you and this city from the hand of the king of Assyria. I will defend this city for my sake and for the sake of my servant David."

12) 9:15, For he says to Moses, "I will have mercy on whom I have mercy, and I will have compassion on whom I have compassion."

13) 요 5:3-9, Here a great number of disabled people used to lie--the blind, the lame, the paralyzed. One who was there had been an invalid for thirty-eight years. When Jesus saw him lying there and learned that he had been in this condition for a long

이유는 무엇인가? 그 병자가 "주여 나에게 자비를 베풀어주십시오"라고 외쳤다는 언급이 없다. 이 병자가 특별한 은총을 받을만한 어떤 자격을 소유하였음을 암시해 주는 단어조차 없다. 하나님이 자비를 주권적으로 발휘하였다는 사례인 것이다. 그리스도는 바로 이 "어떤 한 병자"를 고치신 것처럼 "매우 많은 병자들" 전체를 쉽게 고칠 수 있었다. 그렇지만 그렇게 안 하셨다. 그리스도는 오직 이 한 사람의 병자에게 능력을 베풀어 그 비참함으로부터 구원해 주셨다. 오직 그리스도 혼자만 알고 계시는 이유 때문에 다른 병자들에게는 자비를 베풀지 않으셨다. 다시 말해서, 로마서 9:15— "나는 내가 자비를 베풀 자에게 자비를 베풀 것이고 불쌍히 여길 자를 불쌍히 여길 것이다"—에 대한 놀라운 예증이며 표본이다.

하나님은 자신의 사랑을 베푸심에 있어서 주권적이다. 아! 이해하기 힘든 말이다. 누가 그것을 받을 수 있겠는가? "사람은 하늘이 주지 않으면 아무것도 받을 수 없다."[14] 하나님은 사랑을 베푸심에 있어서 주권적이라는 말은, 하나님은 자신이 선택하는 자를 사랑한다는 뜻이다. 하나님은 모든 사람을 사랑하지 않으신다.[15] 그렇지 않다면 하나님은 사탄을 사랑하였을 것이다. 하나님이 사탄을 사랑하지 않을 이유가 있는가? 사탄에게는 사랑할 만한 것이 아무것도 없기 때문인가? 하나님의 마음을 끌어당길 만한 것이 그에게는 전혀 없기 때문인가? 아담의 타락

---

time, he asked him, "Do you want to get well?" "Sir," the invalid replied, "I have no one to help me into the pool when the water is stirred. While I am trying to get in, someone else goes down ahead of me." Then Jesus said to him, "Get up! Pick up your mat and walk." At once the man was cured; he picked up his mat and walked. The day on which this took place was a Sabbath.

14) 요 3:27, To this John replied, "A man can receive only what is given him from heaven."
15) 요한복음 3:16은 382-387쪽에서 검토한다.

한 후손들 가운데 어느 누구에게도 하나님의 사랑을 끌어당길 만한 것이 없다. 아담의 후손은 하나같이 본성적으로 "진노의 자녀"이다.[16] 인류 가운데 어느 누구에게도 하나님의 사랑을 끌어당길 만한 것이 하나도 없다면, 그럼에도 불구하고 하나님이 누군가를 사랑한다면, 하나님의 사랑의 원인은 하나님 안에서 찾을 수밖에 없고 이것은 인류의 타락한 자손들을 향하여 베푸시는 하나님의 사랑은 자신의 선하신 즐거움에 따른 것이라는 말을 달리 표현한 것일 수밖에 없다는 결론을 피할 수 없다.[17]

결국, 하나님의 사랑 베푸심은 주권으로까지 거슬러 올라가지 않으면 안 된다. 그렇지 않으면 하나님은 규정대로 사랑하실 것이다. 만일 하나님이 규정대로 사랑하신다면 사랑의 법칙에 매이게 된다. 하나님이 사랑의 법칙에 매인다면 그는 지상권자가 아니라 오히려 법의 지배를 받는 자이다. "그러나," "너는 하나님이 모든 인류를 사랑한다는 사실을 분명히 부인하고 있는가?"라는 질문을 받기도 하는데 우리는 "기록된 바, 내가 야곱은 사랑하였고 에서는 미워하였다"[18]는 말씀으로 대꾸한다. 하나님이 야곱을 사랑하고 에서는 미워하였다면, 그것도 그들이 태어나기도 전이었고 그들이 선이든 악이든 행하기 전이었다면, 하나님이 사랑하시는 그 원인은 그들에게 있지 않고 하나님 자신에게 있는 것이다.

---

16) 엡 2:3, All of us also lived among them at one time, gratifying the cravings of our sinful nature and following its desires and thoughts. Like the rest, we were by nature objects of wrath.
17) 사람들이 하나님의 자기만족적 사랑과 연민의 사랑에 대한 구분을 만들었다는 사실을 염두에 두고 있다. 그러나 이것은 순전히 인간의 발명일 뿐이다. 성경은 후자에 대해서는 "불쌍히 여김"(pity, 마 18:33을 보라)이라는 용어를 사용한다. "그는 은혜를 모르는 자들과 악인들에게 인자하시다"(눅 6:35).
18) 롬 9:13, Just as it is written: "Jacob I loved, but Esau I hated."

하나님은 자신의 주권적 즐거움에 따라서 사랑을 발휘하신다는 사실은 에베소서 1:3-5에서도 역시 명백하게 드러난다. "하나님 곧, 우리 주 예수 그리스도의 아버지를 찬양하라. 하나님은 그리스도 안에서 하늘에 있는 모든 영적 축복들을 우리에게 내려주셨다. 즉, 하나님이 세상의 기초를 놓기도 전에 그리스도 안에서 우리를 택하여 우리로 하나님 앞에서 거룩하고 흠이 없게 하시려고 사랑 안에서 우리를 예정하여 하나님의 선하신 기쁜 뜻에 따라 예수 그리스도로 말미암아 자기 자녀로 삼으셨다."[19] 성부 하나님이 그 택하신 자들을 예정하여 예수 그리스도에 의하여 자기 자녀로 삼으신 것은 다름 아닌 "사랑 안에서" 였다. 그런데 그것은 무엇에 "따라서" 였던가? 하나님이 그들에게서 발견한 어떤 탁월함에 따라서였던가? 아니다. 그러면 무엇인가? 그들이 그렇게 될 것이라고 하나님이 미리 내다보신 것에 따라서였던가? 그것도 아니다. 하나님이 계시하신 말씀을 주의 깊게 살펴 보라. "하나님의 선하신 기쁜 뜻에 따라서."

하나님은 자신의 은혜를 베푸심에 있어서 주권적이다. 이것은 필연적이다. 은혜는 받을 가치가 없는 자들에게 베푸신 은총이기 때문이다. 그렇다. 지옥에 가야 마땅한 자들에게 주신 은총이다. 은혜는 정의와 대조된다. 정의는 법을 공평하게 집행할 것을 요구한다. 정의는 각자가 합법적으로 져야 할 책임을 더도 덜도 아닌 꼭 그만큼을 지도록 요구한다. 정의는 전혀 은총을 베풀지 않고 인격을 존중하지도 않는다. 이처

---

[19] 엡 1:3-5, Praise be to the God and Father of our Lord Jesus Christ, who has blessed us in the heavenly realms with every spiritual blessing in Christ. For he chose us in him before the creation of the world to be holy and blameless in his sight. In love he predestined us to be adopted as his sons through Jesus Christ, in accordance with his pleasure and will.

럼 정의는 불쌍히 여김도 없고 자비를 알지도 못한다. 그러나 정의를 충분히 만족시킨 뒤에는 은혜가 나온다. 하나님은 정의를 희생하여 은혜를 베풀지 않는다. 오히려 "은혜는 의로움을 통하여 다스린다."[20] 은혜가 "다스린다"면 그렇다면, 은혜는 주권적이다.

은혜는, 하나님이 공로에 근거하지 않고 주시는 은총이라고 정의해 왔다.[21] 공로에 근거하지 않는다면, 아무도 그것을 양도할 수 없는 권리라고 주장할 수 없다. 만일 은혜가 노력 없이 거저 얻는 것이라면 은혜 받을만한 자격을 갖춘 사람은 없다. 은혜가 선물이라면 아무도 그것을 요구할 수 없다. 그러므로 구원은 은혜에 의하여 즉, 하나님이 거저 주시는 선물이기 때문에, 죄인의 괴수일지라도 하나님의 자비의 범위 안에 있는 것이다. 구원은 은혜에 의한 것이기 때문에 자랑할 수 없는 것이며 하나님이 모든 영광을 받으신다.

은혜의 주권적 발휘를 성경의 거의 모든 곳에서 찾을 수 있다. 이방인들은 자기 마음대로 다니도록 내버려두시지만 이스라엘은 여호와의 언약 백성으로 삼으신다. 장자인 이스마엘은 비교적 축복 없이 쫓겨났지만 그 아버지가 노년에 얻은 아들인 이삭은 약속의 자녀가 되었다. 관대한 마음, 용서하는 심령을 가진 에서는 축복받지 못하였지만 벌레같은 야곱은 유업을 물려받고 귀한 그릇으로 바뀐다. 신약성경에서도 그

---

[20] 롬 5:21, … so that, just as sin reigned in death, so also grace might reign through righteousness to bring eternal life through Jesus Christ our Lord.
[21] 이 책의 원고를 친절하게 검토하였을 뿐만 아니라 수많은 탁월한 제안으로 우리를 도와주는 한 고명한 인사는 은혜는 "공로에 근거하지 않은 은총" 이상의 것이라고 지적하였다. 나에게 구걸하는 거지에게 밥을 먹여주는 것은, "공로에 근거하지 않은 은총"이지만 은혜라고 보기는 힘들다. 그러나 나에게 강도짓을 하고서는 배고프다고 구걸하는 거지에게 밥까지 먹여야 한다고 생각해 보라. 그런 것이 "은혜"일 것이다. 그럴 때 은혜는, 은혜받는 자에게 적극적인 결함이 존재하는 바로 그곳에서 은총이 나타난다.

렇다. 하나님의 진리는 지혜롭고 현명한 자들에게는 숨겨지고 아이들에게 계시된다. 바리새인들과 사두개인들은 마음대로 가도록 내버려두지만 세리들과 창기들은 사랑의 줄로 묶어서 이끄신다.

구세주가 탄생할 때에 하나님의 은혜는 놀라운 방법으로 발휘되었다. 성자 하나님의 성육신은 우주의 역사에서 가장 위대한 사건 가운데 하나였지만 그 실제 사건발생은 온 인류가 아니라 베들레헴의 목동들과 동방의 현자들에게만 특별히 계시되었다. 그리고 이것은 이 시대의 전 과정이 어떨지 예시해 주는 사건이었다. 오늘날에도 누구나 다 그리스도를 아는 것이 아니다. 수많은 천사들을 모든 나라에 파견하여 성자의 탄생을 알리는 것이 하나님에게는 쉬운 일이었을 테지만 하나님은 그렇게 하지 않으셨다. 모든 인류의 관심을 그 "별"에 집중하도록 하는 것도 하나님에게는 쉬웠을 테지만 하나님은 그렇게 하지 않으셨다. 왜? 하나님은 주권자이시고 자신의 은총을 자기 마음대로 나누어주시는 분이기 때문이다. 구세주의 탄생을 계시받은 그 두 부류 즉, 가장 그럴 것 같지 않은 두 부류—무식한 목자들과 먼 타국에서 온 이교도들—에 특별히 주의를 기울여라. 어떤 천사도 산헤드린 앞에 서서 이스라엘의 메시아가 오셨다고 선포하지 않았다. 어떤 "별"도, 자만과 자기 의 가운데 성경을 뒤지고 있던 서기관들과 율법사들에게 나타나지 않았다. 그들은 성경을 샅샅이 뒤져 메시아가 어디에서 태어날지를 알아내려고 하였지만 메시아가 실제로 오실 때에 그들에게는 알려주지 않았다. 하나님의 주권성이 놀랍게 펼쳐진 사건이다. 무식한 목동들을 택하여 존귀한 영광을 누리게 하였으나 학식이 높고 유명한 자들은 간과하셨다. 왜 구세주의 탄생을 구세주의 동족이 아니라 국외자들에게 계시하셨는가? 그리스도 시대 전체에 걸쳐서 하나님이 우리 인류를 어떻게 다루실지를 미리 보여준 놀라운 전조이다. 하나님은 그 은혜를 주권적으로 베푸시고, 하나님이 기뻐하는 자에게 종종, 가장 그럴 것 같지 않고 무가치한 자들에게 은총을 베푸신다는 것을 미리 보여주는 것이다.[22]

---

[22] 하나님의 주권은 성자가 태어난 장소를 고르신 것에서도 뚜렷이 드러났다. 영광의 주는 그리스나 이탈리아가 아니라 시시한 땅 팔레스틴에 오셨다. 임마누엘은 도성 예루살렘이 아니라 베들레헴에 오셨다. 베들레헴은 유다의 수천 개 마을 가운데 "보잘 것" 없는 곳이었다(미 5:2). 그리고는 경멸받는 땅 나사렛에서 성장하셨다. 참으로, 하나님은 우리 방식대로 하지 않으셨다.

제2장
창조에서의 하나님의 주권

오 주여! 영광과 존귀와 능력을 받기에 합당하십니다. 주께서 만물을 창조하셨기 때문이고, 만물은 주의 즐거움을 위하여 창조되었고 존재하기 때문입니다.[1]

주권은 하나님의 전 존재의 특성을 나타낸다는 사실을 살펴보았다. 이제, 주권이 하나님의 모든 행하심에 어떤 특성을 부여하는지 확인하자.

창세기 1:1의 배후에 펼쳐져 있는 영원이라는 엄청난 시간 범위에서 우주가 탄생한 것이 아니었다. 창조는 오직 위대한 창조주의 마음에만 존재하였다. 하나님은 창조주의 주권적 장엄 속에 홀로 거하셨다. 천지가 만들어지기 훨씬 이전의 시간 속이었다. 그때에는 하나님을 찬양하는 노래를 부를 천사도 없었고, 하나님이 주목할 피조물도 없었고, 굴복시킬 반역자들도 없었다. 위대한 하나님은 자신의 광대한 우주의 장엄한 고요 속에 홀로 계셨다. 그것을 시간이라고 볼 수 있다면 바로 그러한 때에서조차도, 하나님은 주권적이셨다. 창조를 하시든 말든 그것은 하나님 자신의 선하신 즐거움에 달렸다. 하나님은 어떤 식으로든 창조하실 수 있었다. 세상을 하나든 백만 개든 창조하실 수 있었다. 누가 그

---

[1] 계 4:11, "You are worthy, our Lord and God, to receive glory and honor and power, for you created all things, and by your will(KJV에서는 for thy pleasure) they were created and have their being."

의 뜻에 저항할 수 있었겠는가? 백만 개의 피조물을 존재케 하고 그것들에게 절대적인 획일성을 부여하여 똑같은 능력을 주고 똑같은 환경에 놓아둘 수도 있었다. 혹은, 서로 제 각각으로 만들어서 피조성을 제외하고는 전혀 공통점이 없는 백만 개의 피조물을 창조할 수도 있었다. 누가 하나님의 그런 권리에 이의를 제기할 수 있었겠는가? 하나님이 그렇게 하기를 즐거워하신다면 광대한 세상을 존재케 하여 그 차원들이 유한성을 전적으로 뛰어넘게 하셨을 것이다. 또 그럴 생각이 있었다면 지극히 강력한 현미경을 통해서만 볼 수 있을 만큼 작은 유기체를 만드셨을 것이다. 존귀한 천사를 창조하여 화염검을 들고 하나님의 보좌를 시위하도록 하시는 것도, 태어나자마자 죽는 조그마한 곤충을 창조하시는 것도 하나님의 주권적 권리이다. 모든 것을 획일적으로 창조하는 대신에, 지극히 높은 천사로부터 기어다니는 파충류에 이르기까지, 선회하는 세계로부터 떠다니는 원자에 이르기까지, 내우주에서 소우주에 이르기까지 광대한 등급을 매겨놓기로 하셨다면, 도대체 누가 하나님의 주권적 즐거움에 이의를 제기할 수 있었겠는가?

인간이 등장하기 훨씬 전에 하나님이 어떻게 자신의 주권을 행사하셨는지 보라. 하나님이 자신의 피조물들을 창조하고 배치할 때에 누구와 상의하셨는가? 하늘을 날아다니는 새들, 땅 위를 거니는 짐승들, 바닷물에서 헤엄치는 물고기들, 그것들을 바라보며 질문을 던져봐라. 도대체 누가 그것들을 서로 다르게 만들었단 말인가? 그것들의 처소를 다양하게 부여하고 거기에 적응하도록 주권을 행하신 이는 창조주가 아니라면 누구란 말인가!

하늘로 눈을 돌려, 사려 깊은 관찰자의 눈에 들어오는 저 신비, 하나님의 주권의 저 신비들을 살펴 보라.

"해의 영광, 달의 영광, 별들의 영광, 이것들은 서로 제 각각이다. 별

하나 하나의 영광도 서로 다르다."[2] 어째서인가? 왜 태양은 다른 모든 별들보다 더 영광스러워야 하는가? 별의 광도에는 왜 등급 차이가 있어야 하는가? 왜 이처럼 경이로운 불평등이 존재해야 하는가? 왜 어떤 별들은 태양과의 관계에서 다른 별들보다 훨씬 유리한 위치를 차지해야 하는가? 왜, "유성," 별똥별, "떠돌이 별" 즉, 황폐한 별이 존재해야 하는가? 가능한 대답은 한 가지뿐이다. "만물은 주의 즐거움을 위하여 창조되었고 존재하기 때문이다."(계 4:11)

이제 우리의 지구를 바라보자. 왜, 지구 표면의 삼분의 이가 물로 덮여 있어야 하는가? 왜, 그 나머지의 대부분도 인간의 문명이나 거주에 부적절해야 하는가? 왜, 늪과 사막과 빙원이 그렇게 넓게 펼쳐져 있어야 하는가? 왜, 어떤 나라는 지형적으로 다른 나라에 비해 열등해야 하는가? 왜, 어떤 땅은 비옥하고 다른 땅은 불모지와 다를 바 없어야 하는가? 왜, 어떤 땅은 광물이 풍부하고 다른 곳은 그런 것이 하나도 없어야 하는가? 왜, 어떤 곳은 쾌적한 기후인데 다른 곳은 그렇지 않아야 하는가? 왜, 어떤 곳은 강과 호수가 많은 데 다른 곳은 거의 없어야 하는가? 왜, 어떤 곳은 끊임없이 지진에 시달려야 하고 다른 곳은 그런 것에 전혀 시달리지 않아야 하는가? 왜 그런가? 창조주 곧, 만물을 붙잡고 계시는 이가 그렇게 하기를 즐거워하셨기 때문이다.

동물의 세계에 눈을 돌려 그 놀라운 다양성에 주목하라. 사자와 어린 양, 곰과 어린 염소, 코끼리와 쥐, 도대체 어떤 비교를 할 수 있겠는가? 말, 개와 같은 동물은 높은 지능을 부여받았지만 양, 백조 같은 것들은 지능이 매우 낮다. 어떤 짐승들은 짐을 실어 나르는 노역에 사용되고 다른 것들은 자유롭게 산다. 왜, 노새와 당나귀는 멍에를 메고 죽을 때까

---

[2] 고전 15:41, The sun has one kind of splendor, the moon another and the stars another; and star differs from star in splendor.

지 노역에 시달려야 하는데 사자와 호랑이는 맘대로 숲을 돌아다니는가? 먹을 수 있는 것이 있고 먹을 수 없는 것도 있다. 아름다운 것도 있고 추한 것도 있다. 힘이 무척 센 짐승도 있고 거의 무기력한 것들도 있다. 발 빠른 것들도 있고 기어다니기조차 힘겨워하는 것들도 있다. 토끼와 거북이를 비교해 봐라. 사람에게 유익한 짐승들도 있고 거의 무가치해 보이는 것들도 있다. 수백 년을 사는 것들도 있고 기껏 몇 달 밖에 살지 못하는 것들도 있다. 온순한 것들도 있고 사나운 것들도 있다. 이 모든 다양성과 차이점들은 어찌된 것인가?

새나 물고기의 경우도 마찬가지다. 그러나 이제 식물의 세계를 들여다 보자. 왜, 장미에게는 가시가 있어야 하고 백합에게는 없어야 하는가? 왜, 어떤 꽃에는 향기가 있어야 하고 다른 꽃에는 없어야 하는가? 왜, 어떤 나무에는 좋은 열매가 맺혀야 하고 다른 나무는 독성이 있는 열매가 맺혀야 하는가? 왜, 어떤 식물은 서리를 견디고 다른 것들은 서리에 시들어야 하는가? 왜, 어떤 사과나무는 열매를 맺어야 하고 같은 과수원에 있는 같은 수령의 다른 사과나무는 열매가 없어야 하는가? 왜, 어떤 식물은 일년에 여러 차례 꽃을 피우는데 다른 것은 백년에 겨우 한번 꽃을 피워야 하는가? 참으로, "여호와께서 즐거워하시는 것은 무엇이나, 하늘에서나 땅 위에서나 모든 깊은 곳에서 다 행하신다."[3]

천사들의 세계를 생각해 보자. 분명히 우리는 여기에서도 획일성을 기대할 것이다. 하지만 아니다. 다른 모든 곳에서와 마찬가지로 여기에서도, 창조주 하나님의 동일한 주권적 즐거움이 펼쳐져 있다. 천사들마다 지위의 높고 낮음이 있고 능력에 차이가 있다. 하나님으로부터 가깝고 먼 것에도 차이가 있다. 성경에 따르면, 천사들의 지위에 분명하고도

---

[3] 시 135, The LORD does whatever pleases him, in the heavens and on the earth, in the seas and all their depths.

명확한 등급이 있다. 대천사장으로부터 세라빔과 스랍을 거쳐 "정사와 권세"(엡 3:10)까지, 그리고 "권세자"(엡 6:12)와 천사 그 자체, 그리고 "택함받은 천사"(딤전 5:21)도 있다. 우리는 또 다시 질문할 수 있다. 왜, 이런 불평등이 있어야 하는가? 왜, 등급과 지위에 이런 차이가 있어야 하는가? 우리는 "우리 하나님은 하늘에 계시고 원하는 대로 어떤 것이든 다 행하셨다"[4]고 말할 수밖에 없다.

하나님의 주권이 모든 피조물을 관통하여 펼쳐져 있다면, 인간 세계에서도 하나님의 주권이 작동한다고 생각하는 것은 당연하지 않은가? 하나님이 자신의 기쁘신 뜻대로 어떤 사람에게는 다섯 달란트를 주고 다른 사람에게는 딱 한 달란트만 주시는 것이 이상한 것인가? 한 부모에게서 강건한 체질의 자식과 병약한 자식이 태어나는 것을 어째서 이상하게 여겨야 하는가? 아벨이 한창 나이에 죽고 가인이 오래 생존하는 것을 어째서 이상하게 여겨야 하는가? 피부색이 다르게 태어나는 것을 어째서 이상하게 여겨야 하는가? 어떤 사람은 백치로 태어나는데 다른 사람들은 높은 지능을 갖고 태어나는 것을 어째서 이상하게 여겨야 하는가? 어떤 사람들은 침울한 성격을 갖고 태어나는데 다른 사람들은 활기찬 성격으로 태어나는 것을 어째서 이상하게 여겨야 하는가? 어떤 사람들은 이기적이고 사납고 자기중심적인 성품으로 태어나는데 다른 사람들은 자기희생적이고 유순하며 온유한 성품으로 태어나는 것을 어째서 이상하게 여겨야 하는가? 지도자의 자질을 갖고 태어나는 사람도 있고 추종하고 봉사하는 자질을 갖고 태어나는 사람이 있는 것을 어째서 이상하게 여겨야 하는가? 유전과 환경으로는 이 모든 다양성과 차이점들을 설명하지 못한다. 그렇다. 서로 차이가 나도록 만드시는 이는 바

---

[4] 시 115:3, Our God is in heaven; he does whatever pleases him.

로 하나님이시다. 하나님은 왜 그렇게 하셨는가? 이 질문에 대한 우리의 대답은, "그렇습니다. 아버지, 그것이 아버지보시기에 좋았기 때문입니다"5)이지 않으면 안 된다.

이 기본적인 진리 즉, 창조주 하나님은 절대 주권자이시므로 자기 뜻을 실행하고 자신의 즐거움을 성취하고 오직 자기 자신의 영광만을 고려하신다는 진리를 배워 익힙시다. "여호와는 모든 것을 **자기를 위하여 만드셨다**."6) 하나님에게는 완벽한 권리가 없었는가? 하나님은 하나님이시다. 그런데 도대체 누가 감히 그의 대권에 도전하겠는가? 하나님께 불평하는 것은 대역죄를 범하는 것이다. 하나님의 방식에 의문을 제기하는 것은, 하나님의 지혜를 비난하는 것이다. 하나님을 비난하는 것은, 극악무도한 범죄이다. 그분이 누구인지를 망각하였는가? 보라! "하나님 앞에서는 모든 나라가 아무것도 아니다. 하나님에게 그것들은 공허 즉, 아무것도 없는 것보다도 못한 것이다. 너희는 하나님을 누구와 비교하겠느냐?"7)

---

5) 마 11:26, 옳소이다 이렇게 된 것이 아버지의 뜻이니이다(개혁한글); Yes, Father, for this was your good pleasure(NIV); Even so, Father : for so it seemed good in thy sight(KJV).

6) 잠 16:4, The LORD works out everything for his own ends--even the wicked for a day of disaster(NIV); The LORD hath made all things for himself : yea, even the wicked for the day of evil(KJV).

7) 잠 40:17-18, All nations before him are as nothing; and they are counted to him less than nothing, and vanity. To whom then will ye liken God? or what likeness will ye compare unto him?

제3장
통치에서의 하나님의 주권

여호와는 보좌를 하늘에 세우셨고, 그의 왕권이 모든 것을 다스린다.[1]

먼저, 하나님이 물질 세계를 통치하셔야 할 필요성을 다루겠다. 잠시 그 정반대의 것을 가정하자. 논증 목적 상 일단, 하나님은 세계를 창조하고 (사람들이 "자연법칙"이라고 명명한) 어떤 법칙들을 제정하신 뒤에 철수하셔서 세상을 이러한 법칙들의 작용과 그 운명에 맡겨놓았다고 가정해 보자. 이런 경우라면, 지성을 갖추고 주재하는 통치자가 전혀 없는 세상, 오직 비인격적인 법칙에 의하여 조절되는 세상만이 남게 된다. 이 개념은 조잡한 유물론이나 공허한 무신론에게나 가치가 있을 뿐인 그런 개념이다. 그렇지만 잠시동안만 그렇게 가정하자. 이런 전제에 입각해서, "머잖아 세상이 파괴되지 않으리란 보장이 있는가?"라는 문제를 따져보자.

"자연법칙"을 매우 피상적으로 살펴보기만 해도, 자연법칙은 균일하게 작동하지 않는다는 사실이 드러난다. 똑같은 계절이 없다는 사실에서 여기에 대한 증거를 찾을 수 있다. 자연법칙이 불규칙하게 작동한다면 세상을 엄습하는 무서운 재앙을 어떻게 피하겠는가? "바람은 임의로

---

[1] 시 103:19, The LORD has established his throne in heaven, and his kingdom rules over all.

분다"[2)]는 말은, 사람이 그것을 억제하지도 막지도 못한다는 뜻이다. 때때로 바람은 몹시 맹렬해지고 그 크기와 속도가 갑작스럽게 커져서 대지를 휩쓰는 태풍이 되기도 한다. 자연법칙에 불과한 것이 바람을 통제한다면 어쩌면 내일, 무서운 돌개바람이 불어닥쳐 지상의 모든 것을 쓸어버릴지도 모르겠다. 이와 같은 재앙에 맞설 자신이 있는가? 또, 최근에, 여러 구역 전체를 뒤덮고 무서운 재앙을 일으켜 생명과 재산을 앗아가는 폭우와 홍수에 관한 소식을 많이 접하였다. 인간은 이런 것들 앞에서 무기력하다. 과학은 폭우를 방지할 어떤 수단도 고안해 내지 못한다. 이런 비구름들이 엄청나게 늘어나 온 세상이 폭우에 휩쓸려 떠내려가지 않을 것이라고 어떻게 장담하겠는가? 이것은 새삼스러운 일이 아니다. 왜, 노아 시대의 홍수가 반복되어서는 안 되는가? 지진은 또 어떤가? 불과 몇 년 간격으로, 단 한차례 지진으로 섬이나 도시가 없어진다. 사람이 무엇을 할 수 있는가? 머잖아 거대한 지진이 온 세상을 파멸시키지 않으리란 보장은 어디에 있는가? 과학의 증언에 따르면, 지구의 비교적 얇은 껍질 밑에는 거대한 지하 불덩어리가 있다고 한다. 이 불덩어리가 갑자기 터져 나와 세상을 몽땅 태워버릴지 누가 알겠는가? 이제 모든 독자에게 분명히 드러난 우리의 요점은, "하나님이 물질을 통치하신다는 사실을 부정해봐라, 하나님이 '능력의 말씀으로 만물을 붙들고 계심을' 부정해봐라.[3)] 그러면 일체의 안도감도 사라진다"는 것이다.

유사한 추론을 인류와 관련지어서 전개해보자. 하나님은 우리의 이 세계를 다스리시는가? 하나님은 국가의 운명을 정하고 제국의 향방을 통제하고 왕조의 한계를 결정하시는가? 행악자들의 한계를 규정하셨는가? 따라서 너는 여기까지이고 더 이상 나가면 안 된다고 말씀하셨는

---

2) 요 3:8, The wind blows wherever it pleases.
3) 히 1:3,… sustaining all things by his powerful word.

가? 잠시 정반의 것을 가정해 보자. 하나님이 조종간을 피조물의 손에 넘겨주었다고 가정하고 이렇게 가정할 때 어떤 결론이 나오는지 확인해 보자. 논증을 위해서 가정할 것은, 모든 사람은 절대적으로 자유로운 의지를 갖고 태어난다는 것과 그의 이런 자유를 파괴하지 않고서는 그에게 강요 혹은 강제할 수 없다는 것이다. 모든 사람이 옳고 그름에 관한 지식을 소유하고 있다는 것, 그것들 가운데 선택할 능력이 있다는 것, 전적으로 자유롭게 선택하여 자신이 원하는 길로 갈 수 있다는 것 역시, 전제하자. 그렇다면? 그렇다면 결론은, 인간이 주권자라는 것이다. 인간이 자기 좋은 대로 행하고 자기 운명의 건축자가 되기 때문이다. 그러나 이런 경우, 머잖아 모든 사람이 선을 거부하고 악을 선택할는지 확신할 수 없다. 이런 경우, 전 인류가 도덕적 자살을 하지 않으리란 보장도 없다. 하나님의 모든 억제장치들을 제거하고 인간을 절대적으로 자유로운 상태에 두자. 그러면 모든 윤리적 특성들은 즉각적으로 사라질 것이며, 야만성이 도처에서 득세할 것이며, 지옥이 최고의 통치권을 장악하게 될 것이다. 왜 안 그렇겠는가? 한 나라가 그 지배자들을 몰아내고 그 헌법을 부인한다면, 도대체 무엇이 모든 나라가 그렇게 하지 못하게 막을 수 있는가? 불과 한 세기 전에 파리의 거리가 폭도들에 의해 피로 물들었다면 금세기가 끝나기 전에 비슷한 광경이 다시 벌어지지 않으리란 보장은 있는가? 도대체 무엇이 무법천지가 되는 것을 막아주고 무정부 상태가 만연하는 것을 막아주는가? 이제까지 우리는, 하나님이 보좌에 앉으시고 통치를 담당하시고 하나님의 피조물들의 활동과 운명을 통제하셔야 할 필요성, 그 시급한 필요성을 확인하고자 하였다.

그러나 믿음의 사람이 이 세상에 대한 하나님의 통치를 깨닫는 데에 어떤 어려움이 있는가? 신자의 기름부음 받은 눈은 외관상의 많은 혼동과 혼란 중에서조차 저 지극히 높은 하나님의 손이 인간의 일들을 심지어 매일 반복되는 일반적인 관심사들까지 통제하고 결정한다는 사실을 분간하지 못하는가? 농부와 농작물을 예로 들자. 하나님이 농부 마음대로 하도록 내버려 둔다고 가정하자. 그들이 자신들의 경작지를 풀밭으로 만들든지 전적으로 소를 기르기 위한 방목지로만 사용하는 것을 도대체 무엇이 가로막을 것인가? 이렇게 되면, 전 세계적인 식량 부족이 발생할 것이다. 우편 업무를 예로 들자. 모든 사람이 월요일에만 편지를 쓰기로 결심하였다고 가정하자. 우체국은 화요일마다 편지를 처리할 수 있겠는가? 그들은 일주일의 시간 균형을 어떻게 잡을 수 있겠는가? 상점 주인을 예로 들자. 만일 모든 주부가 꼭 수요일에만 장을 보기로 하고 다른 날에는 나오지 않기로 하면 어떻게 될까? 하지만 이러한 일들이 일어나는 대신에, 다른 여러 나라의 농부들이 소를 충분히 키우기도 하고 다양한 종류의 곡식도 충분히 재배하여 인류의 헤아리기 힘들 정도의 필요를 채워준다. 우편물들은 매일 거의 균등하게 분산되어 있고, 주부들마다 장보는 날이 서로 다르다. 이러한 것들은 하나님의 통치하시고 통제하시는 손길을 입증해주지 않는가?

하나님이 우리 세상을 다스려야 하는 절박한 필요성을 간략하게 확인하였다. 이제, 하나님이 다스리신다는 즉, 실제로 다스리신다는 사실, 하나님의 통치는 모든 것들 그리고 모든 피조물에게까지 미친다는 사실을 좀더 관찰해 보도록 하자.

1. 하나님은 무생물을 통치하신다

하나님이 무생물을 통치하신다는 사실, 무생물이 하나님의 명령을 수행하고 하나님의 작정을 성취한다는 사실은 하나님의 계시의 바로 첫 장면에서 분명하게 나타나 있다. 하나님이 빛이 존재하도록 허용하시니까 "빛이 있었다." [4] 하나님이 "하늘 아래의 물들이 한 곳에 모이도록 하고 마른 땅이 나타나라"고 말씀하시자 "그대로 되었다." [5] "하나님이 땅이 풀을 내고 씨를 맺게 하고 열매 맺는 나무들이 그 종류대로 땅 위에 열매를 맺으라고 말씀하셨다." [6] 그리고 **그대로** 되었다. 시편 기자가 선언하고 있는 대로, "그가 말씀하시니 이루어졌고, 그가 명령하니 견고히 섰다." [7]

창세기의 진술은 나중에 성경 전체를 관통하여 실증된다. 아담이 창조된 후 1,600년이 지난 뒤에서야 비가 내렸다. 노아 이전에는 "안개가 땅에서 올라와 온 지면을 적셨다." [8] 그러나, 대홍수 이전 사람들의 불법이 극에 달하자 하나님은, "보라, 나, 바로 내가 땅위에 홍수를 일으켜서 모든 생명체를 즉, 하늘 아래에서 호흡이 있는 모든 피조물을 파괴하겠다. 땅에 있는 모든 것들을 죽이겠다" [9]고 말씀하셨다. 이 말씀이 성취되는 장면에, "노아가 육백 살이 되던 해, 두 번째 달, 열 일곱 번째 날에 매우 깊은 모든 샘이 터졌고 하늘이 창이 열렸다. 그래서 비가 땅 위에 40일 밤낮으로 내렸다." [10]

---

4) 창 1:3, And God said, "Let there be light," and there was light.
5) 창 1:9, And God said, "Let the water under the sky be gathered to one place, and let dry ground appear." And it was so.
6) 창 1:12, The land produced vegetation: plants bearing seed according to their kinds and trees bearing fruit with seed in it according to their kinds. And God saw that it was good.
7) 시 33:9, For he spoke, and it came to be; he commanded, and it stood firm.
8) 창 2:6, But there went up a mist from the earth, and watered the whole face of the ground(KJV).
9) 창 6:17, I am going to bring floodwaters on the earth to destroy all life under the heavens, every creature that has the breath of life in it. Everything on earth will perish.
10) 창 7:11-12, In the six hundredth year of Noah's life, on the seventeenth day of the second month--on that day all the springs of the great deep burst forth, and the

하나님이 무생물의 세계를 절대적으로 (그리고 주권적으로) 통제하심을 이집트를 엄습한 재앙들과 연결해서 확인해봐라. 하나님이 명령하시자 빛이 어둠으로 변하였고 강물이 피가 되었다. 우박이 쏟아지고, 나일 강의 나라 불경건한 이집트에 죽음이 임하였다. 결국 저 목이 굳은 군주조차 살려달라고 울부짖지 않을 수 없었다. 그러한 요소들을 하나님이 절대적으로 통제하심을 성경 본문이 어떻게 강조하는지 특히 유념하라.

> 모세가 지팡이를 하늘 쪽으로 내밀자 하나님이 뇌성과 우박을 보내셨다. 불이 땅 위로 떨어져 내렸다. 하나님이 우박을 이집트 땅에 비처럼 내리게 하셨다. 우박이 내렸고, 우박이 섞인 불이 매우 심하게 내렸다. 이집트가 생긴 이래 이와 같은 일은 없었다. 우박이 그 나라의 모든 것 즉, 사람과 짐승을 철저히 내리쳤다. 들의 채소를 쳤고 모든 나무를 꺾었다. 오직 고센 땅, 이스라엘 자녀들이 머물렀던 그 땅에서만 우박이 내리지 않았다.[11]

아홉 번째 재앙에서도 똑같은 특징이 있었다.

하나님이 모세에게, 네 손을 하늘을 향해 뻗어 이집트 온 땅 위에 어둠,

---

floodgates of the heavens were opened. And rain fell on the earth forty days and forty nights.

11) 출 9:23-26, When Moses stretched out his staff toward the sky, the LORD sent thunder and hail, and lightning flashed down to the ground. So the LORD rained hail on the land of Egypt; hail fell and lightning flashed back and forth. It was the worst storm in all the land of Egypt since it had become a nation. Throughout Egypt hail struck everything in the fields--both men and animals; it beat down everything growing in the fields and stripped every tree. The only place it did not hail was the land of Goshen, where the Israelites were. Then Pharaoh summoned Moses and Aaron. "This time I have sinned," he said to them. "The LORD is in the right, and I and my people are in the wrong. Pray to the LORD, for we have had enough thunder and hail. I will let you go; you don't have to stay any longer." Moses replied, "When I have gone out of the city, I will spread out my hands in prayer to the LORD. The thunder will stop and there will be no more hail, so you may know that the earth is the LORD'S.

더듬어 다닐 수 있을만한 어둠이 내리도록 하라. 그래서 모세는 하늘로 손을 내밀었다. 그러자 삼일 동안 이집트 전체에 짙은 어둠이 내렸다. 사람들은 서로를 보지 못하였고 삼일 동안 자기 자리에서 일어나지 못하였다. 그러나 이스라엘 모든 자녀들이 거하는 곳에는 빛이 있었다.[12]

이상의 사례들은 결코 고립된 사건들이 아니다. 하나님이 작정하실 때 유황불이 하늘로부터 내려와 도시를 파괴하였고 비옥한 계곡이 죽음이 넘쳐나는 오싹한 땅으로 바뀌었다. 하나님이 명령하시자 홍해 바다가 갈라졌고 이스라엘은 발을 적시지 않고 걸어서 건넜다. 하나님이 말씀하시자 바닷물이 다시 합쳐져, 이스라엘을 추격하던 이집트 군대를 파멸시켰다. 하나님에게서 말씀이 나오자, 땅이 그 입을 열어 고라와 그 반역 도당들을 삼켰다(민 16:32). 느부갓네살은 용광로를 일곱 배나 더 뜨겁게 한 뒤 하나님의 자녀 셋을 거기에 던져 넣게 하였다. 그러나 용광로의 불은 그들을 던져 넣던 사람들을 죽일 정도로 뜨거웠지만 하나님의 자녀들은 입고 있던 옷조차 그슬리지 못하였다(단 3:19-26).

하나님이 육신을 입고 사람들 가운데 거하실 때 창조주의 통치 주권은 정말 장엄한 모습으로 나타났다! 그가 배 위에서 잠들었을 때 광풍이 몰아닥쳐 바람이 표호하고 물결이 사납게 쏟아져 들어왔다. 그와 함께 있던 제자들은 자신들의 조그만한 배가 산산이 부서질까 두려워 주님을 깨워 "우리가 죽게 된 것을 신경 쓰지 않으십니까?"라고 말하였다. 바로 그 장면에서 성경은 "그러자 그가 일어나 바람을 꾸짖고 바다에게 잠잠하라고 명령하였다. 그러자 바람이 멈추었고 완전히 평온해졌다"

---

12) 출 10:21-23, Then the LORD said to Moses, "Stretch out your hand toward the sky so that darkness will spread over Egypt—darkness that can be felt." So Moses stretched out his hand toward the sky, and total darkness covered all Egypt for three days. No one could see anyone else or leave his place for three days. Yet all the Israelites had light in the places where they lived.

고 증언한다.[13] 바다는, 그 창조주의 뜻에 순종하였음을 다시 한번 주목하라. 그가 말씀하시자 무화과 나무가 시들었다. 그가 손을 대시자 질병이 즉시 달아났다.

천체들도 조물주의 다스림을 받고 조물주의 주권적 즐거움을 성취한다. 두 가지 예를 들어보자. 하나님이 명령하셨을 때 해 그림자가 아하스의 일영표 위에서 십도를 물러감으로써 히스기야의 연약한 믿음을 도와주었다(왕하 20:9-11). 신약 시대에 하나님은 한 별을 정하여 성자의 성육신을 알리도록 하셨다. 이 별은 동방의 현자들에게 나타나, 아기가 태어난 곳에 이르기까지 그들을 인도해 주었다.[14]

> 그가 땅에 명령을 내리니 그 말씀이 매우 빨리 달려간다. 그가 눈을 양털같이 내리고 서리를 재같이 뿌린다. 그가 얼음조각들을 뿌리니 누가 그 차가움을 견딜 수 있을까? 그가 자기 말씀을 보내어 그 얼음조각들을 녹인다. 바람이 불도록 하시니 물이 흐른다.[15]

자! 정말 놀라운 선언이다. 이러한 요소들의 순환이 하나님의 주권적인 통제 아래에 놓여 있다. 비를 거두시는 분은 바로 하나님이시다. 자신이 원하실 때, 원하시는 곳에, 원하시는 방식으로, 원하시는 사람에게, 비를 주시는 분은 하나님이시다. 기상청이 일기를 예보하려고 시도할 수는 있다. 그러나 하나님은 그들의 예측을 조롱하시는 경우가 정말

---

13) 막 4:39, He got up, rebuked the wind and said to the waves, "Quiet! Be still!" Then the wind died down and it was completely calm.
14) 마 2:9, After they had heard the king, they went on their way, and the star they had seen in the east went ahead of them until it stopped over the place where the child was.
15) 시147:15-18, He sends his command to the earth; his word runs swiftly. He spreads the snow like wool and scatters the frost like ashes. He hurls down his hail like pebbles. Who can withstand his icy blast? He sends his word and melts them; he stirs up his breezes, and the waters flow.

많다! 태양의 "흑점," 행성들의 다양한 활동, (비정상적인 기후의 원인이기도 한) 혜성의 출몰, 기후 혼란 등은 단지 이차적인 원인에 불과하다. 그것들 배후에는 하나님이 계신다. 하나님의 말씀에 다시 한번 주의를 기울이자.

> 또 추수까지 석 달이 남았을 때 내가 비를 멈추게 하였다. 내가 어떤 성에는 비가 오게 하고 다른 성에는 비가 오지 않게 하였다. 어떤 땅에는 비가 왔고 다른 땅에는 비가 없어 메말랐다. 두 세 성읍 사람들이 한 성으로 가서 물을 마시려고 하였지만 갈증을 채우지 못하였다. 그런데도 그들은 내게로 오지 않았다. 여호와가 말씀하신다. 내가 풍재와 깜부기 병으로 너희를 쳤다. 너희 뜰, 포도원, 무화과 나무, 그리고 올리브 나무가 자랐을 때 해충이 그것들을 먹어치웠다. 그러나 너희가 내게로 돌아오지 않았다. 여호와가 말씀하신다. 내가 너희 중에 이집트의 경우처럼 역병을 보냈다. 내가 너희 젊은이들을 칼로 죽였고 너희 말을 빼앗고 너희 진의 악취가 너희 코를 찌르게 하였지만 너희는 내게로 돌아오지 않았다. 여호와가 말씀하신다.[16]

참으로, 하나님이 무생물을 통치하신다. 땅, 공기, 불, 물, 우박, 눈, 돌풍, 노도, 이 모든 것들은 하나님의 능력의 말씀을 수행하고 하나님의 주권적 즐거움을 성취한다. 그러므로, 우리가 기후에 관해 투덜거릴 때 실제로는 하나님께 불평하고 있는 것이다.

---

[16] 암 4:7-10, "I also withheld rain from you when the harvest was still three months away. I sent rain on one town, but withheld it from another. One field had rain; another had none and dried up. People staggered from town to town for water but did not get enough to drink, yet you have not returned to me," declares the LORD. "Many times I struck your gardens and vineyards, I struck them with blight and mildew. Locusts devoured your fig and olive trees, yet you have not returned to me," declares the LORD. "I sent plagues among you as I did to Egypt. I killed your young men with the sword, along with your captured horses. I filled your nostrils with the stench of your camps, yet you have not returned to me," declares the LORD.

2. 하나님은 비이성적인 피조물들을 통치하신다

하나님이 동물의 세계를 다스리시는 놀라운 사례가 창세기 2:19에 나온다.

> 여호와 하나님이 모든 들짐승과 공중의 모든 새를 흙으로 빚어만드시고는, 아담이 그것들의 이름을 어떻게 짓는지를 보시려고 아담에게 가져오셨다. 아담이 그 모든 생물을 불러주는 그대로 그 이름이 되었다.[17]

이 일이 에덴 동산에서 아담의 타락과 그 결과로 모든 피조물에게 저주가 내려지기 이전에 일어났다고 한다면 다음 본문은, 모든 동물에 대한 하나님의 통제권을 노아의 홍수 사건을 통해 명백하게 드러냈다. 하나님이 살아있는 모든 생물의 각 종이 노아에게 나오도록 하여 "각 종류대로, 새가 그 종류대로, 기는 것이 그 종류대로 암수 한 쌍씩 네게로 나올 것이니 너는 그것들을 방주 안으로 데려가 너와 함께 생명을 보존하도록" 하신 방법에 주목하라.[18] 모든 것이 하나님의 주권적 통제 하에 있었다. 밀림의 사자, 숲 속의 코끼리, 극지방의 곰, 길들일 수 없는 늑대, 사나운 호랑이, 높이 치솟는 독수리, 기어다니는 악어, 이들의 본성적인 흉포함을 보라. 하지만 이들도 자신들을 창조하신 하나님의 뜻에 잠잠히 굴복하여 둘씩 짝을 지어 노아의 방주로 나왔다.

우리는 무생물에 대한 하나님의 통제권을 예증할 때 이집트에 몰아닥친 재앙들을 언급하였다. 이제는 눈을 돌려, 비이성적인 피조물들에

---

[17] 창 2:19, Now the LORD God had formed out of the ground all the beasts of the field and all the birds of the air. He brought them to the man to see what he would name them; and whatever the man called each living creature, that was its name.

[18] 창 6:19-20, You are to bring into the ark two of all living creatures, male and female, to keep them alive with you. Two of every kind of bird, of every kind of animal and of every kind of creature that moves along the ground will come to you to be kept alive.

대한 하나님의 완벽한 통치권을 어떤 식으로 보여주는 지를 살펴보자. 하나님이 말씀하시자 강이 개구리를 아주 많이 내보냈고, 이 개구리들은 이집트 왕궁과 신복들의 저택으로 갔다. 개구리의 자연적 본능을 거슬러 침상과 화덕과 반죽 그릇에 들어갔다(출 8:13). 무수한 파리떼가 이집트를 습격하였지만 고센 땅에는 파리가 한 마리도 없었다(출 8:22). 그 다음에는 가축을 치셨다.

> 보라! 여호와의 손이 들에 있는 소 떼 위에, 말과 나귀와 낙타와 황소와 양 위에 있다. 매우 중한 전염병이 있을 것이다. 여호와는 이스라엘의 가축과 이집트의 가축을 구분하실 것이다. 이스라엘 자녀들의 모든 가축 중에서는 한 마리도 죽이지 않으실 것이다. 여호와가 시간을 정해놓으셨다. 내일 여호와가 이 땅에서 이 일을 행하실 것이라고 말씀하셨다. 그리고 그 다음날에 여호와가 그 일을 행하셨다. 이집트의 모든 가축이 죽었지만 이스라엘 자녀들의 가축은 하나도 죽지 않았다.(출 9:3-6)

유사한 방식으로, 메뚜기 떼를 보내 바로와 그의 땅을 치실 때 하나님은 그 시간을 정하셨고 그 경로를 결정하셨고 메뚜기 떼가 파괴할 범위를 지정해 주셨다.

천사들만이 하나님의 명령을 시행하는 것이 아니다. 야수들 역시, 하나님의 즐거움을 성취한다. 법궤 즉, 하나님의 언약궤가 블레셋 땅에 있다가 그 본처로 어떻게 돌아올 수 있었는가? 하나님이 택하신 종들과, 그들이 얼마나 완벽하게 하나님의 통제 하에 있었는지를 확인해 봐라. 블레셋 사람들이 제사장들과 점술사들을 불러다 이 언약궤를 어떻게 해야 하는지를 묻고 이것을 어디로 보내야 하는지를 말하라고 하였다. 그러자 그들은 "… 이제 수레를 새로 만들고, 멍에를 메어본 적이 없는 젖 나는 소 둘을 데려다가 수레를 메게 하고 그 송아지들은 떼어내 집으로 돌려보내라. 법궤를 가져다가 수레 위에 올려놓고, 속건제로 드릴 금

보물을 상자에 담아 법궤 옆에 두고 그 소가 그 수레를 끌고 가도록 내 버려두어라. 수레가 본래의 땅인 벧세메스로 올라가면 하나님이 우리에게 이 큰 재앙을 내리신 것이다. 그러나 수레가 다른 곳으로 간다면, 우리를 친 것은 그의 손이 아니다. 우리에게 우연히 일어난 일이다"라고 말하였다. 그런데 어떻게 되었는가? 정말 놀라운 일이 벌어졌다. "그 소들은 똑바로 벧세메스를 향하여 큰 길로 올라갔고 좌로나 우로나 치우치지 않았다"(삼상 6:12). 엘리야의 경우도 마찬가지로 충격적이다. "여호와의 말씀이 그에게 임하여 가라사대, '요단 앞에 있는 그릿 시냇가 곁으로 가서 거기 숨어라. 내가 까마귀들에게 명령하여 거기에서 너를 먹이도록 하였다.'"[19] 이 맹금류들의 본능을 굴복시켜 음식을 삼키지 않고, 고독하게 머물고 있는 여호와의 종 엘리야에게 가져왔다.

　더 이상의 증거가 필요한가? 그렇다면, 기꺼이 제시하겠다. 하나님은 말 못하는 나귀가 선지자의 미친 짓을 나무라도록 만드셨다. 하나님은 숲에서 암 곰 두 마리가 나와 엘리야를 괴롭히던 사람들 42명을 죽이도록 하셨다. 하나님은 개들이 저 사악한 이세벨의 피를 핥도록 하여 자신의 말씀을 성취하셨다. 다니엘이 사자 우리 속에 던져졌을 때 하나님은 사자들의 입을 봉하셨지만 나중에는, 다니엘을 참소한 자들을 물어뜯게 만드셨다. 하나님은 커다란 물고기를 준비하여, 불순종하는 요나를 삼켰다가 하나님이 정한 때가 되자 육지에 토해내도록 하셨다. 주의 명령대로 물고기가 베드로에게 동전을 가져와 세금을 내도록 하였다. 자신의 말씀을 성취하기 위하여 베드로가 부인한 뒤에 닭이 두 번 울도록 하셨다. 하나님이 비이성적인 피조물을 다스린다는 사실을 즉, 들짐승,

---

19) 왕상 17:2-4, Then the word of the LORD came to Elijah: "Leave here, turn eastward and hide in the Kerith Ravine, east of the Jordan……and I have ordered the ravens to feed you there."

공중의 새, 물고기, 이 모든 것들이 하나님의 주권적 명령을 성취한다는 사실을 우리는 이와 같이 확인하였다.

3. 하나님은 인류 전체를 통치하신다

이것이 우리 주제의 가장 어려운 부분임을 우리는 충분히 인정한다. 따라서 좀더 길게 다루겠다. 그러나 이 문제를 세부적으로 다루기 전에 먼저, 하나님이 인류 전반을 통치하신다는 사실을 고찰하자.

우리는 두 개의 선택지 즉, 하나님이 통치자이시든지 아니면 통치를 받으시든지; 하나님이 다스리시든지 다스림을 받든지; 하나님이 뜻대로 하든지 아니면 사람이 자기 뜻대로 하든지, 가운데 어느 한쪽을 택해야 한다. 한쪽을 택하는 것이 힘든가? 너무나 제멋대로여서 하나님도 통제하지 못할 피조물이 있다고 말할 텐가? 죄로 인하여 죄인들이 삼위일체 하나님에게서 너무나 멀리 떨어졌기 때문에 하나님의 관할 영역을 벗어났다고 말할 텐가? 인간에게는 도덕적 책임이 주어져 있기 때문에 하나님은 적어도 관찰 기간동안만이라도 인간을 전적으로 자유로운 상태로 놓아두신다고 말할 텐가? 자연인은 하늘을 거슬리는 불법자요 하나님의 통치를 거슬리는 반역자이기 때문에 반드시, 하나님은 자연인을 통해서는 자신의 목적을 성취하지 못한다는 결론을 내릴 수밖에 없는가? 하나님은 악행자들의 행위 결과들을 지배하신다는 사실뿐만 아니라, 사악한 자들을 자신의 심판대 앞에 세워 그들에게 처벌의 선고를 내리실 뿐만 아니라(대다수 불신자들은 이렇게 믿고 있다), 하나님 자신의 백성들 가운데 가장 불법적인 자들의 모든 행위도 전적으로 하나님의 통제권 아래에 있다. 행위자 자신도 모르고 있을지라도 지극히 높으신 하나님의 비밀스러운 작정을 수행하고 있다. 유다가 그렇지 않있는가? 더욱 극단적인 사례를 선택할 수 있는가? 최고의 반역자가 하나님의 계획을 실행하고 있다면 모든 반역자들도 마찬가지라고 믿으면 우리 신앙에 더욱 큰 무리가 생길까?

이 심오한 주제에 관한 철학적 탐구 혹은 형이상학적 주장이 아니라 성경의 가르침을 확인하는 것이 지금 우리의 목적이다. 하나님의 통치에 관해서 즉, 그 성격, 그 구도, 그 작동방식, 그 범위 등에 관해서는 오직 율법 및 성경으로부터만 배울 수 있다. 하나님이 자기 손으로 이루신 모든 것들을 통치하심에 관해 그리고 특히, 본래 자신의 형상으로 만든 존재를 통치하심에 관해 저 거룩한 말씀에서 우리에게 계시해 주시기를 기뻐하신 것은 무엇일까?

"그 분[하나님] 안에서 우리가 살고 움직이고 존재하고 있다."[20] 이 얼마나 놀라운 주장인가! 잘 살펴보면 이 말은, 어느 한 교회에게도 아니고, 높은 영적 수준에 도달한 성도들에게도 아니고, 이교도 청중에게 즉, "알지 못하는 신"을 경배하고 죽은 자의 부활에 관한 메시지를 들었을 때 "비웃는" 자들에게 한 말이었다. 사도 바울은 아테네의 철학자들 즉, 현세주의자들과 스토아주의자들에게 전혀 주저하지 않고, 그들이 하나님 안에서 살고 움직이고 존재하고 있다고 단언하였다. 그 말은 그들이 자신들의 존재와 보존을, 세상과 세상에 있는 모든 것을 창조하신 자에게 의존할 뿐만 아니라, 자신들의 모든 행위들을 천지의 주재자이신 하나님이 주관하시고 통제하신다는 뜻이다. 다니엘서 5:23의 마지막 문장과 비교해 보라.[21]

"마음으로 원하는 것은 사람이지만, 그 말에 대한 응답은 하나님으로

---

20) 행 17:28 상, For in him we live and move and have our being.
21) 단 5:23, ……But you did not honor the God who holds in his hand your life and all your ways.

온다."[22] 이 선언은 포괄적으로 적용된다는 점에 유의하라. 즉, 오직 "신자"들에게만이 아니라 "사람"에게 포괄적으로 선언되고 있다. "사람의 마음이 자신의 길을 궁리해 내지만 하나님이 사람의 발걸음을 이끄신다."[23] 하나님이 사람의 발걸음을 이끄신다면, 사람을 하나님이 통제 즉, 통치하신다는 증거 아닌가? 거듭 말하면, "사람이 마음 속으로 많은 것을 고안해내지만 하나님의 계획이 성취된다."[24] 이 말은, 인간이 무엇을 바라고 계획하던지 간에 그것을 실행하는 것은 사람을 창조하신 조물주의 의지라는 뜻이지 않은가? "어리석은 부자"의 비유를 통해 그 마음에 "궁리해 낸 것들"을 확인해 보자. "소출을 쌓아둘 곳이 없으니 어쩌나 하고 마음 속으로 생각하다가, 내 곳간들을 허물고 더 크게 지은 뒤에 내 소출들과 물건들을 전부 거기에 쌓아두어야겠다. 그리고는 내 영혼에게 '내 영혼아, 여러 해 동안 참 많이 쌓아두었으니 평안히 먹고 마시고 즐거워하라'고 말하겠다" (눅 12:16-19). 인간의 마음은 이런 것을 궁리해 낸다. 하지만 하나님의 계획이 성취되었다. 저 부자가 몇 번인가 "내가 하겠다"고 하였지만 아무것도 이루지 못하였다. 왜냐? 하나님이, "너, 어리석은 자야, 오늘밤 네 영혼을 데려가겠다"고 말씀하셨기 때문이다.[25]

"물줄기들과 마찬가지로, 왕의 마음은 하나님의 손에 있다. 즉, 그것을 하나님이 뜻하시는 방향으로 돌리신다."[26] 무엇이 이 보다 더 명백

---

[22] 잠 16:1, To man belong the plans of the heart, but from the LORD comes the reply of the tongue.
[23] 잠 16:9, In his heart a man plans his course, but the LORD determines his steps.
[24] 잠 19:21, Many are the plans in a man's heart, but it is the LORD'S purpose that prevails.
[25] 눅 12:20, But God said to him, "You fool! This very night your life will be demanded from you. Then who will get what you have prepared for yourself?"
[26] 잠 21:1, The king's heart is in the hand of the LORD; he directs it like a watercourse wherever he pleases.

할 수 있을까? "마음에서 생명이 나온다."27) "사람이 자기 마음에 생각하는 대로 그런 사람이 되기" 때문이다.28) 그런데 마음이 하나님의 손에 있다면, 그리고 하나님이 자신의 뜻대로 그 마음을 바꾸시면 지배자이며 통치자인 인간들, 모든 인간들은 완벽하게, 전능자의 통치 아래에 놓여 있다는 사실이 명백해지지 않는가!

이 선포에 대해 결코 어떤 제한을 두어서는 안 된다. 어떤 사람들이 하나님의 뜻을 좌절시키거나 하나님의 계획을 뒤집는다고 주장하는 것은, 마찬가지로 명명백백한 다른 성경 구절들을 거부하는 것이다. 다음의 말씀들을 잘 헤아려 봐라. "하나님이 뜻을 정하시면 누가 하나님의 생각을 바꿀 수 있겠는가? 하나님은 자신이 원하는 것 바로 그것을 행하신다."29) "하나님의 계획은 영원히 견고하게 서 있고, 하나님이 마음에 생각하신 것은 모든 세대를 관통하여 견고하게 서 있다."30) "어떤 지혜, 어떤 통찰력, 어떤 계획도 하나님을 거스리지 못한다."31) "전능하신 하나님이 목적을 세우셨다. 그렇다면 도대체 누가 그것을 취소시킬 수 있겠는가?"32)

> 과거의 일들을 상기하라. 나는 하나님이다. 나 이외에는 아무도 없다. 나는 하나님이다. 나와 같은 이가 없다. 나는 처음부터 종말을, 아득한 옛날

---

27) 잠 23:7, For as he thinks in his heart, so is he…(KJV)
28) 욥 23:13, But he is in one mind, and who can turn him? and what his soul desireth, even that he doeth(KJV).
29) 욥 23:13, But he is in one mind, and who can turn him? and what his soul desireth, even that he doeth(KJV).
30) 시 33:11, But the plans of the LORD stand firm forever, the purposes of his heart through all generations.
31) 잠 21:30, There is no wisdom, no insight, no plan that can succeed against the LORD.
32) 사 14:27, For the LORD Almighty has purposed, and who can thwart him? His hand is stretched out, and who can turn it back?

에 아직 이루어지지 않은 것들을 선포하며 "내 계획은 성취될 것이며 나는 내가 원하는 모든 것을 행할 것이라고 말한다."[33]

이 구절들은 결코 애매한 구석이 없다. 여호와 하나님의 목적을 무효화할 수 없음을, 지극히 명백하고 제한을 두지 않는 용어로 단언한다.

우리가 만일 좋은 사람이든 악한 사람이든 인간들의 모든 행위를 여호와 하나님이 다스리신다는 사실을 발견하지 못한다면 성경을 헛되이 읽는 것이다. 니므롯과 그 추종자들은 바벨탑을 건축하기로 결정하였지만 완성하기도 전에 하나님이 그들의 계획을 좌절시키셨다. 하나님은 아브라함 "한 사람"을 불렀지만 그가 갈대아 우르 땅을 떠날 때 그의 친족들이 따라왔다. 그때 하나님의 뜻이 좌절되었는가? 결단코 아니다. 그 이후의 사건들을 주의해봐라. 데라는 가나안 땅에 들어가기 전에 죽었다(창 11:31). 롯이 삼촌 아브라함을 따라 약속의 땅에 들어갔지만 곧 분가하여 소돔 땅에 자리잡았다. 야곱은 유업을 약속 받은 자녀였다. 이삭이 여호와의 작정을 뒤집어 그 축복을 에서에게 주도록 노력하였지만 그의 노력은 허사가 되었다. 에서 역시, 야곱에게 복수하겠다고 다짐하였지만 다음에 그들이 재회하였을 때 증오로 전쟁을 벌이는 대신에 기쁨의 눈물을 흘렸다. 요셉의 형제들이 요셉을 파멸시키기로 결심하였지만 그들의 악한 계획은 뒤엎어졌다. 바로는 이스라엘이 여호와 하나님의 명령을 수행하지 못하도록 가로막았다가 홍해에서 부질없이 멸망당하고 말았다. 발락은 발람을 매수하여 이스라엘 족속을 저주하도록 하였지만 하나님은 이스라엘을 축복하도록 만드셨다. 하만은 모르드개를 목 매달 교수대를 세웠지만 결국 자신이 매달려 죽었다. 요나

---

[33] 사 46:9-10, Remember the former things, those of long ago; I am God, and there is no other; I am God, and there is none like me. I make known the end from the beginning, from ancient times, what is still to come. I say: My purpose will stand, and I will do all that I please.

는 하나님의 계시된 의지에 저항하였지만, 그 노력의 결과는 무엇이었는가?

아, 이방인들이 "격노"하며 민족들이 헛된 것을 꿈꾼다. 지상의 제왕들이 "스스로 나서"며 지배자들이 하나님과 하나님의 기름부음 받은 자에게 반역을 모의하여 "우리가 그들의 족쇄를 끊어버리고 그 결박을 벗어 던지자"고 말한다.³⁴⁾ 그러나 저 위대하신 하나님이 자신이 지으신 저 보잘 것 없는 피조물 때문에 혼란을 겪으시거나 당황하시는가? 천만의 말씀이다. "하늘에 앉아 계시는 하나님이 웃으실 것이다. 하나님은 그들을 웃음거리로 만드실 것이다."³⁵⁾ 하나님은 모든 것 위에 무한히 높으시다. 하나님의 목적을 좌절시키기 위하여, 땅위에 있는 하찮은 것들이 가장 큰 동맹체를 만들고 가장 폭넓고 활기찬 준비를 할지언정 하나님이 보시기에는 전적으로 어리석은 짓일 뿐이다. 하나님이 저들의 보잘 것 없는 노력을 바라보실 때 전혀 경계하지 않으실 뿐만 아니라 저들의 어리석음을 보고 "웃으신다." 하나님은 저들의 무능을 "비웃음"으로 대하신다. 하나님은 원하시기만 하면 언제든 저들을 좀벌레처럼 짓이기거나 입김으로 한 순간에 소멸시켜 버릴 수 있다. 아, 질그릇 쪼가리에 불과한 것이 하늘의 장엄한 위엄과 드잡이를 하려드는 것은 "헛된" 짓일 뿐이다. 우리 하나님은 이런 분이시다. 그를 경배하라.

하나님이 사람을 다루실 때 펼쳐 보여주신 주권에도 주목하라. 말이 어눌하였던 모세가, 박해받던 하나님의 백성들에게 자유를 주라는 요

---

34) 시 2:1-3, Why do the nations conspire and the peoples plot in vain? The kings of the earth take their stand and the rulers gather together against the LORD and against his Anointed One. "Let us break their chains," they say, "and throw off their fetters."

35) 시 2:4, He that sits in the heavens shall laugh: the Lord shall have them in derision(KJV).

구를 이집트의 군주에게 전달하기 위한 특사로 선택된 자였다. 말에 능한 그의 형 아론이 아니었다. 모세는 큰 사랑을 받았지만 성급한 말을 내뱉었고 그 때문에 가나안에 들어가지 못하게 되었다. 엘리야는 격렬하게 투덜거렸지만 단지 가벼운 견책만을 받았고 나중에, 죽음을 맛보지 않고 하늘로 올라갔다. 웃사는 법궤에 손을 댔을 뿐이지만 즉각적인 죽임을 당하였다. 반면에, 블레셋 사람들은 승리에 취해 법궤를 가져갔지만 즉각적인 해를 전혀 받지 않았다. 가버나움은 멸망한 소돔조차 회개시켰을 만한 은혜를 받는 매우 큰 특권을 받았어도 꿈적도 하지 않았다. 갈릴리의 여러 성읍은 두로와 시돈을 압도하였을만한 강력한 역사에도 불구하고 복음을 거절함으로써 저주를 면치 못하였다. 더 많은 기회와 은혜를 받았음에도 불구하고 아무 일도 일어나지 않은 까닭은 무엇인가? 그들을 구원할 만한 효력이 없었단 말인가? 그렇다면 왜 그런 일을 하셨는가? 이것들은 지극히 높으신 하나님의 주권적 의지에 대한 경이로운 예시가 아니고 무엇인가!

4. 하나님은 모든 천사들 즉, 선한 천사들과 악한 천사들 모두를 통치하신다

천사는 하나님을 섬기는 존재이며 하나님의 심부름꾼이며 병거들이다. 천사들은 하나님의 입에서 나오는 말씀에 항상 귀를 기울이고 하나님의 명령을 행한다.

> 하나님이 천사를 보내 예루살렘을 파괴하도록 하셨다. 그 천사가 그 일을 수행하고 있을 때 하나님이 바라보시고는 그 재앙으로 인해 후회하셨다. 그래서 파괴하는 일을 수행하고 있던 천사에게 하나님은 '됐다, 네 손을 거두라' 하나님이 천사에게 명령하시자 그 천사는 칼을 다시 칼집에 넣었다.[36]

천사들이 자신들을 창조하신 하나님의 뜻에 복종하고 하나님의 명령을 수행한다는 사실을 보여주는 성경구절을 많이 인용할 수 있다. 예를 들면,

> 그때 베드로가 정신을 차리고는, 주께서 주의 천사를 보내어 나를 헤롯의 손아귀에서 건져주셨다는 사실을 내가 확실히 알았다고 말하였다.[37]
>
> 예언자들의 영의 주 하나님이, 곧 일어날 일들을 자신의 종들에게 보여주기 위하여 자신의 천사들을 보내셨다.[38]

우리 주님께서 재림하실 때 다음과 같은 일이 일어날 것이다.

> 인자가 자기 천사들을 보내실 것이고, 이 천사들은 잘못된 모든 것들과 불의를 행하는 자들을 주의 나라에서 뿌리뽑을 것이다.[39]

또 다른 구절을 찾아보자.

> 주께서 큰 나팔소리가 울릴 때 자기 천사들을 보내실 것이고, 이들은 택함받는 자들을 사방에서, 하늘 이 끝에서 저 끝까지 불러모을 것이다.[40]

악한 천사들도 마찬가지이다. 그들도 역시, 하나님의 주권적 작정을 성취한다. 하나님은 악한 영을 보내어 아비멜렉의 진에서 반역이 일어나도록 부추기게 하셨다.

---

36) 대상, 21:15, 27, And God sent an angel to destroy Jerusalem. But as the angel was doing so, the LORD saw it and was grieved because of the calamity and said to the angel who was destroying the people, "Enough! Withdraw your hand." Then the LORD spoke to the angel, and he put his sword back into its sheath.
37) 행 12:11, Then Peter came to himself and said, "Now I know without a doubt that the Lord sent his angel and rescued me from Herod's clutches…"
38) 계 22:11,… The Lord, the God of the spirits of the prophets, sent his angel to show his servants the things that must soon take place.
39) 마 13:41, The Son of Man will send out his angels, and they will weed out of his kingdom everything that causes sin and all who do evil.
40) 마 24:31, And he will send his angels with a loud trumpet call, and they will gather his elect from the four winds, from one end of the heavens to the other.

하나님은 아비멜렉과 세겜 사람들 사이에 악한 영을 보내어…[41]

하나님은 또 다른 악한 영을 보내어 아합의 예언자들의 입에서 거짓말하는 영이 되도록 하셨다.

이제 여호와께서 당신의 모든 예언자들의 입에 거짓말하는 영을 두셨으니 하나님이 당신에게 재앙을 선고하신 것이다.[42]

그리고 하나님은 악한 영을 보내어 사울을 괴롭히도록 하셨다.

이제 주의 영이 사울을 떠났고, 주님이 보내신 악한 영이 그를 괴롭혔다.[43]

신약에서도 마찬가지이다. 돼지 떼로 옮겨가도록 주님께서 허락한 뒤에서야 마귀들이 그 귀신들린 자에게서 나왔다(마 8:28-32).

성경이 가르치는 명백한 진리는, 선한 천사들과 악한 천사들 모두 하나님의 통제 하에 있으며 의도적이든 아니든 하나님의 목적을 수행한다는 것이다. 그렇다. 사탄 자신도 절대적으로 하나님의 통제를 받는다. 에덴 동산에 사탄은 하나님 앞에 소환 당하여 무서운 선고를 받으면서도 단 한마디도 대꾸하지 못하였다. 사탄은 하나님이 허락하시기 전까지는 욥을 손대지 못하였다. 마찬가지로, 우리 주님의 허락을 받고 나서야 베드로를 "체질" 할 수 있었다. 그리스도께서 그에게 "사탄아, 물러가라" 명령하자 사탄이 떠나갔다고 성경에 써있다.[44] 그리고 종말에는, "불과 유황의 바다"에 던져질 운명이다.

---

41) 삿 9:23, God sent an evil spirit between Abimelech and the citizens of Shechem,
42) 왕상, "So now the LORD has put a lying spirit in the mouths of all these prophets of yours. The LORD has decreed disaster for you."
43) 삼상 16:14, Now the Spirit of the LORD had departed from Saul, and an evil spirit from the LORD tormented him
44) 마 4:10-11, Jesus said to him, "Away from me, Satan!" … Then the devil left him, and angels came and attended him.

전능하신 하나님 여호와가 통치하신다. 그의 다스림은 무생물, 야수, 어린아이들, 선한 천사들과 악한 천사들, 그리고 사탄에까지 미친다. 세계의 어떤 변천도, 별의 어떤 반짝거림도, 피조물의 어떤 동작도, 인간의 어떤 행위도, 천사들의 어떤 역할도, 사탄의 어떤 짓도, 저 거대한 우주 속에 있는 어떤 것도, 하나님이 영원 속에서 목적하신 것 이외의 다른 어떤 일이 일어나도록 만들지 못한다. 이것이 우리 신앙의 기초이다. 지성이 의지할 만한 것이 여기에 있다. 영혼의, 확고부동한 닻이 여기에 있다. 맹목적인 운명, 방자한 악, 사람 혹은 사탄이 아니라 전능하신 하나님이 세상을 지배하신다. 하나님이 자기 자신의 선한 즐거움에 따라, 자기 자신의 영원한 영광을 위하여 세상을 다스리신다.

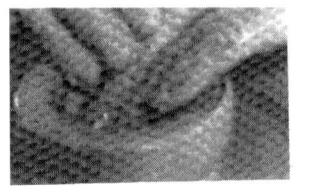

제4장
구원에서의 하나님의 주권

오, 하나님의 지혜와 지식의 풍부함이 얼마나 깊은지! 주의 판단은 진정 헤아릴 수 없고, 주의 길은 참으로 찾아내지 못한다.[1]

"구원은 하나님께로부터 나온다"[2] 그러나 하나님은 모든 사람을 구원하시지 않는다. 왜? 하나님은 일부만을 구원하신다. 만일 하나님이 일부만을 구원하신다면 다른 사람들은 왜 구원해 주시지 않는가? 그들이 너무나 죄악되고 부패하기 때문에 그런가? 아니다. 사도 바울은, "그리스도 예수가 죄인들을 구원하시려고 세상에 오셨다는 이 말은 전적으로 받아들일만한 믿을 수 있는 말이다. 죄인들 가운데 내가 가장 악한 죄인이다"[3]라고 말하였다. 그러므로 하나님께서 죄인 가운데 "가장 악한 자"를 구원하셨다면, 그 부패성 때문에 구원받지 못하는 사람은 아무도 없다. 하나님이 모든 사람을 구원하시지 않는 이유는 무엇인가? 그들의 심령이 너무나 딱딱하게 굳어서 구원해 주시지 못하기 때문인가? 아니다. 성경에 따르면, 하나님은 가장 돌처럼 딱딱한 마음을 가진 백성들에 대하여 "내가 그들에게 완전한 마음을 주고 새 영을 그들에게 부어넣어 주겠다. 내가 그들에게서 돌같은 마음을 제거하고 그들에게

---

1) 롬 11:33, Oh, the depth of the riches of the wisdom and knowledge of God! How unsearchable his judgments, and his paths beyond tracing out!
2) 욘2:9 하,… But I, with a song of thanksgiving, will sacrifice to you. What I have vowed I will make good. Salvation comes from the LORD."
3) 딤전 1:15, Here is a trustworthy saying that deserves full acceptance: Christ Jesus came into the world to save sinners--of whom I am the worst.

부드러운 마음을 주겠다"고 말씀하셨다.4) 그렇다면, 너무나 다루기 힘들고, 너무나 고집스럽고, 너무나 반항적이어서 하나님이 자기에게로 이끌지 못하시기 때문인가? 이 질문에 답하기 전에 다른 질문을 생각해 보자. 신자의 경험에 호소해 보자.

친구여! 경건치 않은 자들의 꾀를 좇고, 죄인들의 길에 서고, 오만한 자들의 자리에 앉아서 그들과 함께 "이 사람이 우리를 다스리도록 허용하지 않겠다"5)고 말한 적이 없었는가? 그대는 "그리스도께로 와서 생명을 얻기를"6) 거절하던 때가 없었는가? 하나님을 향해 "우리에게서 떠나라. 우리는 당신의 길을 알고 싶지 않다. 전능자가 누구길래 우리가 그를 섬겨야 하고 그에게 기도해서 무엇을 얻겠는가?"7)라고 말하는 자들을 편들던 때가 없었는가? 그런 때가 있었다는 사실을 그대는 낯을 붉히며 인정하지 않을 수 없다. 그러나 어떻게 해서 몽땅 바뀌었는가? 그대가 오만한 자기만족에서 겸손한 탄원자로, 하나님과 원수지간이었던 자에서 화목한 교제를 나누는 자로, 불법으로부터 순종으로, 증오로부터 사랑으로 바뀌도록 만든 것은 무엇인가? 그대는 이제 "영으로 난 자"의 신분이 되어, "나는 **하나님의 은혜에 의하여** 지금의 내가 되었다"8)고 기꺼이 대답할 것이다. 그렇다면, 다른 반역자들이 구원받지 못하는 것은 하나님께서 능력이 부족하기 때문이 아니라 하나님이 사람

---

4) 겔 11:19, I will give them an undivided heart and put a new spirit in them; I will remove from them their heart of stone and give them a heart of flesh.
5) 눅 19:14, But his citizens hated him, and sent a message after him, saying, We will not have this man to reign over us(KJV).
6) 요 5:40, yet you refuse to come to me to have life.
7) 욥 21: 14-15, Yet they say to God, 'Leave us alone! We have no desire to know your ways.
8) 고전 15:10, But by the grace of God I am what I am, and his grace to me was not without effect. No, I worked harder than all of them--yet not I, but the grace of God that was with me.

의 마음을 움직이기를 거절하셨기 때문이라는 것을 모르겠는가? 만일 하나님께서 그대의 도덕적 책임을 손상시키지 않은 채 그대의 의지를 억누르고 그대의 마음을 돌이키셨다면, 다른 사람들에게 대해서는 왜 똑같이 못하시겠는가? 확신컨대, 하나님은 하실 수 있는 분이다. 악인들의 현재의 여정과 그 궁극적인 운명을 설명할 때, 하나님은 그들을 구원하지 못한다거나 그들이 하나님께 허용하지 않는다는 식의 주장을 펼치는 것은 얼마나 모순되며 얼마나 비논리적이며 얼마나 어리석은 짓인가! "내가 그리스도를 나의 구세주로 영접하고자 마음먹던 때가 있었다"고 말하는가? 맞다. 그러나, 그대가 그런 마음을 갖도록 만드신 이는 바로 하나님이시다(시 110:3; 빌 2:13). 하나님이 모든 죄인들이 그런 마음을 갖도록 만들지 않으시는 이유는 무엇 때문인가? 하나님은 주권자이시며 자신이 원하는 대로 행하시는 분이시기 때문이다. 이제, 첫 번째 질문으로 돌아가자.

모든 사람 특히, 복음을 듣는 모든 사람을 구원하지 않는 이유는 무엇인가? 믿기를 거절하기 때문이라는 것이 아직도 그대의 대답인가? 그래! 맞다! 하지만 그 대답은 진리의 일부분에 불과하다. 인간적 측면에서 맞는 답변이다. 그러나 하나님의 측면도 존재한다. 그리고 이 측면을 강조할 필요가 있다. 그렇지 않으면 하나님께 영광을 돌리지 않는 것이 된다. 구원받지 못한 자들은, 믿기를 거절하기 때문에 그렇게 된다. 다른 사람들은 믿기 때문에 구원받는다. 이 구원받는 사람들은 어째서 믿는 것일까? 이들이 그리스도를 믿도록 만드는 것은 무엇일까? 이들이 다른 사람들에 비해 더욱 지성적이어서 구원받을 필요가 있다는 사실을 더 빨리 간파하기 때문인가? 그따위 생각은 버려라. 성경은, "너를 다른 사람들과 달라지도록 만든 것은 누구인가? 네가 받지 않은 것이 있는가? 그런데 너는 마치 받지 않은 것처럼 자랑하는 까닭은 무엇인가?"⁹⁾라고 반문한다. 하나님이 택자들과 불택자들의 차이를 만드셨다. "우리가 알기에는, 우리가 참된 자를 알도록 하기 위하여 하나님의 아들이 와서 우리에게 깨달음을 주셨다"¹⁰⁾고 성경이 증언한다.

믿음은 하나님의 선물이다. 그래서 "모든 사람에게 믿음이 있는 것이 아니다."¹¹⁾ 그러므로 우리는, 하나님이 이 선물을 모든 사람에게 주시지 않는다는 사실을 알고 있다. 그렇다면 하나님은 누구에게 이 구원의 은총을 부어주시는가? 우리는, 하나님 자신이 택하신 자들에게 라고 대답한다. "영생을 주시기로 정해진 자들은 다 믿었다."¹²⁾ 그러므로 "하나님의 택하신 자들의 믿음"¹³⁾이라는 표현이 성경에 있다. 그렇다면, 하나님은 편파적으로 은총을 베푸시는가? **하나님에게는 그럴 권리가 없으신가?** "집주인에게 불평하는" 자들이 아직도 있는가? 그분 자신의 말이 충분한 답변이다. "내가 내 것을 내 뜻대로 할 권리가 없느냐?"¹⁴⁾ 하나님은, 자연의 영역에서든 영적 영역에서든 자신의 은사를 주권적으로 부어주신다. 지금까지는 개괄적으로 진술하였다. 이제 상세하게 설명할 차례이다.

---

9) 고전 4:7, For who makes you different from anyone else? What do you have that you did not receive? And if you did receive it, why do you boast as though you did not?
10) 요일 5:20, We know also that the Son of God has come and has given us understanding, so that we may know him who is true…
11) 살후 3:2, … for not everyone has faith.
12) 행 13:48, … and all who were appointed for eternal life believed.
13) 딛 1:1,…the faith of God's elect and the knowledge of the truth that leads to godliness...
14) 마 20:15, Don't I have the right to do what I want with my own money?

1. 구원에 있어서 성부 하나님의 주권

하나님의 절대주권을 하나님이 자신이 만드신 피조물들의 운명을 결정하시는 문제와 관련지어 가장 강조적으로 단언하는 말씀은 로마서 9장에 있다. 여기에서는 로마서 9장 전체가 아니라 21-23절을 즉, "동일한 진흙 덩어리로 귀하게 쓸 그릇 하나와 천하게 쓸 그릇 하나를 만들 권한이 토기장이에게 없느냐? 만일 하나님이 자신의 진노를 보여주고 자신의 능력을 알리기 원하여, 멸망 받아 마땅한 진노의 그릇을 오래 참으신들 어쩌겠고, 하나님이 미리 영광을 위하여 예비하신 자비의 그릇들에게 자신의 영광의 풍부함을 알리시고자 한들 어쩌겠는가"[15]라는 질문을 다루겠다. 이 구절들은, 타락한 인류는 무생물인 진흙처럼 무기력하고 무능력하다고 표현한다. 이 성경은, 택자들과 불택자들 사이에는 그 자체로는 "아무런 차이가 없다"고 증거한다. 그들은 "동일한 진흙 덩어리"일 뿐이다. 이것은 에베소서 2:3과 일치한다. 에베소서에서는 우리도 다 "본질상 진노의 자녀"였다고 한다.[16] 여기에서 우리에게 주는 교훈은, 모든 개인의 궁극적인 운명은 하나님의 뜻에 의하여 결정되며 그렇기 때문에 우리의 축복이 된다는 것이며, 만일 그것이 우리의 뜻에 맡겨져 있다면 지옥불이 우리 모두의 궁극적 목적지가 될 것이라는 것이다. 이 성경구절은, 하나님이 자신의 피조물에게 정해주시는 그

---

15) 롬 9:21-23, Does not the potter have the right to make out of the same lump of clay some pottery for noble purposes and some for common use? What if God, choosing to show his wrath and make his power known, bore with great patience the objects of his wrath--prepared for destruction? What if he did this to make the riches of his glory known to the objects of his mercy, whom he prepared in advance for glory--

16) 엡 2:3, All of us also lived among them at one time, gratifying the cravings of our sinful nature and following its desires and thoughts. Like the rest, we were by nature objects of wrath.

각각의 운명에서 차이가 난다고 선언한다. 어떤 것은 귀하게 쓰임 받도록 하시고 어떤 것은 천하게 쓰임 받도록 하신다. 어떤 것은 "멸망 받아 마땅한 진노의 그릇"이 되고 다른 것은 "미리 영광을 위하여 예비하신 자비의 그릇"이 된다.

진흙이 토기장이의 손에 잡혀 있는 것처럼 모든 인류가 하나님의 손에 잡혀 있다는 것이 자부심 강한 피조물의 마음을 초라하게 만든다는 점은 기꺼이 인정한다. 하지만 이것이 진리의 성경이 진상을 묘사하는 정확한 방식이다. 인간을 자랑하고 지적 자부심으로 인간을 신격화하는 이런 시대에서도, 토기장이가 자신을 위하여 자신의 그릇을 빚는다는 사실을 주장할 필요가 있다. 사람이 그 조물주에게 멋대로 덤벼들도록 내버려 둬봐라. 사람은 하늘의 토기장이의 손에 들린 진흙에 불과하다는 사실이 남는다. 하나님은 자신의 피조물들을 정당하게 다루신다는 사실과, 온 세상의 심판자이신 하나님이 **올바르게 행하실 것**임을 우리가 알고 있음에도, 하나님은 자신의 목적을 위하여 그리고 자신의 즐거움에 따라 자신의 그릇을 빚으신다. 하나님은 자기 자신의 것을 자기 뜻대로 하시겠다는 논란의 여지가 없는 권리를 주장하신다.

하나님에게는 자기 손으로 빚으신 피조물들을 자신의 뜻대로 처분하실 권리가 있을 뿐만 아니라, **이 권리를 사용하신다**. 그리고 그것은 하나님의 예정적 은혜에서 가장 명확하게 드러난다. 하나님은 세상을 창조하시기 전에 선택, 택정, 예정을 하셨다. 모든 것을 꿰뚫어보시는 하나님의 눈앞에 아담의 후예 즉, 전 인류가 섰고 하나님은 이 중에서 한 백성을 빼어내 "양자 삼기"로 예정하셨고 "자기 아들의 형상과 일치시키기로" 예정하셨고 그들을 영생으로 인도하기로 "정하셨다." 이 축복된 진리를 진술하는 성경 구절은 많다. 그 가운데 일곱 군데를 살펴보자.

① 사도행전 13: 48 분석

    영생을 주시기로 정해진 자들은 다 믿었다.[17]

인간의 창의적 기교를 전부 발휘하여, 이 성경의 날카로운 모서리를 무디게 만들고 이 말씀의 명백한 의미를 회피하려고 하였지만 성공하지 못하였다. 이 말씀 및 유사한 구절들을 자연인의 마음에 합하도록 만들 수 있는 것은 없다. "영생을 주시기로 정해진 자들은 다 믿었다." 이 말씀에서 네 가지 교훈을 배울 수 있다. 첫째, 믿음은 하나님의 작정하심의 결과이지 원인이 아니다. 둘째, 오직 제한된 수의 사람들만이 "영생을 얻도록 정해져" 있다. 만일 하나님이 예외 없이 모든 사람을 택정하셨다면 "정해진 자들"이라는 표현은 무의미한 사족에 불과하다. 셋째, 하나님의 이 "정하심"은 단지 외적인 특권이 아니라 "영생"을 위한 것이고, 섬김이 아니라 영생 그 자체를 위한 것이다. 넷째, 하나님이 영생을 주시기로 정한 "모든 사람"은 하나도 빠짐없이 다 믿음을 갖게 될 것이 지극히 분명해진다.

이 구절에 관한 스펄전 목사의 다음 언급은 주목할 가치가 있다.

    이 말씀이 예정을 가르친다는 사실을 부정하려는 시도가 많았다. 그러나 이러한 시도들은 언어를 아주 명백하게 훼손하기 때문에 거기에 대꾸하면서 시간을 낭비하고 싶지 않다. "영생을 주기로 정해진 자들은 다 믿었다"는 이 말에 대해, 모든 사람의 믿음이 하나님의 은혜에서 나왔다고 함으로써 본문을 왜곡하는 것이 아니라 하나님의 은혜를 영광스럽게 할 것이다. 믿는 마음을 주시는 이는 하나님이 아니고 누구란 말인가? 만일 사람들이 영생을 갖겠다는 마음을 품는다면—그 모든 경우에—그런 마음을 품게 하시는 이는 하나님이 아닌가? 하나님이 은혜를 주시는 것이 틀렸는가? 하나님이 은혜를 주신다는 것이 옳을지라도, 하나님이 그렇게

---

[17] 행 13:48, … and all who were appointed for eternal life believed.

하시려는 목적을 품는 것은 잘못인가? 당신은 하나님이 그것을 우발적으로 주시도록 할 텐가? 하나님이 오늘 은혜를 주시고자 하는 목적을 세우는 것이 맞다면, 하나님이 오늘 이전에―게다가 하나님은 변치 않으시는 분이기에―영원 전부터 그런 목적을 세우신다는 것도 맞다.

② 로마서 11: 5-6 분석

바로 그렇게 지금도, **은혜의 택하심에 따라** 남은 자가 있다. 만일 은혜에 의해서라면, 더 이상 행위에 속한 것이 아니다. 그렇지 않다면, 은혜는 더 이상 은혜가 아니다. 만일 행위에 속하는 것이라면 그것은 더 이상 은혜가 아니다. 그렇지 않다면 행위는 더 이상 행위가 아니다.[18]

이 인용문의 첫머리에 있는 "바로 그렇게"는 바로 앞 구절 즉, "바알에게 무릎 꿇지 않은 칠천 명을 나를 위하여 남겨두었다"는 말씀을 고려하도록 만든다. 특히, "남겨두었다"는 말에 주목하라. 엘리야 시대에, 우상숭배에 물들지 않도록 경건하게 보존되고 참된 하나님에 관한 앎으로 이끌린 사람이 칠천 명 ― 매우 적은 수 ― 이 있었다. 이 보존과 조명은 그들 자체에 존재하는 어떤 것에서 나온 것이 아니다. 오직 하나님의 특별하신 영향력과 활동에 의한 것이다. 하나님이 이처럼 "남겨두신" 이 사람들은 정말로 커다란 은총을 받은 것이다. 이제 사도 바울의 말에 귀기울여 보자. 엘리야 시대에 "하나님께서 남겨두신" 남은 자들이 있었던 것처럼 바로 그렇게 오늘날에도 하나님의 섭리가 존재한다.

"은혜의 택하심에 따라 남은 자." 여기에서 선택의 **원인**을 그 근원까지 거슬러 올라간다. 하나님이 이 "남은 자"를 선택하신 근거는, 그들 안에 있는 예견된 신앙이 아니다. 예견된 선행에 입각한 선택은 마찬가

---

[18] 롬 11:5-6, So too, at the present time there is a remnant chosen by grace. And if by grace, then it is no longer by works; if it were, grace would no longer be grace. otherwise work is no more work.

지로 **행위**를 근거로 한 것이기 때문이다. 이와 같은 경우라면 "**은혜**"에 속한 것이 아니다. 사도 바울의 말처럼, "만일 은혜에 의해서라면, 더 이상 행위에 속한 것이 아니다. 그렇지 않다면, 은혜는 더 이상 은혜가 아니다." 이 말은, 은혜와 행위는 상극을 이루며 서로 공통점이 없고 따라서 물과 기름처럼 서로 섞이지 않는다는 뜻이다. 따라서, 택함 받는 자들 속에서 고유한 선을 예견하셨다는 생각은 즉, 그들이 공로적인 어떤 것을 성취한다는 생각은 단호히 배제된다. "**은혜**의 택하심에 따라 남은 자"라는 이 말은, 무조건적 선택은 하나님의 주권적 은총에서 나온 결과라는 뜻이다. 한 마디로 말해서 그것은 절대적으로, 값없는 선택이다.

③ 고린도전서 1:26-29 분석

> 형제들아, 너희가 부르심을 받을 때 너희가 어떠했는지를 생각하라. 인간적 기준에서 지혜로운 사람들도 영향력이 있는 사람들도 고귀한 태생을 가진 자들도 많이 부르심을 받지 못하였음을 생각하라. 하나님은 세상의 어리석은 것들을 택하여 지혜로운 자들을 부끄럽게 하셨다. 하나님은 세상의 약한 것들을 택하여 강한 것들을 부끄럽게 하셨다. 하나님은 세상의 비천한 것들―그리고 없는 것들―을 택하여 있는 것들을 무효화시켰다. 이는 어느 누구도 하나님 앞에서 자랑하지 못하게 하기 위해서였다.[19]

이 구절에서만 "**하나님의 택하심**"을 세 번 언급한다. 택하심은 선별

---

19) 고전 1:26-29, Brothers, think of what you were when you were called. Not many of you were wise by human standards; not many were influential; not many were of noble birth. But God chose the foolish things of the world to shame the wise; God chose the weak things of the world to shame the strong. He chose the lowly things of this world and the despised things--and the things that are not--to nullify the things that are, so that no one may boast before him.

즉, 어떤 것들을 골라내고 다른 것들은 내버려두는 것을 반드시 전제한다. 여기에서 택하시는 이는 하나님이시다. 주 예수께서 사도들에게 "너희가 나를 택한 것이 아니라 내가 너희를 택하였다"[20]고 하신 말씀 그대로이다. 선택받는 자의 수는 엄격하게 한정되어 있다. 즉, "…많지 않다"는 이 말씀도 마태복음 20:16의 "이처럼 마지막 것이 첫째가 될 것이고 첫째가 마지막 것이 될 것이다. 많은 사람이 부르심을 받지만 택하심을 받는 자들은 소수일 것이다"[21]라는 말씀에 부합한다. 지금까지, 하나님이 선택하신다는 사실에 관하여 다루었다. 이제 하나님의 택하심을 받는 대상에 주의를 기울이자.

위의 글에서 보면, 하나님으로부터 택함 받는 자들은 "세상의 약한 것들, 세상의 비천하고 경멸받는 것들"이다. 어째서 그런가? 하나님의 은혜를 드러내고 높이기 위해서 이다. 하나님의 생각뿐만 아니라 그 방법도 사람의 것과 전적으로 다르다. 육적인 마음은, 부유하고 영향력 있는 자들, 사교적이고 교양 있는 자들의 계층에서 선발하여 그 화려함과 육적인 영광에 의하여 기독교가 세상의 평판과 갈채를 얻도록 하였다고 생각하였을 것이다. 아하! 그러나 "사람들 사이에서 높이 평가받는 것은 하나님 보시기에 혐오스러운 것이다."[22] 하나님은 "천한 것들"을 선택하신다. 구약 시대에 그렇게 하셨다. 거룩한 말씀을 담당케 하고 약속된 자손이 오시는 통로로 삼으시기 위하여 선택하신 민족은 고대의 이집트 족속도, 위풍당당한 바빌론 족속도, 문명과 문화가 크게 발달한 그리스 인들도 아니었다. 그렇다. 여호와 하나님이 자신의 사랑을

---

20) 요 15:16, You did not choose me, but I chose you…
21) 마 20:16, So the last shall be first, and the first last : for many be called, but few chosen.
22) 눅 16:15, … What is highly valued among men is detestable in God's sight.

부어주시고 자기 눈동자처럼 아끼신 그 민족은 경멸받고 방랑하는 히브리 족속이었다. 우리 하나님이 그들 가운데 장막을 치셨다. 하나님이 자신과의 애정어린 친밀한 교제로 이끄시고 사도로 세워 자신을 대표하도록 하신 자들은 대체로, 무식한 어부들이었다. 지금까지도 그런 식이었고 오늘날에도 그렇다. 지금의 증가 추세대로라면, 머지않아서, 큰 은총을 입은 미국에서보다도 경멸받는 중국에서 신자들이 훨씬 더 많아질 것이다. 문화적인 독일에서보다도 비문명적인 아프리카 흑인들 가운데 신자들이 더 많아질 것이다. 하나님의 선택 목적 즉, 하나님의 택하심이 존재하는 목적은 "어떤 육체도 하나님 앞에서 자랑하지 못하도록" 하는 것이다. 하나님이 택하신 자들에게는 하나님의 특별한 은총을 받을만한 것이 전혀 존재하지 않기 때문에 기꺼이, 그 모든 찬양은 지극히 풍성한 하나님의 은혜에 돌려야 한다.

④ 에베소서 1: 3-5 분석

우리 주 예수 그리스도의 아버지 하나님께 찬양 드려라. 그는 그리스도 안에서 천국의 모든 신령한 축복으로 우리에게 복 주셨다. 세상을 창조하시기 전에 그 안에서 우리를 택하여, 자기 앞에 거룩하고 흠 없게 하셨다. 우리를 사랑 안에서 예정하여, 자신의 기쁘신 뜻에 따라 예수 그리스도를 통하여 자기 자녀로 받아주셨다…모든 것을 자기 뜻의 목적에 일치시켜 이루시는 자의 계획에 따라, 그의 안에서 우리를 선택하고 예정하였다.[23]

---

23) 엡 1:3-5, 11, Praise be to the God and Father of our Lord Jesus Christ, who has blessed us in the heavenly realms with every spiritual blessing in Christ. For he chose us in him before the creation of the world to be holy and blameless in his sight. In love he predestined us to be adopted as his sons through Jesus Christ, in accordance with his pleasure and will… In him we were also chosen, having been predestined according to the plan of him who works out everything in conformity with the purpose of his will.

여기에서 다시, 어떤 시점—만일 시간이라고 볼 수 있다면—에 관하여 언급한다. 즉, 예수 그리스도에 의하여 하나님의 자녀가 된 자들을 선택하신 그 시기를 언급한다. 그것은 아담이 타락하여 인류를 죄와 비참함 속에 밀어 넣은 이후가 아니었다. 아담이 빛을 보기 훨씬 전에, 세상이 창조되기도 전에, 하나님은 그리스도 안에서 우리를 선택하셨다. 여기에서도, 하나님이 자신의 택자들과 연계해서 세우신 목적을 확인할 수 있다. 그들이 자기 앞에서 거룩하고 흠없는 존재가 되도록 하는 것이 그 목적이었다. 자녀로 입양하는 것, 유산을 상속받도록 하는 것 또한 목적이었다. 하나님의 **"동기"**가 여기에 있다. "사랑 안에서" 우리를 예정하여 "예수 그리스도를 통하여 자기 자녀로 받아주셨다." 이 진술은, 인간이 태어나기도 전에 그 영원한 운명을 하나님이 결정하시는 것은 독재적이고 불공정하다고 종종 제기되는 사악한 혐의를 논박한다. 여기에서 마지막으로 배우는 교훈은, 하나님은 이 문제를 어느 누구와도 협의하지 않고 자신의 선하신 기쁘신 뜻에 따라 우리를 예정하셨다는 것이다.

⑤ 데살로니가후서 2: 13

> 주님의 사랑을 받는 형제들아, 우리는 너희로 인하여 항상 하나님께 감사 드리지 않을 수 없다. 하나님이 처음부터 너희를 선택하여, 성령의 거룩 케 하심과 진리를 믿게 하심을 통하여 구원에 이르게 하셨기 때문이 다.[24]

이 구절에서는 세 개의 요점에 각별한 주의를 기울여야 한다. 첫째

---

[24] 살후 2:13, But we ought always to thank God for you, brothers loved by the Lord, because from the beginning God chose you to be saved through the sanctifying work of the Spirit and through belief in the truth.

는, 하나님의 택자들은 구원에 이르도록 선택받는다는 사실을 명확하게 언급한다는 점이다. 더 이상 어떻게 할 수 없을 정도로 명확한 진술이다. 선택을 단지 외적인 특권이나 서열에 관련짓는 모든 사람들의 궤변과 모호함을 단칼에 날려버리는 말이다. 하나님이 우리를 선택하신 것은 "구원" 그 자체에 이르도록 하기 위한 것이었다. 두 번째는, 구원에 이르게 하는 선택은 적절한 수단의 사용을 무시하지 않음을 확인해 준다는 점이다. 즉, "성령의 거룩케 하심과 진리를 믿게 하심"을 통하여 구원에 도달한다. 하나님이 어떤 사람을 구원에 이르도록 선택하였기 때문에 그는 믿든지 말든지 막무가내로 구원받을 것이라는 주장은 틀렸다. 성경 어디에서도 그렇게 가르치지 않는다. 목적을 예정하신 그 하나님이 수단도 정해놓으셨다. "구원에 이르도록 선택하신" 그 하나님이 성령의 사역과 진리에 대한 믿음을 통하여 자신의 목적이 실현되도록 작정하셨다. 셋째는, 하나님이 우리를 선택하여 구원에 이르도록 하셨다는 바로 그 사실이 열정적으로 찬양할 심오한 명분이라는 점이다. 사도 바울이 이 점을 얼마나 강력하게 표현하고 있는지 주목하라. "**우리는** 너희로 인하여 **항상** 하나님께 감사 드리지 **않을 수 없다.** 하나님이 처음부터 너희를 선택하여…… 구원에 이르게 하셨기 **때문이다.**" 성도는 이 축복된 진리가 말씀 속에서 펼쳐지는 모습을 볼 때 공포로 움츠러들어 예정 교리로부터 뒷걸음질치는 대신에, 구속주 자신을 제공하는 그 놀라운 은사만이 만들어 낼 수 있는 최상의 감사를 드릴 이유를 발견한다.

⑥ 디모데후서 1:9

하나님은 우리를 구원하시고, 거룩한 부르심으로 우리를 부르셨다. 이것은 우리의 행위에 따른 것이 아니다. 세상이 시작하기도 전에 그리스도

예수 안에서 우리에게 주신, 하나님 자신의 목적과 은혜에 따른 것이다.[25]

성경의 용어가 얼마나 적절하고 분명한가! 자신의 말에 의하여 어리석어지는 것은 인간이다. 성경에 진술된 그 이상으로 명백하게 혹은 더욱 강력하게 표현하기란 불가능하다. 우리의 구원은 "우리 자신의 행위에 따른" 것이 아니다. 즉, 우리 안에 존재하는 어떤 것 때문이 아니다. 우리 안에서 나오는 어떤 것에 대한 보상도 아니다. 오히려, 그것은 하나님 자신의 "목적과 은혜"의 결과이다. 이 은혜를 세상이 시작하기도 전에 그리스도 예수 안에서 우리에게 주셨다. 우리는 **은혜**에 의하여 구원받는다. 하나님의 목적 안에서, 이 은혜를 우리에게 부어주셨다. 우리가 빛을 보기 전이었을 뿐만 아니라, 아담이 타락하기도 전이었을 뿐만 아니라, 창세기 1:1의 아득히 먼 "태초"보다도 전이었다. 바로 여기에, 하나님의 백성이 누리는 결코 빼앗길 수 없는 위로가 있다. 하나님의 선택이 영원 전에서 온 것이라면, 영원에 이르기까지 지속될 것이다. "영원으로부터 온 것만이 영원에 이를 때까지 지속될 수 있다. 그렇게 온 것이 그렇게 될 것이다"(G. S. Bishop).

⑦ 베드로전서 1: 2

> [하나님의 택자들은] 하나님 아버지의 미리 아심을 따라, 성령의 거룩케 하시는 사역을 통하여, 예수 그리스도께 순종하고 그의 피뿌림을 위하여 선택받았다.[26]

---

25) 딤후 1:9, Who hath saved us, and called us with an holy calling, not according to our works, but according to his own purpose and grace, which was given us in Christ Jesus before the world began(KJV).
26) 벧전 1:2, who[God's elect] have been chosen according to the foreknowledge of God the Father, through the sanctifying work of the Spirit, for obedience to Jesus Christ and sprinkling by his blood.

이 말씀에서 거듭 나타나는 교훈은, 아버지 하나님의 선택하심이, 구원받는 자들 안에서 성령이 활동하시는 것과 이들이 믿음의 순종을 하는 것보다 선행한다는 점이다. 따라서 선택을, 피조물의 영역에서부터 완전히 빼어내 전능자의 주권적 즐거움 안에 둔다. "하나님 아버지의 미리 아심"이라는 표현은, 만물에 대한 하나님의 예지를 가리키는 말이 아니라 하나님의 마음에 성도들은 영원히 그리스도 안에서 현존한다는 것을 뜻한다. 하나님은, 복음에 귀기울이는 어떤 자들이 **"하나님이 예정"하셨다는 사실과는 상관없이** 믿음을 가지게 되어 **이 어떤 자들이 영생에 이르게 될는지를** "미리 아신 것"이 아니다. 하나님이 모든 사람 속에서 미리 보신 것은, 죄를 향한 사랑과 하나님을 향한 증오이다. 하나님의 "미리 아심"은, "하나님이 미리 정하신 목적과 미리 아심에 의하여 너희에게 넘겨진 이 사람을 너희는 사악한 자들의 도움을 받아 십자가에 못박아 죽였다"[27]는 이 말씀에서 분명하게 드러나는 것처럼 하나님 자신의 작정에 근거한다. 이 말씀에 나타난 순서에 주목하라. 하나님이 "미리 정하신 목적"(하나님의 작정)이 첫째이고, 하나님의 "미리 아심"이 그 다음이다. 로마서 8:28-29에서 이 순서가 다시 나온다.[28] 29절에 보면 "왜냐하면, 하나님이 미리 아신 자들을 또한 예정하여 자기 아들의 형상에 일치되도록 하셨다"는 표현이 있다. 그러나 첫 번째 단어 "왜냐하면"은 바로 앞 구절로 되돌아가도록 만들고, 앞 절의 마지막 부분에 "하나님의 목적에 따라 부르심을 받은 자들"이라는 표현이 있

---

27) 행 2:23, This man was handed over to you by God's set purpose and foreknowledge; and you, with the help of wicked men, put him to death by nailing him to the cross.

28) 롬 8:28-29, And we know that in all things God works for the good of those who love him, who have been called according to his purpose. For those God foreknew he also predestined to be conformed to the likeness of his Son, that he might be the firstborn among many brothers.

다. 바로 이 사람들을 하나님이 "미리 아시고 미리 정하"신 것이다. 마지막으로, 하나님이 어떤 사람들을 "아신다"는 말이 성경에 나올 때 이 말은 승인과 사랑으로 아신다는 의미로 사용된다는 사실을 지적할 필요가 있다. "하나님을 사랑하는 자를 하나님은 아신다."19) 그리스도는 위선자들에게, "내가 너희를 정말 몰랐다" 즉, 결코 사랑한 적이 없다고 말씀하실 것이다. "하나님 아버지의 미리 아심을 따라…선택받았다"는 이 말은, 하나님에 의하여 하나님의 승인과 사랑을 받는 특별한 대상으로 선택받았음을 의미한다.

이 일곱 구절이 가르치는 교훈을 요약하면 다음과 같다. 하나님은 어떤 사람들을 "영생에 이르도록 정하셨다." 하나님이 미리 정하신 그 결과로써 그들은 적절한 때가 이르면 믿게 된다. 하나님이 택자들을 구원에 이르도록 미리 정하신 것은 그들 안에 있는 어떤 선한 것 때문도 그들로부터 나오는 공로적인 것 때문도 아니다. 오직 하나님의 "은혜" 때문이다. "어떤 육체도 하나님 앞에서 자랑하지 못하도록 하기 위하여," 하나님은 의도적으로 가장 그럴 것 같지 않은 자들을 선택하여 자신의 특별한 사랑을 부어주셨다. 하나님이 태초 이전에 그리스도 안에서 자기 백성을, 하나님 앞에서 거룩하고 흠이 없어서가 아니라 장차 그런 존재로 만들기 위하여 선택하셨다. 하나님이 인류 가운데 일부를 선택하셨을 때 자신의 영원한 계획을 실현할 수단도 작정하셨다. 우리를 구원에 이르도록 한 바로 그 "은혜"를 하나님은 세상이 시작하기도 전에 자신의 목적에 따라 우리에게 부어주셨다. 하나님의 택함을 입은 자들은 실제로 창조되기 오래 전에 이미 하나님의 생각 속에 현존하였고, 하나님이 "미리 아신" 자들이었고…하나님의 영원한 사랑의 명확한 대상이

---

29) 고전 8:3, But the man who loves God is known by God.

었다.

다음 주제로 넘어가기 전에, 하나님의 예정하시는 은혜에 관해 한 마디 더 하겠다. 바로 이 지점에서, 구원으로 예정하시는 하나님의 주권 교리가 가장 빈번하게 공격을 받기 때문에 한번 더 다루겠다. 이 진리를 왜곡하는 자들은, 하나님이 죄인들에게 구원을 베풀도록 만드는 어떤 원인을 하나님의 의지 밖에서 찾으려고 부단히 노력한다. 즉, 그들은, 창조주 하나님으로부터 자비를 받을만하도록 자격을 부여해 주는 그 무엇인가가 피조물에게 있다고 본다. 그렇다면 "하나님이 그 택하신 자들을 선택하게 된 이유는 무엇인가?"라는 질문을 다뤄보자.

택자들 안에 하나님의 마음을 매혹시킬 그 무엇인가가 존재하였는가? 그들이 소유한 어떤 미덕 때문이었는가? 아량이 넓고 마음씨가 곱고 진실을 말했기 때문인가? 즉, 그들이 "선량"하였기 때문에 하나님이 그들을 선택하였는가? 아니다. "오직 한 분 하나님이외에는 선한 이가 없다"[30]고 우리 주님께서 말씀하셨다. 그들이 행한 어떤 선한 일들 때문이었는가? 아니다. 성경에 따르면, "선을 행하는 이가 없다. 단 한 명도 없다."[31] 하나님을 추구함에 있어서 그 진지함과 열정을 입증하였기 때문이었는가? 아니다. "하나님을 찾는 이가 전혀 없다"고 성경은 말한다.[32] 그들이 믿을 것을 하나님이 미리 보셨기 때문이었는가? 아니다. "불법과 죄 가운데 죽어 있는" 자들이 어떻게 그리스도를 믿을 수 있는가? 어떻게 하나님은 믿음을 가질 수 없는 시점에 있는 자들을 신자로 미리 아실 수 있었을까? 성경은, 우리가 "은혜로 인하여 믿는다"고 선

---

30) 마 19:17,… there is none good but one, that is, God…(KJV).
31) 롬 3:12,… there is no one who does good, not even one.
32) 롬 3:11, there is no one who understands, no one who seeks God.

언한다.33) 믿음은 하나님의 선물이다. 그리고 이 선물이 없이는 어느 누구도 믿음을 갖지 못할 것이다. 그렇다면 하나님의 선택 원인은, 하나님이 택하시는 대상들 속이 아니라 하나님 자신 안에 있다. 단지 하나님이 그들을 선택하시기로 선택하였기 때문에, 자신이 선택한 자들을 선택하셨다.

> 우리는 하나님의 선택에 의하여 아들이 되었다.
> 영원한 목적에 의하여
> 예수 그리스도를 믿는 자들이 되었다.
> 우리는 이제 주권적 은혜를 받는다.
> 주 하나님의 자비를 베푸소서.
> 은혜와 영광을 베푸소서!

2. 구원에 있어서 성자 하나님의 주권

그리스도는 누구를 위하여 죽으셨는가? 그리스도를 죽음에 내어주실 때에 성부 하나님에게 분명한 목적이 있었다거나, 성자 하나님이 자신의 목숨을 내어놓을 때에 명확한 계획을 염두에 두었다는 주장은 굳이 할 필요가 없다. "하나님은 자신의 모든 일들을 태초부터 알고 계신"다.34) 그렇다면 성부 하나님의 목적, 성자 하나님의 계획은 무엇이었는가? 그리스도는 "하나님의 택자들"을 위하여 죽으셨다는 것이 우리의 대답이다.

그리스도의 죽음에 "제한된 계획"이 있다는 말이 많은 논란을 불러

---

33) 행 18:27, When Apollos wanted to go to Achaia, the brothers encouraged him and wrote to the disciples there to welcome him. On arriving, he was a great help to those who by grace had believed.

34) 행 15:18, Known unto God are all his works from the beginning of the world(KJV).

있으켰다는 사실을 우리는 잘 알고 있다. 성경에 계시된 위대한 진리치고 논란이 없는 것이 있는가? 우리의 복되신 주님의 인격과 사역에 관련된 어떤 것도 최대한 존중하여 다루어야 한다는 것과, "주님께서 이와 같이 말씀하신다"는 말이 우리의 모든 주장을 뒷받침해 주어야 한다는 것을 우리는 잊지 않고 있다. 우리는 율법과 언약에 호소해야 한다.

그리스도는 누구를 위하여 죽으셨는가? 그리스도가 자신의 피를 흘려 구속해 주려고 염두에 두신 자들은 누구인가? 분명코, 주 예수는 십자가로 나아가실 때 **절대적인 목적**을 세우셨다. 그렇다면 필연적으로 도달하게 되는 결론은, 그 목적의 **범위**는 **제한**되어 있다는 것이다. 절대적인 목적을 달성해야 하기 때문이다. 만일 그리스도의 절대적인 목적이 모든 인류를 포함한다면 모든 인류가 구원받을 것은 지극히 분명하다. 이 불가피한 결론을 회피하기 위하여, 그리스도는 이런 식의 절대적인 목적을 세우지 않았고 단지 전 인류에게 구원의 조건만을 제공하였다고 주장하는 사람들이 많다. 이런 주장에 대한 반박을, 그리스도가 십자가로 나아가시기 **전에**, 그리스도가 성육신하기 전에, 성부 하나님이 성자 하나님께 주신 약속에서 찾을 수 있다. 구약성경에 따르면, 성부 하나님이 성자 하나님께 죄인들을 위하여 받는 고난에 대한 **보상**을 약속하신다. 여기에서는, 저 유명한 이사야서 53장의 한 두 구절만 살펴보겠다. 10-11절 말씀을 보면,[35] "주께서 그의 영혼을 속죄의 제물로 삼으실 때 그는 자신의 씨를 볼 것이다…그는 자기 영혼의 수고를 확인하고 만족하게 될 것이다"라는 진술이 있다. 하지만 여기에서 잠시 멈추어서 질문을 던져야 한다. "만일 하나님이 제한된 따라서 확실한 숫자의 인류를 구원하기로 작정하시지 않았다면, 그리스도가 '자신의 씨'

---

35) 사 53:10-11, … when thou shalt make his soul an offering for sin, he shall see his seed … He shall see of the travail of his soul, and shall be satisfied … (KJV).

를 보고 '자기 영혼의 수고를 확인하고 만족하게' 될지 어떻게 확신할 수 있을까?" "누군가가 그리스도를 자신의 구세주로 영접하도록 효과적인 조치를 취하지 않는다면, 그리스도가 많은 사람들을 의롭게 만들어 준다고 어떻게 확신할 수 있을까?"라고. 반면에, 주 예수가 모든 인류의 구원을 목적하신 것이 분명하다고 주장하는 것은, 결코 지성적인 존재라면 받지 않을 혐의를 주님께 부과하는 것이다. 즉, 주님은 자신의 전지하심에 의하여, 결코 발생하지 않을 것이라고 알고 있는 것을 계획하신다는 것이다. 그러므로 우리에게 남은 유일한 선택지는, 주 예수의 죽으심이 가지고 있는 미리 결정된 목적에 관한 한 그리스도는 오직 택자들을 위해서만 죽으셨다는 것이다. 모든 독자가 알아들을 수 있도록 한 문장으로 요약하면, 그리스도는 모든 인류의 구원을 **가능하게** 만들기 위해서가 아니라 성부가 자기에게 주신 모든 사람의 구원을 **확실하게** 하기 위하여 죽으셨다. 그리스도가 죽으신 것은, 단지 죄악들을 용서할 만한 것으로 바꾸기 위해서가 아니라 "자신을 희생하여 **죄를 없애기 위해서**"였다.36) 누구의 "죄"를 "제거" 하였는가에 관해서는 성경은 의문의 여지를 일체 남겨두지 않는다. 그것은 택자들 즉, 하나님의 백성들인 "세상"의 죄였다(요 1:29).

(1) 제한 속죄 계획은, 어떤 사람들을 구원에 이르도록 하는 성부 하나님의 영원한 선택으로부터 필연적으로 도출된다. 성경은 우리에게, 주님께서 성육신하시기 전에 "오! 하나님, 내가 주의 뜻을 행하기 위하여 왔습니다"37)라고 말씀하셨다고 알려준다. 그리고 성육신하신 다음에

---

36) 히 9:26, Then Christ would have had to suffer many times since the creation of the world. But now he has appeared once for all at the end of the ages **to do away with sin by the sacrifice of himself**.
37) 히 10:7, Then I said, 'Here I am—it is written about me in the scroll—I have come to do your will, O God.

는, "내 자신의 뜻이 아니라 나를 보내신 분의 뜻을 행하기 위하여 내가 하늘로부터 내려왔다"고 선언하셨다.[38] 만일 하나님이 어떤 사람들은 구원에 이르도록 처음부터 선택하셨다면, 그리스도의 뜻은 하나님의 뜻과 완벽하게 일치하였기 때문에 그는 하나님의 선택을 확장하려고 노력하지 않았다. 여기에서 방금 언급한 것은, 단지 우리 자신의 그럴듯한 추론일 뿐만 아니라, 성경 말씀의 명백한 교훈과 엄밀하게 조화를 이룬다. 우리 주님은 성부가 자기에게 "주신" 자들을, 주님의 사역의 대상이 된 자들을 반복해서 언급하셨다. "아버지께서 내게 주신 자들은 다 내게로 나올 것이다. 그리고 내게로 나오는 자를 내가 결코 내쫓지 않겠다…이것이 나를 보내신 아버지의 뜻이다. 아버지가 내게 주신 자들을 나는 하나도 잃어버리지 않을 것이며 마지막 날에 내가 그들을 다시 살려낼 것이다"라고 말씀하셨다.[39] 또, "예수께서 이렇게 말씀하신 뒤에 하늘을 바라보시며, '아버지여, 때가 이르렀습니다. 당신의 아들을 영화롭게 하여, 당신의 아들이 당신을 영화롭게 하도록 해 주십시오. 당신이 내게 주신 자들 모두에게 영생을 주도록 모든 백성을 다스릴 권세를 내게 주셨습니다…아버지가 세상으로부터 내게 주신 자들에게 아버지를 나타내었습니다. 저들은 아버지의 것입니다. 아버지는 그들을 내게 주셨고 그들은 아버지의 말씀에 순종하였습니다…내가 저들을 위하여 기도합니다. 나는 세상을 위해서가 아니라, 아버지가 내게 주신 자들을 위하여 기도하고 있습니다. 왜냐하면 저들은 아버지의 것이기 때문입니다…아버지, 아버지가 내게 주신 자들이 내가 지금 있는 곳에서 나와

---

[38] 요 6:38, For I have come down from heaven not to do my will but to do the will of him who sent me.

[39] 요 6:37, 39, All that the Father gives me will come to me, and whoever comes to me I will never drive away… And this is the will of him who sent me, that I shall lose none of all that he has given me, but raise them up at the last day.

함께 하기를 나는 원합니다. 저들이 아버지가 내게 주신 나의 영광을, 세상을 창조하시기 전에 나를 사랑하셨기 때문에 나에게 주신 그 영광을 바라보도록 말입니다."[40] 성부 하나님이 세상을 창조하시기 전에 한 백성을 예정하여 성자의 형상에 일치하도록 하셨다. 주 예수의 죽으심과 부활하심은, 하나님의 목적을 수행하도록 하기 위한 목적에서였다.

(2) 속죄의 성격 바로 그 자체가, 죄인들에게 그 속죄를 적용할 때 하나님의 목적에 맞춰 제한하였음을 입증해 준다. 그리스도의 속죄를, 두 가지 주요한 관점-하나님의 관점 그리고 인간의 관점-으로부터 고찰할 수 있다. 하나님의 관점에서 볼 때, 그리스도의 십자가 사역은 화목제 즉, 하나님의 진노를 달래기 위해, 하나님의 정의와 거룩하심에 대해 드려진 속죄제였다. 인간의 관점에서 볼 때, 그것은 대속 즉, 무죄한 자가 죄인을 대신하여, 의로운 자가 불의한 자를 대신하여 죽는 것이었다. 그러나 한 사람이 여러 사람을 엄밀히게 대속하는 것, 자발적인 고난을 그에게 가하는 것은 대속자의 편에서와, 그의 행위로부터 혜택을 얻는 자들 즉, 죄를 대신 지고 법적 의무를 대신 이행해 주는 자들로부터 화목을 받아야하는 자가 명확하게 인정해 주어야 한다. 더욱이, 대속자가 드리는 속죄를 입법자가 받아들인다면, 그 대속자가 대행하고 대리한 자들은 반드시 죄용서를 받아야 한다. 내가 빚지고 있지만 빚 갚을 능력

---

[40] 요 17:1-2, 6, 9, 24, After Jesus said this, he looked toward heaven and prayed: "Father, the time has come. Glorify your Son, that your Son may glorify you. For you granted him authority over all people that he might give eternal life to all those you have given him"… "I have revealed you to those whom you gave me out of the world. They were yours; you gave them to me and they have obeyed your word…I pray for them. I am not praying for the world, but for those you have given me, for they are yours"… "Father, I want those you have given me to be with me where I am, and to see my glory, the glory you have given me because you loved me before the creation of the world."

이 없을 때 다른 사람이 나타나서 내 빚을 완전히 갚고 그 사실을 확인하는 영수증을 받았다면, 법률의 관점에서 나의 채권자는 더 이상 내게 어떤 요구를 하지 못한다. 주 예수께서는 십자가 위에서 자기 자신을 속전으로 내주었다. 그리고 하나님이 그 속죄를 받아주셨음은, 삼 일 뒤에 무덤이 열렸다는 사실로부터 입증된다. 여기에서 제기해야 할 질문은, "이 속전은 누구를 위하여 제공되었는가?"이다. 만일 모든 인류를 위하여 제공된 것이라면, 모든 사람이 진 빚은 소멸되었다. 그리스도께서 십자가 위에서 예외 없이 모든 사람들의 죄를 담당하셨다면, 어떤 누구도 멸망하지 않을 것이다. 그리스도께서 아담의 모든 후손들을 대신하여 저주받으셨다면, 지금 "정죄" 아래에 있는 사람은 하나도 없다. "하나님은 피 흘리신 나의 보증인과 나 양쪽에게 빚 갚으라고 이중으로 요구하실 수 없다." 그러나 그리스도는 예외 없이 모든 사람의 빚을 갚으시지 않았다. "감옥에 던져질" 사람들이 있으며, 그들이 "마지막 한 푼까지 다 갚기 전에는 결단코 거기에서 나오지 못할" 것이기 때문이다.[41] 물론, 그들은 거기에서 나오지 못할 것이다. 그리스도는 모든 인류의 죄악들을 담당하지 **않으셨다**. "자신들의 죄 가운데 죽는" 자들이 있고, "죄가 아직 남아있는" 자들이 있다.[42] 그리스도는 아담의 모든 후손들을 대신하여 "저주받지" 않으셨다. 주님께로부터 "저주받은 자들아, 나를 떠나라"는 말씀을 받을 자들이 존재하기 때문이다.[43] 그리스도께서 모든 사람을 똑같이 위하여 죽으셨다고 말하는 것은, 그가 전 인류의 대속물 및 담보물이 되었다고 말하는 것은, 모든 인류를 위하여 대신 고난

---

41) 마 5:26, … You will not get out until you have paid the last penny.
42) 요 8:21, 9:41 … you will die in your sin. … your guilt remains.
43) 마 25:41, … Depart from me, you who are cursed, into the eternal fire prepared for the devil and his angels.

을 받았다고 말하는 것은, 지금 스스로 저주를 짊어지고 있는 많은 사람들을 위하여 저주를 받으셨다고 말한다는 것이며, 지금 지옥에서 고통 받고 있는 많은 사람들을 위하여 처벌받았다고 말하는 것이며, 영원한 고뇌 속에서 몸부림치며 "죄의 삯 즉, 사망"을 갚고 있을 많은 사람들을 위하여 속전을 지불하였다고 말하는 것이다. 반면에 성경의 진술 그대로, 그리스도는 하나님 백성들의 범법함 때문에 매를 맞으셨다고 말하는 것은, 그리스도가 양을 위하여 자기 목숨을 내어놓았다고 말하는 것은, 많은 사람들을 위하여 자기 생명을 속전으로 내놓았다고 말하는 것은, 실제적으로 속죄해주는 속전을 지불하였다고 말하는 것이다. 그것은 자기자신을, 실제적으로 화목케 하는 화목제물로 내놓았다고 말하는 것이며, 그는 참으로 구원해 주는 구속주라고 말하는 것이다.

(3) 우리가 위에서 언급한 내용과 밀접하게 연관된 동시에 그 내용을 확인해 주는 교훈은, 우리 주님의 **제사장직**에 관한 성경의 가르침이다. 그리스도는 지금 위대한 대제사장 자격으로 중재하신다. 그렇지만 그는 누구를 위하여 중재하시는가? 온 인류를 위해서인가? 아니면, 단지 자기 백성을 위해서인가? 이 질문에 대해 신약성경이 제시하는 대답은, 햇빛처럼 명료하다. 우리의 구속자는 하늘로 올라가셨고, "지금은 우리를 위하여 하나님 앞에 나타나셨다" 이다.[44] **우리를 위하여** 즉, "하늘의 소명에 함께 참여한 자들"[45]을 위하여 서다. 다른 진술을 찾아보면, "그러므로 그는 자신에 의하여 하나님께로 나아가는 자들을 힘껏 구원할 수 있다. 그가 항상 살아계셔서 그들을 위하여 중재하시기 때문이다."

---

44) 히 7:25, For Christ did not enter a man-made sanctuary that was only a copy of the true one; he entered heaven itself, now to appear for us in God's presence.
45) 히 3:1, … holy brethren, partakers of the heavenly calling . . . . (KJV).

46) 이것은 구약성경의 모형과 엄밀하게 일치한다. 아론은 희생제물을 죽인 뒤에, 하나님의 백성을 대표하는 자격으로 지성소에 들어갔다. 그의 흉배에는 이스라엘 지파들의 이름이 새겨져 있었고, 아론은 그들을 위하여 하나님 앞에 섰다. 우리 주님께서 요한복음 17:9에서 "내가 저들을 위하여 기도합니다. 나는 세상을 위해서가 아니라, 아버지가 내게 주신 자들을 위하여 기도하고 있습니다. 왜냐하면 저들은 아버지의 것이기 때문입니다"라고 하신 말씀이 바로 이 모형에 부합한다. 이와 연관하여 세심하게 주목할 또 하나의 성경구절은 로마서 8:33이다. 여기에서 "누가 하나님의 택자들을 고소하겠는가?"라는 질문을 던지고 바로 이어서 "의롭다고 하시는 이는 하나님이다. 정죄하는 자가 누구냐? **우리를 위하여** 죽으셨다가 부활하시고, 하나님의 우편에서 중재하시는 이는 그리스도이시다"47)라고 선언한다. 그리스도의 죽으심과 중재하심의 대상이 동일하다는 사실에 특히 주목하라. 이것은 모형 속에서와 마찬가지로 원형에도 있다. 속죄와 탄원의 범위가 동일하다. 그리스도는 "세상을 위해서가 아니라" 오직 택자들만을 위하여 중재하신다면, 오직 택자들만을 위하여 죽으셨다.

주 예수의 죽으심과 부활하심과 높아지심과 중재하심은, 어느 누구도 하나님의 **택자들**을 고소하지 못하게 하는 근거로 제시된다는 점에 주목하라. 우리가 개진하고 있는 주장에 맞서고 싶은 자들에게, 요한복음 3:18로부터 제기되는 질문―만일 그리스도의 죽음이 모든 사람들을

---

46) 히 7:25, Therefore he is able to save completely those who come to God through him, because he always lives to intercede for them.
47) 롬 8:33-34, Who will bring any charge against those whom God has chosen? It is God who justifies. Who is he that condemns? Christ Jesus, who died--more than that, who was raised to life--is at the right hand of God and is also interceding for us.

똑같이 포괄하는 것이라면 믿지 않는 모든 사람들은 정죄 아래에 놓여 있는데 어떻게 그 죽음이 "어떤 혐의"에 대비한 담보물이 되는가?―을 세심하게 검토하라고 해봐라.

(4) 그리스도의 죽으심으로부터 혜택을 얻는 자들의 수는, 속죄의 **본질**과 그리스도의 **제사장직**에 의해서뿐만 아니라 그리스도의 **권능**에 의해서도 결정된다. 십자가 위에서 죽으신 그분이 육신을 입으신 하나님이라는 사실을 인정할 때 틀림없이 도달하게 되는 결론은, 그리스도는 자신의 목적을 성취하실 것이며 자신이 사들인 것을 소유하실 것이며 자신의 마음을 쏟으신 대상을 확보하실 것이라는 결론이다. 만일 주 예수가 하늘과 땅의 모든 권능을 소유하고 있다면 그의 뜻에 성공적으로 저항할 수 있는 사람은 없다. 절대적으로 맞기는 하지만, 그리스도는 자신을 구세주로 받아들이도록 강제하기를 원치 않기 때문에 이 능력을 사용하지 않으신다는 이 말은 어떤 점에서는 옳지만 다른 점에서는 전적으로 잘못되었다. 죄인의 구원은 하나님의 능력의 문제이다. 본래 죄인은 하나님을 미워하며 하나님의 능력이 죄인 안에서 작용하지 않으면 이 증오심을 극복하지 못한다.

그래서, "나를 보내신 아버지가 이끌어주시지 않으면 나에게로 올 수 있는 자가 없다"고 말씀하셨다.[48] 죄인의 본성적인 증오심을 극복하는 하나님의 능력이 죄인의 마음을 움직여 그리스도에게로 나와서 영생을 얻도록 하는 것이다.

그러나 이 "증오심"은 모든 사람에게서 극복되지 않는다. 어째서? 너무나 강력해서 극복하지 못하는가? 어떤 마음들은 너무나 단단하게 굳

---

[48] 요 6:44, No one can come to me unless the Father who sent me draws him, and I will raise him up at the last day.

어져서 그리스도가 도저히 들어가지 못하는가? 그렇다고 대답하는 것은, **그리스도의 전능성**을 부인하는 것이다. 최종적으로 분석해 볼 때, 이것은 죄인이 마음먹기에 따라 좌우되는 그런 문제가 아니다. 모든 사람은 본성적으로 그리스도에게로 나오기를 싫어하기 때문이다. 그리스도에게 나오기로 마음먹는다는 것은, 하나님의 능력이 그 사람의 마음과 의지 속에서 작동하여 그의 본성적이고 만성적인 "증오심"을 극복하게 한 그 최종적인 결과물이다. 이것은 "주의 권능의 날에 주의 백성이 나아올 것입니다"라는 말씀 대로이다.[49] 그리스도는 원하지 않는 자들을 자기에게로 이끌지 못한다는 말은, 하늘과 땅에 있는 모든 권능이 그의 것임을 부인하는 말이다. 그리스도가 자신의 능력을 발휘하면 반드시 인간의 책임성이 파괴된다고 말하는 것은, 여기에서 제기된 논점을 회피하는 것이다. 왜냐하면, 그리스도는 자신의 능력을 발휘하였고 자기에게로 온 자들이 기꺼이 원하도록 만들었기 때문이다. 그리고 만일 그리스도가 인간의 책임성을 파괴하지 않고 이렇게 하였다면, 어째서 다른 사람들에게는 이렇게 하시지 못할까? 만일 그리스도가 어떤 죄인의 마음을 자기에게로 이끌 수 있다면, 어째서 다른 사람의 마음에 대해서는 그렇게 하지 못할까? 대개 하는 말처럼, 다른 사람들은 그리스도에게 허락하려고 마음먹지 않는다고 말하는 것은 그의 충분성을 의심하는 것이다. 그것은 그리스도의 의지의 문제이다. 만일 주 예수께서 모든 인류의 구원을 작정하고 원하고 목적하셨다면, 전 인류가 구원받을 것이다. 그렇게 되지 않으면 그리스도는 자신의 의도를 성취할 능력이 없는 것이다. 이것이 진상이라면, "그는 자기 영혼의 수고를 확인하고 만족할 것이다"라는 말을 결코 하지 못하였을 것이다. 제기된 논점

---

49) 시 110:3, Thy people shall be willing in the day of thy power (KJV).

은, 구속주의 **신성**과도 관련된다. 실패한 구속주는 하나님일 수가 없기 때문이다.

지금까지는, 그리스도의 죽으심은 그 계획 단계에서부터 제한적이었음을 시사하는 일반적인 원리 몇 가지를 검토하였다. 이제는, 그 사실을 명확하게 확인해 주는 성경의 명백한 진술 몇몇을 살펴보겠다. 경이롭고 비할 나위없는 이사야 53장에서 하나님은 성자 하나님에 관해서 "그가 곤욕과 심판을 받고 끌려갔다. 그의 세대 가운데 누가 말할 수 있겠는가? 그가 살아있는 자들의 땅에서 끊어졌기 때문이다. 내 백성의 범죄함으로 인해 그가 상처를 입었다"[50]고 선언한다. 이것과 완벽하게 조화를 이루는 진술은 천사가 요셉에게 해 준 말이다. 즉, "아들을 낳을 것이다. 너는 그에게 예수라는 이름을 지어주어라. 왜냐하면 그는 자기 백성을 저희 죄에서 구원할 것이기 때문이다."[51] 여기에서 자기 백성은, 이스라엘뿐만 아니라 성부가 그에게 "주신" 모든 사람을 가리킨다. 우리 주님께서도 "인자는 섬김을 받기 위해서가 아니라 섬기기 위하여, 그리고 자신의 생명을 많은 사람들을 위한 대속물로 주기 위하여 왔다"[52]고 말씀하셨다. 그런데 만일 **예외 없이 모든 사람**을 위한 것이라면 왜 여기에서 "많은 사람들"이라고 하셨는가? 그리스도가 "구속"하신 것은 "자기 백성"이었다. (눅 1:68). 선한 목자는 "염소"가 아니라 "자기 양"을 위하여 목숨을 내어놓았다(요 10:11). 그리스도가 자기 피로 구속한 것은 "하나님의 교회"였다(행 20:28).

---

50) 사 53:8, By oppression and judgment he was taken away. And who can speak of his descendants? For he was cut off from the land of the living; for the transgression of my people he was stricken.

51) 마 1:21, She will give birth to a son, and you are to give him the name Jesus, because he will save his people from their sins.

52) 마 20:28, just as the Son of Man did not come to be served, but to serve, and to give his life as a ransom for many.

우리 주장의 근거로 삼고 싶은 구절을 하나 더 보겠다. 요한복음 11:49-52은 다음과 같이 말씀한다. "그들 중에서 그 해의 대제사장을 맡은 가야바라는 사람이 '당신들은 전혀 알지 못하시는군요! 온 나라가 멸망하는 것보다는 한 사람이 민족을 대신하여 죽는 것이 훨씬 낫다는 것을 모르시는군요' 라고 말하였다. 그는 스스로 이렇게 말한 것이 아니다. 예수가 유대 민족을 대신하여 유대 민족만을 위해서가 아니라 하나님의 흩어져 있는 자녀들을 대신하여 죽고 그들을 불러모아 하나로 만들 것을, 그 해의 대제사장의 신분으로 예언한 것이다."[53] 여기에서 가야바는 "스스로 예언하지 않았다." 즉, 구약 시대에 하나님께서 사용하신 자들과 마찬가지로, 그의 예언은 그 자신에게서 나오지 않았다. 그는 성령의 감동을 받은 대로 말하였다. 그가 한 말의 참뜻은 이처럼 보호받았고 이 계시는 하나님으로 온 것이 확실하다. 여기에서도, 그리스도는 "그 민족" 즉, 이스라엘을 위해서 그리고 한 몸인 그의 교회를 위하여 죽으셨음이 명확하게 드러난다. 하나님의 자녀들—여러 나라에 "흩어져 있는" 자녀들—을 교회 안으로 "불러모아 하나로" 만들고 있다. 교회를 구성하는 그 구성원을 여기에서는, 그리스도가 죽기도 전에 그러므로 그가 자기 교회를 세우는 일을 시작도 하기 전에, "하나님의 자녀"라고 부르다니 놀랍지 않은가? 그들 가운데 거의 대다수가 아직 태어나지도 않았다. 그런데도 그들을 "하나님의 자녀"로 간주하였다. 그들이 창세 전에 그리스도 안에서 택함을 받았고 따라서, 예수 그리스도에 의

---

[53] 요 11:49-52, Then one of them, named Caiaphas, who was high priest that year, spoke up, "You know nothing at all! You do not realize that it is better for you that one man die for the people than that the whole nation perish." He did not say this on his own, but as high priest that year he prophesied that Jesus would die for the Jewish nation, and not only for that nation but also for the scattered children of God, to bring them together and make them one.

하여 양자로 예정 받았다는 그 이유 때문에 하나님의 자녀로 간주되었다(엡 1:4-5). 그리스도께서도 이와 비슷한 말씀을 하셨다. "나에게는 이 우리에 속하지 않은 다른 양들도 있다."54)

우리의 복되신 구세주의 마음과 말씀에서 십자가라는 실제적인 계획이 가장 큰 자리를 차지한 시기는, 지상 사역의 마지막 주간이었다. 현재의 우리 문제와 연결해서, 이 시기의 사역을 다루는 성경 기록에서 무엇을 발견하는가? "예수는 자신이 이 세상을 떠나 아버지에게로 가야할 때가 왔음을 알았을 때 세상에 있는 자기 사람들을 사랑하시되 끝까지 사랑하셨다."55) "사람이 자기 벗을 위하여 목숨을 내놓는 것보다 더 큰 사랑은 없다."56) "저들을 위하여 저들도 참으로 거룩하게 될 수 있도록 내가 내 자신을 거룩하게 한다."57) 그리스도는 자기 자신의 것을 위하여 즉, 성부 하나님이 자기에게 "주신" 자들을 위하여 십자가의 죽음을 향하였다는 뜻이다. "만일 그리스도가 차별 없이 모든 사람을 위하여 죽으셨다면 왜 이처럼 차별적인 용어를 사용하였을까"라는 질문은 당연하다.

이 절을 마무리짓기 전에, 그리스도가 보편 속죄 계획 하에 죽으셨다고 매우 강력하게 가르치는 것처럼 보이는 성경구절들 몇 개를 간략하게 검토해 보자. 고린도 후서 5:14에, "한 사람이 모든 사람을 대신하여 죽었다"는 표현이 있다. 그러나 이 성경구절은 단지 이것만을 단언하고 있지 않다. 이 표현이 담긴 구절과 문맥 전체를 주의 깊게 검토해 보면,

---

54) 요 10:16, I have other sheep that are not of this sheep pen…

55) 요 13:1, … Jesus knew that the time had come for him to leave this world and go to the Father. Having loved his own who were in the world, he now showed them the full extent of his love.

56) 요 15:13, Greater love has no one than this, that he lay down his life for his friends.

57) 요 17:19, For them I sanctify myself, that they too may be truly sanctified.

이 구절은 무제한적[보편] 속죄를 가르친다기보다는 그리스도의 죽으심에는 제한된 계획이 있음을 강력하게 논증하고 있다는 사실을 발견하게 된다. 구절 전체를 보면, "그리스도의 사랑 때문에 우리가 그렇게 되지 않을 수 없다. 한 사람이 모두를 대신하여 죽음으로써 모두가 죽은 것이라고 우리가 확신하기 때문이다."[58] 그리스어 본문에서는 두 번째 "모두" 앞에 정관사가 있고 동사는 부정과거 시제임을 유의해야 한다. 따라서 이 본문은 "우리가 판단하기에, 만일 한 사람이 모두를 위하여 죽었다면 그들 모두가 죽은 것이다"라는 뜻이다. 따라서 바울이 이 구절에서 내리는 명백한 결론은, 그 한 사람이 대신 죽어준 그 사람들은 사법적으로 볼 때 함께 죽었다는 의미를 전달하고자 하는 것이다. 계속해서 그 다음 구절에, "그가 모든 사람을 위하여 죽은 것은, 살아있는 자들이 더 이상 자신들을 위하여 살지 않고 자신들을 위하여 죽었다가 부활하신 그분을 위하여 살도록 하기 위함이다"[59]라는 말이 온다. 그 한 사람은 죽었을 뿐만 아니라 "부활"하였다. 그가 대신 죽어준 그들 전부도 그렇다. 그래서 이 구절에서 그들은 "살아 있다"고 표현되었다. 대속물이 대행해 준 그 혜택을 받는 자들은 법적으로는, 직접 행한 것으로 간주된다. 법률의 관점에서, 대속물과 이 대속물이 가리키는 자들은 하나이다. 하나님이 보시기에도 그렇다. 그리스도는 그 백성들과 동일시되었고 그의 백성들은 그와 동일시되었다. 그러므로 그리스도가 죽었을 때 (법적으로) 그들도 죽었다. 그리스도가 부활하였을 때 그들도 부활하였다. 17절에 따르면, 만일 어떤 사람이 그리스도 안에 있으면 새로운 피조물이며 법률적 시각에서 뿐만 아니라 실제적으로도 새로운 생

---

58) 고후 5:14, For Christ's love compels us, because we are convinced that one died for all, and therefore all died.

59) 고후 5:15, And he died for all, that those who live should no longer live for themselves but for him who died for them and was raised again.

명을 받았으므로 더 이상 자신들을 위하여 살지 않고 "자신들을 대신하여 죽었다가 부활하신 자들 위하여" 살라는 명령을 받고 있다. 다른 말로 하자. 그리스도께서 대신 죽어주신 이 "모두"에 속하는 자들은 법률적으로 자신들에게 참된 것을 일상생활에서 실제적으로 보여주라는 명령을 받고 있다. 즉, 그들은 "자신들을 대신하여 죽으신 그리스도를 위하여" 살아야 한다. 그리스도께서 대신 죽어주신 그 "모든 사람들"은 "지금 살아있"고 그리스도를 위하여" 살라는 명령을 받고 있는 그 사람들이다. 그렇다면 이 구절은 세 개의 중요한 진리를 가르친다. 그 범위를 더 잘 보여주기 위하여 역순으로 언급하겠다. 어떤 사람들이 여기에서 더 이상 자신을 위하여 살지 말고 그리스도를 위하여 살라는 명령을 받고 있다. 이러한 훈계를 받는 그 사람들은 "살아 있는" 자들이고, 그것은 영적으로 산다는 것을 의미하므로 하나님의 자녀를 가리킨다. 하나님의 자녀들만이 영적 생명을 누리며 그 외의 다른 사람들은 죄와 범법 가운데 죽어 있기 때문이다. 이렇게 살아 있는 자들이 본문에서 말하는 "모두," 혹은 "그들"이며 그리스도는 이 사람들을 위하여 죽으셨고 부활하셨다. 그러므로 이 구절은, 그리스도는 **자기 백성 모두를** 대신하여, 택자들을 위하여, 아버지가 그에게 주신 자들을 위하여 죽으셨다고 가르친다. 또한 (**그들을 대신한**) 그의 죽으심(과 부활하심)의 결과로 그들이 "살아 있다"—그리고 택자들은 이처럼 "살아 있는" 유일한 자들이며, 그들이 그리스도를 통하여 소유하게 된 이 생명을 "그리스도를 위하여" 살아가지 않으면 안 된다고 가르친다. 즉, 그리스도의 사랑 때문에 이렇게 살지 않을 수 없게 된 것이다.

"하나님은 한 분이시며 하나님과 사람 (이 '사람'이라는 단어는 총칭 [대표 단수]으로 사용된 것이기에 어떤 한 사람이 아니라 인류를 뜻한다) 사이에 중보자도 한 분뿐이다. 곧, 사람이신 그리스도 예수이시다.

그가 모든 사람을 위하여 자신을 속전으로 내주었다. 적당한 때가 되면 증명될 것이다."[60] 여기에서 "그가 **모든 사람**을 위하여 자신을 속전으로 내주었다"는 표현에 관해 언급하겠다. 성경에서 (인류를 가리키는 의미에서의) "모두"는 두 가지 의미 즉, 절대적인 의미와 상대적인 의미로 사용된다. **예 없이 모든 사람**을 의미하는 경우도 있고, **차별 없이 모든 사람**을 의미하는 경우도 있다. 어떤 특정한 구절에서 이 두 가지 의미 가운데 어떤 것이 사용되고 있는지는, 문맥에 의하여 판단하고 병행 구절에 의하여 결정해야한다. "모두"라는 말을 **상대적이고 제한적인 의미**로 사용하는 경우에는 예외 없이 모두가 아니라 차별 없이 모두라는 뜻이다. 성경의 무수한 사례 가운데 두어 구절을 골라서 검토해 보자. "온 유대 지방과 예루살렘 사람이 다 그에게 나아가…"[61] "온 유대 지방과 예루살렘 사람이 다[모두]" 즉, 남자와 여자와 아이가 빠짐없이 다[모두] 요한에게로 나왔다는 뜻인가? 결단코 아니다. 누가복음 7:30은, 바리새인들과 율법사들은 자신들에게 향한 하나님의 목적을 거부하고 요한에게 나오지 않았다고 분명하게 밝힌다.[62] 그렇다면 마가복음 1:5 본문의 "다" 즉, 모든 사람은 무슨 뜻인가? 우리는 이 구절에서의 모두는, 예외 없이 모두가 아니라 차별 없이 즉, 계층과 신분의 차별 없이 모두라고 답한다. 동일한 설명방식이 누가복음 3:21에도 적용된다. 요한복음 8:2 본문을 보면, "이른 아침에 다시 성전 마당에 들어오시자, 모든 사람들이 그의 주위에 모여들였고 그가 자리에 앉아 그들을 가르쳤

---

(60) 딤전 2:5-6, For there is one God and one mediator between God and men, the man Christ Jesus,

(61) 막 1:5, The **whole** Judean countryside and **all** the people of Jerusalem went out to him. Confessing their sins, they were baptized by him in the Jordan River.

(62) 눅 7:30, But the Pharisees and experts in the law rejected God's purpose for themselves, because they had not been baptized by John.

다."63) 이 본문의 "모든"을 절대적으로 이해해야 하는가 아니면, 상대적으로 이해해야 하는가? 예외 없이 모든 사람들이라는 뜻인가 아니면, 계층과 신분의 차별 없이 모든 사람들이라는 뜻인가? 후자임이 명백하다. 이 시기에 즉, 초막절에 예루살렘에 있던 모든 사람들을 빠짐없이 성전에 수용할 수 없었기 때문이다. 사도행전 22:15을 보면, "너는 네가 보고들은 모든 것을 모든 사람에게 증거하라"는 말씀이 있다.64) 분명히, 이 구절에서 말하는 "모든 사람"은 인류를 구성하고 있는 사람들 전체를 의미하지 않는다. 디모데 전서 2:6에 있는 "모든 사람을 위하여 자신을 속전으로 내주었다"는 말에서도 예외 없이 모든 사람이 아니라 차별 없이 모든 사람을 염두에 두고 있다는 것이 우리의 의견이다. 그리스도는 모든 민족, 세대, 계층에 속한 사람들에게 즉, 택함을 받은 모든 사람들에게 자신을 속전으로 내주었다. 이것은 계시록 5:9의 "왜냐하면 주는 죽임을 당하셨고, **모든** 족속과 언어와 백성과 민족으로부터 나온 우리를 자신의 피로 구속하여 하나님께 드렸기 때문이다"라는 말씀에 부합한다.65) 마태복음 20:28에 입각해 볼 때, 위 구절에 있는 "모든"을 제멋대로 정의한 것이 아니다. "인자는 섬김을 받기 위해서가 아니라 섬기러 왔고 자기 생명을 **많은 사람들을 위한** 속전으로 내주기 위해서 왔다"66)고 기록된 마태복음 구절은, 만일 그가 예외 없이 모든 사람을 위하여 자신을 속전으로 내주었다면 그 한계가 매우 무의미해질 것이

---

63) 요 8:2, At dawn he appeared again in the temple courts, where all the people gathered around him, and he sat down to teach them.
64) 행 22:15, You will be his witness to all men of what you have seen and heard.
65) 계 5:9, ⋯ because you were slain, and with your blood you purchased men for God from every tribe and language and people and nation.
66) 마 20:28, just as the Son of Man did not come to be served, but to serve, and to give his life as a ransom for many.

다. 더욱이, "적당한 때가 되면 증명될 것이다"라는 어구를 고려하지 않으면 안 된다. 만일 그리스도께서 모든 인류를 위하여 자신을 속전으로 내주었다면, 많은 사람이 영원히 멸망할 것이 자명한 마당에 "적당한 때에 증명된다"는 말은 어떤 의미가 있을까? 그리스도가 오직 택자들 즉, 출신 민족이나 사회적 지위 혹은 도덕성 혹은 나이나 성별을 차별하지 않고 모두를 위해서 자신을 속전으로 내주었다는 것이 본문의 의미라면, 이 어구는 납득할만한 것이다. "적당한 때"가 되면 그들 모두의 실현된 구원 속에서 이 사실이 증명**될 것이기** 때문이다.

"우리가 예수를 보니, 그는 천사보다 약간 낮게 지어졌지만, 그는 하나님의 은혜에 의하여 모든 사람을 대신하여 죽음을 맛보기 위하여 죽음을 겪었고 이제는 영광과 존귀로 관을 썼다."[67] 이 구절을 오래 생각할 필요 없다. 잘못된 번역 위에 잘못된 교리를 세웠다. 그리스어 본문에는 "사람"에 상응하는 단어가 없다. 그리스어 본문에는 "그는 모두를 위하여 죽음을 맛보았다"로만 되어 있다. 그래서 영어 개정역본(Revised Version)은 "사람"이라는 단어를 이탤릭체로 써넣었다. "것"이라는 말을 넣어 "그리스도는 모든 **것**을 위하여 죽음을 맛보았다"로 된 영어 성경도 있다. 그렇지만 이것 역시 잘못이다. 우리가 볼 때, 바로 그 뒤에 나오는 "모든 것의 목적이며 모든 것의 기원이신 하나님이, 많은 아들들을 영광으로 이끄실 때에, 그들의 구원을 이루신 그분을 고난을 통하여 완전케 하시는 것은 당연하다"[68]는 말이 9절 본문을 해명해 준다. 바울은 이 문맥에서 "아들들"에 관하여 쓰고 있고 9절에서는 "아

---

67) 히 2:9, But we see Jesus, who was made a little lower than the angels, now crowned with glory and honor because he suffered death, so that by the grace of God he might taste death for everyone.

68) 히 2:10, In bringing many sons to glory, it was fitting that God, for whom and through whom everything exists, should make the author of their salvation perfect through suffering.

들"이라는 단어를 생략하였다. 따라서 이탤릭체로 "아들"을 집어넣어야 한다. 이렇게 볼 때 히브리서 2:9은 보편 속죄를 가르치지 않고, 제한 속죄를 가르치는 다른 성경구절들과 완벽하게 조화를 이룬다. 우리 주님께서는 인류가 아니라 "아들들"을 대신하여 "죽음을 맛보았다."[69]

이 절을 마무리하면서 하고 싶은 말은, 우리가 지금까지 주장한 제한 속죄만이 순수한 주권에서 나온다는 점이다. 그러나 그것은 그리스도의 죽으심의 가치와 공로에 있어서가 아니라 그 **계획**과 **적용**에 있어서의 제한이다. 이제 다음 논제로 넘어가자.

3. 구원에 있어서 성령 하나님의 주권

성령은 거룩한 삼위일체 하나님의 한 위격이라는 점에서 필연적으로 도달하게 되는 결론은, 그는 삼위일체의 다른 위격들의 뜻과 계획에 완선한 공감을 이룬다는 것이다. 선택에 있어서 성부 하나님의 영원한 목적, 성자 하나님의 죽으심에 있어서 **제한된 계획**, 성령 하나님의 **제한된 범위의 적용**은 완벽하게 일치한다. 성부 하나님이 창세 전에 어떤 사람들을 선택하여 성자 하나님께 주었을지라도, 택함을 받은 그들을 위하여 성자 하나님이 자신을 속전으로 내주었을지라도, 그럼에도 불구하고 지금 성령 하나님은 "세상을 그리스도에게로 이끌기 위하여" 애쓰시는 것은 아니다. 지금 세상에서 성령 하나님이 하시는 일은, 그리스도의 구속적 희생의 은택들을 **적용**하는 것이다. 여기에서 관심을 기울여야 하는 문제는, 성령 하나님의 능력의 **범위**가 아니다. 이 문제에 관해서는 의문의 여지가 전혀 없다. 성령 하나님의 능력과 활동은 하나님의 지혜와 주권에 의하여 통제된다는 사실을 확인하고자 한다.

---

[69] 요한 일서 2:2은 부록 4에서 상세하게 검토한다.

성령 하나님의 능력과 활동은 하나님의 지혜와 논란의 여지가 없는 주권에 의하여 통제된다고 우리가 방금 언급하였다. 이 주장을 입증하기 위하여 먼저, 요한복음 3:8에서 우리 주님께서 니고데모에게 하신 말씀을 즉, "바람은 자신이 원하는 대로 불고, 너는 그 소리를 듣지만 어디로부터 와서 어디로 가는지는 분간하지 못한다. 성령으로부터 태어난 모든 사람이 그렇다"는 말씀을 검토하겠다. 여기에서는 바람과 성령을 비교한다. 여기에서 비교는 이중적이다. 첫째, **주권적으로 움직인다.** 둘째, **신비롭게 활동한다.** "그렇다"라는 말에서 이 유사점을 확인한다. 첫 번째 비교점은 "자신이 원하는 대로"라는 말에서 찾을 수 있고, 두 번째 비교점은 "분간하지 못한다"라는 말에서 찾을 수 있다. 여기에서는 두 번째가 아니라 첫 번째 비교점에 초점을 두고 언급하겠다.

"바람은 자신이 원하는 대로 불고…성령으로부터 태어난 모든 사람이 그렇다." 바람은 사람이 길들이지도 막지도 못하는 요소이다. 바람은 사람의 즐거움을 참작하지도, 사람이 만든 장치에 의하여 조절되지도 않는다. 성령도 그렇다. 바람은 자기가 원하는 곳에서 원하는 방식으로 분다. 성령도 그렇다. 바람은 하나님의 지혜에 의하여 조절된다. 사람의 입장에서 볼 때 그 활동은 절대적으로 **주권적**이다. 성령도 그렇다. 바람은 나뭇잎조차 흔들리지 않을 정도로 부는 때도 있고, 매우 요란하게 불어대서 그 표효하는 소리가 수 킬로미터나 떨어진 곳까지 미치는 때도 있다. 신생 즉, 거듭남의 문제에서도 그렇다. 성령 하나님은 어떤 사람은 아주 부드럽게 다루셔서 그 주변 사람들은 성령의 역사하심을 알아채지 못하는 경우가 있다. 그러나 몹시 강력하고 철저하고 혁명적이어서 많은 사람들이 분명하게 알아 볼 수 있을 정도로 역사하시는 경우도 있다. 바람은 전적으로 국지적으로 부는 때도 있고 광범위하게 부는 때도 있다. 성령도 그렇다. 성령 하나님은 오늘은 한 두 명에게 개인적으로 역사하시다가, 그 다음날에는 오순절의 경우처럼 한 무리 전체의 마음을 변화시키기도 하신다. 성령 하나님은 불과 몇 사람에게 역사하실지 많은 사람들에게 역사하실지에 관해, 사람에게 자문을 구하시지 않는다. 그는 **자신이 원하는 대로** 행하신다. 신생은 성령 하나님의 **주권적 의지**에서 나온다.

거룩한 삼위일체의 각 위격이 우리 구원에 관계한다. 성부는 예정하시고, 성자는 속죄하시고, 성령은 중생케 하신다. 성부는 우리를 선택하시고, 성자는 우리를 대신하여 죽으시고, 성령은 우리를 살리신다. 성부는 우리에 **관하여** 생각하시고, 성자는 우리를 **대신하여** 자기 피를 흘리시고, 성령은 우리 **안에서** 역사하신다. 성부의 행하심은 **영원**하고, 성자의 행하심은 **외적**이며, 성령의 행하심은 **내적**이다. 지금 우리에게 관계 있는 것은 성령의 사역 즉, 새로 태어나는 사역 특히, 거듭남에 있어서 성령의 주권적 활동이다. 성부는 우리의 거듭남을 목적하셨고, 성자는 (그 "수고"에 의하여) 그 거듭남을 가능케 하였으며, 성령은 그 거듭남의 결실―즉, 성령으로부터 태어남―을 맺으셨다(요 3:6).

이 신생은 전적으로 성령 하나님의 사역이며 사람이 참여할 몫은 없다. 이 문제의 본성 그 자체로부터 그렇다. 태어남은 태어나는 자 쪽으로부터의 노력 혹은 행함이라는 관념을 전적으로 배제한다. 우리는 우리의 자연적 탄생의 경우와 마찬가지로 영적 탄생에 관여할 여지가 전혀 없다. 신생은 영적 부활 즉, "사망으로부터 생명으로 건너감"이다(요 5:24). 그리고 부활은 전적으로 인간의 영역 **밖에** 놓여 있다. 어떤 시체도 스스로 생기를 되찾지 못한다. 성경에 따르면, "살리는 것은 성령이다. 육체는 전혀 유익이 없다."[70] 그런데 성령은 모든 사람을 살리

---

70) 요 6:63, It is the spirit that quickeneth; the flesh profiteth nothing… (KJV).

지 않는다. 왜? 대개 이 질문에 대해서, "모든 사람이 그리스도를 믿지 않기 때문에"라고 대꾸한다. 이것은 성령은 단지 그리스도를 믿는 사람들만을 살린다고 전제하는 것이다. 그러나 이것은 마차를 말 앞에 매다는 꼴이다. 신앙은 거듭남의 원인이 아니라 그 결과이다. 이것을 논증할 필요는 없다. (하나님을 믿는) 신앙은 외래적인 것 즉, 본래부터 인간의 심령 속에 있던 것이 아니다. 신앙이 인간의 마음에서 나오는 본성적 산물 즉, 인간 본성에 공통적인 어떤 원리를 발휘하는 것이라면, "모든 사람이 믿는 것은 아니다"[71]라는 말씀을 기록하지 않으셨을 것이다. 신앙은 영적인 선물 즉, 영적 본성의 열매이다. 거듭나지 않은 사람들은 영적으로 —죄와 범법함 속에— 죽어있기 때문이다. 따라서 결론적으로, 그들로부터는 믿음이 나올 수 없다. 죽은 자들은 어떤 것을 믿을 수 없기 때문이다. "육신에 있는 자들은 하나님을 기쁘시게 할 수 없다."[72] 물론 육신이 믿음을 가질 수만 있다면 하나님을 기쁘시게 할 수 있을 것이다. 히브리서 11:6의 말씀, "믿음이 없이는 하나님을 기쁘시게 할 수 없다"[73]는 말씀과 비교해 보라. 하나님 자신에게 기원을 두지 않은 어떤 것으로 하나님을 기쁘시게 하거나 즐겁게 할 수 있는가?

성령 하나님의 역사하심이 우리의 믿음에 선행한다는 사실은, 데살로니가 후서 2:13절이 명확하게 입증해준다. "하나님은 처음부터 너희를 선택하여, 성령의 거룩케 하심을 통해서 그리고 진리를 믿게 하심을 통하여 구원에 이르게 하셨다"[74]는 말씀에서, 성령의 거룩케 하심이 먼저 오고 그 다음에 "진리를 믿는 것"을 가능하게 만든다는 점에 주목하

---

71) 살후 3:2, … for not everyone has faith.
72) 롬 8:8, So then they that are in the flesh cannot please God(KJV).
73) 히 11:6, And without faith it is impossible to please God …
74) 살후 2:13, … from the beginning God chose you to be saved through the sanctifying work of the Spirit and through belief in the truth.

라. "성령의 거룩케 하심"이란 무엇인가? 새로 태어남이다. 성경에서 "거룩케 함"은 **언제나** "구별" 즉, 어떤 것으로부터 분리하여 다른 것에 속하게 한다는 뜻이다. "성령의 거룩케 하심"이 이 신생에 해당하며 그 위치상의 결과를 가리킨다는 우리의 주장을 상세히 논하겠다.

　하나님의 종이 지금, 구원받지 못한 백여 명의 사람들이 섞여 있는 회중에게 복음을 전하고 있다고 하자. 그들의 타락하고 비참한 상태에 관한 성경의 가르침을 그들에게 제시하고 있다. 그는 하나님에 관하여, 하나님의 성품과 의로운 요구에 관하여 말해준다. 그리스도가 하나님의 그러한 요구를 충족시켜준다는 것, 불의한 자들을 대신하여 의로운 자가 죽은 것을 말해주고, "이 사람"을 통하여 지금 죄용서가 전파되고 있다고 선언한다. 하나님이 그의 말씀 속에서 말씀하신 것을 믿고, 하나님의 아들을 자신들의 개인적인 구세주로 믿으라고 촉구함으로써 끝맺는다. 집회는 끝나고 회중은 흩어진다. 그 백 명의 불신자 가운데 99명은 그리스도에게로 나와 생명 얻기를 거절하고 일체의 소망도 없이 그날 밤을 맞고 하나님 없이 세상으로 돌아간다. 그러나 백 번째 사람이 생명의 말씀에 귀를 기울였다. 하나님이 준비해 두신 밭에 그 씨가 뿌려졌다. 그는 복음을 믿었고 자기 이름이 하늘에 기록되었다는 기쁨과 함께 집으로 돌아간다. 그는 "거듭났다." 자연 세계에 갓 태어난 아기가 본능적으로, 필사적으로 그 어머니를 붙잡음으로써 생명을 시작하는 것처럼, 이 갓 태어난 영혼은 그리스도에게 매달렸다. "주께서" 루디아의 마음을 "열어" "바울의 말을 청종하게 하셨다"는 말씀처럼[75] 이 사례에서도 성령 하나님은 그 사람이 복음의 메시지를 믿기 전에 그를 살아나게 하셨다. "성령의 거룩케 하심"은 이런 것이다. 거듭난 이 한 영혼은 그 새로 태어남에 의하여 나머지 99명으로부터 구별되었다. 거듭난 자

---

75) 행 16:14, … The Lord opened her heart to respond to Paul's message.

들은 성령에 의하여, 죄와 범법함으로 죽어 있는 자들로부터 구별된 자들이다.

창세기 1장에서도 죄인이 "진리를 믿게" 되기 이전에 먼저 성령이 활동하신다는 사실을 보여주는 아름다운 모형이 있다. 2절에 보면, "땅이 형태가 없고 공허하며 흑암이 깊음 위에 있었다."[76] 히브리어 원문을 문자적으로 옮기면, "땅은 황폐한 폐허가 되었고 흑암은 깊음의 표면 위에 있었다." "태초에" 땅은 2절에 기술된 상태로 창조되지 않았다. 창세기 1장의 첫 두 절 사이에서 엄청난 재앙이 발생하였었다. 혹시, 사탄의 타락이 아닌가 한다. 그 결과로 땅이 파괴되고 해를 입어 "황폐한 폐허"가 되고 흑암의 장막에 덮히고 말았다. 인간의 역사도 이와 같다. 오늘날, 인간의 상태는 창조주의 손에서 나올 때의 그 상태가 아니다. 무서운 재앙이 발생하였다. 인간은 지금 "황폐한 폐허"이며 영적인 것들에 관해서는 전적인 "흑암" 상태에 있다. 다시 창세기 1장을 읽으면서 하나님이 어떻게, 그 황폐한 땅의 형태를 다시 만드셨고 거기에 거할 새로운 존재들을 창조하셨는가를 보라. "성령이 수면 위에서 움직이고 계셨다"가 먼저 나온다. 그 다음에, **하나님이 말씀하시기를** 빛이 있으라 하시니 빛이 있었다"라는 표현이 온다. 그 순서가 새로운 창조에서의 경우와 동일하다. 즉, 성령의 활동이 맨 먼저 나오고, 하나님이 빛을 주시는 말씀이 그 다음에 온다. 황폐함과 흑암의 무대에 말씀이 등장하여 빛을 창조하기 **전에**, 성령이 "활동하고 있었다." 새로운 창조의 경우도 그런 식이다. "주의 말씀이 오시면 빛이 생겨난다…"[77] 그러나 주의 말씀이 인간의 어두운 심령에 들어올 수 있기 전에, 성령이 먼저 마음에

---

76) 창 1:2, Now the earth was formless and empty, darkness was over the surface of the deep, and the Spirit of God was hovering over the waters.

77) 시 119:130, The entrance of thy words giveth light … (KJV).

작용하셔야 한다.[78]

데살로니가 후서 2:13 말씀으로 돌아가자. "주께서 사랑하시는 형제들아, 너희를 인하여 하나님께 항상 감사 드리지 않을 수 없다. 하나님은 처음부터 너희를 선택하여, 성령의 거룩케 하심을 통해서 그리고 진리를 믿게 하심을 통하여 구원에 이르게 하셨기 때문이다."[79] 여기에서는 생각의 순서가 지극히 중요하고 교훈적이다. 첫째가 하나님의 영원한 선택, 둘째가 성령의 거룩케 하심, 셋째가 진리를 믿게 하심이다. 정확하게 동일한 순서가 베드로 전서 1:2에도 나온다. "[하나님의 택자들은] 하나님 아버지의 미리 아심을 따라, 성령의 거룩케 하시는 사역을 통하여, 예수 그리스도께 순종하고 그의 피뿌림을 위하여 선택받았다."[80] 우리는 여기에서 언급된 "순종"을, 주 예수께서 흘리신 피의 공로를 활용하는 것(롬 1:5)을 뜻하는 "믿음의 순종"이라고 본다. (믿음의) "순종" 앞에,[81] 우리를 구별짓는 성령의 사역이 나오고 그 앞에 하나님의

---

[78] 위에서 주장된 우선성은 시간 순서라기보다는 본성적 순서로써 원인이 결과에 앞서야 한다는 것과 같은 것이다. 맹인이 앞을 볼 수 있기 전에 먼저 눈을 떠야 한다. 하지만 이 양자 사이에는 시간 상의 간격이 존재하지 않는다. 눈을 뜨는 그 순간에 앞이 보인다. 어떤 사람이 "하나님의 나라를 볼"(요 3:3) 수 있기 전에 먼저, 거듭나야 한다. 성자를 보는 것이 그를 믿는 데에 필수적이다. 불신앙은 영적으로 눈이 멀었기 때문이라고 한다. 복음이 전하는 "것"을 믿지 않은 사람들은 그리스도를 갈망해야 할 "여하한 매력도 그리스도에게서 보지" 못한 것이다. 죄 가운데 죽은 자들을 "살아나게 하는" 성령의 역사가, 그리스도를 믿는 것에 **선행한다**. 언제나 원인이 결과에 선행하는 것과 마찬가지이다. 성령이 그의 마음을 그리스도에게로 돌리자마자 죄인은 구세주를 영접하는 것이다.

[79] 살후 2:13, But we ought always to thank God for you, brothers loved by the Lord, because from the beginning God chose you to be saved through the sanctifying work of the Spirit and through belief in the truth.

[80] 벧전 1:2, who[God's elect] have been chosen according to the foreknowledge of God the Father, through the sanctifying work of the Spirit, for obedience to Jesus Christ and sprinkling by his blood.

[81] cf. 히 5:9, and, once made perfect, he became the source of eternal salvation for all who obey him(그리고 완전하게 되신 뒤에, 자기에게 복종하는 모든 사람에게 영원한 구원의 근원이 되셨다).

선택하심이 온다. "성령을 통해 거룩케 된" 자들은, 하나님이 처음부터 구원에 이르도록 선택하신 자들(살후 2:13) 즉, "성부 하나님의 미리 아심을 따라 선택받은 자들"이다(벧후 1:2).

그러나 흔히, 성령의 현재적 사역은 "세상으로 하여금 죄를 깨닫도록" 하는 것이 아니냐고 묻기도 한다. 여기에 대한 우리의 대답은, "아니다"이다. 성령의 사명은 그리스도를 영화롭게 하는 것, 택자들에게 생명을 주는 것, 성도들을 가르치는 것 이 세 가지이다. 요한복음 16:8-11은 성령의 "사명"을 묘사하는 것이 아니라 성령이 이 세상에 **존재**한다는 것의 **의의**를 진술하고 있다. 이 구절은, 죄인들의 양심을 살피고 죄인들의 마음에 두려움을 심어줌으로써 죄인들에게 그리스도가 필요함을 일깨워주는, 성령이 죄인들 안에서 행하시는 주관적 사역을 언급하는 것이 아니다. 오히려 전적으로 객관적 사역을 다루고 있다. 어떤 사람이 교수대에 매달려 있다고 가정하자. 도대체 이 모습은 나에게 무엇을 깨닫게 해 줄까? 그가 살인자라는 사실로부터 내가 왜, 어떻게 죄를 깨닫겠는가? 그의 재판 기록을 읽음으로써? 그의 입술에서 흘러나오는 고백을 들음으로써? 아니다. 단지, 그가 거기에 매달려 있다는 사실에 의해서만이다. 성령 하나님이 이곳에 존재한다는 그 사실이, 세상의 죄악됨을, 하나님의 의로우심을, 사탄의 심판 받음을 증명해 준다.

성령 하나님이 이곳에 존재해야 할 필요는 전혀 없다. 이것은 놀라운 진술이다. 그러나 신중히 다뤄보자. **그리스도**는, 이곳에 존재할 필요가 있는 분이다. 성부 하나님이 그를 이곳으로 보내셨지만 세상은 그를 원하지 않았고 받아들이지 않고 증오하고 추방하였다. 성령 하나님이 이곳에 존재하심은 반대로, 세상의 죄악 됨을 입증한다. 성령이 오심은, 주 예수의 부활과 승천과 영광이 나타남에 대한 증거였다. 성령이 지상에 존재하심은, 세상의 판결을 뒤집는 것이며, 이스라엘 대제사장과 로마 총독 법정에서 있었던 신성모독적 재판을 하나님이 파기하셨음을 보여준다. 성령의 "책망"은 세상이 그의 증거를 받아들이느냐 마느냐와는 전혀 상관없이 존재한다.

우리 주님께서 언급하던 것이, 주님의 필요성을 느끼게 된 자들 **속에서** 성령이 행하실 은혜로운 사역이었더라면, 성령이 사람들에게 그 불의함 즉, 사람들에게 의가 없음을 깨우쳐 줄 것이라고 말씀하셨을 것이다. 그러나 이런 생각은 전혀 아니다. 성령이 하늘로부터 내려오심은 하나님의 의로우심, 그리스도의 의로우심을 확립해 준다. 그리스도께서 **아버지에게로** 가셨다는 것이 그 증거이다. 종교계 인사들이 그리스도를 축출하면서 주장했던 것처럼 만일 그리스도가 협잡꾼이었다면 성부 하나님이 그를 받아들이지 않았을 것이다. 성부가 그를 자신의 오른편 자리에까지 들어올렸다는 사실은, 그에게 부과된 혐의가 사실무근이었음을 입증해 준다. 성부가 그를 영접하였다는 증거는, 성령 하나님이 지금 이 지상에 존재한다는 그것이다. 그리스도가 성부로부터 성령을 보냈기 때문이다(요 16:7)! 세상은 불의하게도 그를 추방하였지만 성부는 의롭게도 그에게 영광을 주셨다. 성령이 이 땅위에 존재하심이 확증해 주는 것이 바로 이것이다.

"심판에 관하여라 함은, 이 세상의 임금이 심판받았기 때문이다."[82] 이것은 논리적이며 피할 수 없는 절정이다. 세상은 그리스도를 거절하기 때문에, 영접하기를 거부하기 때문에 유죄가 된 것이다. 그 쫓겨난 자를 성부가 높이심으로써 그 정죄 받음이 드러난다. 그러므로 오직 심판만이 세상과 그 임금을 기다리고 있다. 성령이 이 땅위에 존재하심 그 자체가 이미 사탄의 "심판받음"을 확립해 준다. 그리스도는 자신의 죽

---

[82] 요 16:11, and in regard to judgment, because the prince of this world now stands condemned.

음을 통하여, 죽음의 권세를 잡은 자 즉, 사탄을 아무것도 아닌 존재로 만들어 놓았기 때문이다(히 2:14). 하나님이 정하신 때 즉, 성령 하나님이 지상을 떠나야 할 시간이 오면, 세상과 그 임금에게 내려진 선고가 집행될 것이다. 말로 형언할 수 없이 엄숙한 이 구절에 비추어 보면, 그리스도께서 "세상이 보지도 못하고 알지도 못하기 때문에 받을 수 없는, 진리의 영"(요 14:17 상)이라고 언급하신 말에 놀랄 필요는 없다. 세상은 그를 원하지 않는다. 성령은 세상을 정죄한다.

"그가 와서 죄에 대하여, 의에 대하여, 심판에 대하여 세상을 책망("죄를 깨닫게 해 준다"는 말이 훨씬 더 좋다)하실 것이다. 죄에 대하여라 함은 저희가 나를 믿지 않기 때문이며, 의에 대하여라 함은 내가 아버지께로 가니 너희가 더 이상 나를 보지 못하기 때문이며, 심판에 대하여라 함은 이 세상의 임금이 이미 심판을 받았기 때문이다."[83] 성령이 지상에 존재함은 세상에게 세 가지를 증명해 준다. 첫째가 세상의 죄이다. 세상이 그리스도 믿기를 거부하였기 때문이다. 두 번째가 세상에서 쫓겨난 그분을 높여 하나님이 자신의 오른편 보좌에 앉히셨고 따라서 더 이상 세상이 볼 수 없도록 하신 하나님의 의로우심이다. 세 번째가 심판이다. 세상의 임금인 사탄이 이미 심판을 받았고 앞으로 그 형 집행만을 남겨놓고 있기 때문이다. 이처럼 성령이 지상에 존재하심은 실제 상태를 그대로 보여준다.

성령 하나님은 주권적으로 활동하시고 그 사명을 하나님의 택하신 자들로 한정하신다. 이들이, 성령이 "위로"하고 "인" 치고 모든 진리 가

---

[83] 요 16:8-11, When he comes, he will convict the world of guilt in regard to sin and righteousness and judgment: in regard to sin, because men do not believe in me; in regard to righteousness, because I am going to the Father, where you can see me no longer; and in regard to judgment, because the prince of this world now stands condemned.

운데로 "인도"하고 다가올 것들을 보여주시는 자들이다. 성령의 사역은, 성부의 영원한 목적을 완벽하게 성취하기 위해서는 반드시 필요하다. 가정해서 그러나 공손하게 말하자면, 만일 하나님이 죄인들을 위하여 죽을 그리스도를 내주시는 정도의 일만 하셨더라면 단 한 사람의 죄인도 구원받지 못하였을 것이다. 어떤 죄인이 자신이 그리스도가 필요하다는 사실을 발견하고 그 구세주를 영접하겠다고 마음먹기 위해서는, 성령이 그 사람 안에서 그리고 그 사람에게 역사하심이 반드시 필요하다. 만일 하나님이 단지 그리스도를 내주어 죄인들을 대신하여 죽도록 하신 다음에 하나님의 종들을 보내 그리스도를 통하여 구원받음을 선포하고 그리스도를 영접하든지 거부하든지는 전적으로 죄인들 마음대로 하도록 내버려두었더라면, 모든 죄인이 그리스도를 거절하였을 것이다. 왜냐하면 모든 사람의 마음은 하나님을 싫어하고 하나님과 적대관계에 있기 때문이다. 그러므로 죄인을 그리스도에게로 인도하기 위해서는, 본성적 적개심을 극복하고 하나님이 제공하시는 것을 받아들이지 않을 수 없도록 만들기 위해서는, 성령의 사역이 필요하다. 죄인이 "받아들이지 않을 수 없도록 만든다"는 말을 사용한다. 엄밀하게 말해서 바로 이것이 성령 하나님이 행하시고, 하셔야만 하는 일이다. 따라서 "혼인잔치" 비유를 잠깐이나마 고찰하지 않을 수 없다.

누가복음 14:16에 보면, "어떤 사람이 큰 잔치를 베풀고 많은 사람을 초청하였다." 이 다음 장면을 마태복음 22:2-10의 기사와 주의 깊게 비교해 보면, 중요한 특징 몇 가지가 눈에 띈다. 우리는 이 기록들이 비록 동일한 비유이긴 하지만 성령의 판명한 목적과 계획에 따라 세부적으로 차이가 있는 별개의 기사라고 생각한다. 마태복음의 기사에서는 — 성령이 그리스도를 다윗의 자손이며 유대인의 왕으로 묘사하는 것과 조화를 이루도록— "어떤 **왕**이 자기 아들의 혼인잔치를 베풀었다"고

한다. 누가복음 기사에서는 "어떤 **사람**이 큰 잔치를 베풀었다"고 되어 있다. 마태복음 22:3은 "자기 **종들**을 보냈다"로, 누가복음 14:17은 "자기 **종**을 보냈다"로 되어 있다. 우리가 세심하게 주의를 기울여야 하는 지점은, 마태복음 기사를 관통하여 "종들"이 등장하고 누가복음에서는 언제나 "종"이 등장한다는 사실이다. 이 글을 읽고 있는 독자들은, 성경의 언어적 영감을 기탄 없이 믿는 사람들이다. 그래서 마태복음 기사에서는 복수로, 누가복음 기사에서 단수로 된 것에는 틀림없이 어떤 이유가 있을 것이라고 기꺼이 인정할 것이다. 우리 생각에 그 이유는 중요한 것이며 이 변화에 주목하면 중요한 진리를 발견하게 될 것이다. 마태복음 본문의 "종들"은 일반적으로 말해서, 복음을 전하는 모든 사람들이지만 누가복음 본문의 "종"은 성령 하나님 자신이다. 이렇게 한 것 때문에 성령에게 어울리지 않거나 품격이 떨어지지 않는다. 성자 하나님도 지상에서 사역하시는 동안에는 여호와의 종이었다(사 42:1). 마태복음 22장의 "종들"은 세 가지 일을 수행하기 위하여 파송된다. 첫째, 잔치에 오도록 "초청하기" 위해서(3절); 둘째, 명령받은 대로 모든 것이 준비되었으니 결혼식에 오라고 "말해주기" 위해서(4절); 셋째, 길거리로 나가 혼인잔치에 "초청하기" 위해서(9절)였다. 이 세 가지는, 오늘날의 복음 사역자들이 수행하고 있는 일들이다. 누가복음 14장의 그 "종"도 세 가지 일을 수행하도록 파송된다. 첫째는, 청함을 받은 자들에게 가서 이제 준비가 다 되었으니 어서 오라는 **"말을 전하는 것"**이다(17절). 둘째는, 가난한 자들과 병신들과 소경들과 저는 자들을 **"불러들이는 것"**이다(21절). 셋째는, 마주치는 사람을 **강권하여 채우는 것"**이다(23절). 마지막 두 가지 일은 오직 성령만이 할 수 있는 일들이다.

위 성경에서 "그 종" 즉, 성령 하나님이 사람을 억지로 "그 잔치"에 참석하도록 만든다. 바로 여기에서 성령의 주권성, 전능성, 신적 충분성을 발견한다. "억지로…만든다"는 말이 명백하게 함축하고 있는 말은, 성령 하나님이 "불러들이는" 자들은 자발적으로 오는 것이 아니라는 사실이다. 이 점이 지금까지 보여주려고 노력한 핵심이다. 하나님의 택하심을 받은 자들은 다른 사람들과 다를 바 없이 본성적으로 진노의 자녀들이었고(엡 2:3), 마찬가지로 그들의 마음은 하나님과 원수지간이었다. 그러나 택자들의 이 적대감을 성령 하나님이 극복하고 이들로 하여금 "들어오지 않을 수 없도록 만든다." 다른 사람들을 바깥에 내버려두는 이유가, 그들이 들어오고 싶어하지 않기 때문일 뿐만 아니라, 성령이 그들이 들어오지 않을 수 없도록 만들지 않기 때문임이 분명하지 않은가? 성령 하나님이 주권적으로 능력을 발휘한다는 사실이 즉, 바람이 **"자신이 원하는 곳에서 부는"** 것처럼 **성령도 자신이 원하는 곳에서 활동하신다**는 사실이 분명하지 않은가?

자! 정리해보자. 하나님의 방법은 완벽하게 일관적임을 즉, 삼위일체의 각 위격은 서로 조화롭게 행하심을 확인하였다. 성부 하나님은 어떤 사람들을 선택하여 구원에 이르도록 하셨고, 성자 하나님은 그 택함받은 자들을 대신하여 죽으셨고, 성령 하나님은 그 택자들을 살리신다. 당연히 찬양하지 않을 수 없다.

> 만복의 근원이신 하나님을 찬양하라.
> 땅 위의 만물들아! 하나님을 찬양하라.
> 하늘 위의 천사들아! 하나님을 찬양하라.
> 성부, 성자, 성령 하나님을 찬양하라.

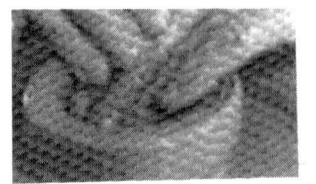

제5장
유기에서의 하나님의 주권

그러므로 하나님의 인자하심과 준엄하심을 생각하라…[1]

제4장에서 성부 하나님이 주권적으로 구원하심을 고찰하면서 일곱 개의 성경구절을 다루었다. 이 구절들은 하나님이 어떤 사람들을 선택하시어 성자의 형상에 부합하도록 예정하신다고 묘사하고 있었다. 사려 깊은 독자라면 자연히, "영생으로 예정받지 못한 자들은 어떻게 되는가?"라고 묻게 된다. 하나님의 주권에 관한 성경적 가르침을 믿는다고 고백하는 사람들조차 이 질문에 대해 일반적으로 제시하는 대답은, 하나님은 불택자들을 **간과하신다**는, 그들이 자기 길로 가도록 **내버려두어** 결국 그들이 하나님의 길을 버렸고 하나님이 제공하신 구세주를 거절하였기 때문에 지옥불에 던져진다는 것이다. 그러나 이것은 진리의 반쪽에 불과하다. 나머지 ―육적인 생각에는 몹시 거슬리는― 반쪽은 무시되거나 거부되고 있다.

여기 우리 앞에 제시된 주제의 무서운 준엄함을 볼 때, 오늘날 거의 모든 사람들―심지어 칼빈주의자라고 자처하는 사람들조차―이 이 교리를 거부하고 포기하는 것을 볼 때, 이것이 우리 책에서 가장 커다란 논란을 야기할 것이라는 사실을 볼 때, 하나님의 진리를 이쪽 측면에서

---

[1] 롬 11:22, Consider therefore the kindness and sternness of God …

한번 더 파고 들어갈 필요가 있다. 하나님의 주권이라는 주제의 이쪽 측면은 심오하리 만치 신비롭다. 그렇다고 해서 거부해야 할 이유는 없다. 하나님의 행하심에 관한 모든 이유와 근거들을 만족스럽게 해명할 수 있는 경우에 한해서만 하나님의 증거를 받아들이는 사람들이 아주 많다는 것이 오늘날의 문제이다. 이것은, 인간 자신의 제한된 능력이라는 조그마한 척도로 잴 수 있는 것만을 받아들이겠다는 의미이다.

지금부터 다루어야 할 요점을 지극히 대담하게 진술하면, "하나님이 어떤 사람들은 영원한 멸망에 이르도록 미리 정해놓으셨는가?" 이다. 많은 사람들이 영원히 멸망 받게 될 것이라고 성경에서 분명하게 가르친다. 각자는 자신의 행위대로 심판받고 자신이 뿌린대로 거둘 것이며, 결과적으로 그의 멸망은 정당하다는 사실[2] 역시 마찬가지로 확실하다. 이제 우리가 입증해야 하는 것은, 불택자들은 자신들의 길을 선택하도록 하나님이 작정하셨다는 것이다.

앞장에서 구원으로 선택하심에 관하여 확인하였던 것으로부터 필연적으로 도달하게 되는 결론은, 다른 사람들에 대한 거절이 존재함에 틀림없다는 것이다. 모든 선택은 명백하고 필연적으로, 거절을 수반한다. 아무 것도 남겨놓지 않는 경우라면 선택의 여지도 없는 것이다. 하나님이 구원으로 선택하신 자들이 전체의 일부라면(살후 2:13) 구원으로 선택되지 않은 다른 사람들이 반드시 존재한다. 만일 일부의 사람들을 성부가 그리스도에게 주었다면(요 6:37), 성부가 그리스도에게 주지 않은 다른 사람들이 틀림없이 존재한다. 어린양의 생명책에 이름이 기록된 사람들이 있다면(계 21:27), 거기에 이름이 기록되지 않은 다른 사람들도 틀림없이 존재한다. 누가 그리스도를 자신의 구세주로 영접할지 안

---

[2] 롬 3:8,… Their condemnation is deserved.

할지를 하나님은 창세 전부터 명확하게 미리 알고 미리 보셨다는 것을, 그러므로 그리스도를 거절할 것이라고 미리 아신 자들에게 존재와 생명을 부여하실 때에 필연적으로 하나님은 그들을 멸망에 이르도록 창조하신 것임을, 이제는 모든 사람이 인정할 것이다. 여기에 반대하여 제기할 수 있는 유일한 대답은, "아니다, 하나님은 이들이 그리스도를 거절할 것이라고 미리 아셨지만 그들이 그렇게 하도록 하나님이 작정하시지는 않았다"는 것뿐이다. 그러나 이 대답은 실제 문제의 논점을 회피하고 있다. 하나님이 인간을 창조하신 이유는 명백하다. 각각의 개인을 창조하신 데에는 특수한 목적이 있으셨다. 피조물의 영원한 운명에 관해서는, 영원히 천국에 거하든지 영원히 불지옥에 거하든지 하도록 목적하셨다. 하나님이 창조하실 때 누가 구세주를 경멸하고 거절할지를 미리 아셨다면, 이 사실을 미리 아셨음에도 불구하고 그 사람을 창조하셨다면 분명히, 하나님은 그 사람이 영원히 멸망하도록 계획하시고 정하셨다. 다시 말하자면, 믿음은 하나님의 선물이고 이 선물을 단지 어떤 사람들에게만 주시겠다고 작정하신 것은 나머지 다른 사람들에게는 주지 않기로 작정하신 셈이다. 믿음이 없으면 구원도 없다—"믿지 않는 자는 멸망할 것이다." 그러므로 아담의 후손 가운데 하나님이 믿음을 주시지 않기로 한 자들이 존재한다면, 틀림없이 그것은 하나님이 그들은 멸망에 이르도록 작정하셨기 때문이다.

이 결론을 피할 도리가 없을 뿐만 아니라 역사가 이를 확증해 준다. 하나님이 성육신하시기 전에 거의 2천년 동안, 인류의 거의 대다수에게는 은혜의 외적 수단이 없었다. 하나님의 말씀이 주어지지 않았고 하나님의 뜻에 관한 기록된 계시가 전혀 주어지지 않았다. 오랜 세월동안 이스라엘은, 하나님을 발견할 수 있도록 특별히 허용받은 유일한 민족이었다. "과거에는 하나님은 모든 나라가 제 갈길로 다니도록 허용하셨다."[3] "땅 위의 모든 족속 가운데 오직 너희들(이스라엘)만 내가 선택하였다."[4] 결과적으로, 다른 모든 민족들에게는 하나님의 말씀이 선포되지 않았기 때문에 이 말씀에 수반되는 믿음을 전혀 몰랐다(롬 10:17). 이러한 민족들은 하나님만 몰랐던 것이 아니다. 하나님을 기쁘게 하는 방법, 하나님께 받아들여지는 참된 방법, 하나님의 영원한 즐거움에 도달하는 수단도 전혀 몰랐다.

만일 하나님이 이들의 구원을 의지하셨다면 구원의 수단을 제공하지 않으셨겠는가? 구원 목적에 필수적인 모든 것들을 주시지 않으셨겠는가? 그러나 하나님이 그러한 것들을 주지 않으셨음을 부인할 수 없다. 그렇다면 하나님이 자신의 정의, 자비, 은혜와 일관성을 유지하면서도 어떤 사람들에게 (그 선조들의 즉, 앞 세대들의 죄로 인해서) 은혜의 수단을 주시지 않고 지독한 어둠과 불신앙 속에 갇혀 있도록 하실 수 있다면, 어떤 사람들을 은혜 그 자체로부터, 은혜와 연결된 영원한 생명으로부터 배제하는 것이 하나님의 완전성과 양립할 수 없다고 여기는 까닭은 무엇인가? 하나님은 수단이 이끄는 목적과 그 목적에 이르는 수단 이 두 가지를 주권적으로 처분하시는 분이며 주님이시다.

우리 자신의 시대에도, 우리 자신의 나라에 살고 있는 사람들—거의 셀 수 없을 정도로 많은, 복음을 받아들이지 않은 이교도들은 빼고—사람들이, 복음이 전파되고 교회가 가득한 지역에서도 하나님과 하나님의 거룩하심을 전혀 모르고 살다가 죽는 사람들이 많지 않은가? 참으로, 은혜의 수단은 그들이 사는 땅 가까이에 있지만 그들 가운데 많은 사람들이 모르고 있었다. 수천 명의 사람들이, 모든 그리스도인들을 위선자로 여기고 설교자들을 지독한 협잡꾼 정도로 여기도록 가르치는

---

3) 행 14:16, In the past, he let all nations go their own way.
4) 암 3:2, You only have I chosen of all the families of the earth …

가정에서 태어난다. 요람에서부터 로마교로 양육 받는 사람들도 많고, 복음적 기독교를 치명적인 이단으로 간주하며 성경은 읽기에는 너무나 위험스러운 책으로 간주하도록 훈련받는 사람들도 많다. "크리스찬 사이언스" 가정에서 양육 받아 그리스도의 참된 복음에 관한 지식은 전혀 복음을 들어 본적도 없는 이교도 정도 밖에 없는 사람들도 있다. 이들의 대다수는 "평강의 길"을 전혀 모르는 채 죽는다. 그들에게 은혜를 전달하는 것이 하나님의 뜻이 아니었다고 결론 내려야 하지 않을까? 전달하는 것이 하나님의 뜻이었더라도, 하나님이 실제로 은혜를 주시지 않았던 것인가? 만일 그들에게는 은혜를 주시지 않는 것이 하나님의 뜻이었다면, 하나님의 뜻은 어제나 오늘이나 내일 그리고 영원토록 변함이 없기 때문에 영원히 그런 뜻이었을 것이다. 하나님의 **섭리**는 하나님의 **작정**이 나타난 것임을 즉, 하나님이 시간 속에서 행하시는 것은 하나님이 영원 속에서 목적하신 것뿐임을 잊지 말라. 하나님 자신의 의지가 하나님의 모든 행하심과 역사하심의 유일한 원인이다. 그러므로 하나님이 실제로 어떤 사람들을 끝까지 회개치 않음과 불신앙에 남겨두신다는 사실에서부터, 하나님이 그렇게 하고자 영원히 결정하셨으며, 그 결과로 하나님은 어떤 사람들을 창세 전에 유기하셨다는 것이 확고한 결론이다.

웨스트민스터 신앙고백서는 "하나님은 영원 전부터, 자기 의지의 지극히 지혜롭고 거룩한 생각에 의하여, 자유롭고 불변적으로, 장차 일어날 모든 것을 미리 정하셨다"고 선언한다. (매우 주의 깊고 신중한 연구가요 저술가인) 그랜트(F. W. Grant)가 이 문구를 인용하면서, "하나님이 장차 일어날 모든 일을 자신의 영광을 위하여 예정하셨다는 것은 완벽하고 신성하게 참되다"고 하였다. 이 진술들이 맞다면, 유기 교리 역시 이 진술들에 의하여 성립되지 않는가? 인류의 역사에서, 매일 발생하는 한 가지 사건은 무엇인가? 사람들이 죽는다는 것 이외에, 이 세계로부터 절망적인 영원 속으로, 고통과 재앙의 영원 속으로 건너간다는 것 이외에 무엇이겠는가? 장차 일어날 모든 일을 하나님이 예정하셨다면, 인류의 대다수가 구원받지 못한 채 이 세계로부터 지옥불에 던져져 영원토록 고통받도록 하나님이 작정하셨음에 틀림없다. 일반 전제를 인정할 때, 그 구체적인 결론은 불가피하지 않은가?

이 모든 것은 단지 추론에 불과하며, 의심의 여지없이 논리적이지만 단지 추측일 따름이라고 대꾸하는 독자가 있을 것이다. 그렇다면, 이제부터 위 결론에 덧붙여 지적하고자 하는 것은, 이 엄숙한 주제를 지극히 명확하게 가르치는 성경구절이 많다는 점이다. 오해의 여지가 없을 만큼 명백하고, 피할 틈이 없을 만큼 강력한 구절들이 많다. 그토록 많은 선량한 사람들이 이 부인할 수 없는 단언을 거부해 왔다는 것이 놀라울 따름이다.

> 여호수아는 그 모든 왕들과 오랫동안 싸웠다. 기브온에서 사는 히위 족속을 제외하면 어떤 성읍도 이스라엘 자손들과 화친하지 않았다. 이스라엘이 다른 모든 족속들을 싸워 이겼다. 저들의 마음이 강퍅하여 이스라엘을 대적하게 된 것은 여호와 하나님께서 그렇게 하신 것이다. 하나님이 그들을 전적으로 파멸시키기 위해서, 그들이 은총을 받지 못하도록 하기 위해서 다만, 하나님이 모세에게 명령하신 대로 그들을 멸망시키기 위해서였다.[5]

이보다 더 분명할 수 있겠는가? 하나님이 수많은 가나안 족속의 마음을 강퍅하게 하셨고, 그들을 전적으로 파멸시키기로 목적을 세우셨고,

---

[5] 수 11:18-20, Joshua waged war against all these kings for a long time. Except for the Hivites living in Gibeon, not one city made a treaty of peace with the Israelites, who took them all in battle. For it was the LORD himself who hardened their hearts to wage war against Israel, so that he might destroy them totally, exterminating them without mercy, as the LORD had commanded Moses.

그들에게 "은총을 조금도" 베풀지 않으셨다. 그들이 사악하고 부도덕하며 우상을 숭배한다고 해도, 하나님이 존 패튼(John G. Paton)을 통해 복음을 주신 남태평양(과 다른 여러 지역)의 부도덕하고 우상숭배적인 풍습보다도 더 나빴는가? 분명히 아니다. 그렇다면 어떤 이유로 여호와 하나님은 이스라엘에게 저 가나안 족속들에게 하나님의 율법을 가르치라고 명령하지 않으셨고, 참 하나님께 드리는 희생에 관하여 가르쳐 주라고 하지 않으셨는가? 분명히, 하나님이 그들을 파멸시키기 위하여 구별해놓으셨기 때문이다. 그렇다면, 그것은 영원 전부터 그렇게 하신 것이다.

> 여호와 하나님은 모든 것을 자기 자신의 목적에 맞게 지으셨다. 심지어 악한 자들도 재앙의 날을 위하여 지으셨다.[6]

하나님이 만물을 창조하셨다는 사실을, 아마도 이 책의 모든 독자라면 인정할 것이다. 하지만, 하나님이 만물을 자신을 위하여 창조하였다는 사실은 그렇게 폭넓게 받아들여지지 않는다. 그럼에도 불구하고 성경이 반복해서 주장하는 것은 하나님은 우리를 우리 자신을 위해서가 아니라 하나님 자신을 위해서, 우리의 행복을 위해서가 아니라 하나님 자신의 영광을 위해서 창조하셨다는 것이다(계 4:11). 그러나 잠언 16:4은 훨씬 더 멀리까지 나아가 하나님은 사악한 자들을 저 재앙의 날을 위해서 창조하셨다고, 그것이 그들을 창조하신 하나님의 **의도**였다고 명백하게 선언한다. 왜? 로마서 9:17은 우리에게, "성경이 바로에게 말한다. 바로 이 목적을 위해서 내가 너를 일으켜 세웠다. 즉, 내가 네 안에서 내 능력을 펼쳐 보이고 내 이름을 온 땅 위에 선포하기 위해서였다"

---

6) 잠 16:4, The LORD works out everything for his own ends--even the wicked for a day of disaster.

7)라고 말하지 않는가? 하나님은 "자신의 능력"을 **보여주기** 위하여, 가장 완고한 반역자를 굴복시키고 가장 강력한 원수를 멸망시키는 일이 하나님에게는 얼마나 쉬운 일인지를 증명하여 보여주시기 위하여, 사악한 자들을 창조하셨다.

> 그때에 내가 저들에게 밝히겠다. 나는 너희를 결코 알지 못하였다. 너희 불법을 행하는 자들아, 나에게서 떠나라.8)

제 4장에서 확인한 것처럼, "안다"와 "예지"라는 말을 성경에서 하나님께 적용할 때에는 하나님의 선지(즉, 단순히 미리 아심)를 가리킬 뿐만 아니라 **승인**의 지식을 가리킨다. 하나님이 이스라엘에게 "지상의 모든 족속들 가운데 나는 오직 너희만을 알았다"9)고 말씀하실 때 "나는 오직 너희만을 은총의 눈으로 보았다"는 뜻이었음이 명백하다. 로마서 11:2에서 "하나님은 자기 백성(이스라엘) 즉, 하나님이 미리 아신 자들을 거절하지 않으셨다"10)고 할 때에도 그 분명한 의미는, "하나님이 사랑의 대상으로 선택하신 그 백성들을 최종적으로 버리지 않으셨다"이다.11) 마태복음 7:23도 마찬가지로 이해할 수 있다(그리고 이것이 유일하게 가능한 방법이다). 하나님은 심판날에 많은 사람들에게 "나는 결

---

7) 롬 9:17, For the Scripture says to Pharaoh: "I raised you up for this very purpose, that I might display my power in you and that my name might be proclaimed in all the earth."

8) 마 7:23, Then I will tell them plainly, "I never knew you. Away from me, you evildoers!"

9) 암 3:2, You only have I known of all the families of the earth… (KJV).

10) 롬 11:2, God did not reject his people, whom he foreknew…

11) 비교, 신 7:7-8, The LORD did not set his affection on you and choose you because you were more numerous than other peoples, for you were the fewest of all peoples. But it was because the LORD loved you and kept the oath he swore to your forefathers that he brought you out with a mighty hand and redeemed you from the land of slavery, from the power of Pharaoh king of Egypt.

코 너희를 몰랐다"고 말씀하실 것이다. "나는 너희를 모른다"고 간단히 말하지 않는다는 점에 주의하라. 하나님의 근엄한 선언은 "나는 결코 너희를 몰랐다" 즉, 너희는 나의 인정을 받는 대상이었던 적이 없었다는 것이다. 이것을 "나는 내 양을 알고(사랑하고) 내 양은 나를 안다(사랑한다)"는 말씀과 대조해 보아라.[12] 그 "양," 하나님의 택자들, 그 "적은 무리"를 그는 "안다." 그러나 유기 된 자들, 불택자들, 그 "많은 사람들"을 그는 "모른다." 세상을 창조하시기 전부터 하나님은 그들을 몰랐다. 하나님은 그들을 "결코" 알았던 적이 없었다.

로마서 9장에서는 하나님의 주권 교리를, 택자와 유기 된 자들 모두에게 적용하여 길게 논하고 있다. 이 중요한 장을 상세하게 해설하는 것은 이 장의 목적이 아니다. 지금 고찰하고 있는 논제와 매우 명확하게 연관된 부분만 다루겠다.

(1) 로마서 9:17 분석

성경이 바로에게 말한다. 바로 이 목적을 위해서 즉, 내가 네 안에서 내 능력을 펼쳐 보이고 내 이름을 온 땅 위에 선포하기 위해서 내가 너를 일으켜 세웠다.[13]

이 말씀은 13-14절을 되돌아보도록 한다. 13절에서, 야곱을 향한 하나님의 사랑과 에서를 향한 하나님의 미움이 선포되었다. 14절에서는, "하나님께 불의가 있느냐?"고 반문한다. 이제 17절에서 이 질문에 대한 대답을 계속한다. 이 구절에 대해서는 칼빈의 논평을 언급하는 것이 최선일 것이다. "두 가지를 고려해야 한다. 바로를 향한 멸망의 예정은,

---

[12] 요 10:14, … I know my sheep and my sheep know me …
[13] 롬 9:17, For the Scripture says to Pharaoh: "I raised you up for this very purpose, that I might display my power in you and that my name might be proclaimed in all the earth."

과거에 대한 하나님의 숨겨진 생각을 가리킨다. 이것은 하나님의 이름을 알리기 위한 의도였다. 많은 해석가들이 이 구절을 완화하려고 시도할 때 왜곡이 발생하기 때문에 우리가 먼저 관찰해야 하는 것은, '내가 너를 일으켜 세웠다'는 말에 해당하는 히브리어는 '내가 지명하였다'는 것이고 바로의 불복종 때문에 하나님이 자기 백성을 구원하지 못하게 되는 일이 생기지 않도록 할 작정임을 보여줌으로써 자신의 진노를 미리 보았으며 그것을 억제할 수단을 준비하였음을 단언할 뿐만 아니라, 계획적으로 그렇게 그리고 이 목적을 위하여 정하였음을 단언하는 것이다. 즉, 하나님 자신의 능력을 보다 실증적으로 보여주기 위한 것이다." 바울이 "이 목적을 위해서 내가 너를 일으켜 세웠다"로 번역되는 히브리 단어를 "내가 지명하였다"로 제시하는 것에 주의해야 한다. 이 구절의 가르침 및 논증은 이 단어에 의존하기 때문에, 바울이 출애굽기 9:16에서 인용할 때 당시에 일반적으로 사용되고 자신도 가장 빈번하게 인용하는 칠십인역에서 벗어나 다른 어구로 대신하였다는 점에 유의해야 한다. 바울은 "이것을 위하여 너를 남겨두었다" 대신에 "바로 이 목적을 위하여 내가 너를 세웠다"를 제시한다.

그러나 우리는 이제, 사람과 창조주 사이에 벌어진 커다란 논쟁을 구체적인 사례로 요약해 주는 바로 사건을 좀더 자세히 고찰해야 한다. "지금까지는 내 손을 펴서 너와 네 백성을 역병으로 쳤더라면 너를 지상에서 쓸어냈을 것이다. 내가 너에게 나의 능력을 보여주고 내 이름을 온 땅위에 선포한다는 목적, 바로 이 목적을 위하여 내가 너를 일으켜 세웠다."[14] 이 말에 입각하여 우리는 다음과 같이 주장한다.

---

14) 출 9:15-16, For by now I could have stretched out my hand and struck you and your people with a plague that would have wiped you off the earth. But I have raised you up for this very purpose, that I might show you my power and that my name might be proclaimed in all the earth.

첫째, 출애굽기 14-15장을 보면 바로가 "제거" 되었다. 즉, 하나님이 그를 "끊으셨"고 그는 자신의 사악함 속에서 끊어졌다. 그는 늙어서 생기는 병약함이나 연약함, 사고라고 할 수도 있는 어떤 것에 의해서가 아니라 하나님의 **직접적인 심판의 손**에 의하여 끊어졌다.

둘째, 하나님이 바로를 이 목적을 위하여ㅡ"그를 끊기" 위하여ㅡ 신약성경의 용어로는 "멸망시키기" 위하여 세우셨음이 분명하다. 하나님이 어떤 일을 행하실 때는 반드시 사전 계획을 세우신다. 하나님이 그를 존재케 하실 때, 유소년기를 거치도록 보존하실 때, 이집트의 왕으로 세우실 때, 한 가지 목적을 염두에 두셨다. 하나님의 목적이 이렇다는 것은, 바로에게 여호와 하나님의 백성들이 광야로 삼일 길을 들어가 하나님을 경배하도록 하라고 요구하기 위해 모세를 이집트로 보내기 전에 모세에게 해 주신 말씀에서 분명하게 드러난다. 여호와 하나님이 모세에게 "네가 이집트로 돌아가거든 내가 너에게 능력을 부여한 그 모든 이적들을 바로 앞에서 행하도록 하라. 그러나 내가 그의 마음을 강퍅하게 하여 그는 내 백성들을 보내지 않을 것이다"15)라고 하셨다. 그뿐만 아니라 하나님의 계획과 목적은 이보다 훨씬 전에 선포되었다. 그보다 4백년 전에, 하나님은 아브라함에게 "확실히 알고 있어라. 네 후손이 타국에서 나그네가 되고 종이 될 것이며 4백년 동안 괴로움을 당할 것이다. 그러나 그들이 섬기는 그 나라를 내가 처벌할 것이다"16)라고 말씀하셨다. 하나님은 바로를 존재하도록 하시기 오래 전에 계획을 세우셨음이 이 말씀에서도 분명히 드러난다.

---

15) 출 4:21, The LORD said to Moses, "When you return to Egypt, see that you perform before Pharaoh all the wonders I have given you the power to do. But I will harden his heart so that he will not let the people go.

16) 창 15:13-14, Then the LORD said to him, "Know for certain that your descendants will be strangers in a country not their own, and they will be enslaved and mistreated four hundred years. But I will punish the nation they serve as slaves …

셋째, 하나님이 바로를 다루신 것을 검토하면 이 이집트 왕은 "멸망받아 마땅한 진노의 그릇"이었다는 사실이 명확해 진다. 이 이집트 왕은 최고 강대국의 통치권력을 장악하고 보좌에 앉아 국가 수장이 되었다. 지상 위에서는 이 바로에게 통제권을 행사하거나 명령을 내릴 군주가 존재하지 않았다. 이 유기된 자를 하나님은 이처럼 까마득하게 높은 자리로 올리셨다. 이것은 그의 최종적인 운명을 맞이하기 위해 꼭 필요하고 자연스러운 단계였다. "자랑이 멸망보다 먼저 오고, 자만이 몰락의 앞에 온다"는 것은 경건한 격언이다. 더욱이 매우 중요하고 몹시 의미 있는 것은, 하나님은 바로의 견제책으로 작동하는 외적인 억제력을 제거하셨다는 사실이다. 무제한적인 왕권을 부여받은 바로는 모든 합법적인 영향력과 통제권을 뛰어넘는 존재가 되었다. 게다가 하나님은 모세를 바로와 이집트 앞에서 옮기셨다. 이집트의 모든 지혜에 통달하고 바로의 가정에서 양육 받은 모세가 가까이에 머물러 있었더라면 모세의 모범과 영향력이 바로의 사악함과 전제권력을 강력하게 억제하였을 것이다. 이것이 유일한 원인은 아니지만, 하나님이 모세를 미디안으로 보내신 한 가지 이유임이 분명하다. 모세가 이집트를 떠나 있던 동안 이집트 국왕은 가장 잔인한 왕명을 내렸다. 하나님은 이렇게 억제책을 치워버림으로써, 바로가 자신의 죄악을 완전히 채우고 전적으로 당연하지만 예정된 파멸에 합당할 만큼 무르익도록 계획하셨다.

넷째, 하나님은 자신의 뜻을 선포하시면서 바로의 마음을 "강퍅하게 만드셨다"(출 4:21). 이것은 "마음의 계획은 사람에게 속해있지만 그 말에 대한 응답은 여호와 하나님에게서 온다"[17]는 선언과, "왕의 마음이 여호와 하나님의 손에 있으며 물줄기를 원하는 곳으로 보내듯이 인도

---

17) 잠언 16:1, To man belong the plans of the heart, but from the LORD comes the reply of the tongue.

하신다"[18])는 선언에 완전히 부합한다. 바로의 마음은 다른 모든 왕들과 마찬가지로 하나님의 손에 붙잡혀 있다. 하나님은 그것을 자신의 원하는 방향으로 돌리실 권한과 능력을 소유하셨다. 하나님은 바로의 마음을 선을 **반대하는 쪽으로** 돌리시기를 즐거워하셨다. 하나님은 바로가 모세를 통하여 받은 요청 즉, 이스라엘 백성을 내보내라는 요구를 받아들이지 못하도록 막기로 작정하셨다. 최종적으로 그를 뒤엎을 준비가 완전히 끝날 때까지 그렇게 하셨다. 가장 알맞았기 때문에 하나님은 그의 마음을 강퍅하게 하셨다.

마지막으로, 하나님이 바로를 다루시면서 확증하신 것들을 어떻게 충분히 입증하셨는가에 세심한 주의를 기울일 가치가 있다. 매우 주목할 만한 발견은, 바로가 자신이 아니라 하나님을 옹호하는 증언을 한다는 점이다. 출애굽기 9:15-16에서, 하나님이 바로를 세우신 목적을 바로에게 말씀해 주셨다. 27절에서 바로는 모세와 아론을 불러 "이번에는 내가 범죄하였다. 여호와 하나님은 의로우시고 나와 내 백성이 잘못하였다"[19])고 말하였다. 주목해야 할 것은 바로가 하나님이 자기를 "끊기" 위하여 세우셨음을 알게 된 뒤에, 준엄한 심판을 받은 뒤에, 강퍅한 마음을 갖게 된 뒤에 이렇게 말하였다는 점이다. 이 무렵에 가서야 바로는 심판에 알맞게 익었으며, 하나님이 그에게 상처를 입혔는지 혹은 그가 하나님에게 상처를 입히려고 모색하였는지를 판단할 만큼 충분히 준비되었다. 자신이 "죄"를 저질렀고 하나님이 "의"로우셨음을 충분히 인정한다. 다시 말해서, 하나님이 바로에게 행하신 것을 잘 알고 있던 모

---

18) 잠 21:1, The king's heart is in the hand of the LORD; he directs it like a watercourse wherever he pleases.

19) 출 9:27, … This time I have sinned … The LORD is in the right, and I and my people are in the wrong.

세의 증언이 있다. 하나님이 바로와 관련하여 세우신 계획이 무엇이었는지를 모세는 처음부터 들어 알고 있었다. 모세는 하나님이 바로를 어떻게 다루었는지를 증언하였다. 멸망받아 마땅한 이 진노의 그릇을 향하여 하나님이 보여주신 "오래 참으심"을 눈으로 확인하였다. 마침내 홍해 바다에서 하나님의 심판을 받아 끊쳐지는 장면을 보았다. 모세가 어떤 인상을 받았겠는가? 그는 정의롭지 못하다고 소리쳤던가? 감히 불의하다는 혐의를 하나님께 제기하였는가? 결코 그렇지 않았다. 오히려 모세는 "오! 여호와 하나님이시여! 신들 가운데 누가 주와 같겠습니까? 어떤 신이 주님처럼 거룩함 속에서 장엄하며, 영광 속에서 위엄이 있으며 이적들을 행하겠습니까?"[19]

이스라엘의 가장 큰 원수가 홍해 바닷물에 의해 "끊쳐질" 때 모세는 **복수**의 영에 의하여 감동 받았는가? 분명히 아니다. 이 사실에 관한 일체의 의심을 영원히 제거하기 위해서 주목해야 하는 것은, 하나님의 중한 심판을 목격한 뒤에 하늘에 올라간 성도들이 하나님의 종 모세의 찬양, 어린양의 찬양에 합세하여, "전능하신 주 하나님! 주의 행하신 일들은 위대하고 놀랍습니다. 만왕의 왕이여! 주의 길은 정의롭고 참됩니다"라고 노래하는 모습이다.[20] 하나님이 바로를 다루신 것에 대한 절정, 최종적이고 완전한 확증이 여기에 있다. 하나님의 종 모세가 바로와 그 군대를 뒤엎으신 것에 대하여 여호와 하나님을 찬양하는 노래에 하늘의 성도들이 가세하여 노래하며, 하나님의 그와 같은 행위는 불의하지 **않고** 오히려 **의롭고 참되다**고 선언한다. 그러므로 우리는 온 땅을 심

---

19) 출 15:11, Who among the gods is like you, O LORD? Who is like you--majestic in holiness, awesome in glory, working wonders?
20) 계 15:3, and sang the song of Moses the servant of God and the song of the Lamb: "Great and marvelous are your deeds, Lord God Almighty. Just and true are your ways, King of the ages."

판하시는 하나님은 이 진노의 그릇 바로를 창조하시고 멸망시킴에 있어서 올바르게 행하셨다고 믿는다.

바로의 사례는 유기 교리의 원리를 **확립**해주고 예증해 준다. 하나님이 바로를 실제로 유기하셨다면, 하나님이 자기 아들의 형상을 갖도록 예정하지 않은 다른 모든 자들을 유기하신다는 결론은 합당하다. 사도 바울은 바울의 운명에서 이러한 추론을 명백하게 끄집어 낸다. 로마서 9장에서 바울은 하나님이 바로를 일으키신 목적을 언급한 뒤에 "그러므로"라는 말을 덧붙인다. 바로의 사례를 소개하여 유기 교리가 선택 교리의 대응짝임을 입증하였다.

결론적으로, 하나님이 바로를 빚으심에서는 정의 혹은 부정의가 아니라, 순전히 하나님의 주권만을 펼쳐 보여주신 것이다. 토기장이가 그릇을 주권적으로 빚는 것처럼 하나님은 도덕적 행위자를 주권적으로 빚으신다.

(2) 로마서 9:18 분석

> 그러므로 하나님께서는 자비를 주시고자 하는 자에게 자비를 주시고, 강퍅하게 하시고자 하는 자를 강퍅하게 하신다.[21]

이 구절의 첫머리에 나온 "그러므로"는 앞 세 구절에서 언급한 내용으로부터 도출되는 전반적인 결론임을 즉, 하나님이 야곱을 사랑하고 에서를 미워하심은 불의가 아니라고 말해 준다. 그리고 특별히 이 단어는 하나님이 바로를 다루신 사건에서 예시된 원리를 적용한다. 이 단어는 모든 것을 창조주 하나님의 주권적 의지로 환원시킨다. 하나님은 어떤 사람은 사랑하시고 다른 사람은 미워하신다. 어떤 사람들에게는 자

---

21) 롬 9:18, Therefore God has mercy on whom he wants to have mercy, and he hardens whom he wants to harden.

비를 베푸시고 다른 사람들은 강퍅하게 만드신다. 이 모든 것은 오직 하나님 자신의 주권적 의지만을 참조할 뿐이다.

육적인 마음을 가진 사람들은 이 구절의 "**강퍅케 한다**"는 표현을 몹시 역겨워 한다. 바로 여기에서 수많은 주석가들과 해설가들이 진리를 더럽혔다. 가장 흔한 견해는, 바울은 단지 **사법적으로** 강퍅케 함을 즉, 하나님이 불쾌하게 여기는 이 사람들이 **먼저** 하나님의 진리를 거절하고 하나님을 버렸기 **때문에** 하나님이 버리셨음을 언급하고 있다는 것이다. 이 해석을 주장하는 사람들은 로마서 1:19-26 특히, "그들이 하나님을 알면서도 하나님께 하나님으로서의 영광을 드리지도 않고 하나님께 감사치도 않고 오히려, 그 생각이 허망해지고 그 어리석은 마음이 어두워졌다"[22]는 성경구절에 호소한다. 데살로니가 후서 2:10-12 같은 구절에도 호소한다. 하지만 "강퍅케 한다"는 단어는 이 구절들 어디에서도 **나오지 않는다**는 사실에 주목해야 한다. 좀더 나아가서, 우리는 로마서 9:18은 **사법적으로** "강퍅케 함"을 일체 언급하지 않는다고 본다. 바울은 이미 하나님의 진리를 등진 사람들을 언급하지 않고 오히려 **하나님의 주권 즉, 자비를 베풀고 싶은 자에게 자비를 베풀고 강퍅케 하고 싶은 자를 강퍅케 하는 것**에서 나타나는 하나님의 주권을 다루고 있다. 정확한 말은, "하나님의 진리를 거절한 모든 자들"이 아니라 "하나님이 원하는 자를 강퍅하게 하신다"이다. 이 말은 바로를 언급한 직후에 나타나 그 의미를 명확하게 확립해 준다. 인간적인 주석에 의하여 진리를 덮으려고 최선을 다했을지라도 바로 사건은 매우 명백하다.

하나님이 죄인의 심령을 주권적으로 강퍅하게 만든다는—사법적으

---

22) 롬 1:21, For although they knew God, they neither glorified him as God nor gave thanks to him, but their thinking became futile and their foolish hearts were darkened.

로 강퍅케 한다는 관념과 상반되는— 18절의 단언은 유일한 것이 아니다. 요한복음 12:37-40을 확인해 보라.

> 그들은 예수께서 자기들 앞에서 이 모든 표적을 행하신 뒤에도 여전히 예수를 믿지 않았다. 이것은 이사야 선지자의 말씀 즉, "주여! 우리의 전한 것을 누가 믿었으며, 주의 팔이 누구에게 나타났습니까?"라는 말씀을 이루려 하신 것이었다. 또, 이사야 선지자가 다른 곳에서 "주께서 그들의 눈을 멀게 하셨고 그들의 마음을 무감각하게 하셨다. 그래서 그들은 눈이 있어도 보지 못하고 마음으로 깨닫지도 못하고, 돌이켜 나에게 고침을 받지도 못하게 하였다"고 말한 바로 그 이유 때문에 그들은 믿을 수가 없었다.[23]

독자여! 하나님이 말씀 가운데 계시하신 것을 그대가 믿느냐 아니냐는 바로 그것이 문제이다. 이 교리를 이해하는데 필요한 것은 장구한 모색, 심오한 연구가 아니라 어린아이같은 심령이다.

(3) 로마서 9:19 분석

> 그렇다면 너는 나에게 "어째서 하나님이 아직도 우리를 책망하시는가? 하나님의 뜻에 저항하는 자가 누구냐?"고 말할 것이다.[24]

오늘날 이런 식으로 이의를 제기하지 않는가? "모든 것이 하나님의 저항할 수 없는 의지에 좌우되기 때문에, 하나님은 자신의 이 의지에 따

---

23) 요 12:37-40, Even after Jesus had done all these miraculous signs in their presence, they still would not believe in him. This was to fulfill the word of Isaiah the prophet: "Lord, who has believed our message and to whom has the arm of the Lord been revealed?" For this reason they could not believe, because, as Isaiah says elsewhere: "He has blinded their eyes and deadened their hearts, so they can neither see with their eyes, nor understand with their hearts, nor turn--and I would heal them."

24) 롬 9:19, One of you will say to me: "Then why does God still blame us? For who resists his will?"

라 모든 것을 주권적으로 행하실 수 있기 때문에, 하나님이 자비를 베풀고 싶은 자에게 자비를 베풀고 자비를 베풀지 않고 처벌하기로 선택한 자에게는 그렇게 하실 수 있기 때문에, 하나님이 모든 사람에게 자비를 베풀어 순종적으로 만들어 흠이 없도록 하시지 않으시는 이유는 무엇인가?"라는 점에 바울의 핵심이 있다. 그는 "사람들이 하나님의 의지에 저항할 수도 있다"고 말하지도 않는다. 나아가서, " '하나님은 친절하게 대하고 싶은 자에게 친절을 베풀고 모질게 대하고 싶은 자에게 모질게 대하신다'고 할 때 당신은 내 말뜻을 잘못 파악하셨군요!"라고 말하면서 논점을 회피하지도 않는다. 오히려 바울은 "먼저 당신에게 **그럴 권리가 없다**, 다음에는 당신에게는 **그럴 이유가 없다**는 것이 당신의 핵심이다"라고 지적한다. 이런 이의는 전혀 받아들일 여지가 없다. 이것은 하나님께 말대꾸하는 것이기 때문이다. 그것은 하나님이 하신 것에 대해 불평하는 것이며 반대 주장하는 것이다.

사도 바울이 이의를 제기하는 자의 입에 집어넣는 19절 말씀은 너무나 명백하고 적절하여, 오해의 여지가 없다. 왜 하나님은 **책망**하시는가? 자! 독자여! 이 말은 무슨 뜻인가? 우리의 대답을 검토하기 전에 먼저 **독자 자신**의 답변을 내놓아봐라. "하나님이 원하시는 대로 자비를 베풀기도 하고 강퍅하게도 하신다는 말이 사실이라면 인간의 책임성은 어찌 되는걸까?"라는 것이 바울이 제기한 질문의 핵심일까? 이런 경우에, 사람은 **인형**과 다를 바 없고, 진상이 이렇다면 하나님이 자신의 무기력한 피조물을 "책망"하시는 것은 불의한 일일 것이다. "그렇다면 너는 나에게 …말할 것이다"에서 "그렇다면"이라는 단어에 주목하라. 바울이 앞에서 말하던 것에서 반대자가 도출한 (잘못된) **추론** 혹은 **결론**을 진술하고 있다. 독자여! 바울은 자신이 서술한 교리가 바로 이런 반대에 직면하게 될 것을 쉽게 이해하였다. 우리가 이 책 전체를 관통하여 제시한 것이 적어도 어떤 사람들(하나님의 은혜에 의하여 그 육적인 마음이 억제되지 않은 **모든 사람들**)에게서 동일한 반대를 불러일으키지 않는다면, 우리는 로마서 9장이 가르치는 그 교리를 제시하지 않았기 때문이든지 인간의 본성이 바울 시대 이후에 변화를 일으켰기 때문이든지 임에 틀림없다. 이제 19절이 가리키는 것을 생각해 보자. 바울은 동일한 반대를 약간 다른 형태로 반복한다. 그렇게 해서 바울 자신의 의도에 오해가 생기지 않도록 한다. 즉, "하나님의 뜻에 저항하는 자가 누구냐?" 라고. 직접적인 논의 주제는 하나님의 "뜻" 즉, 주권적 방식에 관한 것임이 명백하다. 따라서 우리가 17절과 18절에서 언급한 것을 확증해 준다. 이때 본문은 사법적으로 강퍅케 함(즉, 먼저 진리를 거부하였기 때문에 강퍅하게 함)이 아니라 **주권적으로** "강퍅케 함" 즉, 타락하였고 죄악된 피조물을 강퍅케 하신 것은 오직 하나님의 주권적 의지에 내재하고 있는 이유 때문임을 염두에 두고 있다고 주장하였다. 그러므로 문제는 "하나님의 뜻에 저항하는 자가 누구냐?" 이다. 그렇다면 사도 바울은 이러한 반대주장에 대해 무엇이라고 대답하는가?

(4) 로마서 9:20 분석

> 오! 사람아! 네가 누구길래 하나님께 말대꾸하는가? "만들어진 것이 만든 분에게 '당신은 나를 왜 이렇게 만들었습니까? 라고 말하겠는가?"[25]

바울은 이 반대가 무의미하고 부적절하다고 말하지 않았다. 대신에, 반대의견을 제시하는 자의 그 **불경건함**을 꾸짖는다. 단지 "사람" 즉, 피조물에 불과한 존재라고 꾸짖고 그런 존재가 "하나님께 말대꾸" 하는 것은 주제넘은 짓이라고 책망하였다. 더욱이, 그는 "만들어진 것"에 불

---

25) 롬 9:20, But who are you, O man, to talk back to God? "Shall what is formed say to him who formed it, 'Why did you make me like this?'"

과하며 따라서, 조물주에게 대드는 것은 미친 짓이며 신성모독이라고 한다. 다음 절로 넘어가기 전에, 이 절의 결어인 "당신은 나를 왜 이렇게 만들었습니까?"는 논의 중인 그 정확한 주제를 명확하게 판단하도록 도와준다고 지적하지 않을 수 없다. 인접 문맥에 비추어 볼 때, "이렇게"라는 말에는 어떤 의미가 담겨 있는가? 에서의 경우에서처럼, "당신은 왜 나를 "'미움'의 대상으로 만들었습니까"라는 뜻이 아니고 무엇인가? 바로의 경우에서처럼, "당신 왜 나를 '강퍅' 하도록 만들었습니까"라는 뜻이 아니고 무엇인가?

이 구절을 관통하고 있는 바울의 목표는 한편으로는 하나님이 사랑하는 자들―존귀와 자비를 베푸는 그릇들―을 또 다른 한편으로는 하나님이 "미워" 하시고 "강퍅" 케 하시는 자들―수치와 진노를 위한 그릇들―을 주권적으로 다루신다는 사실을 명심하는 것이 정말 중요하다.

(5) 로마서 9:21-23 분석

> 한 진흙 덩어리를 둘로 나누어 존귀하게 사용할 그릇과 천하게 사용할 그릇을 만들 권한이 토기장이에게 없는가? 하나님이 자신의 진노를 보이고 자신의 권능을 알려야겠다고 결정하셨지만 멸망 받도록 예비된 진노의 그릇들을 커다란 인내로 참으신들 어떻습니까? 하나님이 자비를 베풀 그릇들 즉, 영광을 받도록 미리 준비된 그릇들에게 자기 영광의 풍성함을 알리기로 하신들 어떻습니까?[26]

여기에서 바울은 19절에서 제기된 이의에 대해 충분하고 최종적인

---

[26] 롬 9:21-23, Does not the potter have the right to make out of the same lump of clay some pottery for noble purposes and some for common use? What if God, choosing to show his wrath and make his power known, bore with great patience the objects of his wrath--prepared for destruction? What if he did this to make the riches of his glory known to the objects of his mercy, whom he prepared in advance for glory

답변을 제시한다. 첫째, "한 진흙 덩어리를 … 만들 권한이 토기장이에게 없느냐?"고 질문한다.27) 여기에서 "권한"이라고 번역된 단어와, 단지 힘을 가리킬 수 있는 22절의 "권능"(power)으로 번역된 단어는 그리스어에서는 서로 다른 단어임에 유의해야 한다. 그러나 21절에서 언급된 "권한"은 창조주의 권리 혹은 절대주권적 대권을 가리킴에 틀림없다. 바로 이 단어를 요한복음 1:12—하지만 그를 영접하는 사람들에게는 즉, 그의 이름을 믿는 자들에게는 하나님의 자녀가 되는 권세를 주셨다28)—에서 사용된 동일한 이 단어가 하나님의 자녀가 되는 권리 혹은 특권을 의미한다는 점에서 이 사실이 명확하게 드러난다. 영어 개정역본에서는 요한복음 1:12과 로마서 9:21 양쪽에서 "권리"(right)라는 단어를 사용한다.

21절, "한 진흙 덩어리를 둘로 나누어 존귀하게 사용할 그릇과 천하게 사용할 그릇을 만들 권한이 토기장이에게 없는가?"에서 "토기장이"는 하나님을 가리킨다는 사실은 바로 앞 구절의 "네가 누구길래 하나님께 말대꾸하는가?"라는 바울의 질문과 그 뒤에 인물에 관해 언급하면서 "만들어진 것이 그 만든 분에게 … 말하겠는가?"라고 말한 것에서부터 명확하게 나타난다. 인간 토기장이가 다른 그릇보다 천하게 사용할 목적으로 어떤 그릇을 만들기는 하지만 그 그릇들도 나름대로 유용한 용도에 충당할 의도가 있다고 주장함으로써 위 진술을 무력화시키려는 자들도 있다. 그러나 바울은 여기에서 "한 진흙 덩어리를 둘로 나누어

---

27) Pink의 본문에는 Hath not the potter power over the day … what if God, willing to shew His Wrath, and to make His power Known, thclured with much long …으로 모두 Power로 되어 있다. NIV에서는 앞의 것을 Power로 right로, 뒤의 것을 그대로 Power로 하였다.

28) 요 1:12, Yet to all who received him, to those who believed in his name, he gave the right to become children of God.

존귀하게 사용할 그릇과 조금은 덜 존귀하게 사용할 그릇을 만들 권한이 토기장이에게 없느냐?"고 하지 않고 "천하게 사용할 그릇"이라고 언급한다. 당연히, 유기된 자들의 멸망이 하나님의 영광을 드높일 것이라는 점—바로 그 다음 구절이 가르치는 내용—에서 하나님의 **지혜**는 충분히 확증될 것이다.

다음 구절로 넘어가기 전에, 이 구절과 바로 앞 두 구절의 가르침을 요약해 보자. 19절에서, "어째서 하나님이 아직도 우리를 책망하시는가? 하나님의 뜻에 저항하는 자가 누구냐?"고 두 개의 질문을 제기한다. 그리고 이 질문에 대해서 삼중적인 답변을 한다. 첫째, 20절에서 즉, "오! 사람아! 네가 누구길래 하나님께 말대꾸하는가? 만들어진 것이 그 만든 분에게 '당신은 나를 왜 이렇게 만들었습니까?' 라고 말하겠는가?"라고 말함으로써 바울은 피조물에게는 창조주의 방식을 판단할 권한이 없음을 지적한다. 바울은 하나님의 뜻의 올바름에 관해서는 의문을 제기하면 안 된다고 못박는다. 하나님이 어떤 일을 하시든지 옳음에 **틀림없다**. 둘째, 사도 바울은 21절에서 자신의 피조물들을 자신이 보기에 적합한 대로 처분하는 것은 창조주의 권리라고 선언한다. 주의를 집중해야 할 부분은, "권한"으로 번역된 단어는 그 다음 구절에서 "권능"으로 번역된 것과는 다른 단어라는 점이다. 앞 단어는 엑수시아(exousia)이고 뒷 단어는 두나톤(dunaton)이다. "한 진흙 덩어리를 . . . 만들 권한이 토기장이에게 없는가?"에서는 정당하게 행사된 하나님의 권한—즉, 하나님이 자신의 권리를 자신의 정의와 일관되는 방식으로 발휘함—을 가리키는 것임에 틀림없다. 하나님이 전능하다고 단순히 주장해 봐야, 19절에서 제기된 질문에 대한 답변이 되지 않을 것이기 때문이다. 셋째, 22-23절에서, 바울은 하나님이 자신의 피조물을 서로 다르게 처리하는 **이유**를 제시한다. 한편으로는, "자신의 진노를 보여주기" 위한 것이고 다른 한편으로는, "자신의 영광의 풍성함을 알리기" 위한 것이다.

"한 진흙 덩어리를 둘로 나누어 존귀하게 사용할 그릇과 천하게 사용할 그릇을 만들 권한이 토기장이에게 없는가?"라는 진술에서 하나님은 창조주이시기 때문에 이렇게 할 권한이 있다고 분명히 표명한다. 하나님은 이 권한을 행사하시는가? 그렇다. 13절과 17절— "바로 이 목적을 위해서 내가 너를 일으켜 세웠다"—에서 명확하게 보여준다.

22절, "하나님이 자신의 진노를 보이고 자신의 권능을 알려야겠다고 결정하셨지만 멸망 받도록 예비 된 진노의 그릇들을 커다란 인내로 참으신들 어떻습니까?"에서, 바울은 하나님이 이처럼 행하신—다른 피조물을 다르게 처분하여 어떤 그릇은 "존귀"케 하고 다른 것은 "미천"하게 하신— 두 번째 이유를 언급한다. 이 22절에서 바울이 "진노의 그릇"을 먼저 언급한 다음에 23절에서 "자비의 그릇"을 언급하였음에 주목하라. 왜 이렇게 하는가? 여기에 대한 답이 정말 중요하다. 우리는 "'진노의 그릇'은 19절에서 반대자가 염두에 둔 주제이기 때문이"라고 답한다. 어떤 그릇을 천하게 사용하도록 만드는 두 가지 이유를 제시한다. 첫째는 "하나님의 진노"를 보여주기 위해서, 둘째는 "하나님의 권능을 알리기" 위해서이다. 이 두 이유는 바로 사건에서도 예시된 것이다.

위 구절에서 "멸망 받도록 예비된 진노의 그릇"이라는 부분은 분리해서 고찰해야 한다. 이 부분에 대한 일반적인 설명은, 진노의 그릇들은 스스로를 —즉, 자신들의 사악함에 의하여— 멸망에 합당하도록 만든다는 것이다. 저들은 이미 자신들의 부패성에 의하여 그렇게 되는 것이기 때문에 하나님이 "그들을 그렇게" 만드실 필요가 없으며 따라서, 이것이 이 글귀의 실제 의미임에 틀림없다는 주장도 있다. 자! 만일 "멸망"은 **처벌**을 가리킨다고 이해하면 저 불택자들은 스스로를 그렇게 만든다는 말은 완벽하게 옳은 말이다. 모든 사람이 "자신의 행위에 따라" 심판 받을 것이기 때문이다. 불택자들이 주체적으로 자신을 멸망에 합당하도록 만든다는 말에 우리는 기꺼이 동의한다. 그러나 판단내려야 하는 핵심은 "바울이 여기에서 언급하고 있는 것이 이것인가?"이다. 우리는, 그렇지 않다고 주저 없이 대답한다. 11-13절을 되새겨봐라. 에서는 스스로 하나님이 미워하실 만한 존재가 되었는가 아니면, 에서가 태어나기도 전부터 이런 존재였던가? 출애굽기 4:21을 봐라. 바로가 자신을 멸망 받아 마땅한 존재로 만들었는가 아니면, 역병이 이집트를 덮치기도 **전에** 하나님이 그의 마음을 강퍅하게 만들었는가?

로마서 9:22은 분명히, 21절과 22절의 사상적 연속선에 있으며 20절의 질문에 대한 바울의 답변의 일부이다. 그러므로 주인공을 철저히 드러내자면, 진노의 그릇들을 멸망에 "합당"하게 만든 것은 하나님 자신임에 틀림없다. 하나님이 어떻게 이렇게 하실까 라고 질문한다면 하나님 자신의 영광 즉, 하나님의 정의와 권능과 진노의 영광을 드높이기 위해서라고 답하지 않을 수 없다. "바울의 답변을 종합하면, 예정하심과 유기하심 이 모두에서 하나님이 가지신 위대한 목표는 인간 창조하심에서 가장 높이 드러나는 것 즉, 하나님 자신의 영광이다"(로버트 할데인).

23절, "하나님이 자비를 베풀 그릇들 즉, 영광을 받도록 미리 준비된 그릇들에게 자기 영광의 풍성함을 알리기로 하신들 어떻습니까?"에서 주목해야 할 유일한 핵심은, "자비의 그릇"은 "영광을 받도록 미리 준비된" 것을 가리킨다는 점이다. 많은 사람들이 그 앞 구절은 진노의 그릇은 멸망을 위하여 미리 준비된 것이 아니라고 주장하였다. 이들은 이렇게 주장한 뒤에 결론짓기를, 하나님이 그들을 영원 전부터 멸망받도록 정하셨다고 하기보다는 불택자들 스스로가 적당한 때에 그렇게 되었다는 뜻으로 이해해야 한다고 하였다. 그러나 결코 이러한 결론이 나오지 않는다. 우리는 21절로 돌아가서 "등장인물"에 대한 묘사에 주목해야 한다. "진흙"은 무생물체로써, 부패하고 썩은 것이다. 그러므로 타락한 인성을 묘사하기에 **적합한** 물질이다. 거기에서 바울이 고찰하고 있는 것은, 인성을 그 타락을 고려하여 하나님이 주권적으로 처리하시는 것이었기 때문에, 진노의 그릇은 멸망을 위하여 "미리" 준비되었다고 언급하지 않는다. 타락한 뒤에서야 "진흙"이 여기에서 상징하고 있는 그런 존재가 되었다는 것이 그 명백하고 충분한 이유이다. 위에서 언급한 잘못된 결론을 논박하기 위해 필요한 것은, 진노의 그릇에 관한 언급은 그들이 (자신의 사악함에 의하여 자신을 그렇게 만들었다는 의미에서) 멸망 받기에 합당하다는 것이 아니라 멸망에 이르도록 미리 준비되었다는 것이다. 전체 문맥을 고려하면, 이 후자는 멸망에 이르도록 창조주가 **주권적으로 정하였다**는 의미임에 틀림없다. 이 구절에 관한 칼빈의 신랄한 말을 인용해 보자.

> 멸망을 위하여 준비된 즉, 멸망에 이르도록 포기되고 정해진 그릇들이 있다. 이것들은 진노의 그릇이기도 하다. 하나님의 복수와 불쾌함의 표본들이 되도록 한다는 이 목적을 위하여 만들어지고 빚어진 그릇들이다. 비록 두 번째 절에서 바울은 유기된 자들은 멸망을 위하여 준비된 그릇들이라고 먼저 간단히 언급한 뒤에 하나님이 영광을 위하여 택자들을 준비하셨다고 명확하게 주장할지라도, 그 두 존재의 준비는 하나님의 비밀한 지혜와 연관되어 있음이 분명하다. 그렇지 않았다면 바울은 유기된 자들은 자신을 포기하였다거나 멸망에 뛰어들었다고 말하였을 것이다. 그러나 바울은 여기에서 그들은 태어나기도 전에 그런 운명으로 예정되었음을 암시하고 있다.

우리는 칼빈의 이 언급에 진정으로 동의한다. 로마서 9:22은 진노의 그릇들은 스스로를 그렇게 만든 것이 아니라고 진술한다. 그들은 멸망 받기에 적합하다고 말하지도 않는다. 오히려, 그들은 "멸망받도록 예비된" 존재들이라고 선언한다. 그리고 그 문맥은 그들을 그렇게 만든 분은 —객관적으로 하나님의 영원한 작정에 의하여— 하나님이라고 명백하게 가르친다.

비록 로마서 9장은 유기 교리의 가장 충분한 진술을 담고 있기는 하지만 이 교리를 언급하는 구절이 더 있다. 그 중에서 한 두 구절만 간략하게 살펴보자.

(6) 로마서 11:7 분석

> 그러면 무엇인가? 이스라엘은 그토록 열정적으로 추구한 것을 얻지 못하였지만, 택자들은 얻었다. 나머지는 강퍅해졌다.[29]

판명하고 명쾌하게 한정된 두 어구가 날카로운 대조를 이루고 있다. "택자들"과 "나머지들" 그리고 전자는 "얻었"고 후자는 "강퍅해졌다." 이 구절에 관해서는 쫀 번역의 영워히 새겨둘 만한 언급을 인용해 보자:

> 참으로 엄숙한 말씀이다. 사람을 택자와 그 외의 나머지로, 선택 받은 자와 내버려 둔 자로, 품에 안긴 자와 거절 받은 자로 가른다. 여기에서 '나머지'라는 말은 택함받지 못한 자들이라는 뜻으로 이해해야 한다. 한 부류를 다른 부류와 상반되도록 설정하고 있기 때문이다. 택함 받은자가 아니라면 유기된 자가 아니고 누구란 말인가?

바울이 데살로니가 성도들에게 보낸 편지에서 "하나님은 우리가 진노에 이르도록 정하지 않고 우리 주 예수 그리스도에 의한 구원을 얻도록 정하셨기 때문이다"[30]라고 선언하였다. 이제 불편부당한 심령을 가진 사람들에게 매우 명확하게 확증된 사실은, 이 진술은 하나님이 어떤

---

29) 롬 11:7, What then? What Israel sought so earnestly it did not obtain, but the elect did. The others were hardened.
30) 살전 5:19, For God did not appoint us to suffer wrath but to receive salvation through our Lord Jesus Christ.

사람이 진노에 이르도록 "정하시지" 않았다면 아주 무의미해진다는 점이다. 하나님은 "**우리가** 진노에 이르도록 정하시지 않았다"는 이 말의 명확한 의미는, 하나님이 진노에 이르도록 "정해놓은" 자들이 **존재한다**는 것이다. 그리스도인임을 자처하는 많은 사람들이 편견에 사로잡혀 있지만 않다면 이 사실을 명쾌하게 꿰뚫어 볼 수 있을 것이다.

(7) 베드로 전서 2:8

"사람들을 방해하는 돌, 걸려 넘어지게 만드는 바윗돌", 저들은 말씀에 불순종하는 자들이기 때문에 걸려 넘어진다. 그들은 그렇게 예정된 것이다.[31]

"그렇게"라는 표현은 말씀에 걸려 넘어지는 것, 그들의 불순종을 가리킨다. 그렇다면 여기에서 하나님이 불순종으로 "예정하신"(살전 5:9과 동일한 그리스어 단어가 사용되었다) 자들이 존재함을 명확하게 긍정하는 것이다. 우리의 본분은 그 이유를 추론하는 것이 아니라 성경에 굴복하는 것이다. 우리가 맨 먼저 해야 할 일은 하나님께서 말씀하신 것을, **이해하는 것**이 아니라 **믿는 것**이다.

(8) 베드로 후서 2:12

그러나 이 사람들은 이해하지 못하는 문제로 신성모독을 범한다. 이들은 잡혀서 죽으려고 태어난 짐승과 같고 본능에 좌우되는 피조물과 마찬가지로 멸망을 당할 것이다.[32]

---

31) 벧전 2:8, and, "A stone that causes men to stumble and a rock that makes them fall." They stumble because they disobey the message—which is also what they were destined for.
32) 벧후 2:12, But these men blaspheme in matters they do not understand. They are like brute beasts, creatures of instinct, born only to be caught and destroyed, and like beasts they too will perish.

여기에서 또다시, 이 엄숙한 구절의 명백한 가르침을 외면하고자 온 갖 노력을 기울인다. 잡혀 죽기 위하여 만들어진 것은 "짐승"이지 사람을 가리키지 않는다고 주장하기도 한다. 이따위 궤변을 논박하기 위해 필요한 것은, 여기에서 "사람"과 "짐승"에서 어떤 것이 비유점이냐는 질문뿐이다. "과 같고"라는 말은 "짐승과 같은 이 사람들"이라는 말이 아니고 무엇이겠는가? 분명히, 짐승과 같은 "이 사람들" 동물들과 마찬가지로 잡혀 죽기 위하여 만들어진 사람들이라는 뜻이다. 결론부에서, 동일한 정서를 "마찬가지로 멸망을 당할 것이다"라는 말로 반복함으로써 이 사실을 확인해 준다.

(9) 유다서 4

> 오래 전에 정죄 받은 기록이 있는 몇 사람이 몰래 너희 가운데 숨어 들어왔다. 그들은 불경한 자들로써, 우리 하나님의 은혜를 색욕꺼리로 바꾸고 우리의 유일한 주권자이신 주, 예수 그리스도를 부인하는 자들이다.[33]

사람들은 이 구절을 다르게 번역하여 그 명확한 핵심을 회피하려고 시도해 왔다. 영어 개정역 성경에는 "그러나 개인적으로 몰래 들어온 사람들이 있다. 그들은 이렇게 정죄 받도록 옛적에 미리 기록된 사람들이다"로 되어 있다.[34] 그러나 이 변경된 번역도 우리 감각에 매우 혐오스러운 그 점을 결코 제거해 주지 못한다. 이 사람들은 어디에서 "**옛적에 미리 기록된**" 것이냐는 질문이 나온다. 구약성경에서는 분명히 아니

---

33) 유 4, For certain men whose condemnation was written about long ago have secretly slipped in among you. They are godless men, who change the grace of our God into a license for immorality and deny Jesus Christ our only Sovereign and Lord.

34) 핑크의 본문에 인용된 R.V. 역을 그대로 옮기면, "But there are certain men crept in privily, even they who were of old ***written of beforehand*** into this condemnation."

다. 사악한 사람들이 **기독교 공동체**에 숨어 들어가는 것에 관해서는 구약성경 어디에도 언급이 없기 때문이다. 그 "기록된"이라는 말이 "프로그라포"(prographo)에 대한 최선의 번역이라면 하나님의 **작정**에 관한 책을 가리킬 수 있을 뿐이다. 어떤 대안을 선택할지라도, 어떤 사람들은 정죄를 받도록 하나님에 의하여 **"옛적에 미리"** 지정된다는 사실을 회피할 수 없다.

땅 위에 거주하는 모든 사람들은 그 짐승(즉, 적그리스도)을 경배할 것이다. 태초부터 그들 모두의 이름은 죽임을 당한 어린양의 생명책에 기록되지 못하였다.35) 그 이름이 생명책에 기록**되어 있지 않은** 사람들이 존재한다고 적극적으로 단언하는 진술이 바로 여기에 있다. 이 때문에 그들은 적그리스도에게 엎드려 절하고 충성을 바칠 것이다.

유기의 사실을 매우 분명하게 암시하거나 명확하게 가르치는 구절을 열 개 정도 제시하였다. 이 구절들은 사악한 자들은 저 악한 날을 위하여 지어졌다고, 하나님은 어떤 그릇들은 천하게 쓰시기 위하여 빚으셨으며 하나님의 영원한 작정에 의하여 (객관적으로) 그들을 멸망받아 마땅하게 만드셨다고, 그들은 짐승들과 마찬가지로 붙잡혀 죽임을 당한다고, 옛적에 이러한 정죄에 이르도록 정해졌다고 주장한다. 그러므로 우리는 이 성경구절들을 맞잡고 (이 주제에 관해 거의 20년에 걸친 세심하고 신실한 연구를 한 끝에) 서슴지 않고 단언하는 것은, 하나님의 말씀은 예정과 유기 모두를 명백하게 가르친다는 사실이다. 칼빈의 말로 표현하면, "영원한 선택이란, 하나님이 어떤 사람들은 구원에 이르도록 그리고 다른 사람들은 파멸에 이르도록 예정하신다는 것이다."

---

35) 계 13:8, All inhabitants of the earth will worship the beast--all whose names have not been written in the book of life belonging to the Lamb that was slain from the creation of the world.

지금까지는, 유기 교리를 성경에 기록된 대로 진술하였다. 이제는 이 교리의 남용을 방지하고, 독자가 사실무근한 억측에 빠지지 않도록 하기 위해 중요한 사실 한 두 가지를 더 언급하겠다.

첫째, 유기 교리는, 하나님이 무죄한 피조물을 붙잡아다가 그들을 사악한 존재로 만든 뒤에 정죄하겠다는 작정을 품으신다는 의미가 아니다. 성경은, "하나님은 인류를 올바른 존재로 만드셨지만 사람들이 계략을 모색하였다"36)고 말한다. 하나님은 파괴할 목적으로 **죄악된** 피조물을 창조하신 적이 없다. 피조물의 죄를 하나님께 책임지워서는 안 된다. 책임성과 범죄성은 인간의 몫이다.

유기에 관한 하나님의 작정은 아담의 혈통을 타락하고 죄악되며 부패하고 죄책을 가진 존재로 간주하였다. 하나님은 이 가운데에서 일부 소수를 구원하여 자신의 주권적 은혜를 기념하고자 하셨다. 그 나머지를 파괴하여 자신의 정의로우심과 엄정하심을 보여주기로 결정하셨다. 하나님이 이 나머지 사람들을 파괴하기로 결정하심에 있어서 하나님이 그들에게 잘못 행하신 것은 전혀 없다. 그들은 자신들의 법률적 대표자인 아담 안에서 이미 타락하였다. 그러므로 그들은 죄악 된 본성을 가지고 태어난다. 하나님은 그들을 죄 속에 남겨 두신다. 그들은 결코 불평할 수 없다. 이것은 그들이 원하는 대로이며, 그들은 결코 거룩을 갈망하지 않는다. 그들은 빛보다 어둠을 사랑한다. 하나님이 "그들 자신의 고집대로 그냥 내버려두어 자기 마음대로 가도록 하신"37)들 어디에 부정의가 있는가?

---

36) 전 7:29, … God made mankind upright, but men have gone in search of many schemes.
37) 시 81:12, So I gave them over to their stubborn hearts to follow their own devices.

둘째, 유기 교리는 구원을 열렬히 추구하는 자들을 하나님이 구원하지 않기로 하신다는 의미가 아니다. 유기된 자들은 구세주를 갈망하는 마음이 전혀 없다는 것이 진상이다. 즉, 그들은 그리스도를 갈망해야 마땅한 어떤 매력을 그리스도에게서 찾지 못한다. 그들은 그리스도에게로 나오지 않으려고 한다. 하나님이 그들을 억지로 이끄셔야만 하는 이유는 무엇인가? 하나님은 자기에게로 오는 자들을 결코 내쫓지 않으신다. 그렇다면 하나님이 저들의 정당한 운명을 미리 결정하시는 것이 어째서 부정의한가? 저들은 오직 자신들의 불법행위들 때문에 처벌받게 될 것이다. 하나님의 처사가 어째서 전제군주적으로 잔인하다는 말인가? 하나님은 사악한 자들의 창조주이시지, 그들이 가진 사악함의 창조주가 아님을 명심하라. 하나님은 그들의 존재를 지으신 분이지 그들에게 죄를 불어넣은 분이 아님을 명심하라.

하나님은, 마치 달리고 싶지 않은 말을 기수가 박차를 가하여 달리도록 만들듯이, 사악한 자들을 억지로 죄짓도록 만들지 않으신다. 하나님은 결과적으로 "그냥 두어라"는 그 무서운 말씀을 하실 뿐이다[38]. 하나님은 단지 섭리적 억제의 고삐를 풀어주기만 하고, 구속 은혜의 영향력을 억제하기만 하시면 된다. 그러면 배교자는 자기 스스로, 재빨리, 너무나 확실히 불법을 저질러 망가질 뿐이다. 이처럼 유기 작정은 인간의 타락한 본성의 성향에 개입하지도 않고 그만큼 변명의 여지도 일체 허용하지도 않는다.

셋째, 유기의 작정은 하나님의 선하심과 전혀 갈등을 일으키지 않는다. 비록 불택자들이 택자들과 동일한 방법으로 혹은 동일한 폭으로 하

---

[38] 마 15:14, Leave them; they are blind guides. If a blind man leads a blind man, both will fall into a pit.

나님의 선하심을 받지는 않지만, 불택자들이라고 해서 하나님의 선하심을 전적으로 맛보지 못하도록 배제되는 것은 아니다. 그들도 하나님의 자녀들과 마찬가지로 섭리의 선한 것들(일시적 축복들)을 누리며 종종 매우 높은 수준으로까지 누린다. 하지만 그 선한 것들이 그들을 어떻게 개선해 주는가? 하나님의 (일시적) 선함이 그들을 회개하도록 만드는가? 아니다. 참으로 그들은 하나님의 선하심과 인내하심과 오래 참으심을 "**경멸**할 뿐이고, 진노의 날을 위하여 그들 마음의 강퍅함과 회개치 않음을 따라 스스로 진노를 쌓아올리고 있다."39) 그들은 무슨 근거로, 다가올 영원한 시간 속에서 하나님의 자비로움을 받지 못한다고 투덜거릴 수 있단 말인가? 더욱이, 타락한 천사들 전체를 그 배교의 죄책 하에 그냥 놔두는 것이 하나님의 자비하심과 친절하심과 전혀 충돌하지 않는다면(벧후 2:4) 하물며, 타락한 인류의 일부를 그냥 놔두어 그들 자신으로 인해 스스로 처벌받게 하는 것은 하나님의 완전하심과 충돌할 수 없다.

마지막으로, 반드시 주의를 기울여야 할 사항은 다음과 같다. 우리 가운데 아무도 현재의 삶을 살아가는 동안에는 누가 배교자인지 확인할 수 없다. 어떤 사람이 아무리 사악할지라도 그를 그렇다고 판단해서는 안 된다. 가장 흉악한 자라도 은혜의 선택을 받은 자로서 어느 날 은혜의 성령에 의하여 살아날 수 있다. 우리가 받은 지침은 명확하다. 우리가 그런 자들을 소홀히 하면 우리에게 화가 있을 것이다. "복음을 모든 사람에게 전하라." 우리가 그렇게 하였을 때 우리의 경계선은 분명하다. 주의를 기울이지 않으면 그 피가 머리 위에 떨어진다. 그럼에도

---

39) 롬 2:4-5, Or do you show **contempt** for the riches of his kindness, tolerance and patience … ? But because of your stubbornness and your unrepentant heart, you are storing up wrath against yourself for the day of God's wrath, when his righteous judgment will be revealed.

불구하고 "구원받는 자들에게서나 멸망 받는 자들에게서나 우리는 하나님께 드리는, 그리스도의 향기이다. 멸망 받는 자들에게는 죽음에 이르게 하는 죽음의 냄새이고 구원받는 자들에게는 생명에 이르게 하는 생명의 냄새가 된다."[40)]

이제부터는, 하나님이 어떤 그릇은 멸망을 위하여 예비해 두지 않았다는 즉, 어떤 자들은 멸망으로 예정하지 않았다는 것을 증명할 목적으로 종종 인용되는 구절들을 고찰해야 한다. 첫 번째로 에스겔 18:31의 "오! 이스라엘 족속아! 너희가 왜 죽으려고 하느냐?"[41)]는 말을 살펴보자. 여기에 대해서는 아우구스투스 톱레이디(Augustus Toplady)의 말을 인용하는 것이 가장 좋다:

> 아르미니우스주의자들은 마치 이 구절이 전체 구조를 한방에 박살내버리는 쇠망치인 것처럼 여겨 아주 쓸데없이 빈번하게 인용하고 의지한다. 여기에서 언급되는 '죽음'은 영적인 죽음도 영원한 죽음도 아니다. 이제는 이 장의 전체 기조로 볼 때 매우 분명하다. 본문의 예언은 **정치적 죽음** 즉, 국가 번영과 평온과 안보가 끝장나는 것을 염두에 두고 있다. 본문의 질문은 엄밀하게 말해서, '무엇 때문에 너희는 포로상태와 추방과 국가적 파멸을 좋아하느냐?' 이다. 우상숭배를 끊으면 너희 백성들은 이러한 재앙을 벗어버리고 다시 한번 더 존경받을 만한 나라를 세우게 될 것이다. 전반적인 황폐함으로 인한 참상이 너희가 단호하게 추구할 만큼 매력적인가? 너희가 어째서 죽으려느냐? 정치적 단위로써의 이스라엘 족속으로 죽고자 하는가? 그러므로 본문의 선지자는 32절에서 '주권자 여호와가 선언한다. 나는 어떤 누구의 죽음도 즐거워하지 않는다. 그러므로 너희는 회개하고 살으라'[42)]고 덧붙임으로써 그 본 뜻을 논증하였다. 이

---

40) 고후 2:15-16, For we are unto God a sweet savour of Christ, in them that are saved, and in them that perish: To the one we are the savour of death unto death; and to the other the savour of life unto life … (KJV).

41) 겔 18:31 … Why will you die, O house of Israel?

42) 겔 18:32, For I take no pleasure in the death of anyone, declares the Sovereign LORD. Repent and live!

것은 다음과 같은 취지이다. 첫째, 유대 국가의 포로는 결코 하나님을 기쁘게 하지 못한다. 둘째, 만일 유대인들이 우상숭배에서 돌이키고 떠난다면 적대적인 외국에서 죽지 않고 고국으로 돌아가 평화롭게 살며 독립 국가로써의 자유를 만끽한다.

정치적 죽음을 에스겔 18:31-32에서 염두에 두고 있음에 틀림없다. 그 간단하고도 충분한 근거는, 그들은 영적으로 **이미** 죽었다는 것에 있다.

마태복음 25:41, "저주받은 자들아! 나를 떠나, 저 악한 자와 그의 천사들을 위하여 준비된 영원한 불 속으로 들어가라" 역시, 예정을 반대하여 종종 인용된다. 사실상 이 구절이 유기 교리를 거부하기 위한 주요 의존 구절 가운데 하나이다. 우리는 이 구절의 강조점은 "위하여"가 아니라 "악한 자"에 있다고 본다. 그러므로 이 구절은 (문맥을 고려하면) 멸망받는 자들을 기다리고 있는 심판의 **혹독함**에 관해 진술하고 있다. 다른 말로 하면, 그 주체들이라기 보다는 영원한 불의 그 **무시무시함**을 표현하고 있다. 만일 저 악한 자와 그의 천사들을 위하여 준비된 불이라면 그 얼마나 견딜 수 없는 것일까! 저주받은 자들이 던져 넣어질 저 영원한 형벌 장소는, 하나님의 가장 큰 원수가 고통받는 바로 그곳이라면 그곳은 얼마나 무시무시한 곳이겠는가!

즉, 만일 하나님이 단지 어떤 사람들만을 구원으로 선택하셨다면 하나님이 "모든 곳에 있는 모든 사람들에게 회개하라고 명령하신다"[43]고 말하는 이유는 무엇인가? 하나님이 "모든 사람들"에게 회개하라고 명령하신다는 것은, 세상의 도덕적 통치자로서의 하나님의 올바른 주장을 강력하게 제기하는 것일 뿐이다. 모든 곳에 있는 모든 사람들이 하나님을 반대하여 죄짓는 것을 볼 때 하나님이 어떻게 그 이하의 일을 하실 수 있을까? 더욱이, 하나님이 모든 곳에 있는 모든 사람들에게 회개하

---

43) 행 17:30, … now he commands all people everywhere to repent.

라고 명령하는 것은, 피조물의 책임이 보편적임을 주장하는 것이다. 그러나 이 성경구절은 모든 곳에 있는 모든 사람들에게 "회개를 주시는 것"(행 5:31)이 하나님의 기쁨이라고 선언하지 않는다. 사도 바울은 하나님이 모든 곳에 있는 모든 사람들에게 회개를 주시지 않는다고 믿었다는 사실은, 디모데 후서 2:25의 "반대하는 자들을, 혹시 하나님이 그들에게 회개를 주어 진리를 알도록 이끌어 주시지 않을까 하는 희망을 가지고 온유하게 가르쳐야 한다"44)는 말씀에서 분명하게 드러난다.

만일 하나님이 단지 일부만을 영생으로 "정해놓았"다면, 하나님은 "모든 사람이 다 구원을 얻고 진리를 알게 되기를 원하신다"45)는 말이 성경에 있는 까닭은 무엇인가라고 사람들이 묻는다. 여기에서 사용된 "모든 사람"과 "다"라는 단어는 "세상"이라는 단어와 마찬가지로 일반적이고 상대적인 의미로 사용되는 경우가 있다는 것이 그 대답이다. 마가복음 1:5; 요한복음 6:45, 8:2; 사도행전 21:28, 22:15; 고후 3:2 등의 구절을 세심하게 검토하면, 우리의 주장에 대한 충분한 증거를 발견할 것이다. 디모데 전서 2:4에 따르면, 하나님이 전 인류의 구원을 **의지하신다**거나 그렇지 않으면 모든 인류가 구원받을 것이라고 **가르칠 리가 없다**. ─ "하나님은 마음이 한결같으신데 누가 그 마음을 돌릴 수 있는가? 하나님은 자신이 원하시는 바로 그것을 행하신다."46)

"하나님은 사람을 '차별하지 않는 분'이라고 성경이 거듭해서 선언하지 않는가?"라는 질문도 받는다. 우리는 이 질문에 대해 그것은 분명히 맞는 말이며, 하나님의 선택 은혜가 그 사실을 입증해 준다고 대답한

---

44) 딤후 2:25, Those who oppose him he must gently instruct, in the hope that God will grant them repentance leading them to a knowledge of the truth.
45) 딤전 2:4, who wants all men to be saved and to come to a knowledge of the truth.
46) 욥 23:13, But he is in one mind, and who can turn him? and what his soul desireth, even that he doeth (KJV).

다. 이새의 일곱 아들들은 다윗보다 나이가 많고 신체적으로 우월하였지만 지나치셨고 양치기 소년을 이스라엘의 왕좌에까지 높이셨다. 서기관들과 율법사들을 본척도 하지 않고 지나치셨지만 무식한 어부들을 골라 어린양의 사도로 삼으셨다. 지혜롭고 명철한 자들에게는 하나님의 진리를 숨기신 대신에, 어린아이들에게는 드러내신다. 현명하고 고귀한 대다수 인사들을 무시하시는 반면에, 약한 자들과 미친한 자들과 절망에 사로잡힌 자들을 불러 구원을 주신다. 창기들과 세리들을 따뜻하게 이끌어 복음 잔치에 참여하게 하시는 반면에, 스스로 쌓은 의가 많은 바리새인들은 그들 자신의 무흠한 도덕성에 빠져 죽게 하신다. 참으로, 하나님은 사람을 참작하지 않으신다. 그렇지 않았더라면 하나님은 **나를** 구원하시지 않았을 것이다.

유기 교리는 육적인 사람에게는 "난해한 말" 임을 기꺼이 인정한다. 하지만 이 말이 **영원한** 형벌이라는 말보다 "더 난해" 하겠는가? 성경에서 이것을 가르친다는 사실을 입증하려고 우리가 그토록 애썼던 것이다. 하나님의 말씀에 계시된 진리 중에서 우리가 골라내고 선별한 것이 아니다. **자신들의** 판단력에 부합하는 교리들은 받아들이고 자신들이 충분히 이해하지 **못하는** 교리들은 거절하는 자들은, 우리 주님의 통렬한 말씀을 기억해야 한다. "오! 어리석은 자들아! 선지자들이 말한 모든 것을 마음에 더디 믿는 자들아!"[47] 마음에 더디 믿기 때문에 어리석다. 머리가 둔해서가 아니라 마음에 더디기 때문이다.

칼빈의 말을 한번 더 보아야겠다.

> 나는 이 자리에서, 성경이 일체의 애매모호함 없이 가르치는 그런 것들을 언급하였기 때문에, 하늘이 주신 그런 말씀들에 치욕으로 낙인찍는데 주

---

[47] 눅 24:25. ··· O fools, and slow of heart to believe all that the prophets have spoken.

저하지 않는 자들은 자신들이 어떤 종류의 반대를 하고 있는지를 깨달아야 한다. 비록 그들이 겸양하다고 칭찬받기를 원하여 무지를 가장할지라도, '내게는 다르게 보이는데'라든가 '나는 이 주제에 간여하고 싶지 않다'와 같은 시원찮은 말 한마디로 하나님의 권위에 도전하는 것보다 더 큰 자만이 있겠는가! 그러나 그들이 공공연하게 나서서 책망을 한다면, 그들이 하늘을 거스리는 하찮은 시도를 통해 무엇을 얻을까? 사실상, 그들의 심술은 전혀 새롭지 않다. **불경건하고 속된 자들, 이 교리에 대해 독살스럽게 반대하는 그런 무리들은 모든 세대에 존재하였다.** 성령이 오래 전에 다윗의 입술을 통해 '하나님이 판단하실 때 흠이 없으시다'[48]고 선언하신 그 진리를 그들은 느껴야 한다. 다윗은, 그들이 하찮은 존재에 불과하면서도 하나님께 덤벼들 뿐만 아니라 월권하여 하나님을 정죄함으로써 지나치게 주제넘은 짓을 하는 그런 자들은 미쳤다고 넌지시 시사하고 있다. 반면에 다윗은, 하나님은 그들이 하늘에 대고 던지는 신성모독에 영향을 받는 분이 아니고 오히려 하나님은 중상모략을 안개처럼 흩어버리고 자신의 의로우심을 명약관화하게 펼치신다고 한다. 우리의 믿음 또한, 하나님의 말씀에 기초를 두고 있고 모든 세상보다 높기 때문에 저 높은 곳에서 그러한 안개들을 경멸적으로 내려다 본다(존 칼빈).

이 장을 마무리하면서 종교개혁 이후의 표준적인 신학자들의 글 가운데 몇 가지를 인용하고자 한다. 아무리 존경스럽고 고고할지라도 인간적 권위에 호소하여 우리 자신의 주장을 뒷받침하기 위해서가 아니라, 여기에서 우리가 개진한 교리는 20세기 신개발품이 아니며 후대의 이단사설도 아니며 오히려 성경을 지극히 경건하고 학구적으로 연구한 많은 사람들이 명확하게 정리하고 공통적으로 가르쳐 온 교리임을 보여주기 위해서 이다.

존 칼빈의 『기독교강요』(1536년판) 제 3권에서 "영원한 선택 즉, 하나님이 어떤 사람들은 구원으로 그리고 다른 사람들은 멸망으로 예정하심"이라는 제목을 붙인 21장을 보면, "우리가 하나님의 작정이라고

---

48) 시 51:4, thou … be clear when thou judgest (KJV).

부르는 예정에 의하여 하나님은 인류의 각 개인을 장차 어떻게 하실 것인지를 하나님 스스로 결정하셨다. 모든 사람이 비슷한 운명으로 피조된 것이 아니다. 일부의 사람들에게는 영생을 그리고 다른 사람들에게는 영원한 정죄를 주시기로 예정하셨다. 그러므로 모든 사람은 이 두 가지 목적 가운데 하나를 위하여 창조되었으며, 생명이든 죽음이든 어느 한쪽으로 예정되었다."라는 글이 있다.

우리는 독자들에게 이 인용문을 잘 유념해 두라고 요청한다. 이 인용문을 잘 숙독하면, 본인이 이 장에서 개진한 것이 "고등 칼빈주의"가 아니라 순수하고 단순한 **진정한** 칼빈주의임을 알게 될 것이다. 우리가 이렇게 말하는 목적은, 저들이 칼빈의 저술을 잘 모르면서도 무식하게도, 칼빈이 직접 가르친 것을 ㅡ신학자들의 왕자인 그와 그에게 빚진 비천한 자 모두가 하나님의 말씀 그 자체에서 이 교리를 발견하였기 때문에ㅡ 단지 반복 진술한 것을 극단적 칼빈주의라고 정죄하고 있음을 보여주기 위한 것이다.

마틴 루터는 가장 탁월한 저서인 『노예의지론』(De Servo Arbitrio)에서 "모든 것들은 하나님의 정하심에서 생겨나고 의존한다. 누가 생명의 말씀을 받아들일지, 누가 그것을 믿지 않을지, 누가 죄로부터 구원받을지, 누가 죄 가운데 빠져 마음이 강퍅해질지, 누가 의롭게 될지, 누가 정죄받을지는 하나님의 정하심에 의하여 예정되었다. 이것은 자유의지 교리를 그 뿌리채 뽑아버리는 진리이다. 즉, 하나님이 어떤 사람들은 영원히 사랑하고 다른 사람들은 영원히 미워하신다는 것은 변할 수 없으며 돌이킬 수 없는 것이다"라고 썼다.

존 폭스는 영어로 된 가장 유명한(오호라! 로마카톨릭이 해일처럼 휩쓸고 있는 지금은 그렇지 않다) 책인 『순교자 열전』에서 "예정은 하나님이 영원히 작정하심을 가리키며, 모든 사람에게 장차 닥치게 될 것 즉, 구원으로 보낼지 아니면 정죄로 보낼지를 하나님 스스로 미리 목적을 세우시는 것이다"라고 썼다.

장로교 총회가 채택한 웨스트민스터 대교리문답(1688)은 "하나님은 영원불변한 작정에 의하여, 단지 하나님의 사랑으로 인해, 하나님의 영광스러운 은혜를 찬양토록 하기 위해, 적당한 때에 드러나도록, 어떤 천사들을 영광으로 선택하셨다. 그리고 그리스도 안에서, 어떤 사람들을 영원한 생명에 이르도록 선택하셨다. 그러한 수단에 의해, 하나님의 주권적 권능에 따라 그렇게 하셨다. 그리고 하나님 자신의 불변적인 지혜로운 (이것에 의하여 하나님은 자신이 기뻐하심에 따라 은총을 주시기도 하고 거두시기도 하는) 의지는 그 나머지 사람들을 간과하시어 수치와 진노에 이르도록 예정하셨다. 이것들은 그들의 죄 때문에 가해지는 것으로써 하나님의 정의로우심의 영광을 찬양토록 하기 위한 것이다"라고 선언한다.

『천로역정』의 저자 존 번연은 "유기"에 관해 두툼한 책을 썼다. 여기에서 간략하게 다음과 같이 발췌하였다. "유기는, 그 인물이 세상에 등장하기도 전에 즉, 선이든 악이든 행하기도 전에 존재한다. 이것은 로마서 9:11이 확증해 준다. 한 어머니의 태 중에 쌍둥이가 있다. 이 쌍둥이는 선이나 악을 행하기도 전이었을 뿐만 아니라, 그렇게 할 능력이 있기도 전에 각자의 운명이 주어졌다. 아직 태어나지도 않았는데 말이다. 그들 가운데 한 사람은 영원한 생명의 축복으로 다른 사람은 그렇지 않은 쪽으로 운명지어졌다. 한 사람은 택함 받았고 다른 사람은 유기 되었다. 한 사람은 선택받았고, 다른 사람은 거절되었다." 또한 존 번연은 『지옥에서 온 탄식』에서 "계속해서 하나님의 말씀을 거절하고 둔한히 여기는 자들은 **정죄받도록 정해진** 그런 자들이 대부분이다"라는 말도 하였다.

죠나단 에드워드는 로마서 9:22을 논하면서 "자신의 진노를 보여주고 자신의 능력을 알리기를 원하시는 하나님이 멸망을 위해 예비해 둔 진노의 그릇들을 오래 참으신들 어쩌겠는가? 하나님의 장엄하심이 그 무시무시한 노여움 가운데 얼마나 무서운 모습으로 나타는지! 우리가 알기에, 이것이 사악한 자들을 정죄하시는 목적이다"(제 4권, p. 306; 1743년).

"만세 반석"과 주옥같은 찬송시를 여러 편 지은 아우구스투스 톱레이디는 "하나님은 아담의 타락한 후손 가운데 일부를 그 죄 중에 그냥 내버려 두어 그들이 그리스도와 그 은택들에 참여하지 못하도록 배제하기로 영원 전부터 작정하셨다"고 하였다. 또한 "우리는 성경과 한 목소리로, 어떤 특정한 사람들을 생명으로 예정하여 하나님의 은혜의 영광됨을 찬양토록 하였고, 다른 특정한 사람들은 하나님의 정의의 영광됨을 위하여 사망으로 예정하셨음과 그런 자들은 자신들의 죄 때문에 그 형벌의 죽음을 겪게 될 것이라고 주장한다"고도 썼다.

하나님이 그토록 많은 사람들에게 축복을 주시기 위하여 들어 쓰신, 18세기의 거장, 죠지 휫필드는 "의심할 나위 없이, 예정 및 유기 교리는 함께 서든지 함께 쓰러지든지 하는 것임에 틀림없다……하나님은 예수 그리스도를 통하여 오직 일부 사람들에게만 구원에 이르게 하는 은혜를 주실 생각이며, 그 나머지 인간들은 아담이 타락한 이후에 계속해서 죄 가운데 머물도록 정당하게 그냥 내버려 두어 결국 그 삯인 영원한 죽음을 맞이하도록 하신다는 유기 교리를 나는 믿고 있노라고 솔직하게 인정한다"고 하였다.

"멸망을 위해 예비한"(롬 9:22), 이 구절에 대해 두 개의 해석을 인정한 핫지는 아마도 가장 유명하고 가장 폭넓게 읽힌 로마서 주석의 저자이다. 그는 "다른 해석은 하나님을 가리키고, '예비한'에 대한 그리스어 단어는 분사로써 **멸망을 위하여 (하나님이) 준비해 둔**이라는 뜻을 갖는다"고 보았다. 그리고 "대부분의 어거스틴주의자들뿐만 아니라 많은 루터주의자들도 이 해석을 채택한다"고 하였다.

만일 필요하다면, 위클리프, 후스, 리들리, 후퍼, 크랜머, 어셔, 존 트랩, 토마스 굳윈, 토마스 맨튼(크롬웰의 궁정 목사), 존 오웬, 윗시우스, 존 길(스펄전의 전임자) 그리고 수많은 사람들의 글에서 기꺼이 인용하겠다. 지나간 시대의 지극히 고명한 성도들, 하나님이 매우 널리 사용하신 사람들, 그들 가운데 많은 사람들은 건전한 교리를 더 이상 견디려고 하지 않는, 근자에 들어서 매우 격렬히 미움받고 있는 이 교리를 옹호하고 가르쳤다는 사실을 확인하겠다는 단순한 목적으로 인용하였다. 이 교리를 미워하는 자들은, 크게 잘난 척하지만 뽐내듯이 내놓는 정통성과 크게 떠벌리는 경건성에도 불구하고 지나간 시대의 하나님의 신실하고 대담무쌍한 종들의 신발끈을 풀 자격도 없는 그런 자들이다.

> 오! 하나님의 지혜와 지식의 풍성함이 어찌 그리 깊으신지!
> 하나님의 판단은 어찌 그리 헤아릴 수 없으며 하나님의 길은
> 어찌 그리 찾아낼 수 없는지!
> 누가 주의 마음을 알아내었는가?
> 누가 주의 조언자가 되었는가?
> 누가 먼저 하나님께 드려, 하나님이 되 갚도록 만들겠는가?
> 만물은 하나님으로부터 나와서, 하나님을 통하고,
> 하나님에게로 돌아간다.
> 그 하나님께 영광이 영원토록 있을지어다. 아멘[49]

---

49) 롬 11:33-36, Oh, the depth of the riches of the wisdom and knowledge of God! How unsearchable his judgments, and his paths beyond tracing out! Who has known the mind of the Lord? Or who has been his counselor? Who has ever given to God, that God should repay him? For from him and through him and to him are all things. To him be the glory forever! Amen.

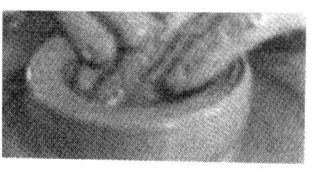

제6장
실행에서의 하나님의 주권

> 만물은 하나님으로부터 나와서, 하나님을 통하고, 하나님에게로 돌아간다. 그 하나님께 영광이 영원토록 있을지어다. 아멘.[1]

하나님은 일어나는 모든 일을 다 예정하셨는가? 현재가 이런 모습이 되도록 작정하셨는가? 최종적으로 분석해보면 이것은, "하나님은 지금 세상을 그리고 세상 안에 있는 모든 사람, 모든 것을 다스리시는가?"에 대한 유일한 또 다른 방식의 질문이다. 만일 하나님이 세상을 통치하신다면 그렇다면, 하나님은 명확한 목적에 따라 통치하시는가 아니면 목적없이 무작정 통치하시는가? 만일 하나님이 어떤 목적에 따라 통치하신다면 그 목적을 언제 세우셨나? 하나님은 계속해서 목적을 변경하시고 날마다 새로운 목적을 세우시는가? 아니면, 하나님의 목적은 처음 그대로인가? 하나님의 행위는 우리의 행위와 마찬가지로 환경의 변화에 의해 조절되는가? 아니면, 영원하신 목적의 결과인가? 사람을 창조하시기 전에 어떤 목적을 세우셨다면, 본래 계획에 따라 그 목적을 실행하시고 성취해 나가시는가? 성경은 무엇이라고 말하는가? 성경은, 하나님은 "모든 것을 자신이 의지하신 목적과 일치하게 이루시는"[2] 분이라고 선언한다.

---

[1] 롬 11:36, For from him and through him and to him are all things. To him be the glory forever! Amen.
[2] 엡 1:11,… who works out everything in conformity with the purpose of his will.

독자들 중에서는 하나님이 **모든 것**을 아시며 미리 아신다는 진술에 이의를 제기할 사람이 거의 없을 것이다. 그러나 이 진술에서 한 걸음 더 내딛는 것에 대해서는 주춤거릴 사람이 많을 것이다. 하지만 하나님이 모든 것을 **미리 아신다**면 모든 것을 **미리 정하셨다**는 사실 또한 자명하지 않은가? 장차 일어날 일을 하나님이 작정하셨기 때문에 어떤 일이 일어날지를 하나님이 미리 아시는 것은 분명하지 않은가? **하나님의** 미리 아심은 사건의 원인이 아니다. 오히려, 사건들은 하나님의 영원한 목적의 결과들이다. 어떤 것이 존재하도록 하나님이 작정하셨을 때, 하나님은 그것이 그렇게 될 것임을 아신다. 사물의 본성 속에는, 확실치는 않을지라도 장차 어떻게 될 것이라고 알려진 것이 존재할 수 없다. 그것이 장차 어떻게 되라고 하나님이 정해 주지 않으면 아무것도 어떻게 되지 않는다. 그리스도가 십자가에서 죽으신 것을 예로 들어보자. 이 문제에 관한 성경의 가르침은 햇빛처럼 명확하다. 피흘려 죽도록 되어 있던 어린양 그리스도는 "창세 전에 예정" 되어 있었다.[3] 하나님은 어린양의 죽음을 "예정" 하셨고 도살자에게 넘겨지리란 것을 아셨다. 그러므로 이사야 선지자를 통하여 이 사실을 선포하셨다. 사건이 발생하기 전에 미리 아신 하나님이 주 예수를 "넘겨주신" 것이 아니다. 하나님이 확정해 놓으신 계획과 미리 정하심에 의하여 그렇게 하신 것이다. 하나님의 작정에 근거하여, 미래 사건을 미리 아시는 것이다. 그러므로 하나님이 장차 일어나기로 되어 있는 모든 것을 미리 아신다면, 그것은 장차 일어날 모든 것을 영원 전부터 하나님 스스로 결정하셨기 때문이다. "세상이 시작할 때부터 자신의 모든 행위를 알고 있는 하나님이다"[4]라는 이 말씀은, 하나님에게는 계획이 있다 즉, 하나님은 자신의 일을 닥

---

3) 벧전 1:20, Who verily was foreordained before the foundation of the world(KJV).
4) 행 15:18, Known unto God are all his works from the beginning of the world (KJV).

치는 대로 혹은 자신의 계획을 성공시킬 방법에 관한 지식이 없이 시작하시지 않는다고 가르친다.

하나님이 모든 것을 창조하셨다. 이 진리에 대해서는, 성경의 증언을 존중하는 어떤 누구도 의심하지 않을 것이다. 창조 사역은 우발적인 일이라고 주장할 사람도 없을 것이다. 하나님은 창조하실 목적을 먼저 세우신 다음에 창조 행위를 하셔서 그 목적을 성취하셨다. 모든 진정한 그리스도인들은 시편 기자의 말을 기꺼이 받아들여 "오! 여호와여! 주의 행하신 일이 어찌 이리 많은지요! 주는 지혜로 그 모든 것들을 지으셨습니다"[5]라고 말할 것이다. 이 말을 인정하는 자가, 하나님은 자신이 창조한 세상에 대한 통치 목적을 세우셨음을 부정하겠는가? 분명히, 세계 창조는 하나님이 세상에 대해 세우신 목적의 **종착지점**은 아니었다. 단지 세상을 창조하고 사람을 거기에 둔 뒤에 이 둘을 그 운명에 맡겨두시기로 결정하지 않으셨음이 분명하다. 하나님 자신의 무한한 완전하심에 어울리는 위대한 목적 혹은 목적들을 염두에 두고 계시며 이 목적을 성취하시기 위하여 지금 세상을 통치하고 계심이 명백하다.

여호와의 계획은 영원히 견고하게 서고, 주의 마음에 품은 목적은 대대에 이른다.[6]

이전 것들, 오래 전의 것들을 기억하라. 나는 하나님이다. 나 이외에 다른 신은 존재하지 않는다. 나는 하나님이다. 나와 같은 자가 없다. 나는 처음부터, 옛날부터 목적을, 장차 일어날 일을 알렸다. 나는, 내 목적은 성취될 것이며 내가 기뻐하는 모든 것을 행할 것이라고 말하였다.[7]

---

5) 시 104:24, How many are your works, O LORD! In wisdom you made them all …

6) 시 33:11, But the plans of the LORD stand firm forever, the purposes of his heart through all generations.

7) 사 46:9-10, Remember the former things, those of long ago; I am God, and there is no other; I am God, and there is none like me. I make known the end from the beginning, from ancient times, what is still to come. I say: My purpose will stand, and I will do all that I please.

하나님은 이 세상과 사람들에 관한 계획을 가지고 계시며 이 모든 계획을 지극히 확실하게 실현하실 것임을 입증해 주는 다른 구절들을 많이 인용할 수도 있다. 오직 이렇게 생각할 때에만, 성경의 예언들을 파악할 수 있다. 전능하신 하나님은 예언 가운데 강림하셔서 우리를 하나님의 영원한 계획의 은밀한 방으로 데려가 하나님이 장차 무엇을 하시려고 목적하셨는지를 우리에게 알려주신다. 신구약 성경에 있는 수백 개의 예언은 장차 일어날 일을 예보하는 것이기보다는 하나님이 장차 일으키시겠다고 목적하신 것을 우리에게 계시하신 것이다. 현재 세대는 앞선 모든 세대와 마찬가지로, 인간의 실패를 철저하게 보여준다는 목적을 가지고 있음을 예언에서 배우지 않았는가? 진리로부터의 전반적인 이탈, 총체적인 배교가 존재할 것이라고 배우지 않았는가? 적그리스도가 등장하여 온 세상을 성공적으로 기만할 것이라고 배우지 않았는가? 성자께서 돌아오심으로써 적그리스도의 활동이 중단되고 인간이 스스로를 다스리겠다는 비참한 시도 역시 끝장난다는 것을 배우지 않았는가? 이렇게 우리가 알고 있는 것은, 이러한 것들 및 수많은 다른 일들이 하나님의 영원한 작정에 포함되어 있고 예언의 확실한 말씀 속에서 우리에게 알려주었기 때문이다. 또한 하나님이 목적하신 모든 것은 "틀림없이 즉각적으로 일어날 것이기" 때문이다.[8]

그렇다면 이 세상과 인류를 창조하신 위대한 목적은 무엇이었는가? 성경의 대답은 "여호와 하나님은 자신을 위하여 만물을 만드셨다"[9]는 것이며 "주께서 만물을 창조하셨고 만물은 주의 즐거워하심을 위하여 창조되었고 존재하고 있다"[10]는 것이다. 하나님의 영광을 나타내는 것

---

[8] 계 1:1, ··· to shew unto his servants things which must shortly come to pass ···.(KJV)

[9] 잠 16:4, The LORD hath made all things for himself ··· (KJV)

이 창조의 큰 목적이었다. 하늘이 하나님의 영광을 선포하고 궁창이 하나님이 하신 일을 나타낸다. 그러나 본래 하나님의 형상으로 지어진 인간에 의해서도, 하나님은 자신의 영광을 크게 나타내고자 계획하셨다. 그러나 인간은 위대한 창조주 하나님께 어떻게 영광을 드렸던가? 하나님은 인간을 창조하기 전에 아담의 타락과 그 결과인 인류의 파탄을 미리 아셨다. 그러므로 하나님은 인간이 무죄 상태를 지속함으로써 하나님을 영화롭게 하도록 계획하지 않으셨다. 따라서 알다시피, "세상을 창조하기 전에" 그리스도가 "타락한 인간의 구속주가 되도록 "예정" 하셨다. 그리스도에 의한 죄인의 구속은 일이 터진 뒤에 하나님이 생각해 낸 것이 결코 아니었다. 예기치 못한 재앙에 대처하기 위한 임시방편도 결코 아니었다. 그렇다. 그것은 하나님의 미리 보심(대비하심[11])이었다. 그러므로 인간이 타락할 때 하나님의 자비는 정의와 협력하였다.

하나님은 우리 세상이 자신의 풍성한 은혜와 지혜를 지옥에 떨어진 죄인들을 구속 속에서 펼쳐 보여줄 무대가 되도록 영원 전부터 계획하셨다.

이제 교회를 통하여, 하늘에 있는 통치자들과 권세자들에게 하나님의 많은 지혜를 알리실 의도였다. 이 것은 하나님이 그리스도 예수 우리 주님 안에서 성취하신 영원한 목적에 따른 것이다.[12]

하나님은 영광스러운 이 계획을 성취하기 위하여, 세상을 태초부터 통치하셨고 끝까지 지속하실 것이다. "우리는 이 세상을, 영광된 단일

---

10) 계 4:11, … thou hast created all things, and for thy pleasure they are and were created (KJV).
11) [역자주] 핑크는 provision을 pro-vision으로 분철하여 표기하여 의미를 중첩시키고 있다.
12) 엡 3:10-11, His intent was that now, through the church, the manifold wisdom of God should be made known to the rulers and authorities in the heavenly realms, according to his eternal purpose which he accomplished in Christ Jesus our Lord.

한 목적을 향하여 작동하는 일만 개의 부품으로 구성된 복잡한 기계라고 생각하지 않는다면 이 세상에 대한 하나님의 섭리를 결코 이해하지 못한다. 영광된 단일한 목적이란, 교회 곧, '선택받은' 자들의 구원에서 하나님의 많은 지혜를 펼쳐 보여주는 것이다." 기타의 다른 모든 것은 이 중심 목적에 종속된다. 바울이 성령의 감동을 받아 "그러므로 택함받은 자들을 위하여 모든 것을 참는다, 저희가 그리스도 예수 안에 있는 구원을 영원한 영광과 함께 얻도록 하기 위해서이다"[13]라고 썼다. 여기에서 묵상하고자 하는 것은, 하나님이 이 세상을 통치하심에 있어서 하나님의 주권이 **실행**된다는 것이다.

물질계에 대한 하나님의 통치가 실행되는 것에 관해서는 덧붙일 말이 없다. 무생물과 모든 비이성적인 피조물이 창조주 하나님의 즐거움에 절대적으로 복종한다는 것을 앞의 여러 장에서 확인하였다. 안정되고 다소 일관적으로 시행되는 법칙들이 물질 세계를 지배한다는 사실을 우리는 기꺼이 인정하지만, 하나님이 원하실 때마다 이러한 법칙들을 일시적으로 중지시키고 이 법칙들과 상관없이 역사하심을 우리는 성경과 역사와 관찰을 통하여 깨닫지 않을 수 없다. 하나님이 자신의 피조물들 위에 축복이든 심판이든 내려주실 때, 태양이 제 자리에 서 있도록 하실 수도 있고 별들이 그 다니는 길에서 하나님의 백성들을 위하여 싸우도록 만드실 수도 있다(삿 5:20). 또 자신의 무한한 지혜의 명령에 따라 "이른 비와 늦은 비"를 주시거나 거두실 수 있다. 전염병으로 치실 수도 있고 건강으로 복 주실 수도 있다. 간단히 말하자면, 하나님은 하나님이시기에, 절대주권자이시기에, 어떤 자연법칙에 의해서 묶고 푸시지 않고 자신이 보기에 가장 좋은 대로 물질 세계를 다스리신다.

---

13) 딤후 2:10, Therefore I endure everything for the sake of the elect, that they too may obtain the salvation that is in Christ Jesus, with eternal glory.

인류에 대한 하나님의 통치는 또 어떤가? 인류에 대한 하나님의 통치 수행의 **실행방식**에 관해서는 성경이 무어라고 하는가? 하나님은 어느 정도로, 어떤 영향에 의하여 사람을 통제하시는가? 이 질문을 두 부분으로 나누어서 대답하겠다. 첫째는 의로운 자들 즉, 하나님의 택자들을 다루시는 방법에 관하여, 두 번째는 악한 자들을 다루시는 방법에 관하여 고찰하겠다.

하나님이 의로운 자들을 다루시는 방법

1. 하나님은 자신의 택자들에게는 **소생케 하는** 영향력 혹은 능력을 발휘하신다.

본래는 영적으로, 죄와 범법 가운데 죽은 자들이다. 따라서 영적 생명이 일차적으로 필요하다. "사람이 거듭남이 없으면 하나님 나라를 보지 **못하기**"[14] 때문이다. 하나님은 우리에게 자신의 본성을 나눠주신다(벧후 1:4). 하나님은 우리를 어둠의 권세로부터 빼내어 성자의 나라로 옮기신다(골 1:13). 자! 분명코! 우리 스스로는 이렇게 할 수 없을 것이다. 우리에게는 그럴 "능력이 없기" 때문이다(롬 5:6). 그러므로 성경은 "우리는 하나님의 작품, 하나님이 그리스도 예수 안에서 창조하신 작품이다"[15]라고 선언한다.

우리는 이 새로운 탄생 속에서 하나님의 본성에 참예한 자가 된다. 즉, 원리, "씨," 생명이 "성령으로 태어난" 우리에게 전달된다. 그러므로 우리는 "영"이며 성령으로 난 자이며 따라서 **거룩**하다. 새로운 탄생에서 우리에게 나눠주신 이 신성하고 거룩한 본성 없이는, 영적 추진력

---

14) 요 3:3, ··· Except a man be born again, he cannot see the kingdom of God (KJV).
15) 엡 2:10, ··· we are God's workmanship, created in Christ Jesus ···

을 일으키거나 영적 개념을 형성하거나 영적 사고를 하거나 영적인 것들을 이해하는 따위의 일은 전적으로 불가능하다. 하물며 영적인 사역에 참여하는 것 역시 전적으로 불가능하다. "거룩 없이는 아무도 주님을 뵙지 못할 것이다." 하지만 자연인은 거룩을 향한 열망도 없고, 하나님의 공급하심도 필요로 하지 않는다. 싫어하는 것을 달라고 기도하겠으며 추구하겠으며 애쓰겠는가? 분명히 아니다. 만일 어떤 사람이 본성적으로 진정 싫어하는 것을 "추구"한다면, 한때 증오하던 것을 지금은 사랑하고 있다면, 그것은 그 사람 내부에서 기적적인 변화가 발생하였기 때문이다. 그 사람 외부에 있던 어떤 힘이 그에게 작용하였고, 그의 옛 본성과는 전적으로 다른 본성이 그에게 주어진 것이다. 따라서 성경은 "그러므로 어떤 사람이라도 그리스도 안에 있다면 **그는 새로운 피조물이다. 옛 것은 떠나갔고 새 것이 왔다**"[16)]고 한다. 방금 묘사한 이런 사람은 사망에서 생명으로 건너갔고 어둠에서 빛으로, 사탄의 권세로부터 하나님에게로 옮겨진 것이다(행 26:18). 다른 어떤 방법으로도 이 위대한 변화를 설명하지 못한다.

새로운 탄생은 죄에 대한 일시적 가책으로 인해 단지 눈물 몇 방울 흘리는 따위를 훨씬 뛰어넘는다. 삶의 노선을 바꾸는 것, 나쁜 습관을 버리고 좋은 습관을 들이는 것 그 이상이다. 단지 고귀한 이념을 품고 실천하는 것과는 다른 그 무엇이다. 앞으로 나가 대중적 복음전도자와 손을 맞잡거나 결신자 카드에 이름을 써넣거나 "교회에 가입하는 것보다 무한히 깊은 것이다. 새로운 탄생은 단지 마음을 고쳐먹는 것이 아니라 새로운 생명을 시작하는 것이며 받아들이는 것이다. 단순히 뜯어고치는 것이 아니라 완벽한 변형이다. 간단히 말해서, 새로운 탄생은 기적

---

16) 고후 5:17, Therefore, if anyone is in Christ, he is a new creation; the old has gone, the new has come!

즉, 하나님의 초자연적 실행의 결과이다. 그것은 근본적이고 혁명적이며 지속적이다.

시간 속에서, 하나님이 자신의 택자들 속에서 행하시는 첫 번째 일이 이것이다. 하나님은 영적으로 죽어 있는 자를 붙잡아 새로운 생명으로 살아나게 하신다. 불법 속에서 만들어지고 죄 가운데 잉태되었던 자를 들어올려 자기 아들의 형상을 갖게 하신다. 하나님은 사탄에게 붙잡혀 있던 자를 붙잡아 믿음의 권속 가운데 하나로 만드신다. 거지를 데려다가 그리스도와 함께 하는 상속자로 만드신다. 하나님은 자신에 대한 증오심으로 가득 찬 자에게 다가와서는 하나님을 향한 사랑으로 가득 찬 새로운 마음을 주신다. 본성적으로 반역자에 불과한 자에게 허리를 구부려 그의 안에서 역사하여 하나님의 선한 즐거움을 의지하고 행하도록 하신다. 하나님은 자신의 저항할 수 없는 능력에 의하여 죄인을 성도로, 원수를 친구로, 사탄의 노예를 하나님의 자녀로 바꾸신다. 따라서 분명히 감동을 받은 우리는 다음과 같이 노래한다.

> 오! 나의 하나님!
> 주의 모든 자비를 놀라움 속에 바라보다가,
> 그 광경에 어쩔 줄 모른 채
> 놀람과 사랑과 찬양 속에 파묻힙니다.

2. 하나님은 자신의 택자들에게는 **활력을 일으키는** 영향력 혹은 능력을 발휘하신다.

바울은 에베소 성도들을 위하여 하나님께 기도할 때 저들의 이해의 눈을 밝혀주셔서 "믿음을 가진 우리를 향하신 하나님의 능력이 얼마나 놀랍도록 큰지를" 알 수 있도록(엡 1:18), 성령에 의하여 속 사람의 힘을 강하게 해 달라고(3:16) 하였다. 이렇게 해서, 하나님의 자녀들은 믿음의 선한 싸움을 싸우고 자신들을 끊임없이 대적하는 원수들과 전투를 벌일 수 있게 된다. 그들 자체에는 아무 힘도 없다. 그들은 단지 "양"에 불과하다. 양은 방어능력이 가장 약한 동물이다. 그러나 약속은 확실하다. "하나님은 지친 자들에게 힘을 주시고 약한 자들에게 능력을 더하신다." [17)

의로운 자들이 하나님을 합당하게 섬길 수 있도록 만들어 주는 것은, 하나님이 이 의인들에게 그리고 그 안에서 발휘하시는 이 활력을 일으키는 능력이다. 옛적 선지자는, "참으로 나는, 여호와 하나님의 영이 주시는 능력으로 채워진다" [18)고 말하였다. 우리 주님께서는 사도들에게 "성령이 너희에게 임하면 능력을 받게 될 것이다" [19)라고 말씀해 주셨고 그대로 증명되었다. 이 사도들의 뒷 이야기를 읽어보면, "사도들은 큰 능력을 가지고 계속해서 주 예수의 부활을 증거하였고 큰 은혜가 그들 모두에게 내렸다." [20) 사도 바울의 경우도 마찬가지였다. "내 메시지와 내 설교는 지혜롭고 설득력 있는 말로 하는 것이 아니라 성령의 능력이 나타남으로 하였다." [21) 그런데 이 능력의 범위는 섬김에 한정되지 않는다. 베드로 후서 1:3에 보면 "그의 신성한 능력은, 우리를 영광과 덕으로 불러내신 자를 아는 지식을 통하여, **생명과 경건에 속하는 모든 것을 우리에게 주셨다**" [22)는 말씀이 있다. 그러므로 "사랑과 희락과 화평과

---

17) 시 40:29, He gives strength to the weary and increases the power of the weak.
18) 미 3:8, But truly I am full of power by the spirit of the LORD … (KJV).
19) 행 1:8, But you will receive power when the Holy Spirit comes on you …
20) 행 4:33, With great power the apostles continued to testify to the resurrection of the Lord Jesus, and much grace was upon them all.
21) 고전 2:4, My message and my preaching were not with wise and persuasive words, but with a demonstration of the Spirit's power.
22) 벧후 1:3, … his divine power hath given unto us all things that pertain unto life and godliness, through the knowledge of him that hath called us to glory and virtue (KJV).

오래 참음과 자비와 양선과 충성과 온유와 절제"라고 하는, 기독교적 품성에 속하는 여러 가지 은사들은 직접적으로 하나님께로부터 나오며 따라서 "성령의 열매"라고 부른다(갈 5:22). 고린도 후서 8:16절과 비교해 보라.

3. 하나님은 자신의 택자들에게는 **이끌어 주시는** 영향력 혹은 능력을 발휘하신다.

옛날에 하나님은 자기 백성들을, 낮에는 구름기둥으로 밤에는 불기둥으로 그들의 발걸음을 인도하여 광야를 건너게 하셨다. 비록 오늘날에는 밖에서가 아니라 안에서부터이긴 하지만 하나님은 여전히 성도들을 이끄신다. "이 하나님은 영원히 우리 하나님이시고, 죽을 때까지 우리를 인도하실 것이다."[23] 그러나 하나님은 우리 안에서 역사하여 하나님의 선하신 즐거움을 따라 의지하고 행하도록 "이끄신다." 하나님이 우리를 그렇게 인도하신다는 사실은, 바울이 에베소서 2:10에서 "우리는 하나님의 작품, 하나님이 그리스도 예수 안에서 선한 일을 위하여 창조하신 작품이다. **하나님은 우리가 선한 일 가운데 행하도록 이렇게 미리 정해놓으셨다**"[24]고 하신 말씀에서 명백하게 확인된다. 따라서 자랑할 만한 모든 근거는 제거되었고 하나님이 모든 영광을 받으신다. 우리는 선지자와 한 목소리로 "여호와 하나님이시여! 주는 우리를 위해서는 평강을 정해놓으십니다. 우리의 모든 일들은 주께서 우리 안에서 이루신 것입니다"[25]라고 증거하지 않을 수 없다. "사람의 마음이 자신의 길

---

23) 시 48:14, For this God is our God for ever and ever; he will be our guide even to the end.
24) 엡 2:10, For we are his workmanship, created in Christ Jesus unto good works, which God hath before ordained that we should walk in them (KJV).
25) 사 26:12, LORD, thou wilt ordain peace for us: for thou also hast wrought all our works in us (KJV).

을 생각해내지만 여호와 하나님이 그의 발걸음을 인도하신다."26) 시편 65:4; 에스겔 36:27과 비교해 봐라.

4. 하나님은 자신의 택자들에게는 **지켜 주시는** 영향력 혹은 능력을 발휘하신다.

이 복된 진리를 언급하는 성경구절은 많다.

> 하나님이 성도들의 영혼을 지켜주신다. 하나님은 그들을 악한 자의 손에서 건져내신다.27)

> 하나님은 의로운 자들을 사랑하시고 신실한 자들을 버리지 않으실 것이다. 그들을 영원토록 지켜주실 것이다. 그러나 악인의 자손은 끊으질 것이다.28)

> 하나님은 자신을 사랑하는 모든 자를 지키신다. 그러나 모든 악한 자들을 파괴하실 것이다.29)

이 시점에서 신자들의 책임성과 신실성에 관하여 본문을 늘어놓거나 논증을 제기할 필요는 없다. 하나님이 우리에게 호흡 주시기를 중단하시면 더 이상 호흡을 계속하지 못하는 것과 마찬가지로 하나님이 우리를 지켜주시지 않으면 더 이상은 우리에게 "보전"이 있을 수 없다. 우리는 "하나님의 능력에 의하여, 믿음을 통하여, 마지막 때에 계시될 구원에 이르도록 보전된다."30) 역대기 상 18:6과 비교해 봐라. 이제는 다음

---

26) 잠 16:9, A man's heart deviseth his way : but the LORD directeth his steps (KJV).
27) 시 97:10, . . . He preserveth the souls of his saints; He delivereth them out of the hand of the wicked (KJV).
28) 시 37:28, For the LORD loves the just and will not forsake his faithful ones. They will be protected forever, but the offspring of the wicked will be cut off.
29) 시 145:20, The LORD preserveth all them that love him: but all the wicked will he destroy (KJV).
30) 벧전 1:5, Who(You) are kept by the power of God through faith unto salvation ready to be revealed in the last time (KJV).

을 고찰해 보자.

하나님이 악한 자들을 다루시는 방법

불택자들에 대한 하나님의 통치적 다루심을 고찰할 때, 하나님은 그들에게 사중적 영향력 혹은 능력을 발휘하심을 알게 된다. 라이스(Rice) 박사가 제안한 명쾌한 구분을 채택하였다.

1. 하나님은 악한 자들에게 **억제하시는** 영향력을 발휘하신다. 이 영향력 때문에 이들은 본성적 성향에서 나오는 대로 하지 **못한다**.

여기에 대한 탁월한 사례를 그랄 왕 아비멜렉에게서 찾을 수 있다. 아브라함이 그랄 땅으로 내려갈 때 아내로 인해 죽임을 당할까 두려워 누이인척 하라고 하였다. 아비멜렉은 사라를 미혼으로 생각하고는 데려갔다. 그때 어떻게, 하나님이 능력을 발하여 사라의 명예를 지켜주셨는지를 우리는 알고 있다.

하나님이 꿈에서 그에게 말씀하시기를, "그래, 네가 마음에 거리낄 것 없이 이렇게 하였을 줄 내가 알고 있다. 그래서 나 또한 네가 나에게 죄짓지 못하도록 막았다. 네가 그녀에게 손대지 못하게 한 것이 그 때문이다"라고 하셨다.[31]

하나님이 간섭하지 않았더라면 아비멜렉은 사라에게 잘못을 범하는 슬픈 일이 생겼을 것이다. 그러나 여호와 하나님이 그를 억제하여 마음에 품은 생각을 실행하지 못하게 하셨다.

요셉과 그 형제들의 경우에서도 비슷한 사례를 찾을 수 있다. 야곱이

---

31) 창 20:6, Then God said to him in the dream, "Yes, I know you did this with a clear conscience, and so I have kept you from sinning against me. That is why I did not let you touch her…"

요셉을 편애한 까닭에 그 형제들이 "요셉을 미워하였다." 그들은 힘으로 요셉을 이길 수 있겠다는 생각이 들자 "죽일 계략을 꾸몄다"(창 37:18). 그러나 하나님은 그들의 악한 계획을 실행하지 못하게 하셨다. 먼저 하나님은 르우벤을 감동시켜 그를 구해내도록 하셨다. 그 다음에는 유다로 하여금 요셉을 지나가던 이스마엘 족속에게 팔아 넘기자는 제안을 하도록 하셨다. 그렇게 해서 요셉은 이집트로 가게 되었다. 이처럼 하나님이 그들을 억제하였다는 사실은, 상당한 세월이 흐른 뒤에 요셉이 자기 형제들에게 자신을 밝히면서 "그러므로 나를 이리로 보낸 자는 너희가 아니라 하나님이시다"[32]는 선언에서 명백하게 드러난다.

하나님이 악한 자들에게 발휘하시는 억제력은, 발락이 이스라엘을 저주하라고 고용한 예언자 발람에게서도 극명하게 드러났다. 영감으로 기록된 그 이야기를 읽으면 틀림없이, 발람 자신은 발락의 제안을 기꺼이 그리고 확고하게 받아들였다. 하나님이 그의 마음 속에 있던 충동을 얼마나 명확하게 억제하였는지는 그 스스로 인정한 말에서 드러난다.

> 하나님이 저주하지 않으신 자를 내가 어찌 저주하겠는가? 여호와 하나님이 꾸짖지 않으신 자를 내가 어찌 꾸짖겠는가?…. 보라! 나는 축복하라는 명령을 받았다. 하나님이 축복하셨는데 내가 그것을 뒤집지 못한다.[33]

하나님은 사악한 개인들에게 억제력을 행사하실 뿐만 아니라 여러 민족들 전체를 향해서도 그렇게 하신다. 이에 대한 현저한 실례가 출애굽기 34:24에 실려있다.

> 내가 네 앞에 있는 여러 민족들을 쫓아내고 네 영토를 넓혀주겠다. 너희

---

32) 창 45:8, So then, it was not you who sent me here, but God …
33) 민 23:8, 20, How can I curse those whom God has not cursed? How can I denounce those whom the LORD has not denounced? … I have received a command to bless; he has blessed, and I cannot change it.

가 일년에 세 번씩 여호와 너희 하나님 앞에 서면 아무도 네 땅을 탐내지 못할 것이다.[34]

하나님의 명령대로 이스라엘 모든 남자가 일년에 세 번씩 자신의 집과 유산을 뒤로하고 예루살렘으로 올라가 하나님이 정하신 절기를 준수하였다. 그들이 예루살렘에 머무는 동안에는 뒤에 두고 온 무방비 상태의 고향을, 하나님이 이교도인 그 이웃의 탐욕과 욕망을 억제하여 보호해 주신다고 약속해 주셨다.

2. 하나님은 악한 자들에게 **부드럽게 만드는** 영향력을 발휘하여 그들의 본성적 성향에 반하여 하나님의 대의를 촉진시켜 줄 일을 행하도록 하신다.

앞 절에서는, 요셉 기사를 하나님이 사악한 자들에게 억제력을 행사하시는 실례로 언급하였다. 여기에서는, 요셉이 이집트에서의 경험을 통해 하나님이 불의한 자들을 부드럽게 만드는 영향력을 발휘하시는 것을 성경에서 확인해 보도록 하자. 요셉이 보디발의 집에 머물던 때에 하나님은 요셉과 함께 계셨고, 요셉의 주인은 여호와 하나님이 요셉과 함께 하심을 알았다. 결과적으로 그는 요셉에게 은혜를 베풀어 자기 집을 총괄하도록 하였다(출 39:3,4). 나중에 요셉이 부당하게 투옥되었을 때에도 "하나님은 요셉과 함께 계시면서 은혜를 베풀었고, 간수의 눈에 들었다"(창 39:21). 그 결과, 간수는 그를 무척 친절하게 대하였다. 결국, 요셉이 감옥에서 풀려난 뒤에, "하나님이 이집트 왕 바로 앞에서 그에게 은총과 지혜를 베푸셨고 그를 이집트와 자기 집 전체를 다스리도록 하였다"(행 7:10).

---

34) 출 34:24, I will drive out nations before you and enlarge your territory, and no one will covet your land when you go up three times each year to appear before the LORD your God.

원수들의 마음을 녹이는 하나님의 능력에 관한 마찬가지로 현격한 증거를, 바로의 딸이 갓난아이 모세에게 보여준 태도에서도 확인할 수 있다. 그것은 매우 유명한 사건이다. 바로는 이스라엘의 모든 남자아이를 죽이라는 칙령을 내렸다. 어떤 레위인이 아이를 낳아 석 달 동안 숨겨 길렀다. 이 아기를 더 이상 숨길 수 없게 되었을 때 갈대상자에 담아 강에 띄워보냈다. 강가에 왔던 왕의 딸이 이 상자를 발견하였지만 자기 아버지의 사악한 명령대로 이 아이를 강물에 던져 죽이는 대신에 "**그 아기를 불쌍히 여겼다**" (출 2:6). 따라서 이 어린 아기는 목숨을 건졌고 나중에는 이 공주의 양자가 되었다.

하나님은 모든 사람의 마음에 다가가서 하나님의 주권적 목적에 따라 부드럽게 하시거나 강퍅하게 하신다. 속된 인간인 에서는, 아버지를 기만한 것 때문에 동생에게 복수하겠다고 맹세하였지만 야곱을 다시 만났을 때 그를 죽이는 대신에 "목을 끌어안고 입을 맞추었다" (창 33:4). 이세벨의 허약하고 사악한 배우자인 아합은 선지자 엘리야가 하늘을 삼년 반 동안 닫겠다는 말을 하자 몹시 격노하여 원수의 한사람으로 간주하여 그를 찾으려고 모든 나라, 모든 민족을 샅샅이 뒤졌고 그를 찾아내지 못하였을 때 찾지 못한다는 맹세를 하게 하였다 (왕상 18:10). 그러나 아합이 엘리야를 만났을 때 죽이는 대신에, 엘리야의 명령에 따라 이스라엘 모든 백성에게 사람을 보내 갈멜산에 모이도록 하였다(20절). 또 다른 예를 들어보자. 가난한 유대인 처녀 에스더는, 규례를 거스리겠다고 말하고는 존엄한 미디안 · 페르시아 군주의 알현실에 들어섰다(에 4:16). 그녀는 죽임 당하리라고 예상하였지만 성경에 따르면, "에스더는 왕 앞에서 은혜를 입었고 왕은 에스더에게 황금 홀을 내밀었다" (5:2). 또 다른 예를 찾아보자. 소년 다니엘은 외국의 궁정에 잡혀온 포로였다. 왕은 다니엘과 다니엘의 친구들에게 매일 먹고 마실 것을 공급해 주라고 명령하였다. 그러나 다니엘은 할당된 음식으로 자신을 더럽히지 않겠다는 뜻을 세웠고 그 뜻을 주인 즉, 환관장에게 알렸다. 어떻게 되었는가? 그의 주인은 이교도였고 왕을 "두려워" 하였다. 그는 다니엘을 향하여 화를 내면서 왕의 명령을 즉시 수행하라고 요구하였는가? 아니다. 성경에 "**이제 하나님은 그 환관장이 다니엘에게 호의와 동정을 베풀도록 만드셨다**"35)고 기록되어 있다.

"왕의 마음은 여호와 하나님의 손에 있다. 하나님이 그것을 물줄기처럼 자신이 원하는 쪽으로 바꾸신다."36) 이에 대한 탁월한 실례는 이교도인 페르시아 왕 고레스(Cyrus)에게서 찾을 수 있다. 하나님의 백성들은 포로 상태였지만 이 포로 상태에 관하여 예언된 목표는 거의 달성되었다. 반면에, 예루살렘 성전은 폐허로 남아있었고 유대인들은 먼 타국에서 속박 받는 신세였다. 여호와 하나님의 전을 재건할 희망이 있었는가? 그러나 이때 하나님이 하신 말씀에 주목해 보라.

페르시아왕 고레스 원년에 여호와 하나님은 예레미야의 입을 통해 주신 말씀을 성취하기 위하여, 페르시아 왕 고레스의 마음을 감동시켜, 다음과 같이 전국에 공포하고 기록하게 하였다.

> 페르시아 왕 고레스는 다음과 같이 말한다. 하늘의 하나님 여호와는 지상의 모든 왕국들을 나에게 주셨고 유다 땅의 예루살렘에 자신을 위하여 성전을 건축하라고 나에게 명령하셨다.37)

---

35) 단 1:9, Now God had caused the official to show favor and sympathy to Daniel.
36) 잠 21:1, The king's heart is in the hand of the LORD; he directs it like a watercourse wherever he pleases.
37) 스 1:1-2, In the first year of Cyrus king of Persia, in order to fulfill the word of the LORD spoken by Jeremiah, the LORD moved the heart of Cyrus king of Persia to make a proclamation throughout his realm and to put it in writing: "This is what Cyrus king of Persia says: " The LORD, the God of heaven, has given me all the kingdoms of the earth and he has appointed me to build a temple for him at Jerusalem in Judah.

기억을 더듬어 보면, 고레스는 이교도이고 세계사에서 확인할 수 있듯이 몹시 포악한 인물이다. 하지만 여호와 하나님이 그를 감동시켜 이러한 칙령을 내려 7년 전에 선지자 예레미야를 통해 주신 말씀을 성취하도록 하신다. 비슷한 또 하나의 실례를 에스라 7:7에서 찾아 볼 수 있다. 여기에서 에스라는 고레스 왕이 칙령을 내려 재건토록 한 예루살렘 성전을 아닥사스다(Artaxerxes) 왕으로 하여금 완성하고 치장하게 하신 하나님께 감사 드린다.

> 찬양하라.
> 여호와, 우리 조상의 하나님을,
> 왕에게 예루살렘 여호와의 성전을 이렇게 존귀하게 만들 마음을
> 주신 하나님을.[38]

3. **하나님은 사악한 자들에게 직접적인 영향력을 발휘하여, 악한 자들이 마음에 품은 악에서 선이 나오도록 하신다.**

다시 한 번 요셉 기사로 돌아가서 이에 대한 적절한 사례를 찾아보자. 요셉의 형제들이 요셉을 이스마엘 족속 상인들에게 팔 때에는 무자비한 동기에 사로잡혀 행동하였다. 그들의 동기는 요셉을 없애버리는 것이었고 때마침 지나가던 대상들은 이들에게 손쉬운 해결책을 제공한 셈이었다. 그들에게 있어서 그런 행위는 이득을 얻기 위해서 고귀한 한 젊은이를 노예로 만들어 버리는 것과 다를 바 없었다. 그러나 지금 하나님이 어떻게 은밀히 역사하시면서 저들의 사악한 행위를 뒤엎으시는지를 보라. 요셉의 형제들이 요셉을 죽이기로 모의를 끝낸 바로 그 시각에 이스마엘 사람들이 지나가도록 하심으로써 요셉이 죽임 당하는 것

---

[38] 스 7:27, Praise be to the LORD, the God of our fathers, who has put it into the king's heart to bring honor to the house of the LORD in Jerusalem in this way.

을 막으셨다. 하나님의 섭리가 그렇게 역사하였다. 하나님이 요셉을 보내시기로 목적하신 곳이 이집트였고, 이 이스마엘 사람들의 여행 목적지 역시 이집트였다. 이들은 하나님이 정하신 대로 바로 그러한 순간에 요셉을 사들였다. 이 사건 속에 하나님의 손이 움직이고 있었다는 것, 운수 좋은 우연의 일치를 뛰어넘는 사건이라는 것은 훗날 요셉이 자기 형제들에게 한 말 즉, "하나님이 나를 당신들보다 앞서 보내어, 땅 위의 남은 것을 당신들을 위하여 보존하고 큰 구원에 의하여 당신들의 생명을 구원해 주시기 위한 것이었습니다"39)에서 분명하게 드러난다.

하나님이 악인들을 지배하시는, 역시 두드러진 또 하나의 사례는 이사야 10:5-7에서 찾을 수 있다.

> 화 있을지어다. 저 앗시리아 인에게. 나의 진노의 막대기이며, 나의 진노의 몽둥이를 맡은 그에게. 내가 그를 불경한 나라를 치도록 하고, 나를 노하게 만든 백성을 쳐서, 탈취하고 노략질하고 거리의 흙처럼 짓밟게 한다. 그러나 그의 의도는 이렇지 않다. 그의 마음에 품은 것은 이렇지 않다. 그의 목적은 수많은 나라를 파괴하고 멸망시키는 것이다.40)

앗시리아 왕은 세계 정복자가 되어 "수많은 나라를 멸망시키"겠다고 결심하였다. 그러나 하나님은 그의 군사적 욕망과 야심을 **지배**하고 **통제**하셨다. 그리고 그의 주의를 이스라엘이라는 작은 나라를 정복하는 일에 한정하도록 만드셨다. 저 자부심 많은 왕은 이러한 사명을 염두에 두고 있지 않았었다. 즉, 그는 그렇게 할 의도가 없었지만 하나님이 그

---

39) 창 45:7, But God sent me ahead of you to preserve for you a remnant on earth and to save your lives by a great deliverance.
40) 사 10:5-7, Woe to the Assyrian, the rod of my anger, in whose hand is the club of my wrath! I send him against a godless nation, I dispatch him against a people who anger me, to seize loot and snatch plunder, and to trample them down like mud in the streets. But this is not what he intends, this is not what he has in mind; his purpose is to destroy, to put an end to many nations.

에게 이러한 책무를 부여하셨고 따라서 그는 이것을 수행하지 않을 수 없었다. 사사기 7:22과 비교해 보라.

하나님이 사악한 자에게 발휘하시는 지배적 및 통제적 영향력에 관한 최상의 사례는 **그리스도의 십자가**와 그 주변 모든 환경들이다. 만일 하나님의 **감찰하시는** 섭리를 확인하고자 한다면 바로 이 사건을 보면 된다. 하나님은 영원 전부터 모든 사건들 가운데 바로 그 사건의 모든 세부사항을 예정하셨다. 우연 혹은 인간의 변덕이 개입할 여지를 전혀 남겨두지 않으셨다. 성자 하나님이 죽으셔야 하는 시각과 장소와 방법을 작정하셨다. 십자가에 달려 죽으심에 관하여 하나님이 목적하신 것 가운데 많은 것을 이미 구약의 선지자들을 통하여 알려주셨다. 우리들은 이 예언들의 정확하고 문자적인 성취 속에서, 하나님이 사악한 자들에게 발휘하시는 지배 및 통제의 영향력에 관한 명확한 증거와 충분한 실증을 확인할 수 있다. 하나님이 예정하지 않으신 것은 하나도 발생하지 않았다. 하나님이 예정하신 모든 것은 하나님이 목적하신 그대로 정확하게 발생하였다. 우리 구세주가 제자 가운데 한 사람 — "가까운 친구"(시 41:9과 마 26:50을 비교하라) — 에 의하여 배신당하도록 작정되었으며(그리고 성경에 기록되었고), 예수의 제자 유다가 그 사람이다. 이 배신자가 그 무서운 배반의 대가로 은 30을 받도록 하나님이 작정하셨고, 이 만큼의 돈을 그에게 제공하도록 대제사장들의 마음을 움직이셨다. 이 돈을 특별한 용도에 즉, 토기장이의 밭을 사는 데 쓰도록 작정하셨고 하나님의 손이 유다를 이끌어 돈을 대제사장들에게 돌려주도록 하셨고 이들의 "모의"를 이끌어(마 27:7) 이들이 바로 그 일을 행하도록 하셨다. 우리 주님에 대해 "거짓 증거"하는 자들이 나타나도록 작정하셨고(시 35:11), 역시 이와 같은 일이 생겼다. 영광의 주님께서 침 뱉음과 채찍질을 당하도록 작정하셨고(사 50:6), 그런 짓을 할 만큼 타락한 자들이 있었다. 우리 구세주가 범법자와 함께 있도록 작정하셨고 하나님의 인도하심에 따라 빌라도는 자신도 모른 채 명령을 내려 구세주를 다른 두 범법자와 함께 십자가에 매달아 죽였다. 십자가에 매달린 구세주에게 신 포도주를 주어 마시도록 작정하셨고 하나님의 바로 이 작정은 문자 그대로 실행되었다. 박정한 군인들이 구세주의 옷가지를 걸고 내기를 하도록 작정하셨고, 그들은 바로 이런 일을 충분히 실행하였다. 구세주의 뼈를 꺾지 않도록 작정하셨고(시 34:20), 도둑들의 다리를 분지르도록 허용하신 하나님의 통제의 손길은 우리 주님께 대해서는 그렇게 하지 못하도록 막으셨다. 그리스도의 몸에서 뼈를 분지를 병사가 로마의 모든 군대에 없었고, 그럴 악한 천사가 사탄의 모든 천사들 중에서도 없었다. 왜? 전능하신 주권자 하나님이 단 하나의 뼈도 꺾지 않도록 작정하셨기 때문이다. 십자가 처형과 관련된 성경의 모든 예언에 대한 정확한 문자 그대로의 성취는 전능한 능력이 날 중의 날인 그 날에 일어난 모든 것을 지도하고 감독하고 있었다는 사실을 명명백백하게 실증해 주지 않는가?

4. 또한 하나님은 사악한 자들의 마음을 **강퍅하게** 하시고 그 생각을 **어둡게** 하신다.

"**하나님이** 사람의 마음을 강퍅하게 하신다! **하나님이** 사람의 생각을 어둡게 하신다!" 그렇다. 성경은 하나님을 그렇게 묘사한다. 실행에서의 하나님의 주권이라는 이 주제를 전개하면서 인정하게 되는 사실은, 우리는 지금 가장 엄숙한 측면에 도달하였고 특히, 여기에서 성경의 말씀에 밀착해서 따라가야 한다는 점이다. 하나님은 우리가 성경보다 조금이라도 더 나아가는 것을 허용하지 않으신다. 하나님의 말씀이 허용하는 그만큼만 발걸음을 옮기는 은혜를 우리에게 베푸소서! 참으로, 비밀스러운 것들은 주 하나님께 속한다. 하지만 성경에 계시되어 있는 것들은 참으로, 우리와 우리 자녀들에게 속한다.

"하나님이 저들의 마음을 바꿔 자기 백성들을 미워하게 하시고, 자기 종들을 반대하는 음모를 꾸미게 하셨다."[41] 여기에서는 야곱의 후손들이 이집트 땅에 머물고 있는 것을 언급하고 있다. 야곱과 그 가족들을 환영하였던 바로가 죽은 뒤에 "요셉을 알지 못하는 새로운 왕이 일어난" 때였다. 이 시기에 이스라엘 자녀들의 수가 크게 증가하여 이집트 사람들보다 많아졌다. 바로 그런 때에 하나님은 "그들의 마음을 바꿔 하나님의 백성들을 미워하게 만드셨다."

이집트 사람들의 "미움"의 결과는 잘 알려져 있다. 하나님의 백성들을 잔혹하게 속박하고 무자비한 감독을 받게 하여 더 이상 견딜 수 없는 신세로 만들었다. 이스라엘 백성들은 절망과 비탄에 빠져 여호와 하나님께 울부짖었다. 하나님은 이 울부짖음에 응답하여 모세를 그 구원자로 임명하셨다. 하나님은 그 택하신 종에게 자신을 계시하셨고, 모세가 이집트 왕 앞에서 행해야 할 수많은 이적적 징표들을 주셨다. 그런 뒤에 바로에게 가서, 이스라엘 백성들이 광야로 사흘 길 들어가 하나님을 경배할 것을 허용하도록 명령하라고 하셨다. 그러나 모세가 출발하기 전에 하나님은 바로에 관하여 경고하기를 "**내가 그의 마음을 강퍅하게 하여** 내 백성이 떠나도록 허용하지 않도록 할 것이다"[42]라고 하셨다. "**어째서** 하나님은 바로의 마음을 강퍅하게 하셨는가?"라고 묻는다면, 성경이 제공하는 대답은 "하나님이 그에게서 **자신의 능력**을 보여주기 위하여"(롬 9:17)라는 것이다. 다른 말로 하면, 하나님이 이 거만하

---

41) 시 105:25, whose hearts he turned to hate his people, to conspire against his servants.
42) 출 4:21, … I will harden his heart so that he will not let the people go.

고 강력한 왕을 뒤집는 것은 벌레지를 눌러 죽이는 것만큼이나 쉬운 일이라는 사실을 보여주기 위하여 그렇게 하신 것이다. 좀더 나아가서 "어째서 하나님은 이런 방법을 선택하여 자신의 능력을 보여주기로 하셨는가?"라고 묻는다면, 하나님은 주권자이시기 때문에 자신이 원하는 대로 처리할 권리를 보유하신다는 대답이 필연적이다.

하나님은 바로의 마음을 강퍅하게 하여 이스라엘의 출국을 허용하지 않도록 하셨을 뿐만 아니라, 하나님이 이집트를 전염병으로 심하게 쳐서 마지못해 제한적으로 허용하도록 하신 뒤에, 이집트의 모든 장자가 도륙 당하고 이스라엘이 속박의 땅 이집트를 떠난 뒤에, 하나님이 모세에게 다음과 같이 말씀하셨다.

> 내가 이집트 사람들의 마음을 강퍅하게 할 것이다. 그래서 그들은 이스라엘 백성들을 뒤쫓을 것이다. 그리고 나는 바로와 그의 모든 군대를 통하여, 그의 병거들과 그의 기병들을 통하여 영광을 얻을 것이다. 내가 바로와 그의 병거들과 기병들을 통하여 영광을 얻을 때에야 그들은 내가 여호와 하나님인줄을 알게 될 것이다.[43]

훗날, 이스라엘 백성들이 약속의 땅으로 가는 길목인 헤스본을 다스리던 왕 시혼에 관련해서도 똑같은 일이 발생하였다. 그 역사를 더듬어 보면, 모세가 백성들에게 "헤스본의 시혼 왕은 우리가 지나가도록 허용하지 않을 것이다. **너희 하나님 여호와가 그의 심령을 강퍅하게 하고 그의 마음을 완고하게 만들어** 그를 너희 손에 붙이도록 하셨기 때문이다"[44]라고 말해 주었다.

---

[43] 출 14:17-18, I will harden the hearts of the Egyptians so that they will go in after them. And I will gain glory through Pharaoh and all his army, through his chariots and his horsemen. The Egyptians will know that I am the LORD when I gain glory through Pharaoh, his chariots and his horsemen.

[44] 신 2:30, But Sihon king of Heshbon refused to let us pass through. For the LORD your God had made his spirit stubborn and his heart obstinate in order to give him into your hands, as he has now done.

이스라엘이 가나안에 들어간 뒤에도 마찬가지였다. 여호수아에 다음과 같은 기록이 있다.

> 기브온에 살고있던 히위 사람들 외에는, 어떤 성읍도 이스라엘 족속들과 평화조약을 맺지 않고 이스라엘이 그들 모두를 전투에서 이겼다. 그들의 마음을 강퍅하게 하여 이스라엘과 전쟁을 벌이도록 만드신 이는 여호와 하나님이셨다. 이것은 하나님이 모세에게 명령하신 대로, 그들을 전적으로 파멸시키고 무자비하게 멸절시키기 위한 것이었다.[45]

하나님이 어째서 가나안 족속들을 "전적으로 파멸시킬" 목적을 세우셨는지를 다른 성경구절로부터 확인할 수 있다. 그것은 그들의 무서운 사악함과 부패 때문이었다.

이 엄숙한 진리의 계시는 구약성경에만 한정되지 않는다. 요한복음 12:36-40을 찾아보사.

> 예수님이 이 모든 이적들을 그들 앞에서 행하신 뒤에도 여전히 그들은 예수를 믿으려 하지 않았다. 이것은 선지자 이사야의 말 즉, "주여! 누가 우리의 메시지를 믿었습니까? 누구에게 주의 팔을 계시하셨습니까?" 라는 말을 성취하기 위한 것이었다. 이사야가 다른 곳에서 말한 대로 "저가 (하나님이) 그들의 눈을 멀게 하고 그들의 마음을 어둡게 하여 눈으로 보지 못하고 마음으로 깨닫지 못하게 하고 돌이켜 내게 고침을 받지 못하게 하기 위해서라는 바로 이 이유 때문에 그들이 믿지 못하였다.[46]

---

45) 수 11:19-20, Except for the Hivites living in Gibeon, not one city made a treaty of peace with the Israelites, who took them all in battle. For it was the LORD himself who hardened their hearts to wage war against Israel, so that he might destroy them totally, exterminating them without mercy, as the LORD had commanded Moses.

46) 요 12:36-40, Even after Jesus had done all these miraculous signs in their presence, they still would not believe in him. This was to fulfill the word of Isaiah the prophet: "Lord, who has believed our message and to whom has the arm of the Lord been revealed?" For this reason they could not believe, because, as Isaiah says elsewhere: "He has blinded their eyes and deadened their hearts, so they can neither see with their eyes, nor understand with their hearts, nor turn--and I would heal them."

하나님이 눈을 멀게 하고 마음을 강퍅하게 하신 그들은 고의로 그 빛을 경멸하고 하나님의 아들의 증거를 거절한 자들이었다는 점에 세심한 주의를 기울여야 한다.

데살로니가 후서 2:11–12에도 유사한 말씀이 있다.

> 이 때문에 하나님은 그들에게 강력한 망상을 보내어 그들이 그 거짓을 믿도록 하시고, 진리를 믿지 않고 사악함을 즐거워 한 모든 자들이 저주받도록 하신다.[47]

이 성경구절은 미래에 성취될 것이다. 하나님이 옛적 유대인들에게 행하신 것을 기독교인들에게도 행하실 것이다. 그리스도 당시의 유대인들이 그의 증거를 경멸하여 결과적으로 "장님"이 된 것과 마찬가지로, 진리를 거절한 죄를 지은 기독교인들에게 하나님은 "강력한 망상"을 보내셔서 그들이 거짓말을 믿도록 하실 것이다.

하나님은 세상을 실제로 지배하시는가? 하나님은 인간 세계에 대한 통치를 실행하시는가? 인류에 대한 하나님의 통치 집행의 작동방식은 무엇인가? 어느 정도의 범위로, 어떤 방법에 의하여 하나님은 인류를 통제하시는가? 사악한 자들의 마음은 하나님께 적대적인 데 하나님은 그들에게 어떤 식으로 영향력을 발휘하시는가? 이러한 질문들은 이 장에서 해답을 모색해 온 문제들의 일부이다. 하나님은 자신이 택하신 자들에게, 살아나게 하고 활력을 불어넣어 주고 지도하고 보존하시는 능력을 발휘하신다. 사악한 자들에게는, 억제하고 부드럽게 하고 이끌어주고 강퍅케 하고 눈멀게 하는 능력을 발휘하신다. 하나님 자신의 무한한 지혜의 명령에 따라, 하나님 자신의 영원한 목적의 수행에 따라 이렇

---

47) 살후 2:11-12, For this reason God sends them a powerful delusion so that they will believe the lie and so that all will be condemned who have not believed the truth but have delighted in wickedness.

게 하신다. 하나님의 작정들은 지금 집행되고 있다. 하나님이 미리 정하신 것들은 성취되고 있다. 인간의 사악함에는 한계가 있다. 악행과 악행자의 한계를 하나님이 정해놓으셨고 그 한계를 뛰어넘지 못한다. 비록 많은 사람들이 알지 못하고 있다할지라도 선하든 악하든 모든 사람들은 최고 유일 주권자의 사법 관할권 아래에 놓여 있고 그 다스림에 절대적으로 종속되어 있다.

"할렐루야! 우리 주 곧 전능하신 하나님이 다스리신다"[48] – 모든 것을 다스리신다.

---

48) 계 19:6, ⋯ "Hallelujah! For our Lord God Almighty reigns."

제7장
하나님의 주권과 인간의 의지

너희 안에서 역사하여 자신의 선하신 목적에 따라 의자하고 행동하도록 하시는 이는 하나님이시다.[1]

타락한 인간의 의지의 본성과 능력은 오늘날 극심한 혼동을 일으키는 주제이다. 심지어 하나님의 자녀들 중에서도 지극히 잘못된 견해를 견지하는 경우가 많다. 주도적인 위치를 차지하고 있으며 거의 대부분의 강단에서 가르치는 대중적 입장은, 사람에게는 "자유로운 의지"가 있으며 구원은 죄인의 **의지**가 성령과 협력하여 이룬다는 것이다.[2] 인간

---

[1] 빌 2:13, for it is God who works in you to will and to act according to his good purpose.

[2] [역자 주] "자유의지"라는 이 용어는 "freedom of the will" 혹은 "free will"을 번역한 것이다. 그런데 대개의 독자들은 습관적으로 아무 의미 없이 사용하는 "freedom" 혹은 "free"에 초점을 맞추어 의미를 부여하기 때문에 헷갈리게 된다. 그리고 우리말에서는 "자유롭다"는 말을 특별한 구별 없이 폭넓게 사용하지만 영어에서는 오직 사람 전체 즉, 인격체에게 사용하는 말이다. 그러므로 "사람의 자유"는 맞는 말이어도 "의지의 자유"는 정확한 어법이 아니다. "free choice(혹은 determination) of the will"이 좀더 어법에 맞는 말이다. 물론 이 경우에도 선택(choice)은 정신의 어느 한 영역이 독립해서 수행하는 행위가 아니기 때문에 전인격체가 결정한다고 해야 정확하고, 또 "free"도 "외적 강제가 없음"을 의미해야지 "주권적"임을 의미하는 것으로 사용해서는 안 된다. 그러므로 실제로는 "하나님의 주권"과 "인간의 자유의지"는 논리적으로는 대립항이 성립될 수 없는 것이지만 철학적 문제제기가 이런 식으로 제기되기 때문에 다루게 되는 것이다. "freedom of the will"이라는 문제 많은 용어를 계속 사용하는 것은 터툴리아누스가 이 용어를 도입한 이후 200년 가량 지난 뒤에 힙포의 아우구스티누스가 이를 주제로 한 저명한 논문들을 남김으로써 서유럽 기독교 전통에서 일종의 고유명사처럼 계속 사용하는 전통이 확립되었기 때문이다. 대개의 고전적인 저술의 경우 "freedom of the will" 혹은 "free will"을 단지 "the will"의 의미로 이해해도 문제가 없고 "free"의 개념을 살리고자 한다면 "free choice"로 이해하면 문제가 없다.

의 "자유의지"를 부인하면 즉, 선한 것을 선택하는 능력, 그리스도를 영접하는 본성적인 능력이 없다고 말하면 즉각적으로 눈 밖에 난다. 심지어 정통을 자처하는 사람들 앞에서조차 그렇다. 그러나 성경은 "사람의 소원이나 노력에 좌우되는 것이 아니라 하나님의 자비에 좌우되는 것이다"[3]라고 힘주어 말한다. 우리는 어떤 입장을 받아들여야 할까? 하나님인가 아니면 설교자들인가?

그러나 여호수아가 이스라엘에게, "오늘날 너희가 섬길 자를 선택하라"고 하지 않았느냐고 대꾸하는 자들도 있을 것이다. 맞다. 여호수아가 그렇게 말했다. 하지만 어째서 여호수아의 말 전체를 제시하지 않는가? "너희 조상들이 섬기던, 강 저쪽에 있는 신이든지 너희가 지금 거하고 있는 이 땅 아모리 족속의 신이든지"[4]라는 말을 왜 빼놓는가? 어째서 성경과 성경을 대립시키는가? 하나님의 말씀은 결코 모순을 일으키지 않는다. 성경은 "하나님을 찾는 자가 하나도 없다"[5]고 명백하게 선언한다. 그리스도는 자기 시대의 사람들에게 "너희는 나에게로 나와 생명 얻기를 거절한다"[6]고 말씀하셨다. 그렇다. 그러나 그리스도에게로 "나와" 그리스도를 영접한 사람들이 있었다. 참으로 이들은 어떤 사람들인가? 요한복음 1:12-13은 우리에게, "그를 영접하는 모든 사람들에게 즉, 그의 이름을 믿는 모든 사람들에게 하나님의 자녀가 되는 권리를 주셨다. 이것은 혈통으로나 인간의 결단이나 의지로가 아니라 하나님

---

[3] 롬 9:16, It does not, therefore, depend on man's desire or effort, but on God's mercy.

[4] 수 24:15, ··· choose for yourselves this day whom you will serve, whether the gods your forefathers served beyond the River, or the gods of the Amorites, in whose land you are living ···

[5] 롬 3:11, there is no one who understands, **no one who seeks God.**

[6] 요 5:40, yet you refuse to come to me to have life.

으로부터 난 자녀들이다"[7]라고 말한다.

그러나 성경은 "원하는 자는 누구든지 오라"고 하지 않았는가? 그렇기는 하다. 그러나 이 말은 (주께로) 나오고자 하는 의지가 모든 사람에게 있다는 뜻인가? 나오기를 원치 않는 이들은 어떻게 된 것인가? "원하는 자는 누구든지 오라"는 이 말이 타락한 인간에게는 나올 능력이 있다는 뜻이 아닌 것은 "너의 손을 내밀라"는 말이 마른 팔을 가진 그 사람에게 그 명령을 따를 수 있는 능력이 (그 사람 자체에) 있다는 뜻이 아닌 것과 마찬가지이다. 자연인은 그리스도를 거절한 능력이 그 자체에, 그 스스로에게 있다. 그러나 그리스도를 영접할 능력은 그 자체에, 그 스스로에게는 없다. 어째서 그런가? 자연인에게는 하나님을 "반대하는 적개심"이 있기 때문이다(롬 8:7). 하나님을 증오하는 마음이 있기 때문이다(요 15:18). 사람은 자신의 본성에 따른 것을 선택한다. 그러므로 하나님께 속하고 영적인 것을 선택하거나 선호하기를 의지하기 전에 먼저, 새로운 본성을 나누어 받지 않으면 안 된다. 다른 말로하면, 거듭나지 **않으면 안 된다**.

만일 "성령이 인간에게 자신의 죄악과 그리스도가 필요함을 깨닫게 해 줄 때 성령은 그 적개심과 증오를 극복한 것이 아닌가?" 그리고 "성령이 멸망 받는 많은 사람들 속에 이런 확신을 만들어내지 않는가?"라고 묻는다면, 생각이 혼란에 빠져있음을 무심코 드러낼 뿐이다. 사람의 이런 적개심이 **실제로** "극복" 되었다면 그는 기꺼이 그리스도에게로 돌아올 것이다. 그가 구세주에게로 돌아오지 않는다는 사실은, 그의 적개심이 극복되지 않았음을 보여준다. 그러나 불신앙 속에 죽어 있는 많은

---

[7] 요 1:12-13, Yet to all who received him, to those who believed in his name, he gave the right to become children of God—children born not of natural descent, nor of human decision or a husband's will, but born of God.

사람들이 말씀 선포와 성령을 통하여 죄를 깨닫는다는 것은 엄숙한 진실이다. 하지만 결코 망각해서는 안 되는 것은, 성령이 불택자들 속에서 하시는 그 이상의 것을 택자들 속에서 행하신다는 것이다. 성령은 택자들 속에서 역사하여 "자신의 선하신 목적에 따라 의지하고 행동하도록" 하신다(빌 2:13).

아르미니우스주의자들은 우리의 이러한 진술에 대해, "아니다, 성령의 확신케 하는 사역은 개심한 자들에게서나 그렇지 않은 자들에게서나 다 똑같다, 이 두 부류를 구별짓는 것은 전자가 성령의 노력에 굴복하였고 후자는 저항한다는 것이다"라고 대꾸할 것이다. 그러나 **만약** 이 입장이 참이라면, 그리스도인은 스스로를 "다르게" (다른 존재로) 만들 것이다. 하지만 성경은 이 "달라지게 만듦"은, 하나님의 구별짓는 은혜 때문이라고 한다(고전 4:7). 다시 말하자면, **만약** 아르미니우스주의자들의 입장이 맞는다면, 그리스도인은 자신이 성령과 협력한 것을 자랑하고 스스로 영광을 취할 근거를 갖게 될 것이다. 그러나 이렇게 되면 에베소서 2:8, "너희가 구원을 받은 것은 은혜에 의하여, 믿음을 통해서다. 이것은 너희 자신에게서 나온 것이 아니고 하나님의 선물이다"[8]라는 말씀과 정면으로 부딪히게 된다.

그리스도인 독자의 실제적인 경험에 호소해 보겠다. 여러분은 (생각하면 부끄러워 쥐구멍에라도 숨고 싶겠지만) 그리스도에게로 나오고 싶지 않은 때가 없었는가? 그런 때가 있었다. 그때 이후로 여러분은 그리스도에게로 나왔다. 이것으로 인한 **모든** 영광을, 여러분은 지금 기꺼이 그리스도께 돌리겠는가?(시 115:1) 성령이 여러분을 "원치 않는 마음"에서 "원하는 마음"으로 바꾸어 놓았기 때문에 여러분이 그리스도

---

8) 엡 2:8, For it is by grace you have been saved, through faith--and this not from yourselves, it is the gift of God.

에게로 나왔음을 인정하지 않는가? 여러분은 그렇다고 인정한다. 그렇다면, 성령이 여러분 속에서 **이루신** 일을 다른 많은 사람들 속에서는 하지 않았다는 사실 또한 명백하지 않은가! 다른 많은 사람들도 복음을 들었고 그리스도가 필요함을 발견하였지만, 여전히 그들은 그리스도께로 나오기를 원치 않는다. 따라서 성령은 그들 속에 보다도 여러분 속에 훨씬 더 많은 것을 이루어 놓으셨다. 여러분은 "하지만 나는 그 큰 문제가 제시되었던 그 때를 잘 기억하고 있다. 내가 의식하고 있는 바에 따르면 **나의** 의지가 작동하였고, 그리스도께서 나에게 주장하신 소유권에 내가 굴복하였다"라고 대꾸하는가? 아주 맞는 말이다. 그러나 여러분이 "굴복"하기 **전에**, 성령이 여러분의 마음 속에서 하나님에 대한 본성적 적개심을 극복해 주셨다. 그리고 성령은 모든 사람들의 마음 속에서 이 "적개심"을 극복해 주시지 않았다. 그것은 그들이 자신들의 적개심을 극복하기를 원하지 않기 때문이라고 말할 텐가? 성령이 그 **전능한** 능력을 펼쳐 사람의 마음 속에 은혜의 기적을 이루실 때까지는 어느 누구도 이렇게 "원하지" 않는다.[9]

이제, "인간의 의지란 무엇인가?"라는 질문을 던져보자. 자기 결정 능력을 가진 기관인가 아니면 반대로, 기타의 다른 무엇에 의하여 결정되는 것인가? 주권적인가 아니면, 예속적인가? 의지는 인간 존재의 다

---

9) [역자 주] 핑크는 "의지"(the will)을 넓은 의미로 사용한다. 이렇게 넓은 의미의 의지는 경향(inclination), 선호(preference) 혹은 좋아함(likeness), 갈망(desire)으로 이해하면 된다. 핑크가 말하는 의지는, 성향(inclination) 선택(volition 혹은 choice 혹은 determination) 외적 행위(outward acts)의 순서로 작동한다고 말하고 있다. 이때 inclination은 마음에서 시작해서 마음으로 끝나고 본성적 상태 그 자체이기 때문에 대안적 선택의 여지가 없다. 그러나 volition은 마음에서 시작되어 "외적 행위"에서 끝나기 때문에 주어진 범위 안에서 대안적 선택이 가능하다. 그리고 이 volition은 노력과 실행이 뒷받침을 통해서 성취도가 달라진다. 그러나 이 volition은 inclination에 종속되어 있으며 이 inclination을 만족시키려고 한다. 그러므로 "부패된 성향"(corrupted inclination)을 가진 사람은 "부패된 행위만" 하게 된다는 것이다.

른 어떤 [정신적] 기능[10]보다도 우월하여 다른 모든 [정신적] 기능들을 지배하는가 아니면, 다른 기능들이 제공하는 자극에 의하여 움직이고 그 즐거움에 예속되어 있는가? 의지가 지성을 통제하는가 아니면, 지성이 의지를 통제하는가? 의지는 자신이 원하는 대로 행할 자유가 있는가 아니면, 그 외부에 있는 것에 복종해야 할 필연성에 매여 있는가? "의지는 영혼 즉, **사람 속에 있는 사람**으로써 사람을 돌이키도록 하여 자신에게 돌진하여 유리 도마뱀처럼 자신을 산산조각을 낼 수 있는 영혼이 가지고 있는 다른 커다란 기능 혹은 능력과 분리되어 있는가 아니면, 뱀의 꼬리가 몸통에 그리고 다시 그 머리에 붙어 있어서 그 머리가 가는 곳으로 그 피조물 전체가 가는 것과 마찬가지로 의지는 다른 기능들과 연계되어 있어서 사람은 그 마음에 생각하는 대로 움직이는 것인가? 생각, 마음(욕구 혹은 혐오), 그리고 행함의 순서인가? 개가 꼬리를 흔드는가? 아니면 의지 즉, 꼬리가 개를 흔드는가? [그러므로] 사람의 경우에는 의지가 먼저 오는 주요한 것인가 아니면 마지막에 오는가? 즉, 종속적이며 다른 기능들의 밑에 놓이는가? 도덕적 행위와 그 처리과정에 관한 진정한 철학은 창세기 3:6의 '여자가 보았을 때 그 나무의 열매가 먹을 만하고 보기에도 좋고 지혜를 얻을 수 있을 만함을 알고(감각, 지성, 정서) 그 열매를 따서 먹었다(의지)'[11]는 것인가?"(G. S. Bishop) 이것은 학술적 관심을 뛰어넘는 문제들이다. 이 문제들은 실제적으로 중요하다. 이 질문에 대한 대답이 교리적 건전성을 확인할 수 있는 근본적인

---

10) [역자 주] 인간의 의지를 논하면서 언급되는 "기능"은 물리적 혹은 도구적 기능을 가리키는 function이 아니라 정신적 기능 혹은 분야를 가리키는 faculty가 거의 대부분이다.

11) 창 3:6, When the woman saw that the fruit of the tree was good for food and pleasing to the eye, and also desirable for gaining wisdom, she took some and ate it…

시금석이라고 단언할 때 지나치게 멀리 벗어난 것은 아니라고 생각한다.

1. 인간 의지의 본성

의지란 무엇인가? 의지는 선택 기능이며 모든 행동의 직접적인 원인이라고 우리는 대답한다.[12] 선택은 필연적으로, 어떤 것을 거절함과 다른 것을 받아들임을 의미한다. 긍정과 부정이 지성에게 제시된 다음에서야만이 선택을 할 수 있게 된다. 의지의 모든 행동에는 선호 즉, 어떤 것을 다른 것보다 더 좋아함이 존재한다. 선호함이 존재하지 않는 곳에서는 즉, 오직 완벽한 중립만이 존재하는 곳에서는 결단이 존재하지 않는다. 의지한다는 것은 선택한다는 것이며, 선택한다는 것은 둘 혹은 그 이상의 선택지 중에서 결정한다는 것이다. 그러나 선택에 **영향을 미치는**, 그 결정을 **결심시키는** 무엇인가가 존재한다. 그러므로 의지는 그 무엇인가에 예속되어 있기 때문에 주권적일 수 없다. 의지는 주권적인 동시에 예속적일 수는 없다. 원인인 동시에 결과일 수도 없다. 우리가 언급해 온 것처럼, 의지에게 선택하도록 만드는 무엇인가가 존재하기 때문에 의지가 원인이 아니라 그 무엇인가가 원인자가 되어야 한다. 선택 그 자체는 어떤 고려사항에 의하여 영향을 받으며, 각 개인에게 미치는 다양한 영향에 의하여 결정된다. 그러므로 결단은 이러한 고려사항들과 영향들의 결과이다. 결과라면, 예속적임에 틀림없다. 의지가 다른

---

12) [역자 주] 이 부분에서는 의지의 정의를 좁히고 있다. 넓은 정의로써의 "의지"는 "마음"(heart), "성향"(inclination), "선호"(preference), "애호"(likeness), "갈망"(desire)를 가리키지만 좁은 정의로써의 "의지"는 "선택의지"(volition 혹은 choice)를 가리키게 되어 마음, 선호 등의 개념과 분리하게 된다. 문맥에서 저자가 "의지"라는 단어를 어떤 개념으로 사용하는지를 주의해서 파악하지 않으면 안 된다.

것들에게 예속되어 있다면 주권적이지 않은 것이며, 의지가 주권적이지 않다면 의지의 절대적 "자유"를 단언해서는 분명히 안 된다. 의지의 행위들은 스스로 발생할 수 없다. 할 수 있다고 말한다는 것은, **원인 없는** 결과를 가정하는 것이다. 엑스 니힐로 니힐 휫(ex nihilo nihil fit) 즉, 무는 유를 낳지 못한다.[13]

그렇지만 인간 의지의 절대적 자유 혹은 주권성을 주장하는 사람들은 어느 시대에나 존재하였다. 의지는 **자기 결정** 능력을 소유한다고 주장하고 싶은 사람들이 있다.[14] 그들은 예를 들자면 내가 눈을 치켜 뜨든지 내리깔든지 할 수 있다, 내가 어느 것을 행하느냐에 대해, 의지가 결정내려야만 하는 것에 대해 지성은 전적으로 중립을 유지할 수 있다고 말한다. 그러나 이것은 모순된 말이다. 이 경우는, 내가 다른 것보다 더 선호하는 어떤 것을 선택하면서도 나는 완벽한 중립 상태에 있다고 가정한다. 분명히, 두 가지가 다 참일 수는 없다. 지성이 어떤 것을 선호하게 되었을 때까지는 전적으로 중립이었다고 대답할 수 있다. 정확하게 말하자면, 의지 역시 그 순간에는 정지상태에 있었다. 그러나 중립이 없어지는 그 순간에 선택이 이루어진다. 중립이 선호로 넘어갔다는 그 사실이, 의지는 대등한 두 개 중에서 선택할 수 있다는 논증을 깨뜨린다. 우리가 언급한 것처럼, 선택은 어떤 선택지에 대한 수용을 그리고 다른 혹은 나머지 선택지들에 대한 거부를 의미한다.

의지를 결정짓는 그것이, 의지가 선택하도록 만드는 것이다. 의지가

---

13) [역자 주] 하나님의 창조 즉, 무에서 유를 창조하셨음을 부인하는 말이 아니다. 이 용어는 피조세계의 질서에서는 "원인 없는 결과는 없다" 혹은 "원인이 없으면 결과도 없다"는 뜻이다.
14) [역자 주] 유럽의 전통적인 철학이나 펠라기우스-아르미니우스 신학에서는 "의지"는 반드시 능력을 전제(혹은 포함)한다고 본다. 이에 반해서 핑크는 아우구스티누스-칼빈 전통에 따라 의지와 능력은 별개의 것이라고 본다.

결정의 대상이라면 반드시 결정 행위자가 존재해야 한다. **무엇이** 의지를 결정짓는가? 가장 강력한 동기 능력이 의지에 영향을 미친다는 것이 우리의 대답이다. 이 동기 능력이 무엇인지는 경우마다 다르다. 어떤 경우에는 이성의 논리일 수도 있고, 다른 경우에는 양심의 목소리일 수도 있고, 또 다른 경우에는 정서의 충동일 수도 있고, 또 다른 경우에는 미혹하는 자의 속삭임일 수도 있고, 성령의 능력인 경우도 있다. 이 가운데 **그 개인에게** 가장 강력한 동기 능력을 제공하고 **가장 큰** 영향력을 발휘하는 어떤 것이, 의지가 움직이도록 몰아붙인다. 다른 말로하면, 의지의 행위는 지성의 상태에 의하여 결정된다(그리고 이 지성은 하나님에 의해서 뿐만 아니라 세상, 육신, 그리고 사탄에 의해 영향을 받는다). 이 지성은 결단을 자극하는 경향이 가장 크다. 우리가 지금 언급한 것을 실증하기 위해서, 단순한 사례를 분석해 보겠다.

어느 주일 오후, 우리의 한 친구가 심한 두통에 시달리고 있었다. 그가 환자들을 심방하고 싶었지만 그렇게 하면 자신의 상태가 악화되고 그 결과로 저녁 예배에 참석하지 못하게 되는 것은 아닌가하고 염려하였다. 그는 두 가지 선택지에 즉, 그 날 오후에 환자를 방문하여 병이 중해지는 위험을 무릅쓰느냐 아니면 그 날 오후에는 휴식을 취하여 (환자 심방은 그 다음날에 하고) 기운을 북돋우어 그 날 저녁 예배에 참석하느냐의 기로에 직면하였다. 이 두 선택지 중에서 한 쪽을 선택할 때 이 친구를 결심시킨 것은 무엇인가? 의지인가? 천만의 말씀! 실제로, 결국에 가서는 의지가 선택하였지만 의지 그 자체도 선택을 하도록 움직여진 대상이다. 위 사례에서, 고려사항들이 어떤 선택지를 고르도록 강력한 동기들을 제공하였다. 이러한 동기들은 그 개인에 의하여 즉, 그의 마음과 생각에 의하여 서로 균형을 이루었다. 어떤 선택지가 다른 어떤 동기보다 강력한 동기에 의하여 지지를 받았을 때 그에 부합하는 결정이 내려졌고 그 뒤에 의지가 행동하였다. 한쪽에서는, 우리 친구는 환자를 심방해야 한다는 의무감에 의하여 충동을 느꼈고 그렇게 해야 하고자 하는 연민에 마음이 움직였다. 따라서 강력한 동기가 그의 마음에 제시되었다. 반대쪽에서는, 몸의 상태가 결코 좋지 않으며 휴식이 몹시 필요하고 만일 환자를 심방하면 악화될지 모르고 이렇게 되면 저녁 예배에 참석할 수 없을지도 모르겠다고 판단하기에 이르렀다. 주님의 뜻이라면 그 다음날에 심방하면 될 것이라고 생각하고서는 그 날 오후에는 휴식을 취해야 한다고 결론내렸다. 우리의 그리스도인 형제에게 두 가지 선택지가 제시되었다. 하나는 자기 자신의 동정심이 가미된 의무감이고, 다른 하나는 하나님의 영광을 위한 실제적인 고려가 더해진 자기 자신의 필요성이었다. 그 날 저녁 예배에 참석해야 한다고 느꼈기 때문이다. 후자가 우세하였다. 영적 고려가 의무감을 눌렀다. 결정을 내린 뒤에 그의 의지는 그에 부합한 행동을 취하였다. 그는 물러가 쉬었다. 이 사례 분석은, 지성 혹은 추론 기능은 영적 고려에 의하여 이끌려 지며 지성은 의지를 규제하고 통제한다는 사실을 보여준다. 그러므로 우리는, 만일 의지가 통제를 받는다면 의지는 주권적이지도 자유롭지도 않으며 지성에 예속된 존재라고 말한다.[15]

자유의 실제적인 본성을 살펴보고 의지는 의지에 영향을 미치는 동기에 종속되어 있다는 사실을 확인하였기 때문에, 우리는 우리의 복되신 주님에 관한 성경의 두 진술 사이에는 결코 갈등의 소지가 없음을 알 수 있다. 마태복음 4:1에서는 "그 때에 예수는 성령에게 이끌리어 광야로 가서 마귀에 의해 시험을 받았다"[16]고 하지만 마가복음 1:12-13에서

---

15) [역자 주] 여기에서는 heart를 마음, mind를 지성으로 번역하였다. "혹은 추론적 기능"이라는 저자의 부연설명에 근거한 것이다. 그러나 문맥에 따라서, 그리고 대체적인 용례에서는 양자를 모두 "마음"을 가리킨다고 보아도 크게 틀린 것은 아니다.

16) 마 4:1, Then Jesus was led by the Spirit into the desert to be tempted by the devil.

는 "그 즉시 성령이 그를 광야로 몰아냈고, 그는 광야에서 40일을 있으면서 사탄에게 유혹을 받았다. 그는 들짐승들과 함께 있었고 천사들이 그를 시중들었다"17)고 한다. 이 두 진술은 아르미니우스주의적 의지 개념에 의해서는 결코 조화될 수 없다. 그러나 실제로는 결코 어렵지 않다. 그리스도를 "몰아냈다"는 진술은, 저항하거나 거부할 수없을 정도로 강력한 동기 혹은 충동에 의한 것이라는 의미이다. 그가 "이끌렸다"는 것은 그가 광야로 감에 있어서 그가 자유로웠음을 나타낸다. 이 두 표현을 결합시키면, 그는 **그곳으로 자발적으로 내려감과 더불어** 내몰렸다는 사실을 알게 된다. 그렇게, 인간 의지의 자유와 하나님의 은혜가 거둔 승리의 효능이 결합되어 있다. 즉, 죄인은 그리스도에게로 "이끌리는" 것이긴 하지만 "나오는" 것이기도 하다. "이끌림"은 그에게 저항할 수 없는 동기를 제공하고 "나아옴"은 의지의 반응을 가리킨다. 그것은 그리스도가 성령에 의하여 광야로 "내몰린" 동시에 "이끌린" 것과 마찬가지이다.

인간의 철학은 의지가 사람을 지배한다고 주장한다. 그러나 하나님의 말씀은 **마음**이 인간 존재를 지배하는 중심부라고 가르친다. 이 교훈을 실증하는 성경 구절을 많이 인용할 수도 있다. "네 마음을 최대한 성실하게 지켜라. 마음에서 생명이 나오기 때문이다."18) "속에서부터 즉, 사람의 마음으로부터 악한 생각, 성적 부도덕, 도둑질, 살인, 간음이 나온다."19) 여기에서 우리 주님은 이 죄악 된 행위들의 뿌리를 추적하여

---

17) 막 1:12-13, At once the Spirit sent him **out into the desert**, and he was in the desert forty days, being tempted by Satan. He was with the wild animals, and angels attended him.
18) 잠 4:23, Keep thy heart with all diligence; for out of it are the issues of life (KJV).
19) 막 7:21, For from within, out of men's hearts, come evil thoughts, sexual immorality, theft, murder, adultery.

그 근원이 "의지"가 아니라 "마음"이라고 선언한다. 다른 성경구절을 보자. "이 백성들은 입술로는 나를 예배하지만 그 **마음은** 내게서 멀다."[20] 더 이상의 증거를 요구한다면 우리는, "마음"이라는 단어는 "의지"라는 단어에 비해 사용빈도가 세 배 이상 높고 의지를 언급하는 구절의 거의 절반이 **하나님의** 의지를 언급한다는 점을 지적하고싶다.

사람을 지배하는 것이 의지가 아니라 마음이라고 단언할 때, 단지 단어를 가지고 씨름하고 있는 것만은 아니고 지극히 중요한 구별을 주장하고 있는 것이다. 두 개의 선택지를 앞에 두고 있는 개인이 여기에 있다. 그는 어떤 것을 선택하고자 할까? 자신에게 가장 부합하는 것 즉, 자기 마음—자기 존재의 가장 안쪽에 있는 속마음—에 가장 맞는 것이다. 죄인 앞에, 덕과 경건의 삶과 죄악 된 방종의 삶이 놓여있다. 이 죄인은 어떤 삶을 선택할까? 후자! 어째서! 이것이 그의 선택이기 때문이다. 그러나 그것이 의지가 주권적임을 증명해 주는가? 결코 아니다. 결과로부터 원인으로 거슬러 올라가 보자. 이 죄인이 죄악된 방종의 삶을 선택하는 이유는 뭘까? 그가 그것을 **선호**하기 때문이다. 그래서 물론 그가 이와 같은 과정의 결과를 즐거워하지 않을지라도 그 정반대로의 모든 논중에도 불구하고 그는 그것을 선호한다. 그는 어째서 그것을 선호하는가? 그의 **마음**이 죄악 되기 때문이다. 동일한 선택지가 동일한 방법으로 그리스도인에게 주어진다면 그는 경건하고 덕스러운 삶을 살기를 선택하고 분투한다. 왜? 하나님이 그에게 **새로운 마음** 즉, 본성을 주셨기 때문이다. 그러므로 "죄인의 길을 버리라"는 모든 호소에 대해 죄인들을 무감각하게 만드는 것은 의지가 아니라 죄인의 부패하고 악한 **마음**이라고 우리가 말하는 것이다. 죄인은 그리스도에게로 나오고 싶지

---

[20] 마 15:8, These people honor me with their lips, but their hearts are far from me.

않기 때문에 나오지 않으려고 한다. 그의 **마음**이 그리스도를 미워하고 죄를 사랑하기 때문에 그리스도에게로 나오고 싶지 않은 것이다. 예레미야 17:9을 보라.

의지를 정의할 때 "의지는 선택 기능이며, 모든 행동의 **직접적인** 원인"이라고 말하였다. 의지는 손과 마찬가지로 일차적인 원인이 아니기 때문에 직접적인 원인이라고 말한다. 손은 팔 근육과 신경에 의하여, 팔은 두뇌에 의하여 통제 받는 것과 마찬가지로, 의지는 마음에 예속되어 있고 마음은 관련된 다양한 영향력과 동기에 의하여 영향을 받는다. "성경은 인간의 의지에 호소하고 있지 않느냐?" 혹은 "성경에 '원하는 자는 누구든지 생명수를 자유롭게 가져가도록 하라'[21]고 씌여있지 않느냐?"고 질문할 수도 있다. 그리고 "우리 주님께서 '나에게로 와서 생명 얻기를 너희가 거절한다'고 말씀하셨지 않느냐?"[22]고 질문할 수도 있다. 우리의 대답은 다음과 같다. 성경은 언제나 사람의 의지에 호소하지 않는다. 다른 기능에 호소하기도 한다. 예를 들면, "들을 **귀** 있는 자는 들을지어다." "**듣고** 너희 영혼이 살아나도록 하라." "나를 **보고** 구원을 얻어라." "주 예수 그리스도를 **믿어라**, 그리하면 너희가 구원을 얻으리라." "이제 와서 함께 **생각**해 보자." "사람은 **마음**으로 믿어 의에 이른다."

2. 인간 의지의 속박

인간의 의지, 그 본성과 기능을 다룬 어떤 논문에서도 의지를, 서로 다른 세 가지 인간 즉, 타락 이전의 아담, [타락한 이후의] 죄인, 그리고

---

21) 계 22:17, … whosoever will, let him take the water of life freely.
22) 요 5:40, yet you refuse to come to me to have life.

주 예수 그리스도의 경우로 나누어서 고찰해야 한다. 타락 이전의 아담 안에서 의지는 모든 방면에서 자유로웠다. 즉, 선에 대해서도 자유로웠고 악에 대해서도 자유로웠다. 종종 전제되고 주장되는 것처럼 아담은 **무죄 상태**로 창조되었지 거룩 상태로는 아니었다. 그러므로 아담의 의지는 도덕적 평형 상태에 있었다. 즉, 아담에게는 선으로든 악으로든 향하게 만드는 강제적 **편향**이 전혀 없었다. 이런 점에서 아담은 그의 모든 후손들과 "인자 그리스도 예수"와 철저히 달랐다. 그러나 [타락 이후의] 죄인의 경우에는 전혀 다른 방향으로 달라졌다. 죄인은, 도덕적 평형 상태에 있지 않은 의지를 가지고 태어난다. 이것은 죄인에게 "모든 것보다 거짓되고 절망적으로 사악한" 마음이 존재하고 이것이 그를 **악으로 기울어지도록** 만들기 때문이다. 주 예수의 경우에도 전혀 다른 방향으로 다르다. 타락하기 이전의 아담과도 근본적으로 다르다. 주 예수 그리스도는 "하나님의 거룩한 자"이기 때문에 죄지을 수 없으신 분이다. 그가 이 세상에 오시기 전에 마리아에게 "성령이 네게 임하실 것이고 지극히 높으신 이의 능력이 너를 덮으실 것이다. 그래서 태어나실 거룩한 자를 하나님의 아들이라고 부르게 될 것이다"[23]라는 계시를 받았다. 정중하게 말하자면, 인자의 의지는 선으로 기울든지 악으로 기울든지 할 수 있는 도덕적 평형 상태에 있지 않았다. 주 예수의 의지는 그 영원한 신성이 무죄하고 거룩하고 완전한 인성과 나란히 존재하였기 때문에 선한 쪽으로 기울어져 있었다. [타락한] **죄인의** 의지는 선으로 기울어져 있는 주 예수 그리스도의 의지와, 도덕적 평형 상태에 있어서 선으로든 악으로든 기울어질 수 있는 즉, 타락하기 이전의 아담의 의지와 대

---

[23] 눅 1:35, The angel answered, "The Holy Spirit will come upon you, and the power of the Most High will overshadow you. So the holy one to be born will be called the Son of God.

조적으로 **악으로 편향**되어 있다. 그러므로 오직 한쪽 방향으로만 즉, 악의 방향으로만 자유롭다. 죄인의 의지는 부패한 마음에 속박된 상태에 있고 그 부패한 마음을 섬기기 때문에 예속되어 있다.

죄인의 자유는 어디에 존재하는가? 이 질문은 우리가 위에서 언급한 진술로부터 자연스럽게 나온다. 죄인은 **외부로부터** 강제 받지 않는다는 의미에서 "자유"롭다. 하나님은 결코, 죄인에게 죄짓도록 강요하지 않으신다. 그러나 죄인에겐 선이든 악이든 행할 자유가 없다. 안에 있는 악한 마음 때문에 죄인은 늘 죄를 짓고 싶어하는 성향에 빠져 있기 때문이다. 우리가 염두에 두어야 할 이 점을 실증해 보자. 여기 책 한 권을 들고 있다. 손에서 놓아보자. 어떤 일이 생기는가? 책이 아래로 떨어진다. 어떤 방향으로인가? 아래쪽이다. 언제나 아래로 떨어진다. 왜? 중력의 법칙으로 인해 책 자체의 무게가 책을 아래로 끌어당기기 때문이다. 내가 이 책이 1미터 높이쯤에 떠 있도록 하고 싶다고 가정해 보자. 그렇다면 어떻게 되겠는가? 내가 그 책을 들어올려야 한다. 그 책의 바깥에 존재하는 어떤 힘이 그 책을 들어 올려주어야 한다. 타락한 인간이 하나님에 대해 지탱해야 하는 관계는 이런 것이다. 타락한 인간은, 하나님의 능력이 붙들어 주는 동안에는 죄 속으로 더욱 깊이 빠져 들어가지 않는다. 그 능력을 치워버리면 떨어지고 만다. 그 자신의 (죄의) 무게가 그를 끌어내린다. 내가 그 책을 끌어내리지 않는 것과 마찬가지로, 하나님이 타락한 인간을 끌어내리지 않는다. 하나님의 모든 억제력을 제거하도록 해 봐라. 그러면 모든 사람이 가인, 바로, 유다가 될 가능성이 있으며 그렇게 될 것이다. 죄인이 어떻게 하늘로 올라갈 수 있을까? 자기 자신의 의지적 행위에 의해서인가? 그렇지 않다. 자기 바깥에 존재하는 능력이 그를 꽉 붙잡아서는 위쪽으로 직접 들어올려 주지 않으면 안 된다. 죄인은 **자유로운** 존재이다. 그러나 오직 한쪽 방향으로만 자유로운 존재이다. 그에게는 오직 떨어질 자유, 죄지을 자유만이 있을 뿐이다. 이 사실을 성경은 "너희가 죄에게 종노릇하였을 때에는 의로움에 얽매이지 않았다"[24]고 표현하고 있다. 죄인은 (하나님이 억제하는 경우를 제외하면) 자신이 원하는 대로 할 자유가, 언제나 자신이 원하는 대로 할 자유가 있지만 죄인은 죄짓기를 원할 뿐이다.

의지의 본성과 기능에 관한 적절한 개념이 실제적으로 중요하다고 아니, 신학적 정통성 혹은 교리적 건전성의 근본적인 시금석이라고 이 장의 서두에서 주장하였다. 이 진술을 확대하여 이 진술이 정확함을 실증해 보이고 싶다. 의지가 자유로운가 아니면 속박되어 있는가는 아우구스티누스주의와 펠라기우스주의를, 더욱 최근 시대에 이르러서는 칼빈주의와 아르미니우스주의를 가름하는 분수령이었다. 간단한 말로 바꾸면, 인간의 전적 부패를 긍정하느냐 아니면 부정하느냐 에서 차이점이 발생한다는 뜻이다. 긍정하는 경우를 고찰해 보도록 하자.

3. 인간 의지의 무능력

주 예수 그리스도를 구세주로 영접하거나 거절하는 것은 인간 의지의 영역에 속하는가? 죄인에게 복음을 전한다고, 성경을 통해서 죄인은 자신이 멸망 상태에 있음을 깨닫게 되었다고 가정하자. 최종적으로 볼 때, 이 죄인이 하나님께 저항하든지 아니면 굴복하든지 하는 것은 자기 의지의 능력에 좌우되는 것인가? 이 질문에 대한 대답이 인간 부패에 관한 개념을 밝혀준다. 그리스도인으로 자처하는 모든 사람은 인간은 타락한 피조물이라는 사실을 인정할 것이다. 그러나 "타락한"이라는

---

[24] 롬 6:20, When you were slaves to sin, you were free from the control of righteousness.

말이 무슨 뜻인지를 판단하기 어려울 때가 많다. 일반적인 인상에 따르면, 인간은 이제 죽을 운명에 처해 있다, 인간은 더 이상 창조주의 손을 막 벗어날 때의 그 상태가 아니다, 질병에 걸리기 쉽다, 악한 성향을 물려받는다. 그러나 만일 인간이 자신의 능력을 최선을 다해 발휘하면 결국에는 행복 다소 행복해 질 것이라는 정도인 것 같다. 오! 서글픈 진리 근처에도 못 미쳤다! 결점들, 병약함, 심지어 육신의 죽음은 타락이 빚어낸 도덕적 및 영적 결과와 비교해 보면 한낱 사소한 것들일 뿐! 우리는 성경을 참조함으로써만, 그 무서운 재앙의 범위를 알 수 있다.

인간이 전적으로 부패하였다는 이 말은, 죄가 인간의 본질 속으로 들어가 인간 존재의 모든 부분과 기능에 영향을 미쳤다는 뜻이다. 전적 부패란, 인간은 전인격적으로 죄의 노예, 사탄의 포로가 되었다는 것이다. 그래서, "이 세상 즉, 공중의 권세 잡은 자, 지금 불순종하는 자들 가운데서 역사하고 있는 영의 방식을 따라"[25] 행한다. 이 진술은 논란의 여지가 없다. 인간이 공통적으로 경험하는 사실이다. 인간은 자기 자신의 열망을 실현하고 자신의 이상을 구체화할 **능력이 없다**. 인간은 자신이 바라는 것들을 이루지 **못한다**. 인간을 마비시키는 도덕적 무능력이 존재한다. 이것은, 인간이 자유인이 아니라 오히려 죄와 사탄의 노예라는 적극적인 증거이다. "너희는 너의 아버지 즉, 마귀에게 속해 있고 너희 아버지가 갈망하는 것들을 수행하고 싶어한다."[26] 죄는, 하나의 혹은 일련의 행위 그 이상의 것이다. 죄는 상태 혹은 조건이다. 죄는, 행위들의 배후에 놓여 있으며 행위들을 만들어 낸다. 죄는 인간 구조 전체를

---

[25] 엡 2:2, ··· followed the ways of this world and of the ruler of the kingdom of the air, the spirit who is now at work in those who are disobedient.
[26] 요 8:44, You belong to your father, the devil, and you want to carry out your father's desire ···

관통하고 스며들어 있다. 죄는 오성을 눈멀게 만들었으며, 마음을 부패시켰고, 생각이 하나님에게서 멀어지게 만들었다. **의지 또한 도망치지 못하였다.** 의지는 죄와 사탄의 지배를 받고 있다. 그러므로 의지는 자유롭지 않다. 간단히 말해서, 마음의 상태 때문에 정서는 정서에 따라 사랑하고 의지는 의지에 따라 선택한다. 마음이 모든 것보다 거짓되고 절망적으로 사악하기 때문에 "하나님을 **찾는 자가 하나도 없다**"(롬 3:11).

우리의 질문을 다시 생각해 보자. 하나님께 굴복하는 것이 죄인의 의지 능력에 좌우되는가? 몇 개의 추가적 질문을 통해서 해답을 모색해보자. 물은 (스스로) 거슬러 올라갈 수 있는가? 더러운 것에서 깨끗한 것이 나올 수 있는가? 의지가 인간 본성의 전체 성향과 흐름을 뒤바꿔놓을 수 있는가? 죄의 지배를 받고 있는 것으로부터 순전하고 거룩한 것이 나올 수 있는가? 분명히 그러지 못한다. 타락하고 부패한 피조물의 의지가 하나님을 지향할 수 있기 위해서는, 죄의 영향력들을 극복하고 정반대 방향으로 끌어들일 거룩한 능력을 부어주지 않으면 안 된다. 이것은 "나를 보내신 아버지가 **이끌어 주지** 않는다면 어떤 누구라도 나에게로 나올 수 없다"[27]는 말씀을 단지 다른 말로 표현한 것이다. 다른 말로 하면, 하나님의 능력의 날에 하나님의 백성들은 틀림없이 자발적이 될 것이다(시 110:3).

만일 그리스도가 오셔서 멸망 받는 자들을 구원해 주신다면, 자유의지는 설 자리가 없다. 인간이 그리스도를 영접하지 못하도록 하나님이 가로막는 것은 결코 아니다. 그렇지만 하나님이 가능한 모든 자극들을, 사람의 마음에 영향력을 발휘할 수 있는 모든 것을 사용하실 때조차도 인간은 그것으로부터 아무것도 얻지 못한다는 사실을, 인간의 마음이 그토록

---

[27] 요 6:44, No one can come to me unless the Father who sent me draws him …

부패하였다는 사실을, 인간의 의지가 그토록 부패하여 하나님께 복종하지 못하고(인간을 죄짓도록 만든 것이 아무리 사탄일지라도) 인간이 그리스도를 영접하고 죄를 포기하도록 자극을 줄 수 있는 것이 아무것도 없다는 사실을 확인하도록 해 줄 뿐이다. 만일 '인간의 자유'라는 말이 어느 누구도 그리스도를 거절하도록 강제하지 않는다는 뜻이라면 이런 자유는 충분히 존재한다. 그러나 만일 인간이 예속되어 있는 죄 때문에, 그리고 자발적으로는 결코 벗어날 수 없으며 —심지어 그것이 선임을 알고 인정할지라도— 선을 선택할 수 없다는 말이라면, 인간에게는 도무지 의지능력[28]이 없다.(Darby)

의지는 주권적이지 않다. 의지는 예속적이다. 인간 존재의 다른 기능들에 의하여 영향을 받고 통제를 받기 때문이다. 죄인은 죄에 속박되어 있기 때문에 자유행위자가 아니다. 이 사실은, 우리 주님이 "그러므로 아들이 너희를 **자유롭게 만들어 주면** 너희가 실제로 자유롭게 된다"[29]고 하신 말씀에서 분명하게 제시되었다. 인간은 이성적 존재이며, 하나님께 대해 이러한 책무 및 책임을 지고 있다. 그러나 인간이 자유로운 도덕적 행위자라고 단언하는 것은, **인간이 전적으로 부패하였다는 사실을 부인하는 것이다.** 즉, 다른 모든 것과 마찬가지로 의지 또한 부패하였다는 사실을 부인하는 것이다. 인간의 의지는 생각과 마음의 지배를 받기 때문에, 이것들이 죄에 의해 더럽혀지고 부패되고 말았기 때문

---

28) [역자 주] 여기에서는 "liberty"라는 용어가 사용되고 있다. 일반적인 용례에서는 "freedom"과 비슷하여 "자유"로 번역되지만 "의지"를 신학적으로 논하는 경우에는 특히, 아우구스티누스-칼빈 노선에서는 라틴어 libertas의 번역어로써 다른 의미를 가진다. volition(voluntas)은 넓은 의미의 의지 즉, 성향(inclination 혹은 preference)를 가리키지 않고 흔히 지·정·의로 구분할 때의 "의지" 즉, 선택(choice)을 가리킨다. 그리고 libertas는 "선을 선택하고 성취하는 능력"(the power to choose and accomplish good)를 가리킨다. 그러므로 아우구스티누스-칼빈 노선의 입장을 "인간에게는 liberum arbitrium(성향)은 있지만 libertas(능력)은 없다"는 말로 압축 정리할 수 있다.

29) 요 8:36, So if the Son sets you free, you will be free indeed.

에, 그렇기 때문에 다음과 같은 결론에 도달하게 된다. 인간이 하나님 쪽으로 전향하거나 지향할 수 있기 위해서는 하나님이 직접 인간 속에서 역사하여 "하나님의 선하신 즐거움에 따라 의지하고 행하도록"만 들어 주지 않으면 안 된다(빌 2:13). 인간이 자랑하는 자유는 실제로는, "부패의 속박"이다. 인간은 "여러 가지 탐욕과 쾌락에 **예속되어 있다.**" 깊이 깨달은, 하나님의 어떤 종은 다음과 같이 말했다.

> 인간은 그 의지에 관해서는 무능하다. 인간에게는 하나님의 은총을 얻을 만한 그런 의지는 결코 없다. 나는 자유 의지를 믿는다. 그러나 그것은 본성에 따라 행할 자유만 있는 의지이다. 비둘기에겐 썩은 고기를 먹고자 하는 의지가 없다. 까마귀에겐 비둘기가 먹는 신선한 먹이를 먹고자 하는 의지가 없다. 비둘기의 본성을 까마귀에게 집어넣어라. 그렇다면 까마귀는 비둘기 먹이를 먹고자 할 것이다. 사탄에겐 거룩하고자 하는 의지가 전혀 있을 수 없다. 정중하게 표현하자면, 하나님껜 악을 향한 의지가 전혀 있을 수 없다. 죄인은 그 악한 본성으로는 하나님을 따라 살고자 하는 의지를 전혀 소유할 수 없다. 이 때문에 인간은 거듭나지 않으면 안 된다. (J. Denham Smith)

이 사실—**의지는 본성의 지배를 받는다**—는 바로 이 사실이, 우리가 이 장 전체에 걸쳐서 주장해 온 것이다.

교황주의의 표준을 천명한 트렌트 공의회(1563) 교령에는 다음과 같은 진술들이 있다.[30]

---

[30] [역자 주] 트렌트 공의회(The Council of Trent)는 16세기 개혁가들의 신학적 문제 제기와 교회 개혁의 문제를 해결하기 위하여 1543년부터 1563년까지 지속한 서유럽 기독교의 교회회의이다. 그 결과물로 나온 것이 1564년의 The Canons and Decrees of the Council of Trent이다. 흔히 "로마 카톨릭"이라고 불리우는 로마교는 신학적으로 볼 때 이때부터 갈라져 나가 생긴 것이다. 즉, 트렌트 공의회 교령은 로마교회의 교리적 정체성을 규정하는 최고의 권위를 가진 문서이다. 인간이 의롭게 되는 문제(The Doctrine of Justification)는 제 6차 회기의 주제로써 1547년 1월 13일에 16개의 장과 33개의 캐넌(canon)으로 구성된 입장을 확정하였다.

> 만일 인간의 자유의지가 의를 획득하기 위한 준비를 하고 그런 경향을 갖도록 하나님에 의하여 움직여지고 자극을 부여받음으로써 하나님 즉, 움직여 주는 자인 동시에 자극을 주는 자인 하나님께 동의에 의하여 협력한다는 사실을 부인한다면; 더욱이, 만일 인간의 의지가 원할지라도 순응하기를 거절할 수 없고 단지 피동적이기만 할 뿐이라고 말한다면, 이렇게 말하는 자에게 저주가 있을지어다![31]

> 아담이 타락한 이후 인간의 자유의지는 파멸되고 소멸 당하였다고; 즉, 유명무실하여 이름뿐이며 실체가 없고 사탄이 교회에 집어넣은 허구적인 것에 불과하다고 주장한다면, 이렇게 말하는 자에게 저주가 있을지어다![32]

따라서 오늘날, 자연인에게 자유의지가 있다고 주장하는 자들은 로마가 그 졸개들에게 가르친 것을 그대로 받아들이는 것이다. 로마교인들과 아르미니우스주의자들이 서로 사이가 좋다는 사실은, 트렌트 공의회의 다른 교령들을 보면 확인할 수 있다.

> 만일 중생하고 의롭게 된 사람이 자신이 택함 받았음이 분명하다고 믿어야 한다고 (이 사실은 데살로니가 전서 1:4-5에서 명백하게 가르친다) 주장한다면, 이렇게 말하는 자에게 저주가 있을지어다![33]

> 만일 최종적 견인의 은사를 받을 것이라고 (이 사실은 요한복음 10:28-30에서 확고하게 보증한다) 적극적이고 절대적으로 확신을 가지고 주장한다면 이렇게 말하는 자에게 저주가 있을지어다![34]

죄인이 구원받기 위해서는 다음, 세 가지는 필수불가결이었다. [첫째,] 성부 하나님이 죄인을 구원하신다는 **목적**을 세워야 했다. [둘째,] 성

---

31) [역자 주] 트렌트 공의회 제 6차 회기 canon 4.
32) [역자 주] 트렌트 공의회 제 6차 회기 canon 5.
33) [역자 주] 트렌트 공의회 제 6차 회기 canon 15.
34) [역자 주] 트렌트 공의회 제 6차 회기 canon 16.

자 하나님이 죄인의 구원을 **값 주고 사셔야** 했다. [셋째,] 성령 하나님이 그 구원을 **적용**하셔야 했다. 하나님은 우리에게 "목적을 세우는" 그 이상의 것을 해 주신다. 만일 하나님이 단지 "초청하기"만을 하신다면 우리의 마지막 한 사람까지도 멸망하고 말 것이다. 이 사실은 구약성경에서 놀랍도록 두드러지게 실증되었다. 에스라 1:1-3을 살펴보자.

> 페르시아 왕 고레스 원년에, 예레미야의 입을 통해 주신 여호와의 말씀을 성취하기 위하여 주께서 페르시아 왕 고레스의 마음을 감동시켜 자신이 다스리는 영토 전체에 칙령을 공포하고 그것을 다음과 같이 기록하게 하였다. "페르시아 왕 고레스가 선포한다. 여호와, 하늘의 하나님은 지상의 모든 왕국을 나에게 주셨고 유다 땅 예루살렘에 자기를 위하여 성전을 건축하도록 명하셨다. 너희 중에 하나님의 백성된 자는 —그의 하나님이 그와 함께 있을지라— 유다 예루살렘으로 올라가서 여호와 곧 이스라엘의 하나님, 예루살렘에 계신 하나님의 성전을 건축하도록 하라."[35]

여기에서 어떤 **"제안"** 이 주어진다. 이것은 포로 상태의 백성들에게 주어진 것이고, 그들에게 예루살렘—하나님이 거처하시는 곳—으로 돌아갈 기회를 제공해 준다. 이스라엘 **모든 사람**이 이 제안에 열렬히 호응하였는가? 아니었다, 정말로. 대부분의 백성들은 원수의 땅에 머무는 것으로 만족하였다. 단지 소수의 "남은 자"만이 이 자비의 전주곡을 활용하였다. 그렇다면 **그들은 어째서** 그렇게 하였는가? 성경이 주는 해답에 귀를 기울여 보라.

---

35) 스 1:1-3, In the first year of Cyrus king of Persia, in order to fulfill the word of the LORD spoken by Jeremiah, the LORD moved the heart of Cyrus king of Persia to make a proclamation throughout his realm and to put it in writing: "This is what Cyrus king of Persia says: 'The LORD, the God of heaven, has given me all the kingdoms of the earth and he has appointed me to build a temple for him at Jerusalem in Judah. Anyone of his people among you--may his God be with him, and let him go up to Jerusalem in Judah and build the temple of the LORD, the God of Israel, the God who is in Jerusalem…'"

그때 유다와 베냐민 족장들과 제사장들과 레위인들—하나님이 그 마음을 감동시켜 준 모든 사람—이 올라가서 여호와의 전을 건축하기로 각오하였다.[36]

하나님은 비슷한 방법으로, 택자들에게 유효적 소명을 주실 때 그들의 마음에 자극을 주신다. 그런 뒤에야 택자들은 하나님의 선포에 **기꺼이 부응할 마음이** 생긴다.[37]

자연인의 속박에 관해 현재 떠돌고 있는 잘못된 견해는, 지난 50년 동안의 직업적 전도가들 가운데 많은 사람들이 수행한 피상적인 사역에 대부분의 책임이 있다. 이들이 "모든 것을 분간하지" 못한 데다가 회중의 게으름이 부채질하였다. 보통의 전도 설교는, 죄인의 구원 여부가 전적으로 그 죄인의 능력에 좌우된다는 인상을 전달한다. 흔히, "하나님은 자신의 몫을 다하셨고 이제는 사람이 자기 몫의 일을 하지 않으면 안 된다"고 떠들어댄다. 오호라! 생명이 없는 인간이 무엇을 할 수 있단 말인가! 인간은 본성적으로 "죄와 범법으로 죽은" 존재이다(엡 2:1). 실제로 이렇게 믿는다면, 이적을 일으키는 능력을 가지고 들어오시는 성령 하나님을 훨씬 더 의존하게 되고, "사람을 그리스도에게 인도"하고자 하는 **우리의** 시도에 대한 신뢰는 줄어들 것이다.

설교자들이 불신자에게 설교할 때, 하나님이 죄인에게 복음 전하는 것을 병상에 누워있는 환자와 그 옆 탁자에 치료약이 놓여 있는 것에 비

---

[36] 스 1:5, Then the family heads of Judah and Benjamin, and the priests and Levites--everyone whose heart God had moved--prepared to go up and build the house of the LORD in Jerusalem.

[37] [역자 주] 자연인의 의지상태는 "liberum arbitrium captivatum(인간의 의지가 죄에 속박되어 죄를 선호할 수 밖에 없음)이고 하나님의 특별한 은총의 사역이 있어야만 liberum arbitrium liberatum(죄의 속박으로부터 풀려나 영적 선을 선택하고 실행할 능력이 있는 상태가 됨)으로 바뀐다는 것이다. 하나님의 은혜에 의하여 이렇게 바뀐 뒤라야 인간은 하나님의 명령에 긍정적으로 반응할 수 있게 된다는 것이다.

유하는 경우가 종종 있다. 이 환자는 손을 뻗어 약을 집어먹기만 하면 된다. 이 예화가 타락하고 부패한 죄인에 관한 성경의 묘사에 어떤 점에서든 일치하는 것이 되기 위해서는, 병상에 누워 있는 환자를 "맹인"이어서 약을 볼 수 없다고 해야하고(엡 4:18), 손이 마비되었기 때문에 손을 뻗어서 그 약을 잡지 못한다고 해야하고(롬 5:6), 그의 마음은 그 약에 대해 전혀 확신이 없을 뿐만 아니라 의사에 대한 증오로 가득 차 있다고 해야한다(요 15:18). 인간이 처한 절망적인 곤경에 관한 놀랍도록 피상적인 견해를 신봉하다니! 그리스도는 스스로를 돕고자 하는 자들을 돕기 위해서가 아니라, 그의 백성들이 스스로는 하지 못하는 일을 대신해 주기 위하여 오셨다.

> [나는 네가] 소경의 눈을 열어주고 포로들을 풀어주고 어둠 속에 앉아 있는 자들을 그 지하감옥에서 풀어주도록 할 것이다.[38]

이제 결론적으로, 흔히 듣는 불가피한 반대론—**만일 인간에게 대답할 능력이 없다면 복음을 전하는 이유는 무엇인가?**—을 다루고 처리할 차례이다. 만일 죄가 죄인을 노예 상태로 만들어 놓았기 때문에 죄인 자체에게는 그리스도께 나올 능력이 없다면 죄인은 어떻게 그리스도께로 나왔단 말인가? 대답은 다음과 같다. **우리는** 인간이 도덕적 행위자이며 따라서 그리스도를 영접할 능력이 있다고 믿기 **때문이 아니라, 복음을 전하라는 명령을 받았기 때문에** 그렇게 한다(막 16:15). 그리고 비록 멸망 받을 자에게는 복음전도가 어리석은 짓일망정 "구원받는 우리에게는 **하나님의 능력**이다"(고전 1:18). "하나님의 어리석음이 인간의 지혜로움 보다 지혜롭고, 하나님의 약함이 사람의 강함보다 강하다."[39] 죄인은 범법과 죄 가운데 죽어 있다(엡 2:1). 그리고 죽은 사람은 어떤 것

---

38) 사 42:7, (I will keep you and will make you) ···to open eyes that are blind, to free captives from prison and to release from the dungeon those who sit in darkness.

을 하겠다는 의지를 전혀 품을 수 없다. 그러므로 "육체 가운데 있는 자들(중생하지 못한 자들)은 하나님을 기쁘게 할 수 없다"(롬 8:8).

육체적 지혜로 볼 때, **죽어 있는** 자들에게 복음을 전하는 것은 어리석음의 극치처럼 보이고 따라서 그 능력의 한계를 뛰어넘은 것으로 보인다. 그렇다. 그러나 하나님의 방법은 우리의 방법과 다르다. "믿는 자들을, **복음 설교라는 어리석은 짓**에 의하여 구원하는 것"을 하나님이 즐거워하신다(고전 1:21). "죽은 뼈"들에게 예언하는 것을, 죽은 뼈들에게 "오! 너희 마른 뼈들아! 여호와의 말씀을 들을지어다!"라고 외치는 것을, 인간들은 어리석은 짓으로 여길 수 있다. 아하! 그때 그것은 주의 말씀이다. 주께서 주신 **"그 말씀들은 영이며 생명이다."** [40] 나사로의 무덤 가에 있던 현명한 사람들은 주께서 죽은 자에게 "나사로야! 나오너라"고 말씀하시는 것을 미쳤다는 증거라고 떠들어댔을 것이다. 아하! 그러나 이렇게 말씀하신 그분은 부활 그 자체이며 생명 그 자체이셨고 지금도 그러하다. 그가 말씀하자마자 죽은 자가 살아난다! 우리는 복음을 전해야 한다. 복음이 전하는 그리스도를 영접할 능력이 죄인들 자체 안에 있다고 믿기 때문이 아니라, 복음 자체가 믿는 자를 구원에 **이르게 하는 하나님의 능력**이기 때문이다. 그리고 "영생으로 예정된 자는" 하나님이 정하신 때가 되면 믿게 **될 것**임을 우리가 알고 있기 때문이다(요 6:37, 10:16- "될 것"이라는 말에 주목하라). 성경은 "주의 능력의 날에 주의 백성들이 즐거이 헌신할 것이다"[41]라고 한다.

우리가 이 장에서 진술한 것은 "현대 사상"의 산물이 아니다. 정말

---

39) 고전 1:25, For the foolishness of God is wiser than man's wisdom, and the weakness of God is stronger than man's strength.
40) 요 6:63, The Spirit gives life; the flesh counts for nothing. The words I have spoken to you are spirit and they are life.
41) 시 110:3, Thy people shall be willing in the day of thy power … (KJV).

아니다. 현재 사상과는 직접적으로 대립된다. 영적으로 양육 받은 선조들의 가르침에서 이토록 멀리 **이탈한** 사람들은 과거 불과 몇 세대에 속한 사람들이다. 잉글랜드 교회의 [39개조] 신조(the 39 Articles)에서는 "아담의 타락 이후에 인간의 조건이 이렇게 되었기에, 인간은 자신의 자연적 능력과 선행에 의해서는 믿음과 하나님께 대한 의지로 돌이키지도 준비하지도 못한다. 그러므로 우리는 선한 의지를 품을 수 있도록 하기 위해 우리보다 앞서 가는(우리에게 미리 주어지는), 그리고 우리가 그 선한 의지를 품을 때 우리와 함께 역사하는, 그리스도에 의한 하나님의 은혜가 없이는, 하나님을 기쁘게 하고 하나님께 받아들여 질만한 선행을 행할 능력이 전혀 없다"(제 10 조)고 하였다. (장로교인들이 채택한) 웨스트민스터 소요리문답에는 "인간이 빠져든 그 상태의 죄악성은 아담의 첫 번째 죄의 죄책에, 그가 피조 되었을 때 가지고 있던 의의 상실, 모든 영적 선을 전적으로 싫어하게 만들고 하지 못하게 만들고 반대하게 만들고 전적으로 지속적으로 모든 악으로 기울게 만든 본성적 부패에 있다"(제 25문의 답)고 하였다. 침례교인들의 1742년 필라델피아 신앙고백서에도 "인간은 죄의 상태로 타락함으로써, 구원을 수반하는 어떤 영적 선을 행할 **의지 능력**을 전적으로 상실하였다. 자연인으로서의 인간은 (영적) 선을 전적으로 혐오하고 죄 가운데 죽어 있어서 자기 자신의 힘으로는 회개하지도 회개할 준비를 갖추지 못한다"(제 9 장)[42]고 진술하였다.

---

[42] [역자 주] 침례교회의 필라델피아 신앙고백(1742)은 제 2차 런던 신앙고백서(1689)를 거의 그대로 받아들였다. 이 조항 역시 제 2차 런던 신앙고백서의 제 9장 3절을 그대로 받아들인 것이다.

제8장
하나님의 주권과 인간의 책임

그러므로 그 때에, 우리 각자는 자신에 관하여 하나님께 해명해야 한다.[1]

앞장에서는 인간 의지에 관한, 논란 많은 어려운 문제를 다소 길게 고찰하면서 자연인의 의지는 주권적이지도 자유롭지도 않고 오히려, 노예적이며 예속적임을 확인하였다. 죄인의 의지에 관한 올바른 개념—즉, 그 **예속성**—은 죄인의 부패성과 파멸을 정당하게 평가하는 데에 본질적임을 논증하였다. 인간 본성의 전적 부패와 타락은 사람들이 인정하고 싶지 않은 것이며 격렬하고 고집스럽게 부정하는 것이다. "하나님의 가르침"을 받고 나서야 인정하게 된다. 사방에서 떠들어대는 불건전한 교리의 대부분은, 인간 부패에 관한 하나님의 명백한 평가를 인간이 반박하는 데에서 직접적이고 논리적으로 야기되는 결과이다. 사람들은 인간의 선이 증가되고 있으며 아무것도 필요치 않고, "비참하지도 불쌍하지도 가난하지도 눈멀지도 벌거벗지도 않다"고 주장한다.[2] "인간의 향상"을 떠벌리고 "인간의 타락"을 부인한다. 어둠과 빛을 뒤바꿔 놓았다. 사람들은 인간이 실제로는 죄에 속박되어 있고 사탄에 의하여 예속되어 —"사탄에게 사로잡혀 사탄의 뜻을 행하도록 되어"[3]— 있으면서도 인간의 "자유로운 도덕 행위"를 자랑한다. 그러나 만일 자연인이

---

1) 롬 14:12, So then, each of us will give an account of himself to God.
2) 계 3:17, You say, "I am rich; I have acquired wealth and do not need a thing." But you do not realize that you are wretched, pitiful, poor, blind and naked.
3) 딤후 2:26, ··· the devil, who has taken them captive to do his will.

"자유로운 도덕적 행위자"가 아니라면 책임질 수 없다는 결론에 도달하지 않는가?

"자유로운 도덕적 행위"는 인간이 발명해낸 표현이다. 앞에서 언급한 것처럼 자연인의 자유를 논한다는 것은 자연인의 영적 파탄을 거침없이 부인하는 것이다. 성경 어디에서도 죄인이 자유롭다거나 혹은 도덕적으로 능력이 있다는 언급은 없다. 반대로, 성경은 도덕적 및 영적 **무능력**을 주장한다.

이것은 우리 주제의 가장 어려운 분야임에 틀림없다. 이 논제에 심혈을 기울여 연구해온 사람들은 한결같이, 하나님의 주권과 인간의 책임을 조화시키는 것은 신학적 난제라고 말해왔다.

직면하게 되는 주요한 어려움은, 하나님의 주권과 인간의 책임 사이의 관련성을 규정하는 것이다. 이런 관계는 존재하지 않는다고 함으로써 그 어려움을 간단히 처리해 버린 사람들이 많다. 일단의 신학자들은 인간의 책임을 주장하는 일에 신경쓰다가 그 적절한 한도를 넘어설 정도로까지 인간의 책임을 확대하여, 하나님의 주권을 망각하였고 심지어 하나님의 주권을 부인하게 된 이들도 적지 않았다. 성경은 하나님의 주권과 인간의 책임 모두를 제시한다고 인정하면서도 우리가 현재 처하고 있는 유한한 조건에서와 우리의 제한된 지식으로는 이 두 진리를 조화하기 **불가능하다**고 따라서 신자는 이 두 가지를 다 받아들여야 할 책무가 있을 뿐이라고 주장하는 사람들도 많다. 하나님의 말씀이 이 모든 신비를 명확하게 밝혀주지는 않을지라도(이렇게 겸손히 말한다), 이 문제에 많은 빛을 던져준다. 이 난제를 보다 완벽하게 해결하기 위하여 기도하면서 성경을 연구하는 것이 하나님과 성경을 훨씬 더 명예롭게 하는 것이다. 비록 다른 사람들은 지금까지 헛수고만 하였을지라도 우리는 훨씬 더 많은 것을 얻게 될 것이다. 하나님은 과거 어떤 시대보다도 지난 세기에 많은 것을 성경으로부터 밝혀 주셨다. 누가 감히 우리의 현재 문제에 관하여서는 배울 것이 많지 않다고 주장하는가!

앞에서 언급한 것처럼, 가장 큰 어려움은 하나님의 주권과 인간의 책임의 **접합점**을 결정하는 것이다. 많은 사람들의 눈에는 하나님이 자신의 주권을 주장하는 것, 하나님이 능력을 발휘하여 인간에게 영향을 미치는 것, 하나님이 경고하거나 초청하는 그 이상의 것을 행하는 것은 인간의 자유를 훼손하고 인간의 책임을 파괴하고 인간을 기계로 전락시키는 것으로 비친다. 고 피어슨(Pierson) 박사—이 분의 저술은 전반적으로 매우 성경적이고 유익하다— 같은 분이 "하나님조차 나의 도덕 체제를 통제할 수 없거나 나의 도덕적 선택을 속박할 수 없다는 것은 엄청난 생각이다. 하나님은 내가 하나님께 도전하고 부인하는 것을 막지 못하며, 이런 방향으로 하나님의 능력을 발휘하실 수 있을지라도 그렇게 하지 않으실 것이며 비록 하나님이 그렇게 하기를 원할지라도 하실 수 없을 것이다"라고 발언한다는 것은 정말이지 슬픈 일이다. 훨씬 더 슬픈 일은, 존경받고 사랑받는 다른 많은 사람들도 동일한 취지의 진술을 한다는 것이다. 성경과 직접적으로 충돌하기 때문에 슬프다.

우리의 바램은, 관련된 어려운 문제들에 정직하게 직면하는 것이며, 하나님께서 우리에게 기쁨으로 주신 어떤 빛으로 그 난제들을 세심하게 검토하는 것이다. 주된 어려움을 다음과 같이 네 가지로 표현할 수도 있을 것이다. 첫째, 하나님이 자신의 능력을 사람들에게 미치게 하여 그들이 하고 싶어하는 것을 하지 못하게 **가로막고**, 그들이 하고 싶지 않은 다른 것들을 하도록 **억지로 몰아대면서**도 인간의 책임을 보전하는 것이 어떻게 가능한가? 둘째, [타락한] 죄인이 **할 수 없는** 것을 행할 책임이 어떻게 그 죄인에게 있을 수 있는가? 그리고 그가 **할 수 없는 것을 하지 않았다**고 정죄 받는 것이 어떻게 정당할 수 있는가? 셋째, 사람이 죄를 짓도록 하나님이 작정하고 그 범죄에 대한 책임을 사람이 져야 하고 사람에게 그에 대한 죄책을 선고하는 것이 어떻게 가능한가? 넷째, 하나님이 죄인을 멸망으로 예정해 놓으셨는데 그 죄인이 그리스도를 영접할 책임을 져야하고 그리스도를 거부한 것 때문에 저주를 당하는 것이 어떻게 가능한가? 이 일련의 질문을 차례차례 다루어 보자. 성령 하나님이 우리를 가르쳐 우리로 성령의 빛 속에서 빛을 볼 수 있게 하소서!

1. 하나님이 자신의 능력을 사람들에게 미치게 하여 그들이 하고 싶어하는 것을 하지 못하게 **가로막고** 그들이 하고 싶지 않은 다른 것들을 하도록 **억지로 몰아대면서도** 인간의 책임을 보전하는 것이 어떻게 가능한가?

하나님이 자신의 능력을 발휘하여 인간에게 직접적인 영향을 미친다면 인간의 자유가 훼손될 것처럼 보인다. 하나님이 인간에게 경고 혹은 초청 그 이상의 것을 행한다면 인간의 책임이 침해받을 것처럼 보인다. 하나님이 인간을 강제해서도 억지로 몰아대서도 안 되고 그렇지 않으면, 인간을 기계로 전락시킨다는 말도 있다. 매우 그럴듯하게 들린다. 좋은 철학처럼 보이고 건전한 추론에 근거한 것처럼 보인다. 윤리학에서 이것을 보편적으로 하나의 공리로 받아들여 왔다. 그럼에도 불구하고 성경은 이 말을 반박한다.

먼저 창세기 20:6을 보자.

> 그때 하나님은 꿈속에서 그에게 "그래, 네가 깨끗한 양심으로 이렇게 하였다는 것을 내가 알고 있다. 그래서 네가 나에게 죄를 짓지 않도록 가로막았다. 그 때문에, 네가 그녀를 가까이 하지 못하게 하였다."[4]

---

[4] 창 20:6, Then God said to him in the dream, "Yes, I know you did this with a clear conscience, and so I have kept you from sinning against me. That is why I did not let you touch her…"

하나님은 인간의 자유를 침해**해서는 안 된다**, 인간을 강제하거나 억지로 몰아대어서 한낱 기계로 전락**시켜서는 안 된다**는 주장은 거의 어디에서나 들린다. 그러나 위 성경구절이 명백하게 입증해 주는 사실은, 하나님은 인간의 책임을 파괴하지 않으면서도 인간에게 자신의 능력을 발휘하는 것이 불가능하지 **않다**는 점이다. 하나의 사례를 예로 들자. 이 사례에서는, 하나님은 자신의 능력을 발휘하고, 인간의 자유를 제한하고, 인간이 다른 경우에서라면 행하였을 것을 하나님이 하지 못하게 가로막았다.

이 성경구절에서 눈을 떼기 전에, 첫 번째 사람 아담의 경우를 어떻게 해명해 주는지에 주의를 기울여보자. 기록된 것 이상의 것을 모색하는 철학자연하는 자들은, 하나님이 아담의 타락을 가로막았더라면 틀림없이 아담을 단지 기계인형으로 전락시켰을 것이라고 주장하였다. 이들이 지속적으로 주장한 것은, 하나님은 피조물을 강제하거나 억지로 몰아대서는 안 된다는 것이다. 그렇지 않으면 하나님은 인간의 책임을 파괴하게 된다는 것이다. 그러나 이 모든 철학적 추론에 대한 대답은, 하나님이 자신의 피조물들이 하나님 자신 혹은 하나님의 백성들에게 죄짓지 못하게 가로막았음을 명백하게 진술하는 사례가 성경에 매우 많으며, 이점을 고려하면 인간의 모든 추론은 전적으로 무가치하다는 점이다. 만일 하나님이 아비멜렉이 하나님께 죄짓지 않도록 "억제"할 수 있다면 아담에게도 똑같이 행하실 수 없는 이유는 무엇인가? 만일 누군가가 "그러면 왜 하나님은 그렇게 하지 않으셨는가?"라고 묻는다면 우리는, "왜 하나님은 사탄의 타락을 '막지' 않으셨는가?" 혹은 "왜 하나님은 [독일 황제] 카이저가 최근의 [제 1 차 세계] 전쟁을 벌이지 못하게 '막지' 않으셨는가?"라고 되물을 수 있을 것이다. 앞에서 언급하였듯이, 하나님이 그렇게 하시면 반드시 인간의 "자유"를 훼손하고 인간을 기계로 전락시키게 된다는 뻔한 대답이 돌아온다. 그러나 아비멜렉의 사례는, 이런 식의 대답은 이치에 닿지 않으며 틀렸음을 증명해 준다. 우리는 [이 평가에] **사악하고 신성모독적**이라는 단어를 덧붙이고자 한다. 감히 누가 지극히 높으신 하나님을 **제한**하겠다는 것인가! 감히 어떤 유한한 피조물이, 전능한 하나님은 무엇을 해야한다 **말아야 한다**고 지껄이는가? "어째서 하나님은 자신의 능력을 발휘하여 아담의 타락을 가로막지 말아야 하는가?"라는 질문을 우리에게 더욱 밀어붙이면, 우리는 "아담의 타락이 하나님의 지혜롭고 축복된 목적에 더 큰 기여를 하기 때문"이었다고 말할 것이다. 무엇보다도, 죄가 많은 곳에 은혜가 많다는 진리를 입증할 기회를 제공해 주었다. 그러나 우리는 좀더 질문할 수도 있다. 더욱 나아가서, "하나님은 사람이 하나님의 금지명령에 불순종하고 선악을 알게 하는 나무에서 열매를 따먹을 줄 미리 아셨으면서도, 어째서 그 나무를 동산에 두셨는가?"라고 질문할 수도 있다. 분명히, 그 나무를 창조하신 이는 사탄이 아니라 하나님이었기 때문이다. "하나님이 죄의 저자인가?"라고 반문한다면, 우리는 "'저자' 란 무슨 뜻인가?"라고 되물어야만 할 것이다. 죄가 이 세상에 들어오는 것이 하나님의 뜻이었음이 분명하다. 그렇지 않았으면 죄는 세상에 들어오지 못하였을 것이다. 하나님이 영원히 작정하신 것 이외에는 어떤 일도 발생하지 않기 때문이다. 더욱이, 단순한 **허용** 이상의 것이 존재한다. 하나님은 오직 자신이 목적하신 것만을 허용하기 때문이다. 그러나 아담이 죄짓는 것을 하나님이 "가로막으면" 반드시 인간의 책임을 파괴한다는 주장을 반복하면, 우리는 죄의 기원 문제를 벗어나게 된다.

아비멜렉의 사례가 유일한 것은 아니다. 동일한 원리를 보여주는 또 하나의 사례를 발람의 역사에서 찾을 수 있다. 이 사례를 이미 앞장에서 다루었지만 한마디 더 하는 것이 좋겠다. 모압 사람 발락은 이 이교도 예언자를 보내 이스라엘을 "저주"하도록 하였다. 이 일에 대하여 멋진 보상도 제시하였다. 민수기 22~24장을 주의 깊게 읽어보면, 발람은 발락의 제안을 기꺼이 그리고 진정으로 받아들여 하나님과 하나님의 백성들에게 죄를 짓고자 하였다. 그러나 하나님의 능력이 그를 "억제"하였다. 그가 직접 인정한 말을 확인해 보라:

> 발람이 [발락에게] 대답하여, "자! 지금 내가 네게로 왔다. 그렇지만 내가 무엇을 말할 수 있겠는가? 오직 하나님이 내 입에 넣어주시는 것만을 말할 따름이다"라고 말하였다.[5]

발락이 발람에게 항의한 그 다음 대목도 보자:

> 그가 "여호와 하나님이 내 입에 넣어주신 것을 내가 말하지 않을 수 있는가?"라고 대답하였다…. 내가 축복하라는 명령을 받았다. 그가 축복하셨고 나는 그것을 바꾸지 못한다.[6]

분명히 이 구절들은 하나님의 능력 있음과 발람의 능력 없음을, 인간의 의지는 좌절되었고 하나님의 뜻은 성취되었음을 보여준다. 그러나 발람의 "자유" 혹은 책임이 파괴되었는가? 분명히 아니다. 이점을 곧 입증하고자 한다.

또 하나의 실례를 찾아보자.

> 여호와 하나님에 대한 두려움이, 유다를 둘러싸고 있는 모든 나라에 임하였다. **그래서 그들은 여호사밧과 전쟁을 벌이지 않았다**.[7]

---

5) 민 22:38, "Well, I have come to you now," Balaam replied. "But can I say just anything? I must speak only what God puts in my mouth."
6) 민 23:12 과 20, He answered, "Must I not speak what the LORD puts in my mouth?" … I have received a command to bless; he has blessed, and I cannot change it.
7) 대하 17:10, The fear of the LORD fell on all the kingdoms of the lands surrounding Judah, **so that they did not make war with Jehoshaphat**.

이 구절에 함축된 의미는 명확하다. "하나님을 두려워함"이 이들 나라에 임하지 않았더라면, 유다와 전쟁을 **벌였을 것이다**. 오직 하나님의 억제력만이 그들을 **가로막았다**. 그들 자신의 의지에 따라 행하도록 허용하였더라면, 결과적으로 전쟁을 벌였을 것이다. 하나님이 개인뿐만 아니라 국가들을 "억제"한다는 사실과, 하나님이 원하실 때 개입하여 전쟁을 막으신다는 사실을 성경이 가르친다. 창세기 35:5과 비교해 보라.

이제 우리가 고찰해야 하는 문제는, "인간이 죄짓지 못하게 하나님이 '억제'하면서도 인간의 자유와 책임을 훼손하지 않는 것이 어떻게 가능한가?"이다. 이 문제는, 많은 사람들이 인간의 현재적 유한성이라는 조건 하에서는 해결할 수 없다고 보는 문제이다. 이 질문으로 인해 우리는, "도덕적 '자유,' 실제적인 도덕적 자유는 어디에 있는가?"라고 묻지 않을 수 없다. "**그것은 죄의 속박에서 벗어나는 것이다**"가 우리의 대답이다. 사람이 죄의 속박 상태에서 벗어나면 벗어날수록, 그만큼 더 자유 상태로 들어간다. "그러므로 아들이 너희를 자유롭게 하면, 너희는 실제로 자유롭게 될 것이다.[8]" 위에 예로든 사례들에서, 하나님은 아비멜렉, 발람, 그리고 이교도 국가들이 죄짓는 것을 "억제"하셨다. 따라서 우리는, 하나님은 저들의 실제적인 **자유**를 어떤 식으로든 훼손하지 않으셨다고 단언한다. 사람이 무죄 상태에 가까이 갈수록 하나님의 거룩하심에 가까이 다가간다. 성경의 진술에 따르면, 하나님은 "거짓말하실 수 없"고 "유혹을 **받으실 수도 없다**." 하나님이 악한 것을 하실 수 없기 때문에 자유롭지 못하신가? 분명히 아니다. 사람이 하나님께 다가갈수록, 죄짓는 것을 억제 받을수록 그의 **실제적인** 자유는 그만큼 더 커진다

---

[8] 요 8:36, So if the Son sets you free, you will be free indeed.

는 것은 자명하지 않은가!

하나님의 주권과 인간의 책임이 만나는 지점을 보여주는 적절한 사례는, 도덕적 자유 문제와 관련되어 있기 때문에 성경이 우리에게 제시해 주는 것과 연관해서 찾아야 한다. 하나님은 자신의 말씀을 전달해 주실 때에, 인간 도구를 사용하시기를 즐거워하셨다. 그리고 하나님이 인간을 사용하실 때 인간을 단지 기계적인 필기자로 전락시키지 않으셨다.

> 너희는, 성경의 어떤 예언도 그 선지자 자신의 해석에 의해서 바뀌어서는 안 된다는 사실을 무엇보다도 먼저 이해해야 한다. 예언은 결코 사람의 마음에서 발생한 것이 아니라 성령이 그들을 감동시킬 때 하나님으로부터 받아서 말하였다.[9]

이 지점에서, 인간의 책임과 하나님의 주권이 만난다. 이 거룩한 사람들은 성령의 "감동"을 받았다. 하지만 그들의 도덕적 책임은 교란되지 않았고 그들의 "자유"가 손상되지도 않았다. 하나님은 그들의 생각에 빛을 비추셨고 그들의 마음을 뜨겁게 하셨고 그들에게 하나님의 진리를 계시하셨다. 하나님이 그들을 그렇게 통제하여, 그들이 하나님의 생각과 의지를 사람들에게 전달해 줄 때 그들 편에서는 오류가 발생하지 못하도록 해 주셨다. 하나님이 사용하신 도구들을 하나님이 통제하지 않았다면 오류를 발생시켰을지도 모르는, 그랬을 것은 무엇인가? 그 대답은 "**죄**" 즉, 그들 중에 있던 죄이다. 우리가 확인하였듯이 죄를 억제하는 것, 이 "거룩한 사람들" 속에 있는 육적 생각의 활동을 방지하는 것은 그들의 "자유"를 **파괴하는 것**이 아니다. 오히려, 그들을 실제적인 자유 속으로 인도하는 것이다.

---

[9] 벧후 1:20-21, Above all, you must understand that no prophecy of Scripture came about by the prophet's own interpretation. For prophecy never had its origin in the will of man, but men spoke from God as they were carried along by the Holy Sprit.

참된 자유의 본질에 관한 결정적인 진술을 덧붙여야 한다. 대개의 사람들이 크게 오류를 범하는 주요한 것은 세 가지가 있다. 비참함과 행복함, 어리석음과 지혜로움, 속박과 자유가 그것들이다. 세상은 고통받는 자들 이외에는 어떤 누구를 비참하다고 여기지 않는다. 부유한 자들 이외에는 어떤 누구를 행복하다고 여기지 않는다. 육신이 지금 누리는 편안함에 의거하여 판단하기 때문에 그렇다. 다시 말해서, 세상은 지혜의 거짓된 외모(이것은 하나님께 "어리석은 것"이다)에 즐거워하고 구원에 이르게 하는 지혜를 무시한다. 자유에 관해서 말하자면, 사람들은 자기 멋대로 행하고 원하는 대로 살고자 할 것이다. 사람들에게 있어서 유일한 참된 자유는 자기 이외의 어떤 것으로부터도 명령과 통제를 받지 않고 자기들 마음이 원하는 대로 살아가는 것이라고 가정한다. 그러나 이것은 가장 사악한 종류의 예속이며 속박이다. 참된 자유는 우리가 원하는 대로 살 수 있는 능력이 아니라 우리가 살아가야 마땅한 방식대로 살아가는 것이다. 그러므로 아담이 타락한 이후에 일찍이 이 땅을 밟은 사람들 가운데 완벽한 자유를 향유한 유일한 분은 인자 그리스도 예수, 하나님의 거룩한 종, 하나님 아버지의 뜻을 행하는 것을 양식으로 삼으셨던 그분 밖에 없다.

이제 다음 질문으로 넘어가자.

2. [타락한] 죄인이 **할 수 없는** 것을 행할 책임이 어떻게 그 죄인에게 있을 수 있는가? 그리고 그가 **할 수 없는 것**을 **하지 않았다**고 정죄 받는 것이 어떻게 정당할 수 있는가?

피조물로서의 자연인은 하나님을 사랑하고 순종하고 섬겨야 할 책임이 있다. 죄인으로서의 자연인은 회개하고 복음을 믿어야 할 책임이 있다. 그러나 우리가 처음부터 직면하게 되는 사실은, 자연인은 하나님을 사랑하고 섬길 수 없으며 죄인 스스로는 회개하고 믿을 수 없다는 것이다. 먼저, 우리가 방금 언급한 것을 입증해 보자. 요한복음 6:44을 인용하여 고찰함으로써 시작하자:

> 나를 보내신 아버지께서 이끄는 자는 누구든지 내게로 나오지 않을 수 없다. 내가 그를 마지막 날에 다시 살릴 것이다.[10]

자연인(모든 사람)은 그 마음이 "철저히 사악"하여, 만일 그 스스로에게 맡겨두면 결코 "그리스도에게로 나오지" 않을 것이다. "그리스도께로 나옴"이라는 표현이 가지고 있는 충분한 힘을 적절하게 파악하면 이 진술은 의문의 여지가 없을 것이다. 그러므로 여기에서 잠시 지체하면서 "아무도 내게로 나올 수 없다"는 표현에 함축된 것을 규명하고 고찰해 보겠다. 요한복음 5:40의 "나에게로 와서 생명 얻기를 너희가 거절한다"[11]는 말씀과 비교하라.

죄인이 생명을 얻기 위하여 그리스도께로 나오는 것은, 자신이 치한 상황의 그 무서운 위험을 깨닫는다는 것이다. 하나님의 정의의 칼날이 자기 머리 위에 놓여져 있다는 사실을 알고 있다는 것이다. 죽음의 문턱에 서 있다는 사실을, 그리고 죽음 뒤에는 "심판"이 있다는 사실을 자각하고 있다는 것이다. 그리고 이러한 발견의 결과로 도망가고 싶은 진정 진지한 마음이 생겼고, 다가오는 진노를 피하고 싶은 이러한 진정함 속에서 하나님께 자비를 베풀어 달라고 부르짖으며 사력을 다해 "좁은 문"으로 들어가려고 필사적으로 노력한다는 것이다.

생명을 얻기 위하여 그리스도께로 나오는 것은, 죄인이 자신은 하나

---

[10] 요 6:44, No one can come to me unless the Father who sent me draws him, and I will raise him up at the last day.
[11] 요 5:40, yet you refuse to come to me to have life.

님의 은총을 주장할 자격이 조금도 없다는 사실을 느끼고 알고 있다는 것이다. 자기 자신이 "무능"하고 파멸한 자임을 안다는 것이다. 자신은 영원한 죽음을 당해도 마땅하며 따라서 하나님이 자기를 반대할 만 하다고 인정한다는 것이다. 하나님 앞에 전적으로 엎드려 겸손히 하나님의 자비를 구하는 것이다.

생명을 얻기 위하여 그리스도께로 나오는 것은, 죄인이 자기 자신의 의를 포기하고 기꺼이 그리스도 안에 있는 하나님의 의를 이룬다는 것이다. 자기 자신의 지혜를 부인하고 하나님의 인도하심을 받아들인다는 것이다. 자기 자신의 뜻을 부인하고 하나님의 뜻에 의한 통치를 받아들인다는 것이다. 주 예수를 자신의 구세주로, 자신의 모든 것으로 무조건적으로 받아들인다는 것이다.

"그리스도께로 나옴"에 함축되고 포함되어 있는 것을 부분적이나마 간단히 말하자면 이런 정도이다. 그런데 죄인은 하나님 앞에서 이런 태도를 자발적으로 취하는가? 아니다. 첫째, 죄인은 자신이 처한 상황의 위험을 **깨닫지 못하고**, 결과적으로 자신의 탈출구를 진정으로 열심히 찾지 않기 때문이다. 오히려 사람들은 대체로 편안히 지내면서, 양심의 경고 혹은 섭리의 나타남으로 인해 혼란스러워질 때마다 성령의 역사하심에서 멀리 달아나 그리스도 이외의 다른 피난처를 찾는다. 둘째, 사람들은 자신들의 모든 의가 더러운 누더기같다는 사실을 인정하고 싶어하지 않고 오히려, 바리새인들처럼 자신들이 세리와 다름을 하나님께 감사드리고 싶어한다. 셋째, 사람들은 그리스도를 자신들의 구세주로 영접하고 싶어하지 않는다. 자신들의 우상과 결별할 마음이 없기 때문이다. 우상을 포기하기보다는 차라리 자기 영혼의 영원한 행복을 우연에 맡긴다. 그러므로 우리는, 자연인 그 자체로는 마음이 부패하였기에 그리스도께로 **나올 수 없다**고 말하는 것이다.

위에서 인용한 주의 말씀들이 전부가 아니다. 자연인의 도덕적, 영적 **무능력**을 진술하는 구절들이 아주 많다. 여호수아 24:19에, "여호수아가 백성들에게 말하였다. '**너희는 여호와 하나님을 섬길 수 없다**. 여호와는 거룩한 하나님이시며…"라는 말씀이 있다.[12] 그리고 주님께서 바리새인들에게 "왜 내말을 알아듣지 못하는가? 너희가 내 말을 **알아들을 수 없기** 때문이다"[13]라고 말씀하셨다. 또, "죄악된 생각은 하나님께 적대적이다. 하나님의 법에 굴복하지도 않고, 굴복**할 수도 없다**. 그러므로 죄악된 본성의 지배를 받는 자들은 하나님을 기쁘시게 **할 수 없다**"는 말씀도 있다.[14]

자! 질문은 "어떻게 하나님은 죄인이 할 수 없는 것을 하지 못하였다고 그 죄인에게 책임을 물으실 수 있는가?"로 되돌아 왔다. 용어를 세심하게 정의해야 한다. "할 수 없다"는 말이 무슨 뜻인가?

우리가 죄인의 **무능성**을 언급할 때, 사람은 그리스도께로 나오기를 갈망할지라도 그들의 갈망을 수행할 필수적인 능력이 없다는 뜻은 아니라는 것을 명확하게 이해해야 한다. 그렇지 않다. 죄인의 무능성 혹은 무능력 그 자체는 그리스도께로 나오겠다는 자발성의 결핍에서 기인하며 자발성의 이러한 부족은 부패된 마음의 열매라는 것이 진상이다. **자연적** 무능력과 도덕적 및 영적 무능력을 구별하는 것이 가장 중요하다. "여로보암의 아내는 그[여로보암]가 말한대로 하였고 실로에 있는 아히야의 집으로 갔다. 지금 아히야는 앞을 볼 수 없었다. 그의 나이

---

12) 수 24:19, Joshua said to the people, "You are not able to serve the LORD. He is a holy God …

13) 요 8:43, Why is my language not clear to you? Because you are unable to hear what I say.

14) 롬 8:7-8, the sinful mind is hostile to God. It does not submit to God's law, nor can it do so. Those controlled by the sinful nature cannot please God.

때문에 시력을 잃었다"15)는 말씀과 "사람들이 배를 육지에 대려고 열심히 노를 저었지만 그렇게 할 수 없었다. 바다가 훨씬 더 거칠어졌기 때문이었다"16)는 두 말씀을 살펴보자. 이 두 구절에 나타난 "할 수 없다"는 **자연적 무능력**을 가리킨다. 그러나 "그 형제들은 아버지가 다른 누구보다도 그(요셉)를 사랑하는 것을 알았을 때 그를 미워하였고 그에게 친절한 말을 **할 수 없었다**"17)는 말씀에서는 분명히 **도덕적 무능력**을 염두에 두고 있다. 그들은 요셉에게 친절하게 말을 할 **자연적** 능력이 부족하지 않았다. 그들은 벙어리가 아니었기 때문이다. 그렇다면 그들이 "그에게 친절한 말을 할 수 없는" 것은 무엇 때문이었나? 그 성경구절 자체에 해답이 있다. "그들은 그를 **미워하였다**." 바로 그 때문이었다. 베드로 후서에 "음란으로 가득 찬 눈으로 죄짓기를 멈출 수 없는" 악한 자들에 관한 언급이 있다.18) 여기에서도 **도덕적 무능력**을 염두에 두고 있다. 이 사람들이 "죄짓기를 멈추지 못하는" 이유는 무엇인가? 그들의 눈이 음란으로 가득차 있기 때문이라는 것이 대답이다. 로마서 8:8의 "죄악된 본성의 지배를 받는 자들은 하나님을 기쁘시게 **할 수 없다**"19) 에서는 **영적 무능력**을 가리킨다. 무엇 때문에, 자연인은 "하나님을 기쁘시게 할 수 없는가"? 자연인은 "하나님의 생명에서 떠나 있기"20) 때문이다. 자기 마음이 싫어하는 것을 선택할 수 있는 사람은 없다.

---

15) 왕상 14:4, So Jeroboam's wife did what he said and went to Ahijah's house in Shiloh. Now Ahijah could not see; his sight was gone because of his age.

16) 욘 1:13, Instead, the men did their best to row back to land. But they could not, for the sea grew even wilder than before.

17) 창 37:4, When his brothers saw that their father loved him more than any of them, they hated him and could not speak a kind word to him.

18) 벧후 2:14, Having eyes full of adultery, and that cannot cease from sin …(KJV).

19) 롬 8:8, Those controlled by the sinful nature cannot please God.

20) 엡 4:18, …being alienated from the life of God … (KJV).

독사의 자식들아! 악한 너희가 **어떻게 선한 것을 말할 수 있겠나**? 마음에서 넘쳐서 흘러나오는 것을 입이 말하기 때문이다.21)

나를 보내신 아버지가 이끌어 주지 않으면 아무도 **내게로 나올 수 없다**.22)

여기에서도 도덕적 및 영적 무능력을 가리킨다. 죄인은 어째서, "이끌어주지" 않으면 그리스도께로 나올 수 없는가? 그 대답은, "그의 사악한 마음이 죄를 사랑하고 그리스도를 미워하기 때문"이다.

우리는, 성경이 자연적 무능력과 도덕적 및 영적 무능력을 날카롭게 구별한다는 점을 명확하게 드러냈다고 생각한다. 앞을 볼 수 있게 되기를 열렬히 갈망하는 바디메오가 보지 못하는 것과, "어떻게든 눈으로 보지 않고 귀로 듣지 않고 마음으로 이해하지 않고 회개하지 않기 위하여"(마 13:15) 자신들의 눈을 감은 바리새인들이 보지 못하는 것의 차이점을 이제 모든 사람이 분명히 구별할 수 있다. "만일 자연인이 그렇게 **하고 싶어한다면** 그리스도께로 나올 수 있었을 것이다"고 말한다면, "아하! 그 '만일'이라는 말에 모든 것이 달려있다!"라고 우리는 대답한다. 죄인의 무능성은, **갈망**하고 실제로 실행하도록 의지하는 도덕적 능력의 **결핍**으로 구성된다.

지금까지 주장한 것이 가장 중요하다. 죄인의 **책임**은, 자연적 무능과 도덕적 및 영적 무능 사이의 구별에 좌우된다. 인간 마음의 부패는 하나님께 대한 인간의 책임을 파괴하지 않는다. 오히려 바로 이 도덕적 무능력은 **죄인의 죄책을 확대시킬 뿐**이다. 이점을, 앞에서 인용한 성경구절을 참조하여 손쉽게 입증할 수 있다. 요셉의 형제들은 "요셉에게 친절

---

21) 마 12:34, You brood of vipers, how can you who are evil say anything good? For out of the overflow of the heart the mouth speaks.
22) 요 6:44, No one **can come to Me** unless the Father who sent me draws him …

한 말을 할 수 없었다"고 씌여있다. 그렇다면 어째서? 그들이 요셉을 "미워"하였기 때문에 그랬다. 그러나 그들의 이러한 도덕적 무능력은 변명거리가 되었는가? 결단코 아니다. 그들의 커다란 죄악은 바로 이 도덕적 무능에 있었다. 그런 자들에 관하여 성경은, "그들은 죄짓기를 멈출 수 없었다"(벧후 2:14)고 말한다. 왜? 그들의 눈은 "음란으로 가득 차 있었고" 자신들의 상태를 더욱 악화시켰을 뿐이기 때문이다. 그들이 죄짓기를 멈출 수 없었던 것은 진정 사실이지만 이것은 핑계거리가 되지 않았다. 단지 그들의 죄를 더욱 크게 만들었을 뿐이다.

여기에서 어떤 죄인이, "나는 어쩔 수 없이 부패된 마음을 가지고 이 세상에 태어났다, 따라서 그로 인해 발생하는 도덕적 및 영적 무능력은 내 책임이 아니다"라고 항변한다면, "책임과 과실은 부패한 성향의 방종 즉, **자유로운** 방종에 있다. 하나님이 죄지으라고 강제하지 않으시기 때문이다"라고 대답하겠다. 만일 내가 불같은 성질을 터뜨린 뒤에 "내 부모에게서 그런 기질을 **물려받았다**"는 구실을 둘러댄다면 사람들은 나를 동정은 하겠지만 나를 감싸주지 않을 것은 분명하다. 사람들의 일반적인 상식은 이와 같은 경우에 사리분별을 제대로 할 정도로 충분하다. 사람들은 내 기질을 억제할 책임이 내게 있다고 주장할 것이다. 위에서 가정한 사례에서 제시한 바로 그 똑같은 원리를 왜 트집잡는가? "나는 네 입에서 나온 것으로 너, 사악한 종을 판단하겠다"는 말씀은 분명히 여기에도 적용된다. 어떤 사람이 강도짓을 한 뒤에 "내 본성이 그래서 나는 강도짓을 하지 않을 수 없다오"라고 말한다면 독자 여러분은 그에게 무엇이라고 말하겠는가? 분명히, "교도소에 가야 마땅하다"고 대답할 것이다. 그 강도는 자신의 죄악된 마음의 성향을 따를 수밖에 없었다고 주장하는 사람에게 무엇이라고 대꾸해 주겠는가? "**이런 자**는 불 지옥에 가야한다"고 대답할 것이 분명하다. 살인자가 자신의 피해자를 너무너무 증오해서 가까이 다가갔을 때 죽이지 **않을 수 없었다**고 변명한다면, 이 변명은 그가 저지른 범죄의 극악무도함을 확대시킬 뿐이다! 그렇다면, 죄를 너무나 사랑하여 "하나님을 적대하는" 자도 마찬가지다!

인간의 책임에 관한 사실은 거의 보편적으로 인정된다. 그것은 인간의 도덕적 본성에 새겨져 있다. 성경에서 가르칠 뿐만 아니라 자연적 양심이 증거한다. 인간 책임의 **기초** 혹은 토대는 인간의 **능력**이다. "할 수 있다"는 이 일반적인 용어의 의미를 이제 정의하지 않으면 안 된다. 평균적인 독자라면, 추상적인 논증보다는 구체적인 사례를 통해 훨씬 쉽게 파악할 것이다.

나에게 십만 원을 빚지고 있고 자신의 즐거움을 위해서는 상당히 많은 돈을 쓰지만 내게는 한푼도 갚지 않은 채 오히려 빚을 갚을 수 없다고 변명하는 사람이 있다고 상상하자. 뭐라고 말하겠는가? 지금 부족한 유일한 능력은 **정직한 마음**이라고 말해줄 것이다. 나의 부정직한 채무자의 한 친구가, 내가 정직한 마음이 빚을 갚을 **능력을 구성**하는 것이라고 진술하였다고 평가한다면 그는 내 말을 불공정하게 해석한 것일까? 아니다. 나는 "내 채무자의 능력은 지갑에서 돈을 꺼내는 그의 손 힘에 있으며 **그에게는 이런 힘이 있다**, 그에게 없는 것은 **정직한 원칙**이다" 라고 대답할 것이다. 그에게 그렇게 할 책임을 지도록 하는 것은, 지갑에서 돈을 꺼내는 그의 힘이다. 그에게 정직한 마음이 없다는 이유 때문에 그의 책임이 없어지지 않는다.

자! 이와 비슷하게, 죄인은 도덕적 및 영적 능력은 전적으로 부족하지만 자연적 능력은 소유하고 있다. 바로 이것이 이 죄인을 하나님께 책임을 지는 존재로 만들어 준다. 사람들은 자신들이 소유하고 있는 동일한 자연적 능력으로, 하나님을 미워하기도 하고 사랑하기도 한다. 동일한 마음을 가지고, 믿지 않기도 하고 믿기도 한다. 그들이 사랑과 믿음에 대한 실패, 바로 거기에 그들의 죄책이 있다. 백치 혹은 유아는 개인적으로는 하나님께 책임이 없다. 왜냐하면 **자연적** 능력이 없기 때문이다. 그러나 이성을 부여받고, 옳고 그름을 식별할 수 있는 양심을 부여받은, **영원의 문제를 고찰할 수 있는** 정상인은 책임을 질 수 있는 존재**이다.** 그는 이러한 능력을 **소유하고 있기** 때문에 머잖아 "하나님께 자신에 관하여 해명해야 할 것이다"(롬 14:12).

죄인의 자연적 능력과 도덕적 및 영적 능력에 대한 구별이 무엇보다 중요하다고 다시 말한다. 본성적으로 죄인은 자연적 능력을 소유하고 있지만 도덕적 및 영적 능력은 없다. 죄인에게 도덕적 및 영적 능력이 없기 때문에 그의 책임이 없어지는 것은 아니다. 죄인의 책임은 자연적 능력을 소유한다는 사실에 달려있기 때문이다. 예를 하나 더 들겠다. 도둑질의 죄를 범한 두 사람이 있다. 한 사람은 백치이고 다른 사람은 정신이 온전하지만 그 부모도 범죄자들이다. 정의로운 재판관이라면 전자에게 형을 언도하지 않을 것이다. 그러나 정신이 올바른 모든 재판관은 후자에게는 형을 언도할 것이다. 비록 후자가 범죄자인 부모로부터 물려받은 오염된 도덕적 본성을 가지고 있지만 그가 정상적인 **이성적** 존재라는 조건 때문에 그 사실이 변명거리가 되지 않는다. 인간의 책임에 대한 근거는 바로 여기에 즉, 이성과 양심의 소유에 있다. 죄인은 이런 자연적 능력이 **주어져 있기** 때문에, 책임을 질 수 있는 피조물이다. 죄인은 그 자연적 능력을 하나님의 영광을 위하여 **사용하지 않기** 때문에 **죄책**이 있는 것이다.

지불할 수 없는 자에게 순종이라는 빚을 갚으라고 하나님이 요구하는 것이, 어떻게 하나님이 자비와 모순을 일으키지 않을 수 있는가? 앞에서 말한 것에 덧붙여, 비록 인간이 자신의 **능력**을 상실하였어도 하나님은 자신의 **권리**를 상실하지 않았다는 점도 지적해야 한다. 피조물의 무능이 그 책무를 없애주지 않는다. 술취한 종도 여전히 종이다. 종의 직무태만 때문에 그 주인이 권리를 상실한다는 주장은 모든 건전한 이성에 배치된다. 더욱이, 하나님은 우리의 연방적 머리이며 대표자인 아담 안에서 우리와 계약을 맺으셨다는 사실을 염두에 두는 것이 가장 중요하다. 하나님이 아담 안에 있는 우리에게 어떤 능력을 주셨는데 그것을 우리는 첫 조상의 타락을 통해서 상실하였다. 우리가 그 능력을 상실하였어도 하나님이 순종과 섬김이라는 자신의 당연한 권리를 요구하시는 것은 정당하다.

이제 그 다음 문제를 고찰하자.

3. 사람이 죄를 짓도록 하나님이 작정하고 그 범죄에 대한 책임을 사람이 져야하고 사람에게 그에 대한 죄책을 선고하는 것이 어떻게 가능한가?

극단적인 사례인 유다의 경우를 고찰해보자. 하나님은 유다가 주 예수를 배반하도록 영원 전부터 **작정하셨다**는 사실을 성경은 명백하게 가르친다. 만일 누군가가 우리의 이 말이 틀렸다고 도전한다면 우리는 그에게 스가랴의 예언을 보여주겠다. 하나님은 스가랴를 통해서 성자가 "은 삼십"에 팔릴 것이라고 선언하셨다(슥 11:12). 우리가 앞에서 언급한 것처럼, 하나님은 장차 되어질 일을 예언을 통해 알려주신다. 그러나 미래의 일을 알려 주실 때에는 하나님은 그렇게 하기로 정하셨다는 사실만을 우리에게 계시하신다. 스가랴의 예언을 성취하는 당사자는 유다였다고 주장할 필요는 없다. 여기에서 직면하는 문제는, "유다는 하나님의 작정을 성취함에 있어서 책임을 져야 하는 행위자였는가?"이다. 우리는 그렇다고 대답한다. 책임은 주로, 그 행위을 이행하는 자의 동기와 의도에 부여된다. 모두 이렇게 인정한다. 인간의 법률은 우연히 (악한 의도 없이) 가해진 타격과, "**계획적인 악의**"를 가지고 가한 타격을 구별한다. 바로 이 원리를 유다의 경우에 적용해 보자. 유다가 제사장들과 협상을 벌일 때 그의 마음에 어떤 **계획**을 품고 있었는가? 비록 자신이 하나님의 작정을 실행하고 있음을 자각하지 못하였을지라도, 하나님의 어떤 작정을 **성취**하겠다는 의식적인 갈망이 없었음이 분명하다. 반면에, 그의 **의지**는 악하였을 뿐이다. 그러므로 하나님이 그의 행위를 작정하고 이끌었음에도 불구하고 유다 자신이 악한 의지 때문에, 나중에 그 자신이 ― "내가 무죄한 피를 배반하고 범죄하였다"(마 27:4) 고― 인정하였듯이 그에게 죄책이 주어졌다. 그리스도의 십자가 죽음에서도 마찬가지였다. 그리스도를 "**하나님의 정하신 생각과 미리 아심에 의하여** 너희에게 넘겨주셨다"[23]고 성경이 명백하게 선언한다. 또한 "지상의 왕들과 통치자들이 모여 주 하나님과 그의 기름부음받은 자를 대적"할지라도[24] 그들은 단지 "일어나도록 주의 능력과 뜻이 **미리 결정한 것을 행할**" 뿐이다.[25] 이 구절들은 하나님의 단순한 **허용** 그 이상의 것을 가르치고 있으며, 십자가 죽음과 그 세부적인 것들을 하나님이 작정하셨다고 선언한다. 그럼에도 불구하고 우리 주님을 "십자가에 못박아 죽인" 것은 단지 "인간의 손"이 아니라 "**사악한 손**"이었다(행 2:23, KJV). 주님을 십자가에 못박은 자들의 "의지"는 단지 악할 뿐이었기 때문에 "사악한" 것이었다.

---

23) 행 2:23, This man was handed over to you by God's set purpose and foreknowledge ⋯

24) 행 4:26, The kings of the earth take their stand and the rulers gather together against the Lord and against his Anointed One.

25) 행 4:28, They did what your power and will had **decided beforehand** should happen.

유다가 그리스도를 배반하여 팔아 넘기고 유대인들과 이방인들이 십자가에 못박도록 하나님이 작정하셨다면 그들은 달리 어떻게 할 수 없었을 테고 따라서 그들은 자신들의 의지에 대해 책임이 없다고 항변할지도 모르겠다. 여기에 대한 대답은, "그들이 그런 행위를 이행하도록 하나님이 작정하셨지만 그들이 이 행위를 실제로 저질렀기에 정당하게 죄책이 부여되었다. 그것은 이 행위 속에 있는 그들 자신의 목적이 단지 악하였기 때문이다"라는 것이다. 하나님이 자신의 목적을 성취하도록 자신의 피조물들을 **억제**하고 **이끌기**는 하지만 그들에게 죄악된 기질을 만들어 넣어주지 않는다는 사실을 힘주어 말해야 한다. 그러므로 하나님은 죄의 저자도 찬성자도 아니다. 이 구별을 아우구스티누스는, "인간의 죄지음이 그 자신에게서 나옴과 인간이 죄를 지을 때 이런저런 행위를 행함은, 하나님이 자신의 뜻대로 어둠을 나누는 그 능력으로 나온다"라고 표현하였다. 성경에 따르면, "사람이 마음 속으로 자신의 길을 계획하지만 하나님이 그의 발걸음을 결정하신다."[26] 여기에서 우리의 주장은, 하나님의 작정은 사람들이 지은 죄의 **필수적인 원인**이 아니라 죄악된 행위들에 대한 미리 결정되고 규정된 한계들이며 안내점들이라는 것이다. 그리스도를 팔아넘기는 것에 관하여 하나님이 어느 한 사람이 그를 팔아넘기도록 작정한 뒤에 선한 사람을 붙잡아서는 그의 마음 속에 악한 욕망을 불어넣고서는 **하나님의 작정을 실행하기 위하여** 그 사람에게 그 무서운 행위를 하도록 **억지로 내몰지** 않으셨다. 그렇다. 성경은 그 사건을 이런 식으로 묘사하지 않는다. 오히려, 하나님은 그 행위를 작정하셨고, 그 행위를 이행할 사람을 선택하셨다. 그러나 그 사람을 악한 존재로 만들어서 그 행위를 실행하도록 만들지는 않으셨다.

---

26) 잠 16:9, In his heart a man plans his course, but the LORD determines his steps.

반대로, 그 배반자는, 주 예수께서 제자로 삼을 그 때에 이미 "사악"하였다(요 6:70). 그가 스스로를 드러내어 활동하고 나타낼 때 하나님은 단지 그의 행위들, 가장 사악한 의도를 가지고 행한 그 행위들을 이끄셨을 뿐이다. 이것이 십자가 사건의 진상이다.

4. 하나님이 죄인을 멸망으로 **예정**해 놓으셨는데 그 죄인이 그리스도를 영접할 책임을 져야하고 그리스도를 거부한 것 때문에 저주를 당하는 것이 어떻게 가능한가?

실제로는, 다른 질문들 속에서 이 문제를 다루었다. 그러나 이 문제로 심란한 사람들의 유익을 위하여 별도로 간단히 검토해 보겠다. 여기에서 제기된 어려움을 고찰할 때에는 다음 사항들을 주의 깊게 살펴야 한다.

첫째, 어떤 죄인도 이 세상에 있는 동안에는 자신이 "멸망 받아 마땅한 진노의 그릇"인지 확실히는 모르고 또 알 수도 없다. 이것은, 죄인이 다가갈 수 없는 하나님의 깊은 생각에 속한다. 하나님의 **비밀스러운** 의지는 죄인이 상관할 일이 아니다. 하나님의 (말씀에) 계시된 의지가 인간의 책임에 대한 기준이다.[27] 하나님의 계시된 의지는 명백하다. 모든 죄인은, 회개하라는 하나님의 명령을 받는다(행 17:30). 복음을 듣는 모든 죄인은 믿으라는 "명령을 받는 것"이다(요일 3:23). 참으로 회개하고 믿는 모든 사람들은 구원받는다. 그러므로 모든 죄인은 회개하고 믿어야 할 **책임**이 있다.

둘째, "구원에 이르도록 지혜롭게 만들어 줄 수 있는"(딤후 3:15) 성경을 자세히 살펴보는 것은 모든 신자의 **의무**이다. 죄인의 그 "의무"는

---

27) 부록 1을 보라.

성자 하나님이 성경을 자세히 살펴보라고 죄인에게 명령하였기 때문에 생겼다(요 5:39). 죄인이 하나님을 찾는 마음을 가지고 성경을 자세히 살펴볼 때 하나님이 죄인들과 만나주시는 길에 들어서게 된다. 청교도 [토마스] 맨튼은 이 점에 관하여 다음과 같이 매우 유익한 글을 남겼다:

> 나는 땅을 일구는 모든 사람에게, 수확이 풍성할 것이라고 무오하게 [오류없이] 장담하지는 못한다. 그러나 근면하고 검소한 자들에게 복 주는 것이 하나님의 방식이라는 식으로는 말할 수 있다. 자손을 바라는 모든 사람에게 내가, "즐거워하라! 자녀를 얻을 것이다"라고 말할 수 없다. 국가의 이익을 위하여 전쟁터로 가는 사람들에게 틀림없이 승리와 성공을 얻을 것이라고 장담할 수 없다. 그러나 요압처럼(대상 19:13), '용기를 냅시다, 우리 하나님의 백성들과 성읍들을 위하여 용맹스럽게 나아갑시다, 우리 주님께서 주님이 원하시는 대로 하시기를 바랍시다'라고 말할 수는 있다. 당신이 은혜를 받을 것이라는 말을 무오하게 해줄 수 없다. 그러나 나는 모든 사람에게 **"그 수단을 사용하도록 하라, 그리고 자신이 수고하는 일의 성공과 그 자신의 구원을 하나님의 뜻과 선하신 즐거움에 맡겨라"**는 말을 해 줄 수는 있다. 나는 무오하게 이렇게 말하지 못한다. 하나님께는 책무가 없기 때문이다. 여전히 이 일은, 하나님의 뜻과 임의적 처분의 열매이다. "그가 자기 자신의 뜻대로, 진리의 말씀으로 우리를 낳았다."[28] 우리는 하나님이 명령하신 것을 행합시다. 하나님은 자신의 의지 하신 것을 행하시도록 합시다. 그리고 나는 그렇게 말할 필요가 없다. 온 세상의 모든 행위들은 이 원리에 의하여 인도 받고 또 그래야 하기 때문이다. 우리는 우리 의무를 다하고 성공은 하나님께 맡깁시다. 하나님이 자기를 찾는 피조물을 만나주시는 것은 하나님의 일반적인 관행이다. 그렇다. 하나님은 이미 우리와 함께 계신다. 수단을 활용하는 이 열렬한 끈덕짐은 하나님 은혜의 열렬한 결과로부터 나온다. 그러므로 하나님이 이미 우리와 함께 계시므로 우리는 하나님의 선하심과 자비로우심을 포기할 이유가 없다. 오히려 최선을 다할 소망을 품을 이유가 있다(제 21권, 312).

---

[28] 약 1:18, Of his own will begat he us with the word of truth …(KJV).

하나님은, 우리 구세주를 "증거"하고 구원의 길을 알려주는 성경책을 사람들에게 주시기를 즐거워하셨다. 모든 죄인은 신문을 읽는 능력을 가진 것과 마찬가지로 성경을 읽을 **자연적** 능력을 가지고 있다. 그가 무식하거나 장님이어서 읽을 수가 없다면 성경을 읽어달라고 친구에게 부탁할 수 있는 입이 있다. 다른 문제들의 경우였다면 이렇게 부탁할 것이 틀림없다. 하나님이 사람들에게 말씀을 주셨고 그 말씀 속에서 구원의 방도를 알려주셨다면, 구원에 이르도록 지혜롭게 만들어 줄 수 있는 성경을 자세히 살펴보라는 명령을 받았는데 그렇게 하기를 **거절**한다면 분명히, 비난받아 마땅하고 자신들의 피가 자기 머리 위에 놓이고 하나님은 정당하게도 그들을 지옥불에 던져 넣을 수 있다.

셋째, "위의 언급을 전부 인정한다 치더라도, 모든 불택자들이 회개하고 **믿을 수 없는** 것 또한 여전히 사실아닌가?"라고 항변할 것이다. 여기에 대해 이렇게 대답한다. 맞다, 모든 죄인은 스스로 그리스도께로 나올 수 없다는 것은 사실이다. 그리고 하나님 쪽에서 보면, 이 "불가능"은 절대적이다. 그러나 우리는 지금 (그 자신은 모르고 있을지라도 멸망으로 예정된) 죄인의 **책임** 문제를 다루고 있다. 그리고 **인간** 쪽에서 보면, 죄인의 무능은 앞에서 지적한 것처럼 **도덕적**이다. 더욱이, 죄인의 **도덕적** 무능이외에도 **자발적** 무능도 존재한다는 사실을 명심해야 한다. 죄인을, 선을 행하지 못할 뿐만 아니라 악을 **즐거워하는** 존재로 간주하지 않으면 안 된다. 인간 쪽에서 볼 때, 그 "할 수 없음"은 "원하지 않음"이다. 그것이 **자발적** 무능이다. 인간의 무능은 그 완고함에 있다. 그러므로 모든 사람이 "변명의 여지가 없다." 그래서 하나님은 심판하실 때 "결백"하고(시 51:4), "빛보다 어둠을 사랑하는" 모든 사람을 정죄하실 때 의롭다.

우리 자신의 능력을 뛰어넘는 것을 하나님이 요구하신다는 사실은, 많은 성경구절이 명확하게 입증해 준다. 하나님은 시내 산에서 이스라엘에게 **율법**을 주시고 그 율법을 완전히 순종하라고 명령하셨다. 그리고는 불순종의 결과가 어떨지를 엄숙하게 지적하셨다(신 29장). 이스라엘이 완벽하게 순종할 수 있었다고 주장할 정도로 어리석은 독자가 있겠는가! 그런 주장을 하는 사람들에게 로마서 8:3을 제시하겠다. 이 구절에서는 다음과 같이 명백하게 선언한다.

> 죄악된 본성에 의하여 약해졌기 때문에 율법이 할 수 없는 그것을, 하나님은 자기 아들을 죄악된 사람의 모습으로 보내어 속죄제물이 되도록 하심으로써 하셨다. 그렇게 하여 죄악된 사람에게 있는 죄를 정죄하셨다.[29]

이제 신약성경 구절들을 찾아보자.

> 그러므로 하늘에 계신 너희 아버지가 완전한 것처럼 너희도 완전하라.[30]

> 깨어 의를 행하고, 죄짓지 말라.[31]

> 나의 자녀들아! 너희가 죄를 짓지 말라고 이런 것들을 편지에 쓴다.[32]

어떤 독자가 자신에게는 하나님의 이러한 명령에 부응할 능력이 있다고 말하겠는가? 만일 그렇게 말한다면, 우리가 그와 논쟁해봐야 헛일이다.

그러나 여기에서는, "왜 하나님은 죄인에게 실행할 수 없는 것을 하

---

[29] 롬 8:3, For what the law was powerless to do in that it was weakened by the sinful nature, God did by sending his own Son in the likeness of sinful man to be a sin offering. And so he condemned sin in sinful man …
[30] 마 5:48, Be perfect, therefore, as your heavenly Father is perfect.
[31] 고전 15:34, Awake to righteousness, and sin not… (KJV).
[32] 요일 2:1, My dear children, I write this to you so that you will not sin… .

라고 요구하셨는가?"라는 질문이 제기된다. 하나님이 자신의 기준을 우리 죄악된 연약함의 수준으로 낮추기를 거절하시기 때문이라는 것이 우리의 첫 번째 답변이다. 완전하신 하나님은 우리 앞에 완전한 기준을 설정하지 않을 수 없다. 우리는 여전히, "만일 사람이 하나님의 기준까지 도달할 수 없다면 인간의 **책임**은 어디에 있는가?"라고 물어야 한다. 이 문제는 얼핏 어려워 보임에도 불구하고 간단하고 만족스러운 해답을 찾을 수 있다.

사람은 (첫째) 하나님 앞에서 자신의 무능을 인정해야 할 책임이 있고, (둘째) 능력을 부여하는 은혜를 달라고 하나님께 부르짖어야 할 책임이 있다. 분명히 이것을 모든 그리스도인 독자가 인정할 것이다. 내가 반드시 져야하는 의무는, 하나님 앞에서 나의 무지를, 나의 약함을, 나의 죄악 됨을, 하나님의 거룩하고 정당한 요구에 부응하지 못하는 나의 무능함을 인정하는 것이다. 하나님 보시기에 즐거운 것을 행하도록 나를 만들어 줄 수 있는 지혜와 힘과 은혜를 부어 달라고 진정으로 간구하는 것은, **내 안에서 역사하여** "하나님의 선하신 즐거움을 따라 뜻을 품고 행하"도록 만들어 달라고 하나님께 구하는 것은, 우리의 축복된 특권인 동시에 필수적인 의무이다(빌 2:13).

마찬가지로 죄인은, 모든 죄인은 주님께 **부르짖어야** 할 책임이 있다. 그 스스로는 회개할 수도 믿을 수도 없다. 그는 그리스도께로 나올 수도 없고, 자신의 죄악으로부터 돌이킬 수도 없다. 하나님이 그에게 그렇다고 **말씀하신다**. 그의 첫 번째 의무는, "하나님은 참되시다고 인정하는 것"이다. 그의 두 번째 의무는, 할 수 있게 만들어 주는 능력을 달라고 하나님께 부르짖는 것, 자비로운 하나님이 그의 적개심을 극복하시고 자신을 그리스도께로 "이끌어달라"고 요청하는 것, 회개와 믿음의 은사를 부어달라고 요청하는 것이다. 만일 그가 그렇게 하기를 마음으로부터 진정으로 **원한다면**, **하나님이** 그의 호소에 응답**해 주실 것**이 지극히 확실하다. 성경은 "주의 이름을 부르는 자는 누구든지 구원을 얻으리라"[33]고 선언한다.

밤늦게 빙판 길에서 미끄러져 엉덩이뼈가 부러졌고 일어**설 수 없다**고 가정하자. 땅바닥에 그대로 누워있으면 틀림없이 얼어죽을 상황이다. 그렇다면 내가 무엇을 해야하는가? 만일 내가 죽기로 결심하였다면 조용히 누워 있으면 된다. 그러나 이런 결정에 대해서는 비난받아야 마땅하다. 내가 구원받고 싶다면, 목소리를 크게 높여 **도와달라고 소리쳐야** 한다. 비록 죄인이 스스로는 일어서서 그리스도께로 한 걸음도 옮길 **수 없을**지라도 **하나님께 외쳐야** 할 책임이 **있다**. 그리고 만일 그가 (마음으로부터) 이렇게 한다면 구원자가 가까이 계신다. 하나님은 "우리 각자에게서 멀리 떨어져 있지 않다"(행 17:27). 그렇다. "주님은 환난 중에 늘 함께 계시는 도움이시다."[34] 그러나 만일 죄인이 하나님께 부르짖기를 **거절**한다면, 죽기로 결심한다면, 그의 피가 자기 머리 위에 있고 그가 "정죄 받는 것은 정당하다"(롬 3:8).

이제 인간 책임의 **범위**에 관해 간단히 언급하겠다.

인간의 책임의 정도는 경우마다 다르고 특정한 개인에 따라 크기도 하고 작기도 한 것이 분명하다. 우리 구세주가 "많이 받은 자에게 많이 요구할 것이다"[35]라고 하신 말씀에 그 정도에 관한 기준이 제시되어 있다. 분명히 하나님은 구약성경 시대에 살던 자들에게 요구하신 것보다는 기독교 시대를 사는 자들에게 더 많이 요구하실 것이다. 분명히 하나님은 극소수의 사람들만이 성경을 읽을 수 있는 시대를 살아간 사람들

---

[33] 롬 10:13, for, "Everyone who calls on the name of the Lord will be saved."
[34] 시 46:1, …God is …an ever-present help in trouble.
[35] 눅 12:48, …From everyone who has been given much, much will be demanded

에게보다는, 실제로 방방곡곡 모든 가정마다 성경책을 보유하고 있는 이 시대를 살아가는 사람들에게 더 많이 요구하실 것이다. 동일하게, 하나님은 기독교 세계에 속한 사람들에게 요구하실 것을 이교도 세계에 속한 사람들에게는 요구하지 않을 것이다. 이교도들은 그리스도를 믿지 않았기 때문이 아니라, 그들이 가지고 있는 빛—자연과 양심 속에 있는 하나님의 증거—에 합당하게 살지 못하였기 때문에 멸망할 것이다.

요약하겠다. 인간의 책임에 관한 **사실**은 인간의 자연적 능력에 좌우되고 양심이 증거하고 성경 전체가 주장한다. 인간 책임의 **근거**는, 인간이 영원의 문제를 숙고할 수 있는 이성적 피조물이라는 것이며, 인간이 자신을 지으신 창조주와 맺고 있는 관계와 그 창조주에 대하여 갖고 있는 의무를 명확하게 규정한, 하나님이 주신 기록된 계시를 소유하고 있다는 것이다. 책임의 **정도**는 개인마다 다르고 각자가 하나님으로부터 받아서 누린 빛의 정도에 의하여 결정된다. 인간 책임에 관한 **문제**는, 적어도 부분적으로나마 성경에 해답이 있다. 기도하면서 주의 깊게 성경을 자세히 살펴보아 더 많은 빛을 구하고, 우리를 "모든 진리 속으로" 인도해 주시기를 성령 하나님께 바라는 것은 우리의 특권인 동시에 엄숙한 의무이다. 성경의 가르침에 따르면, "[하나님은 온유한 자들을 옳은 것으로 인도하고 그들에게 자기 길을 가르치신다." 36)

결론적으로 지적해야 할 것은, 하나님이 각각의 손에 맡기신 수단을 활용하는 것은 각각의 책임이라는 것이다. 하나님은 발생하는 모든 것을 돌이킬 수 없게 작정하셨기 때문에, 숙명론적 무기력증의 태도는 하나님이 내 마음을 위로하기 위하여 계시하신 것을 죄악되고 해롭게 사용하는 것이다. 어떤 목적을 성취하도록 작정하신 바로 그 하나님은, 자

---

36) 시 25:9, He guides the humble in what is right and teaches them his way.

기 자신이 정한 수단을 통하여 그리고 그 결과로 그 목적을 달성하도록 작정하신 분이다. 하나님은 수단의 사용을 경멸치 않으신다. 나도 그래서는 안 된다. 예를 들면, 하나님은 "땅이 있는 동안에는 씨뿌리는 때와 거두는 때 …그치지 않" 도록[37] 작정하셨다. 그러나 그것이 인간의 쟁기질과 씨뿌림이 필요 없다는 뜻은 아니다. 그렇다. 하나님은 인간이 바로 그런 일들을 하도록 움직여주시고, 그들의 수고를 축복하신다. 그래서 하나님의 정하신 것을 성취하신다. 유사한 방법으로, 하나님은 처음부터 어떤 백성을 구원으로 선택하셨다. 그렇다고 해서, 전도자들이 복음을 전하거나 죄인들이 복음을 믿을 필요가 없다는 뜻이 아니다. 바로 이러한 방법을 통하여, 하나님은 자신의 영원한 계획을 성취하신다.

하나님이 모든 인간의 영원한 운명을 철회할 수 없게 결정하셨기 때문에 우리가 우리 영혼을 걱정하거나 구원에 이르게 하는 수단을 착실하게 사용할 책임이 줄어든다고 주장하는 것은, 하나님이 나의 지상적 운명을 정하셨기 때문에 나의 **세속적** 의무들을 이행하기를 거절하는 것과 같은 것이다. 사도행전 17:26, 욥 7:1, 14:5 등을 보면 하나님이 **그렇게 하셨음**이 분명하다. 하나님의 예정은 현재적인 문제에서 인간이 수행하는 각각의 활동들과 양립한다면 미래적인 것에서는 왜 안 되는가? 하나님이 합쳐 놓은 것을 우리가 갈라놓아서는 안 된다. 서로를 묶어놓는 연결고리를 볼 수 있든지 없든지, 우리의 의무는 분명하다.

> 비밀스런 일들은 여호와 우리 하나님께 속한다. 그러나 계시된 일들은 우리가 이 율법의 모든 말씀을 **따르도록 하기 위하여**, 영원히 우리와 우리 자손들에게 속한다.[38]

---

37) 창 8:22, As long as the earth endures, seed-time and harvest …will never cease.
38) 신 29:29, The secret things belong to the LORD our God, but the things revealed belong to us and to our children forever, that we may follow all the words of this law.

사도행전 27:22에서 하나님은 바울과 함께 배를 탄 모든 사람들의 생명을 일시적으로 보전하기로 작정하셨다고 알려주셨다. 그러나 사도 바울은 "이 사람들이 배에 머물러 있지 않으면 너희는 구원받을 수 없다"39)고 주저 없이 말하였다. 하나님은 자신이 작정하신 것을 실행하기 위한 수단을 정하셨다. 열왕기 하 20장을 읽어보면, 하나님은 히스기야의 수명을 15년 연장해 주기로 절대적으로 결심하셨다. 그러나 그는 무화과 반죽을 가져다가 그 종기 위에 올려놓아야만 했다. 바울은 자신이 그리스도의 손 안에서 영원히 안전하다는 사실을 알았다(요 10:28). 그러나 그는 "계속해서 육체아래 머물렀다" (고전 9:26). 사도 요한은 자신의 편지를 받는 자들에게 "너희는 주 안에 머물러 있을 것이다" 고 확신시켜 주었지만, 바로 그 다음 구절에서 "자! 자녀들아! 주 안에 거하라"고 훈계한다.40) 우리는 하나님이 정하신 수단을 사용할 책임이 있다는 바로 이 중차대한 원리에 주의를 기울임으로써만이, 진리의 균형을 보존할 수 있고 무기력한 운명론으로부터 구원받을 수 있을 것이다.

---

39) 행 29:31, Then Paul said to the centurion and the soldiers, "Unless these men stay with the ship, you cannot be saved."
40) 요일 2:27-28, … ye shall abide in him… abide in him … (KJV).

제9장
하나님의 주권과 기도

우리가 그의 뜻을 따라 구하면 우리에게 귀를 기울이신다.[1]

이 책 전체를 관통하고 있는 일차적인 목적은 창조주를 높이고 피조물을 낮추는 것이다. 이 시대에 거의 보편화된 경향은 인간을 높이고 하나님을 깎아내리는 것이다. 영적인 것들을 논할 때 인간적인 측면 및 요소를 강조하고 하나님 쪽을 전적으로는 아니라해도 뒤쪽으로 밀어내는 현상을 모든 곳에서 찾아볼 수 있다. 기도에 관한 현대의 가르침에서도 대부분 이렇다. 기도를 주제로 한 거의 대부분의 책과 설교에서 인간적인 요소가 거의 전적으로 무대를 차지한다. 즉, 인간적인 요소는 우리의 요구사항들을 허용받기 위해서 반드시 우리가 충족시켜야만 하는 조건들이며, 우리가 "권리주장"을 해야만 하는 약속들이며, 우리가 해야만 하는 것들이다. **하나님의** 주장, **하나님의** 권리, **하나님의** 영광은 무시된다.

최근에 저명한 종교 주간지에 실린 "기도인가 숙명인가?"라는 제목의 간단한 사설을, 오늘날 벌어지고 있는 현상을 보여주는 적절한 사례로 인용하겠다.

> 하나님은, 인간의 운명을 인간 자신의 의지에 의하여 바꾸거나 만들도록 하나님의 주권으로 작정하셨다. 기도는 모든 것을 바꾼다는 것, 사람들이 기도할 때 하나님이 바꾸어 주신다는 의미의 이 말이 진리의 핵심이다. 어떤 사람이 이것을 다음과 같이 인상적으로 표현하였다: "어떤 일들

---

[1] 요일 5:14, … if we ask anything according to his will, he hears us.

은, 사람이 기도하든지 안 하든지 그의 인생에서 벌어질 것이다. 기도한 다면 벌어지고 기도하지 않으면 벌어지지 않을 그런 일들도 있다." 이 문장에 감동을 받은 전도자가 어떤 사무실로 들어서면서 누군가에게 그리스도를 전할 방도를 열어달라고 기도하였다. 그리고는 자신의 기도 때문에 상황이 바뀔 것이라고 생각하였다. 그런 뒤에 이 전도자의 마음은 다른 일에 신경 썼고 그 기도를 잊었다. 자신이 방문하고자 한 사람에게 말을 걸 기회가 왔지만 그 전도자는 이 기회를 붙잡지 않았다. 바깥으로 나오면서 자신이 그 30분전에 했던 기도가 생각났다. 하나님의 응답이었다. 그는 즉시 발걸음을 되돌려 그 사람에게 다시 가서 말을 걸었다. 그 사람은 교회에 출석하지만 여태껏 한번도 구원받았느냐는 질문을 받아본 적이 없었다. 기도에 전념하여, 하나님이 모든 것을 바꾸실 길을 열도록 합시다. 하나님이 주신 기도할 마음을 사용하지 않음으로써 사실상의 숙명론자가 되지 않게 깨어있도록 합시다.

이 인용문은 기도라는 주제를 현재 어떤 식으로 가르치고 있는 지 보여준다. 개탄스럽게도, 항의하는 목소리는 거의 들리지 않는다. "**인간의 운명을 인간 자신의 의지에 의하여 바꾸거나 만들도록**" 이라는 표현은 지독한 불신앙이라는 것이 딱들어 맞는 유일한 평가이다. 누군가가 이 평가에 도전한다면, 이런 식으로 말하지 않는 불신자가 존재하는지 어디 찾아보라고 요구하고 싶다. 내가 장담하건대, 아마 찾아내지 못할 것이다. "**하나님은** 인간의 운명을 인간 자신의 의지에 의하여 바꾸거나 만들도록 **작정하셨다**" 는 말은 절대적으로 틀렸다. "인간의 운명"을 결정하는 것은 "인간의 의지"가 아니라 하나님의 의지이다. 인간이 거듭났는지의 여부가 인간의 운명을 결정짓는다. 성경은 "사람이 거듭나지 않으면 결코 하나님 나라를 볼 수 없다"[2]고 선언한다. 누구의 의지인가에 관해서는 즉, 거듭남을 좌우하는 것이 하나님의 의지인가 사람의 의지인가에 관해서는 요한복음 1:13절—"(하나님의 자녀들은) 혈통이나

---

[2] 요 3:3, "… no one can see the kingdom of God unless he is born again."

육신의 의지 혹은 사람의 뜻이 아니라 하나님의 뜻으로 태어났다"3)—
이 명확하게 확정해 준다. "인간의 운명"을 사람의 의지로 바꿀 수도 있
다는 생각은, 피조물의 의지에 **절대권위**4)를 부여하는 것이며 사실상,
하나님을 그 보좌에서 밀어내는 것이다. 그러나 성경이 무어라고 말하
는가? 성경의 대답을 들어보자.

> 여호와 하나님은 죽이기도 하시고 살리기도 하신다. 무덤에 집어넣기도
> 하시고 꺼내기도 하신다. 가난하게 만들기도 부자로 만들기도 하시고,
> 낮추기도 하시고 높이기도 하신다. 가난한 자들을 흙더미에서 일으키고
> 곤궁한 자들을 잿더미에서 들어올려 권세자들과 함께 앉게 만드시고 존
> 귀의 면류관을 물려받게 하신다. 세상의 기초는 여호와 하나님의 것이기
> 때문이다. 하나님이 그 기초 위에 세상을 세우셨다.5)

이제, 검토 중이던 사설로 되돌아가서 그 다음 표현을 살펴보자. "기
도는 모든 것을 바꾼다는 것, 사람들이 기도할 때 하나님이 바꾸어 주신
다는 의미의 이 말이 진리의 핵심이다"라고 한다. "기도는 모든 것을 바
꾼다"는 구호를 새겨 넣은 좌우명을 지금, 우리 발걸음이 닿는 거의 모든
곳에서 마주친다. 이 말을 통해서 표명하려는 의도는 기도에 관한 현행

---

3) 요 1:13, Which [the sons of God] were born, not of blood, nor of the will of the flesh, nor of the will of man, but of God (KJV).
4) [역자 주] "supreme"이라는 형용사를 사용하고 있다. "sovereign"과 마찬가지로 "최고의," "지고의," "궁극적인"으로 번역된다. 자신의 통치 영역 내에서는 다른 어떤 간섭을 받지 않는 최고 통치권한(력)을 가졌다는 의미이다. 자신의 영토 안에서는 대제후들 혹은 대 영주들이든 교황과 교황의 대리자들 그리고 주교들의 간섭을 일체 받지 않고 오히려 이들을 통치하고 재판할 권한을 가진 최고 권력을 가진 유일한 존재라는 뜻으로 사용되었던 용어이다.
5) 삼상 2:6-8, The LORD brings death and makes alive; he brings down to the grave and raises up. The LORD sends poverty and wealth; he humbles and he exalts. He raises the poor from the dust and lifts the needy from the ash heap; he seats them with princes and has them inherit a throne of honor. "For the foundations of the earth are the LORD'S; upon them he has set the world.

저술들을 볼 때, **우리는** 하나님을 설득하여 하나님의 목적을 **변경하도록** 만들 수 있다는 것임이 분명하다. 이에 관해서는 할 말이 더욱 많다.

그 편집자의 말을 다시 들어보자. "어떤 사람이 이것을 다음과 같이 인상적으로 표현하였다. '어떤 일들은, 사람이 기도하든지 안 하든지 그의 인생에서 벌어질 것이다. 기도한다면 벌어지고 기도하지 않으면 벌어지지 않을 그런 일들도 있다.'" 기도하든지 안 하든지 상관없이 일어나는 일들이 있다는 것은 중생치 못한 자들의 삶에서 매일 예증된다. 불신자들은 전혀 기도하지 않는다. 기도하는 경우에 일어날 일들이 있다는 말은 설명을 덧붙여야 한다. 만일 신자가 믿음으로 기도하며 하나님의 뜻에 합하는 것들을 구한다면 그 구한 것을 받을 것이 거의 확실하다. 다시 말해서, 기도하는 경우에 일어날 일도 있다는 말은, 기도로부터 파생된 주관적 은택(恩澤)이라는 점에서는 맞는 말이다. 즉, 하나님이 그에게 더욱 많은 것을 실현해 주실 것이며 하나님의 약속들을 훨씬 더 귀중하게 해 주실 것이다. 기도하지 않으면 발생하지 않는 일들도 있다는 말은 그 [불신자] 자신의 인생에 한해서 맞는 말이다. 기도 없는 인생이란, 하나님과의 교제 및 이와 관련된 모든 것이 없이 살아가는 인생이라는 뜻이다. 우리가 기도하지 않으면 하나님은 자신의 영원한 목적을 이루지 않으실 것이며 이루실 수 없다고 단언하는 것은, 전적으로 틀린 말이다. 목적을 작정하신 바로 그 하나님은, 자신이 정한 수단을 통하여 자신의 목적이 성취되도록 작정하시는 분이시다. 그분이 작정하신 수단들 가운데 하나가 기도이다. 축복을 주기로 결정하신 그 하나님은 먼저 축복을 구하는 탄원의 마음도 주시는 분이다.

위 사설에서 인용한 전도자와 직장인의 경우는 아무리 최소한으로 말해도 적절치 못한 사례이다. 이 사례에 따르면, 이 전도자의 기도는, 그 직장인에게 그의 영혼에 관해 말해줄 수 있는 길이 열리지 않았기 때문에 전혀 응답 받지 못한 것이다. 그러나 전도자가 사무실을 나설 때 자신이 한 기도가 생각나자마자 그 스스로 그 기도에 (아마도 육신의 힘으로) 응답하기로 결심하였다. "그 길을 열어주실" 것을 **하나님께** 맡기는 대신에, 자기 손으로 그 문제들을 붙들었다.

다음으로, 기도를 주제로 한 최근의 책 중에서 한 부분을 인용하겠다.

> **하나님의 목적**을 저지하고 **바꾸는 것**에서 그리고 하나님의 능력이 발휘하는 타격력을 완화시키는 것에서, 기도의 가능성 및 필요성, 그 능력과 결과가 나타난다.

이따위 주장은, "하늘의 군대에게든지 땅에 거주하는 자들에게든지 자기 뜻대로 하시고 어느 누구도 **그 손을 물리칠 수** 없고 '네가 무엇을 하느냐?' 고 대꾸할 수 없는"[6] 지극히 높으신 하나님의 성품을 잘못 생각한 것이다. 하나님이 자신의 계획을 바꾸거나 자신의 목적을 변경할 **필요**는 전혀 없다. 완벽한 선하심과 한 치의 오류도 없는 지혜에 따라 세우셨다는 전적으로 충분한 근거가 있기 때문이다. **사람**은, **자신들의** 목적을 변경해야 할 경우가 있을 수 있다. 사람들은 근시안적이기 때문에, 자신들이 계획을 세운 **다음**에 어떤 일이 일어날지 예측할 수 없는 경우가 빈번한 탓이다. 그러나 하나님은 그렇지 않다. 하나님은 처음부터 그 끝을 아신다. 하나님이 자신의 목적을 **바꾼다**는 주장은 하나님의 선하심에 대한 공격이든지 하나님의 영원한 지혜를 부인하는 것이다.

바로 그 책에서는 심지어 다음과 같은 주장까지 하였다.

> 성도들의 기도는 하늘에 쌓아둔 자본이다. 그리스도는 이 자본을 가지고 지상에서 하나님의 위대한 과업을 수행한다. 지상의 커다란 진통과 강력한 격동은 이러한 기도의 결과들이다. 세상이 바뀌고 격변이 일어난다.

---

[6] 단 4:35, …He does as he pleases with the powers of heaven and the peoples of the earth. No one can hold back his hand or say to him: "What have you done?"

천사들은 훨씬 더 강력하게 움직이고 더 빨리 날아오른다. **하나님의 정책**은 그 기도의 수가 훨씬 많아지느냐, 더욱 효과적이냐에 **좌우된다**.

이것은 가능할지라도 훨씬 더 악한 말이다. 우리는 이 말이 신성모독적이라고 주저 없이 비난한다. 첫째, 이 말은, 하나님은 "**영원한** 목적"을 세우신다고 진술하는 에베소서 3:1의 가르침을 정면으로 부인한다. 만일 하나님의 목적이 영원하다면, 하나님의 "방책"은 오늘 세워지는 것이 아니다. 둘째, 이 말은, 하나님은 "**모든 것을** 자신이 의지하신 생각에 일치하게 이루신다"고 명백하게 선언하는 에베소서 1:11도 부인한다. 그러므로 "하나님의 방책"은 사람들의 기도에 의하여 만들어지지 **않는다**는 결론에 도달한다. 셋째, 위와 같은 진술은 피조물의 의지에 절대권위를 부여한다. 만일 **우리의** 기도에 의하여 **하나님의** 방책이 형성된다면 지극히 높으신 하나님이 지상의 버러지에게 종속되는 것이기 때문이다. 성령 하나님이 사도 바울을 통하여, "누가 여호와 하나님의 생각을 알았느냐? 혹은 **누가 하나님의 조언자가 되었느냐?**"[7]고 묻는 것은 당연하다.

우리가 위에서 인용한 것과 같은, 기도에 관한 사상들은 하나님에 관한 조잡하고 부적절한 개념들이기 때문이다. 자기 색깔을 날마다 바꾸는 카멜레온 같은 하나님께 기도한들 도무지 위로를 얻지 못할 것이 분명하다. 생각이 어제 다르고 오늘 다른 존재에게 우리 마음을 들어올린들 무슨 용기가 나겠는가? 세상의 군주가 변덕스러워서 우리의 청원을 어떤 날은 받아들였다가 다른 날에는 거부한다면 청원해서 무슨 소용이 있겠는가? **기도**하도록 만드는 가장 큰 격려는 바로 하나님의 불변하심이지 않은가? 하나님의 뜻을 따라 무엇을 구하든지 우리에게 귀기울

---

7) 롬 11:34, "Who has known the mind of the Lord? Or who has been his counselor?"

여 들어주신다고 지극히 확신하는 것은, 하나님은 "변치 않으시고 회전하는 그림자도 없으신" 분이기 때문이다. 루터가, "기도는 하나님의 싫어하심을 극복하는 것이 아니라 하나님의 즐거워하심을 붙잡는 것이다"라고 잘 말해 주었다.

이제 기도의 **의도**에 관하여 몇 마디 하겠다. 하나님은 어째서, 우리에게 기도를 정해주셨는가? 거의 대부분의 사람들은, "우리에게 필요한 것들을 하나님으로부터 얻도록 하기 위하여"라고 대답할 것이다. 이것은 기도의 목적 가운데 하나이긴 하지만, 제일 목적은 아니다. 더욱이, 이 대답은 기도를 오직 **인간** 쪽으로부터만 고려한다. 유감스럽게도 기도를, **하나님** 쪽으로부터 바라볼 필요가 있다. **하나님**이 우리에게 기도를 명령하신 이유 가운데 몇 가지를 살펴보자.

첫째, 기도는 주 하나님 자신을 **찬양토록** 하기 위하여 정하신 것이다. 하나님은 자신이 "영원 속에 거하시는 지극히 높으신 자"(사 57:17)라고 인정할 것을 우리에게 요구하신다. 하나님은 우리에게 하나님의 **우주적 통치**를 받고 있음을 인정하라고 요구하신다. 엘리야가 하나님께 비를 달라고 간구함으로써, 오직 하나님이 비를 다스리심을 고백하였다. 불쌍한 죄인을 임박한 진노에서 구원해 달라고 기도함으로써, "구원은 주 하나님의 것" 임을 인정한다(욘 2:9). 복음이 땅 끝까지 이르는 축복을 달라고 간구함으로써, 온 세상에 대한 통치권을 선언한다.

다시 말한다. 하나님은 우리에게 하나님 자신을 예배하라고 요구하신다. 기도, 진정한 기도는 예배 행위이다. 기도는 그 영혼이 하나님께 엎드린다는 점에서, 하나님의 위대하고 거룩한 이름을 부른다는 점에서, 하나님의 선하심과 능력과 불변하심과 은혜를 인정한다는 점에서, 하나님의 뜻에 굴복함으로써 하나님의 주권을 인정하고 고백한다는 점에서 예배 행위이다. 그리스도께서 성전을 제사드리는 집이라고 하지 않고 기도하는 집이라고 하신 것은 바로 이런 맥락에서 주목할 만한 가치가 크다.

다시 말한다. 기도는 **하나님의 영광을 높인다**. 기도 속에서, 하나님에 대한 우리의 의존성을 인정하기 때문이다. 거룩하신 하나님께 겸손히 간구할 때 그의 능력과 자비하심에 우리를 맡긴다. 하나님께 축복을 구할 때 우리는 하나님은 선하고 완벽한 모든 선물을 지으신 자요 그 근원이심을 인정한다. 기도가 하나님을 영광스럽게 높인다는 것은, 기도가 믿음을 활동하도록 만든다는 사실로부터 더욱 확인된다. 우리에게서 나오는 어떤 것도 우리 마음이 확신하는 것만큼 하나님을 존귀하게 하고 즐겁게 만들어 드리지 못한다.

둘째, 하나님은 기도를, **우리의 영적 축복을 위하여, 우리가 은혜 가운데 성숙하기 위한** 수단으로 정해 놓으셨다. 기도의 의도를 알고자 할 때, 기도를 우리 필요를 채우기 위한 수단으로 간주하기 **전에** 이점에 깊이 마음써야 한다. 기도는, **우리를 겸비케 하기** 위하여 하나님이 기획하신 것이다. 기도, 진정한 기도는 하나님의 임재하심 속으로 들어가는 것이다. 하나님의 장엄한 위엄을 느낄 때 우리 자신의 헛됨과 무가치함을 깨닫게 된다. 게다가 기도는, 하나님이 **우리 믿음이 활동하도록 하기** 위하여 기획하신 것이다. 믿음은 말씀에서 난다(롬 10:17). 그러나 기도에서 발휘된다. 그러므로 성경에는 "믿음의 기도"라는 말이 있다(약 5:15). 게다가 기도는 사랑을 활성화한다. 위선자들에 관해선 "그가 전능자를 기뻐하겠는가? 그가 항상 하나님을 부르겠는가?"[8]라는 의문이 생긴다. 그러나 주 하나님을 사랑하는 이들은 하나님에게서 멀리 떠나

---

8) 욥 27:10, Will he find delight in the Almighty? Will he call upon God at all times?

있을 수 없다. 이들은 하나님께 자기 속마음을 털어놓기를 즐거워하기 때문이다. 기도는 **사랑**을 활성화시킬 뿐만 아니라 우리 기도에 보장된 직접적인 응답을 통해서 하나님에 대한 우리의 사랑은 더욱 커진다.

> 나는 여호와 하나님을 사랑한다. 주는 내 목소리에 귀기울이셨고, 자비를 간구하는 내 부르짖음을 들으셨다.[9]

게다가, 기도는 우리가 하나님께 구한 축복의 **가치**를 가르쳐주시기 위하여 하나님의 기획한 것이다. 그리고 기도는, 우리가 하나님께 간구하는 것을 우리에게 부어**주신 뒤에** 더욱 큰 즐거움을 누리도록 해 준다.

셋째, 기도는 우리가 필요로 하는 것들을 하나님께 구하도록 하기 위하여 하나님이 정해주신 것이다. 그러나 지금까지 이 책을 주의 깊게 읽어온 독자들은 바로 여기에서 어려움에 부딪힐 수 있다. 정하신 때가 되면 발생할 모든 일을 세상을 창조하기 전에 예정해 두셨다면, 기도가 무슨 소용인가? "모든 것이 하나님께 속하고 하나님을 통하고 하나님에게로 돌아간다"(롬 11:36)는 진술이 맞다면, 무엇 때문에 기도하는가? 이러한 질문에 대한 직접적 답변을 찾기 전에 우선, "모든 것을 하나님이 예정하셨는데 어떤 것을 위하여 기도하는 것이 무슨 소용이 있는가?"라고 이의를 제기하는 그 근거와, "내가 하나님께로 다가가서, 하나님이 이미 알고 계시는 것을 말씀드리는 것이 무슨 소용이 있는가?" 즉, "하나님은 이미 나의 필요를 알고 계시는 데 그 필요를 내가 하나님께 아뢰는 것이 무슨 쓸모가 있는가?"를 질문하는 그 근거는 동일하다는 점을 지적해야 한다. 기도는, 마치 하나님이 아무것도 모르고 있는 것 마냥 하나님께 정보를 제공하기 위한 목적으로 존재하는 것이 아니다(주님께서 명확하게 선포하셨다 — "너희 아버지는, 너희에게 필요한 것을 너

---

9) 시 116:1, I love the LORD, for he heard my voice; he heard my cry for mercy.

회 아버지에게 구하기 전에 이미 아신다."10) 오히려 기도는, 하나님은 우리가 필요로 하는 것을 알고 계심을 인정하는 것이다. 기도는 우리의 필요에 관한 지식을 하나님께 공급하기 위하여 정한 것이 아니다. 기도는, **우리가 그 필요를 지각하였음**을 하나님께 고백하는 것이다. 다른 모든 것과 마찬가지로 여기에서도, 하나님의 생각은 우리의 생각과 다르다. 하나님은 은사들을 구하라고 요구하신다. 하나님은 축복을 부어주신 뒤에 우리로부터 **감사**를 받으셔야 하는 것과 마찬가지로, 우리가 구한 것에 의하여 **존귀**함을 받으실 것을 기획하신다.

그러나 "만일 발생할 모든 일을 예정하시고 모든 사건을 규정하시는 분이 하나님이라면, 기도는 무익한 짓이 아닌가?"라는 질문이 여전히 제기된다. 이러한 의문을 만족시키는 충분한 대답은, 하나님은 우리에게 기도하라고 명령하신다는 것이다.

> 쉬지말고 **기도하라**.11)

> 항상 기도**해야 한다**…12)

나아가서 선언한다.

> 믿음의 기도는 병자를 구원할 것이다…의인의 간절한 기도는 효력이 크다.13)

주 예수 그리스도—모든 것에서 우리의 완벽한 모범—는 기도의 탁월한 전범이다. 기도는 무의미하지도 무가치하지도 않은 것임이 분명

---

10) 마 6:8, … your Father knows what you need before you ask him.
11) 살전 5:17, **Pray** without ceasing (KJV).
12) 눅 18:1, … men ought always to pray …(KJV).
13) 약 5:15-16, And the prayer of faith shall save the sick … The effectual fervent prayer of a righteous man availeth much (KJV).

하다. 그러나 그 난점은 여전히 **해결**되지도 않았고, 우리가 출발한 질문에 **답**이 나오지도 않았다. 그렇다면 하나님의 주권과 신자의 기도는 어떤 **관계**인가?

먼저, 기도는 하나님의 목적을 **바꿀 의도가 없고**, 하나님을 움직여 목적을 갱신하도록 하기 위한 것도 아니라는 사실을 강조해야 할 것이다. 하나님은 어떤 사건들이 발생하도록 작정하셨다. 그러나 또한, 이 사건들은 하나님이 정한 수단을 통하여 성취되도록 작정하셨다. 하나님은 어떤 사람들을 구원으로 선택하셨다. 또한, 복음 전파를 **통하여** 이 사람들을 구원하시기로 작정하셨다. 이때 복음은, 주 하나님의 영원한 계획을 이루기 위하여 정하신 수단 가운데 하나이다. 기도는 또 하나의 수단이다. 하나님은 목적뿐만 아니라 수단도 작정하셨고, 그 수단들 가운데 기도가 있다. 하나님의 백성들이 드리는 기도는 하나님의 영원한 작정에 포함되어 있다. 그러므로, 기도는 헛된 것이 아니다. 하나님이 자신의 작정들을 발휘하시기 위한 수단 가운데 하나이다.

> 실제로 모든 일이 우연 혹은 숙명에 의하여 발생하는 경우라면 기도는 도덕적 효과가 전혀 없었을 것이고 쓸모도 전혀 없었을 것이다. 그러나 기도는 하나님의 지혜의 인도하심에 의하여 규정되었기 때문에 사건의 과정에 참여한다.(할데인)[14]

하나님이 **작정하신** 바로 그 일들을 실행하기 위한 기도는 무의미하

---

[14] [역자 주] 로버트 할데인(Robert Haldane, 1764-1842)은 스코틀랜드 귀족 가문 태생으로 던디(Dundee)와 에딘버러(Edinburgh)에서 교육받았다. 프랑스 대혁명 무렵에 회심을 경험하고 복음을 전하고 가르치는 데에 헌신하였다. 인도와 아프리카에서 선교사역을 한 뒤 스코틀랜드로 돌아가 몇 개의 예배당을 건축하고 교육과 출판을 통해 많은 영향을 미쳤다. 1816-1819년 사이에 유럽 대륙 특히, 제네바(Geneva)와 몽또방(Montauban)을 여행하면서 설교하여 큰 성공을 거두었다. 이 때의 유명한 강론이 로마서 강론(The exposition of Romans)이며 먼저 프랑스어로 출판되고 1835-1839년에는 영어로 출판되었다. 지금 이 책은 배너 출판사(The Banner of Truth)의 제네바 주석시리즈에 포함되어 있다.

지 않으며, 성경에서 명확하게 가르치는 것이다. 엘리야는 하나님이 **이제** 곧 비를 주실 것을 알았지만, 그 때문에 기도에 전념하기를 멈추지 않았다(약 5:17-18). 다니엘은 선지자들의 글을 통해서, 포로기가 단지 70년 간 지속될 뿐이고 그 기간도 거의 끝나간다는 사실을 "알았다." 하지만 그는 "하나님을 바라보며 기도와 간구로, 베옷을 입고 재를 무릅쓰며 금식하며 기도하였다."15) 하나님은 선지자 예레미야에게, "여호와가 말한다, '내가 너희를 위하여 세운 계획 즉, 너희를 해롭게 할 계획이 아니라 번창케 할 계획, 너희에게 소망과 장래를 주겠다는 계획을 내가 알고 있다'"고 말씀하셨다. 그러나 하나님은 이것들에 대해서는 내게 간구할 필요가 없다는 말씀 대신에, "그러므로 너희는 네게 부르짖으며 내게로 와서 기도하라. 그러면 내가 너희 말을 듣겠다"는 말씀을 덧붙이셨다.16)

다시 한 곳을 더 찾아보자. 에스겔 36장에, 장차 이스라엘의 회복에 관하여 하나님이 명백하고 적극적이며 무조건적으로 약속하신 내용이 나온다. 그러나 37절에 보자.

> 주권자 여호와 하나님이 이같이 말한다. "나는 이스라엘 족속의 **호소를** 다신 한번 더 받아들여 그들에게 이렇게 해 줄 것이다. 나는 그들의 수를 양떼처럼 많아지게 할 것이다."17)

---

15) 단 9:2-3, in the first year of his reign, I, Daniel, understood from the Scriptures, according to the word of the LORD given to Jeremiah the prophet, that the desolation of Jerusalem would last seventy years. So I **turned to the Lord God and pleaded with him in prayer and petition, in fasting, and in sackcloth and ashes.**

16) 렘 29:11-12, "For I know the plans I have for you," declares the LORD, "plans to prosper you and not to harm you, plans to give you hope and a future. Then you will call upon me and come and pray to me, and I will listen to you."

17) 겔 36:37, "This is what the Sovereign LORD says: Once again I will yield **to the plea of** the house of Israel and do this for them: I will make their people as numerous as sheep,"

기도의 목적은 이것이다. 즉, 하나님의 목적을 변경시키기 위한 것이 아니라 그 목적을 하나님에게 좋은 때와 방법으로 성취하기 위한 것이다. 하나님이 어떤 것들을 약속하셨기 때문에, 우리는 믿음의 완전한 확신을 가지고 그것들을 간구할 수 있다. 하나님이 자신이 정하신 수단에 의하여 자신의 뜻을 이루는 것, 하나님 자신의 조건으로 즉, 탄원과 간구라는 "수단"과 "조건"에 의하여 자기 백성을 유익하게 하시는 것, 그것이 하나님의 목적이다. 성자는 자신의 죽음과 부활 이후에 하나님이 자기를 높여주실 것을 확실히 알고 있었지 않았는가? 분명히 그랬다. 하지만 성자는 바로 이것을 간구하셨다.

> 아버지! 창세 전에 내가 아버지와 함께 가졌던 그 영광으로, 지금 아버지 앞에 있는 **나를 영화롭게 하옵소서**. [18]

자기 백성들 가운데 어느 누구도 멸망당할 수 없다는 사실을 몰랐던가? 하지만 그는 성부께 그들을 "지켜달라"고 간구하셨다(요 17:11).

마지막으로, 하나님의 뜻은 불변적이며 우리의 부르짖음에 의해 변경시킬 수 없다는 사실을 언급해야 한다. 어떤 백성들에게는 유익을 주시지 않는 것이 하나님의 생각일 때, 하나님께 가장 커다란 이해관계를 가진 자들의 아무리 뜨겁고 끈질긴 기도로도 바꾸지 못한다.

> 여호와께서 내게 말씀하시기를, "비록 모세와 사무엘이 내 앞에 섰다 할지라도 **내 마음은** 이 백성을 향할 수 없다. 저들을 내 앞에서 쫓아 내치라"고 하셨다. [19]

---

18) 요 17:5, And now, Father, glorify me in your presence with the glory I had with you before the world began.

19) 렘 15:1, Then the LORD said to me: "Even if Moses and Samuel were to stand before me, my heart would not go out to this people. Send them away from my presence! Let them go!"

약속의 땅에 들어가게 해 달라는 모세의 기도와 비슷한 사례이다.

기도에 관한 우리의 관점을 고쳐서, 성경의 가르침과 조화를 이루게 할 필요가 있다. 내가 하나님께 나아가 나의 원하는 바를 하나님께 **요청**하는 것, 내가 요구한 것을 하나님이 주실 것이라고 **기대**하는 것, 이런 것이 [기도에 관한] 지배적인 견해이다. 그러나 이것은 가장 불명예롭게 만들고 품격을 떨어뜨리게 만드는 개념이다. 이런 대중적인 신조는 하나님을 종, **우리의** 종으로 격하시키는 것이다. 즉, 우리의 명령을 행하고, 우리의 즐거움을 이행하고, 우리의 욕구를 충족시켜 주는 그런 종으로 만드는 것이다. 그런 것이 아니다. 기도는, 하나님께 나아가서 나의 필요를 말씀드리고, 나의 길을 주께 맡기고, **하나님이 보시기에** 가장 좋은 대로 처분하도록 맡기는 것이다. 앞에서 예로 든 경우처럼 기도는, 하나님의 뜻을 내 뜻에 종속시키기를 추구하는 것이 아니라 내 뜻을 하나님의 뜻에 굴복시키는 것이다. 기도를 작동시키는 정신이 "내 뜻이 **아니라** 오직 아버지의 뜻을 이루소서"[20]가 아니라면 어떤 기도도 하나님을 기쁘시게 하지 못한다.

기도하는 백성 위에 하나님이 축복을 부어주시는 것은 그들의 기도 때문이 아니다. 마치 그들의 기도에 의하여 하나님의 마음이 기울어졌거나 바뀌었다는 식으로 생각해서는 안 된다. 그것은 하나님 자신 때문에, 하나님 자신의 주권적 의지와 즐거움으로 인해 그렇게 하신 것이다. "그렇다면 기도가 무슨 소용이 있느냐?"고 묻는다면 기도는, 하나님이 자기 백성에게 자신의 선하신 축복을 전달해 주시기 위하여 자신이 정하신 방법이며 수단이라는 것이 그 대답이다. 하나님이 목적을 세우시고 공급해 주시고 약속해 주셨을지라도 하나님께 간구해야 한다. 요청하는 것은 의무이자 특권이다. 그들에게 기도의 영을 부어주실 때 기도는 요구한 것

---

20) 눅 22:42, Saying, Father, if thou be willing, remove this cup from me : nevertheless **not** my will, but thine, be done (KJV).

들을 즉, 언제나 **내 뜻이 아니라 하나님의 뜻을 이루소서**라고 말함으로써 하나님의 뜻에 굴복하면서 요구한 좋은 것들을 하나님이 부어주시려고 의도하였던 것처럼 생각하고 바라보는 것이다.(존 길)[21]

방금 위에서 주목한 구별은, 마음의 평화에 실제적으로 매우 중요하다. 응답이 없는 기도는, 다른 어떤 것만큼이나 그리스도인들의 마음을 괴롭힌다. 그들은 하나님께 무엇인가를 요청하였다. 자신들이 판단할 수 있는 한에서는, 주님께 요청한 그것을 받게 되리라고 믿는 믿음으로 요청하였다. 진정으로 거듭해서 간구하였지만 **그러나**, 응답이 오지 않았다. 그 결과는 많은 경우에서처럼, 기도의 효능에 대한 믿음이 약화되어 희망은 절망으로 바뀌었고 은밀한 골방[기도실]을 전적으로 무시하는 지경에까지 이르렀다. 그렇지 않은가?

하나님께 드려진 실제적인 믿음의 기도는 모두 응답을 받았다는 말에 우리 독자들은 놀라겠는가? 그러나 우리는 주저없이 그렇다고 단언한다. 이렇게 주장하면서 우리는 다시, 기도의 정의로 돌아가지 않으면 안 된다. 그 정의로 되돌아가자. 기도는 하나님께 나아가서 나의(혹은 다른 사람들의) 필요를 아뢰고 내 길을 주님께 맡겨 하나님 보시기에 가장 좋은 방식으로 처리해 주시도록 하는 것이다. 이것은 하나님이 보시기에 적당하다면 어떤 방법으로든 응답하도록 그 응답 방식을 하나님께 맡기는 것이다. 그리고 하나님의 응답은 육신이 가장 받아들이기 쉬운 것에 정반대의 것일 때도 종종 있다. 하지만 우리의 필요를 하나님의 손에 실제적으로 **맡겨**두었다면 그런 것도 하나님의 응답일 것이다. 두

---

21) [역자 주] 존 길(John Gill, 1697-1771)은 잉글랜드 특수 침례교회(Particular Baptist Churches)의 가장 중요하고 영향력 있는 지도자였으며, 엄밀한 칼빈주의를 옹호하는 중요한 글들과 신구약 주석을 남겼다. "특수"라는 명칭은 "특수 예정"(Particular Election) 즉, 하나님이 각 개인의 운명을 직접 예정한다는 사상을 견지하며 일종의 조건 예정인 "일반 예정"(General Election)을 반대한다는 의미로 붙인 것이다.

개의 사례를 살펴보자.

요한복음 11장에 병든 나사로에 관한 기록이 있다. 주님은 그를 "사랑"하셨다. 그러나 주님께서 베다니에 없으셨기에 그 누이들은 심부름꾼을 주님께 보내 나사로의 상태를 알려드렸다. 그녀들의 호소를 어떤 식으로 표현하였는지를 특히, 주목하라.

주여! 보소서! 주께서 사랑하시는 자가 병들었습니다.[22]

그것이 전부였다. 이들은 나사로를 치유해 달라고 요구하지 않았다. 즉시 베다니로 달려와달라고 요구하지 않았다. 단지 자신들의 필요를 주님 앞에 펼쳤고, 이 문제를 주의 손에 맡기고, 주님께서 최선이라고 여기시는 그대로 하시도록 맡겨두었다. 우리 주님의 응답은 무엇이었던가? 주님이 그들의 호소에 대꾸하시고 그들의 무언의 요구에 대답하셨는가? 분명히 응답하시기는 하였지만, 아마도 그들이 기대하던 방식으로는 아니었을 것이다. 주님은 "바로 그곳에 이틀을 더 머무름"[23]에 의해서 그래서 나사로가 죽도록 허용하심에 의하여 응답을 주셨다. 그러나 이 사건에서는 이것이 전부가 아니었다. 나중에 주님께서 베다니로 오셔서 나사로를 다시 살리셨다. 우리가 여기에서 이 사건을 언급하는 목적은, 신자가 곤궁에 처했을 때 하나님께 향하여 갖추어야 할 적절한 태도를 보여주는 것이다. 다음 사례는 곤란에 빠진 성도에게 응답하시는 하나님의 방법을 강조한다.

고린도 후서 12장으로 돌아가자. 듣도 보도 못한 특권을 사도 바울에게 주셨다. 그는 낙원에 이끌려 들어갔다. 다른 어떤 인간도 이생에서

---

[22] 요 11:3, Therefore his sisters sent unto him, saying, Lord, behold, he whom thou lovest is sick (KJV).

[23] 요 11:6, When he had heard therefore that he was sick, he abode two days still in the same place where he was (KJV).

는 들은 적도 본적도 없는 것을 귀로 듣고 눈으로 바라보았다. 바울 사도가 도저히 견디낼 수 없는 놀라운 계시였다. 그는 자신의 특별한 경험에 의하여 "우쭐"해질 위험에 처했다. 그러므로 그가 분에 넘치는 교만에 빠지지 않도록 육체의 가시, 사탄의 심부름꾼을 보내 그와 씨름하게 하셨다. 바울은 자신의 필요를 주님께 고하였다. 육신에 있는 이 가시를 **제거**해 달라고 세 번 간구하였다. 이 기도는 응답 받았는가? 그가 바라던 대로는 아니었을지라도, 분명히 받았을 것이다. 그 "가시"는 제거되지 않았다. 그러나 그것을 견디낼 은혜를 주셨다. 짐을 치워주시지는 않았지만 그것을 감당할 힘을 주셨다.

우리의 필요를 하나님께 고하는 것 그 이상을 하는 것이 우리의 특권이라고 이의를 제기하는 사람이 있는가? 하나님은 우리에게 말하자면, 백지수표를 주고 거기에 금액을 써넣으라고 하신 것인가? 하나님의 약속은 포괄적이고, 우리는 **원하는 것을 하나님께 요구**하면 된다는 말인가? 만일 그렇다면, 어떤 주제에 관한 하나님의 생각을 충분히 알고 싶다면 성경과 성경을 비교할 필요가 있다는 사실과, 그리고 기도하는 사람들에게 주신 그 약속들을 "우리가 그의 뜻을 따라 구하면 우리에게 귀를 기울이신다"[24]는 말로 **제한**하셨음을 성경이 가르친다는 사실에 주목하지 않으면 안 된다. 실제적인 기도는 하나님과 교제하는 것이다. 그래서 하나님의 생각과 우리의 생각이 같아지도록 하는 것이다. 필요한 것은, 하나님이 우리 마음에 하나님의 생각들로 채워 넣는 것이다. 그러면 하나님의 바램이 우리의 바램이 되어 다시 하나님께로 흘러간다. 바로 여기에서, 하나님의 주권과 성도의 기도가 만난다. 우리가 **그의 뜻**을 따라 구하면 우리에게 귀를 기울이신다. 만일 우리가 그런 식으로 구하지 **않으면**, 우리 말을 듣지 않으실 것이다. 사도 야고보는 말한다.

---

[24] 요일 5:14, … if we ask anything according to his will, he hears us.

너희가 구하고도 받지 못하는 것은, 너희 쾌락에 소비하려고 잘못된 동기로 구하기 때문이다.[25]

주 예수께서도 제자들에게 말씀하셨다. "진실로, 진실로, 내가 너희에게 이른다. 너희가 내 이름으로 아버지께 무엇을 구하든지 아버지가 너희에게 주실 것이다."[26] 그렇게 말씀하셨다. 그러나 이 약속은 기도하는 자에게, **백지위임장**을 주는 것이 아니다. 주님께서 하신 이 말씀은, 사도 요한의 "우리가 그의 뜻을 따라 구하면 우리에게 귀를 기울이신다"는 말과 완벽하게 부합한다. "그리스도의 이름으로" 구한다는 것은 무엇인가? 분명히 그것은 기도의 공식, 우리의 간구를 "그리스도의 이름으로"라는 말로 마무리지으라는 것을 훨씬 뛰어넘는다. 그리스도의 이름으로 하나님께 무엇을 달라고 하기 위해서는, 그것이 그리스도의 본성에 반드시 일치하지 않으면 안 된다. 그리스도의 이름으로 하나님께 구하는 것은 마치 그리스도 자신이 간구하는 것과 같은 것이다. **우리는 그리스도께서 구하실 만한 그런 것만을 하나님께 구해야 한다.** 그러므로 그리스도의 이름으로 구하는 것은, 우리 자신의 뜻을 버리고 하나님의 뜻을 받아들이는 것이다.

이제, 기도에 관한 우리의 정의를 상세히 설명해 보자. 기도란 무엇인가? 기도는 행위라기 보다는 **태도-의존적** 즉, 하나님께 의존하는 태도-이다. 기도는 피조물의 약함을, 무능력함을 고백하는 것이다. 기도는 우리의 부족함을 인정하는 것이고 그것을 하나님께 고하는 것이다. 우리는 이것이 기도 속에 있는 모든 것이라고 말하지 않는다. 그렇다. 하지만 이것이 기도의 본질적이고 일차적인 요소이다. 간단한 문장으

---

25) 약 4:3, When you ask, you do not receive, because you ask with wrong motives, that you may spend what you get on your pleasures.

26) 요 16:23, … Verily, verily, I say unto you, Whatsoever ye shall ask the Father in my name, he will give it you (KJV).

로, 불과 몇 마디 단어로 기도를 **완벽**하게 정의할 수 없음을 우리는 기꺼이 인정한다. 기도는 태도인 동시에 행위 즉, **인간의** 행위이다. 하지만 기도에는 **하나님의** 측면도 존재한다. 바로 이것이, 철저한 분석을 불가능하게 만들뿐만 아니라 불경한 것으로 만든다. 이 사실을 시인하면서도 거듭해서 주장하는 것은, 근본적으로 기도는 하나님을 의존하는 태도라는 것이다. 그러므로 기도는, 하나님께 명령을 내리는 것과는 정반대이다. 기도는 의존적 태도이기 때문에, 실제로 기도하는 사람은 **복종적** 즉, 하나님의 뜻에 복종하는 사람이다. 하나님의 뜻에 복종한다는 것은, 주 하나님의 주권적인 뜻이 명령하는 대로 주께서 우리의 필요를 채워주시는 그것으로 만족한다는 뜻이다. 그렇기 때문에, 우리는 **이러한** 마음으로 하나님께 드리는 **모든 기도**는 확실하게 하나님으로부터 응답 받는다고 말한다.

이 장의 첫머리에서 제기된 질문에 대한 대답, 난제처럼 여기지는 그 문제에 대한 성경적 해답은 바로 이것이다. 기도는 하나님의 목적을 바꾸거나 새로운 목적을 세워달라고 하나님께 요구하는 것이 아니다. 기도는 하나님께 의존하는 태도를 취하는 것, 하나님 앞에 우리의 필요를 고하는 것, 하나님의 뜻에 일치하는 것들을 구하는 것이다. 그러므로 하나님의 주권과 성도의 기도 사이에는 **불일치**가 전혀 존재하지 않는다.

이 장을 마무리하면서, 지금까지의 논의로부터 그릇된 결론을 도출하지 말아달라고 당부하고 싶다. 우리는 여기에서 기도에 관한 성경 전체의 가르침을 **압축**하려고 하지 않았다. 기도에 관한 **문제**를 전반적으로 논의하려고 시도하지도 않았다. 반대로, 우리의 관심을 하나님의 주권과 성도의 기도 사이에 있는 **관계**에 한정하였다. 우리의 주된 논의 방향은, 기도의 **인간적인** 측면을 강조하고 하나님 쪽을 거의 전적으로 망각하는 현대의 가르침에 대한 **저항**이었다.

예레미야 10:23에 따르면, "인간의 발걸음을 지시하는 것은 인간의 몫이 아니다"27)(잠 10:9과 비교하라). 하지만 사람은 불경스럽게도 하나님의 길에 관해서, 하나님이 해야 하는 것에 관해서 하나님께 지시하는 태도를 취하는 기도를 많이 한다. 일단 자신이 세상의 일과 교회의 일들을 지도하기만 한다면 곧, 지금과는 매우 다른 모습이 될 것이라고 암시하기까지 한다. 이점을 부인하지는 못한다. 영적 분별력이 조금이라도 있는 사람이라면 틀림없이, 육신이 좌지우지하는 오늘날의 기도 모임 중 상당수에 이런 정신이 있음을 간파할 것이다. 저 거만한 피조물들이 꿇어 엎드려 그 교훈을 배우기란 정말 힘들다. **기도 행위를 통해서 올라서고 싶어하는 자리가 바로 이 자리이다.** 인간은 [기도를] (자신의 일상적인 사악함 속에서) 왕좌로 올라가는 발판으로 삼는다. 인간은 보좌에 앉아서 전능하신 하나님이 무엇을 해야 하는지 명령하고 싶어하고, 기도(?)하는 자들에게 있는 동정심의 절반만이라도 하나님께 있다면 만사가 즉시 제대로 돌아갈 것이라는 인상을 구경꾼들에게 심어주고 싶어한다. 하나님의 자녀에게 아직 남아 있는 옛 본성은 이렇게 오만불손하다.

  이 장의 주된 목적은, 기도 속에서 우리의 뜻을 하나님의 뜻에 굴복시켜야 할 필요성을 강조하는 것이었다. 그러나, 기도는 경건 훈련을 훨씬 뛰어넘는 것이며 기계적 실천과는 아주 다른 것이라는 말을 덧붙이지 않으면 안 된다. 실제로, 기도는 하나님이 정하신 수단이다. 이 수단에 의하여 우리는, **하나님의 뜻**에 합하는 것들을 **구한다면** 구하는 것마다 하나님으로부터 받을 수 있을 것이다. 이글을 쓰는 자와 읽는 자 모두가 지금까지보다 더 깊은 진정으로 "주여! 우리에게 기도를 가르쳐 주십시오"28)라고 외치지 않는다면 헛된 공론에 그치고 말 것이다.

---

27) 렘 10:23, … it is not for man to direct his steps.
28) 눅 11:1, … "Lord, teach us to pray …"

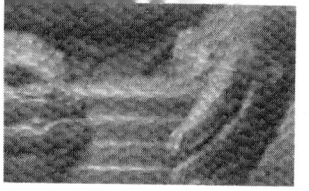

제10장
하나님의 주권에 대한 우리의 태도

바로 그렇습니다. 아버지! 그것이 아버지가 보시기에 선하였기에 그렇습니다.[1]

이 장에서는, 앞에서 다양한 방향으로 심사숙고한 저 위대한 진리를 실제적으로 우리 자신에게 적용하는 것에 관해서 간략하게 고찰하겠다. 제 12장에서 이 교리의 **가치**를 더욱 상세하게 다루겠지만 여기에서는, 하나님의 주권**에 대한 우리의 태도**는 어떠해야 하는지에 관한 정의로 한정하겠다.

하나님의 말씀에 계시된 모든 진리는 우리를 가르치기 위한 것일 뿐만 아니라 우리에게 영감을 주기 위한 것이다. 성경을 우리에게 주신 목적은, 한가로운 호기심을 충족시켜 주기 위해서가 아니라 성경을 읽는 자들의 영혼을 가르치기 위한 것이다. 하나님의 주권은, 하나님의 통치 **원리**를 해명해 주는 추상적 원칙 이상의 것이다. 경건한 두려움을 자극하기 위해 고안하신 것이다. 의로운 삶을 증진시켜 주기 위해 우리에게 알려주신 것이다. 반역을 일으키는 우리 마음을 굴복시키기 위해 계시하신 것이다. 하나님의 주권을 참으로 **인정**하면, 우리 마음은 다른 어떤

---

[1] 마 11:26, Even so, Father : for so it seemed good in thy sight.

것도 할 수 없을 정도로 낮아져 하나님 앞에 겸손히 엎드리게 되고, 우리 자신의 의지를 포기하고 하나님의 뜻을 알고 실행하는 것을 기뻐하게 된다.

우리가 하나님의 주권을 언급할 때, 하나님의 통치력의 발휘란 개념이 그 표현 속에 포함되기는 하지만 그 것을 훨씬 뛰어넘는 그 어떤 것을 의미한다. 앞에서 언급하였듯이, 하나님의 주권은 하나님의 하나님 되심을 의미한다. 이 책 제목은 그 가장 충분하고 깊은 의미에서, 자신의 즐거움을 이행하고 자신의 뜻을 실행하는 자의 **성품**과 **존재**를 가리킨다. 그러므로 하나님의 주권을 참으로 인정하는 것은, 주권자 그 분을 바라보는 것이다. "지극히 높으신 저 존엄한 위엄" 앞으로 나오는 것이다. 자신의 탁월한 영광 속에 계신 거룩한 삼위일체 하나님을 바라보는 것이다. 이렇게 바라본 결과를, 여호와 하나님을 바라본 다른 사람들의 경험을 묘사하는 성경구절들을 통해서 확인할 수 있다.

욥의 경험에 주목하라. 욥에 관해서는 하나님이 이렇게 말씀하셨다.

> 그런 자는 세상에 없다. 그는 흠 없이 고결하며, 하나님을 경외하고 악을 멀리하는 자이다.[2]

욥기의 마지막 장면에, 욥이 하나님 앞에 섰다. 욥은 여호와 하나님과 얼굴을 대면하게 되었을 때 어떤 태도를 취하였는가? 욥이 한 말을 살펴보자.

> 내가 주님에 관하여 내 귀로 들었었지만, 이제는 내 눈으로 주님을 바라봅니다. 그러므로 나는 내 자신을 경멸하고 흙과 재에 앉아서 회개합니다.[3]

---

2) 욥 1:8, ··· There is no one on earth like him; he is blameless and upright, a man who fears God and shuns evil.
3) 욥 42:5~6, My ears had heard of you but now my eyes have seen you. Therefore I despise myself and repent in dust and ashes.

따라서 하나님을, 존엄한 위엄 속에 계시된 하나님을 눈으로 보았기 때문에 욥은 자신을 경멸하였고 그뿐만 아니라 전능하신 하나님 앞에 자신을 **낮추었다**.

이사야를 살펴보자. 6장은 성경에서조차 흔치 않은 장면을 보여준다. 이사야 선지자는 주께서 "높이 들린" 보좌 위에 앉으신 모습을 본다. 이 보좌 위에 스랍들이 얼굴을 가린 채 "거룩하다, 거룩하다, 거룩하다 만군의 여호와"라고 외치고 있었다. 이 장면이 이사야에게 어떤 영향을 미쳤는가? 성경은 다음과 같이 말한다.

> 그 때에 내가 말하였다. "나에게 화가 미쳤다. 나는 불결한 입술을 가진 사람이고 불결한 입술을 가진 사람들 사이에서 살고 있는데 전능하신 왕 여호와를 목격하였기 때문이다."4)

이사야는 저 거룩한 왕을 보는 순간, 겸손히 엎드렸고, 그렇게 자기의 무의미함을 깨닫게 되었다.

다니엘의 경우를 한번 더 살펴보자. 이 하나님의 사람은 인생의 막바지에 여호와의 현현을 목격하였다. 하나님은 자신의 종 다니엘에게, "세마포로 옷 입고 정금으로 띠를 두르고" ─거룩함과 하나님의 영광을 상징한다─ 사람의 형상으로 나타나셨다. 성경은 다음과 같이 기술한다.

> 그의 몸은 황옥 같고, 얼굴은 번갯불 같고, 눈은 불붙은 횃불 같고, 팔과 다리는 잘 닦은 놋처럼 빛나고, 목소리는 수많은 군중들의 소리 같다. 나 다니엘은 그런 모습을 목격한 유일한 사람이었다. 나와 함께 있던 사람들은 그 모습을 보지 못하였지만 무서워 떨며 달아나 숨었다. 그래서 나 혼자 남아 이 큰 이상을 바라보았다. 나는 힘이 죽 빠졌고 내 얼굴은 하얗게 질렸고 무기력해졌다. 그 때 그의 말소리가 들려오고 있었다. 내가 그

---

4) 사 6:5, "Woe to me!" I cried. "I am ruined! For I am a man of unclean lips, and I live among a people of unclean lips, and my eyes have seen the King, the LORD Almighty."

의 말에 귀를 기울이자 얼굴을 땅에 댄 채 깊이 잠들었다.[5]

피조물이, 주권자 하나님의 모습을 보게 되면 힘이 쭉 빠지고 창조주 앞에 겸손히 엎드리게 된다는 점을 확인할 수 있다. 그렇다면 지고한 주권자이신 하나님께 대한 **우리의** 태도는 어떤 것이어야 하는가?

1. 경건한 두려움을 갖춘 태도

오늘날, 많은 사람들이 영적이고 영원한 것들에 관하여 그토록 전적으로 무관심하고 하나님보다 쾌락을 더 사랑하는 까닭은 무엇인가? 어째서, 전쟁터에서조차 사람들은 자신들의 영혼의 복락에 관해서는 그토록 냉담한가? 어째서, 하늘에 대한 도전은 더욱 공공연해지고, 더욱 노골적이 되고, 더욱 대담무쌍해지는가? 그것은, "저희 눈앞에 하나님을 두려워함이 없기"[6] 때문에 그렇다. 성경의 권위가 최근에 그렇게 땅에 떨어진 이유가 무엇인가? 하나님의 백성들이라고 자처하는 자들 사이에서조차, 사실상 하나님의 말씀에 좀처럼 굴복하지 않으며 성경의 교훈을 그토록 가벼이 평가하고 그토록 쉽사리 밀쳐버리는 이유가 무엇인가? 아하! 오늘날 강조해야 할 필요가 있는 것은, **하나님은 경외 받으셔야 하는 하나님**이시라는 것이다.

"여호와를 경외하는 것이 지식의 시작이다."[7] 하나님의 위엄을 목격

---

5) 단 10:6~9, His body was like chrysolite, his face like lightning, his eyes like flaming torches, his arms and legs like the gleam of burnished bronze, and his voice like the sound of a multitude. I, Daniel, was the only one who saw the vision; the men with me did not see it, but such terror overwhelmed them that they fled and hid themselves. So I was left alone, gazing at this great vision; I had no strength left, my face turned deathly pale and I was helpless. Then I heard him speaking, and as I listened to him, I fell into a deep sleep, my face to the ground.

6) 롬 3:18, …There is no fear of God before their eyes.

7) 잠 1:7, The fear of the LORD is the beginning of knowledge …

함으로써 두려움에 빠진 자는 즉, 하나님의 존엄한 위대하심, 하나님의 말로 형언할 수 없는 거룩하심, 하나님의 완전한 의로우심, 하나님의 저항할 수 없는 능력, 하나님의 주권적 은혜를 바라본 자는 행복하다. "그러나 구원받지 못한 자들만 즉, 그리스도 **바깥**에 있는 자들만이 하나님을 **두려워** 할 필요가 있다"고 말하는 자가 있는가? 구원받은 자들, **그리스도 안**에 있는 자들은 "두려워 떨며" 자신들의 구원을 이루어야 한다는 훈계가 있다는 대답으로 충분하다. 신자를 "하나님을 경외하는 자"라고 부르던 때가 있었다. 이런 명칭은 거의 사라졌고, 단지 우리가 흘러다닌 방향을 가리키는 데에 사용될 뿐이다. 그럼에도 불구하고, "아버지가 자기 자녀를 불쌍히 여기는 것처럼 여호와 하나님은 자기를 두려워하는 자들을 불쌍히 여기신다"[8]는 말씀은 여전히 유효하다.

물론 우리가 경건한 두려움을 언급할 때, 이교도들이 자신들의 신들에 대하여 가지고 있는 그런 노예적인 두려움을 가리키지 않는다. 그렇다. 여호와 하나님이 축복하겠다고 약속하신 그런 심령, 이사야 선지자가 "내[여호와 하나님]는 이런 사람을, 심령이 가난하고 통회하며 **내 말을 듣고 떠는 자**를 존중한다"[9]는 말에서 가리키는 그런 심령을 가진 자를 염두에 두고 있다. "모든 사람을 합당히 공경하라, 형제를 사랑하라, 하나님을 두려워하라, 왕을 공경하라"[10]는 말씀에서 바로 이런 사람을 염두에 두고 있다. 하나님의 주권적 위엄을 인정하는 것만큼 이 경건한 두려움을 길러주는 것은 없다.

하나님의 주권에 대한 우리의 태도는 어떠해야 하는가?

---

8) 시 103:13, As a father has compassion on his children, so the LORD has compassion on those who fear him.
9) 사 66:2, … This is the one I esteem: he who is humble and contrite in spirit, and trembles at my word.
10) 벧전 2:17, Show proper respect to everyone: Love the brotherhood of believers, fear God, honor the king.

2. 절대적 순종을 갖춘 태도

하나님을 대면하면, 자신이 별것 아니며 아무것도 아니라고 깨닫게 된다. 그리고 하나님을 의존하고 하나님께 의탁하는 마음이 든다. 다시 말하자면, 하나님의 위엄을 목격하면 경건한 두려움이 더욱 커지고 거꾸로, 순종적이 된다. 우리 마음의 본성적 악에 대한 거룩한 해독제가 바로 이것이다. 본성적으로 인간은 자기 자신이 중요하다, 자신이 위대하다, 자기만으로도 충분하다는 생각으로 즉, 자만과 반역으로 가득 차 있다. 그러나 우리가 언급하였듯이, 전능한 하나님을 바라보는 것이 위대한 치료약이다. 하나님을 목격하는 이것만이 인간을 실제로 겸손하게 만들기 때문이다. 인간은 자기 자신을 영화롭게 하든지 아니면, 하나님을 영화롭게 하든지 한다. 인간은 자신을 섬겨 즐겁게 만들든지 아니면, 주 하나님을 섬겨 즐겁게 만들든지 한다. 결코 두 주인을 섬길 수 없다.

경외하지 않음이 불순종을 낳는다. 이집트의 저 오만한 군주는 "여호와가 누구길래 내가 그의 말을 들어야 하고 이스라엘을 내보내야 하느냐? **나는 여호와를 모른다.** 나는 이스라엘을 내보내지 않겠다"[11]고 말하였다. 바로에게 있어서 히브리인들의 하나님 여호와는 많은 신 가운데 하나에 불과하고, 두려워 하거나 섬길 필요가 없는 무능력한 존재에 불과하였다. 이 얼마나 애처로운 잘못이고, 이 잘못으로 인해 얼마나 쓰라린 대가를 지불해야 하는가를 곧 발견하였다. 그러나 여기에서 우리가 역점을 두고자 하는 사항은, 바로의 거만한 정신은 경외하지 않는 마음의 열매이고 이 경외하지 않음은 하나님의 위엄과 권위에 대한 **무지**의 결과라는 것이다.

---

[11] 출 5:2, … Who is the LORD, that I should obey him and let Israel go? I do not know the LORD and I will not let Israel go.

경외치 않음이 불순종을 낳는다면, 참된 경외는 순종을 낳고 증진시켜 준다. 성경은 지극히 높으신 하나님이 주신 계시로써 우리에게 하나님의 생각을 전달해 주고 우리에게 하나님의 뜻을 밝혀준다는 깨달음이, 실제적 경건을 향한 첫걸음이다. 성경이 **하나님의** 말씀이며 성경의 교훈은 전능자가 주시는 교훈임을 인식하게 되면, 우리는 그것을 경멸하고 무시하는 것이 얼마나 무서운 것인지를 알게 될 것이다. 성경을, 우리의 영혼에게 주시는 것으로, 창조주 하나님이 우리에게 주시는 것으로 받아들이면 우리는 시편 기자와 한 목소리로 "내 마음이 주의 법으로 향하게 …" [12] 하시고 "나의 발걸음을 주의 말씀을 따라 이끌어 주소서" [13]라고 외치게 될 것이다. 성경 말씀을 지으신 하나님의 주권을 일단 이해하면, 그것은 그 말씀이 주는 교훈과 법으로부터, 우리가 승인할 만한 것들을 선별해 내는 문제가 아님을 알게 될 것이다. 반대로 피조물은 무조건적이고 전심전력을 다해 복종해야만 한다는 것임을 알게 될 것이다.

하나님의 주권에 대한 우리의 태도는 어떠해야 하는가?

3. 전적으로 삼가는[14] 태도를 갖춘 마음

하나님의 주권에 대한 참다운 인식은 모든 **투덜거림**을 배제한다. 이것은 자명한 진리이다. 하지만 이 생각은 깊이 숙고할 가치가 있다. 고통과 상실에 대해 불평하는 것은 자연스러운 일이다. 마음에 품고 있던

---

12) 시 119:36, Turn my heart toward your statutes …
13) 시 119:133, Direct my footsteps according to your word …
14) [역자 주] 원문은 "사직, 사표, 사임, 포기, 단념, 복종, 인종(忍從), 체념" 가운데 하나로 번역할 수 있는 "resignation"이다. 순종이나 복종의 개념은 다른 절에서도 다루고, 이 문맥에서는 "복종"이나 "인종"에 절제의 개념이 포함되는 개념으로 사용하고

것들을 빼앗길 때 우리는 당연히 불평한다. 우리는 우리 소유물은 무조건 우리 것이라고 간주하기 쉽다. 우리 계획을 신중하고 성실하게 추구하였을 때 우리는 성공할 만한 자격이 있다고 느낀다. 열심히 일해서 "능력"을 축적하였을 때 그것을 간직하고 **누릴 만하다**고 느낀다. 행복한 가정에 둘러 쌓여있을 때 어떤 권력도 합법적으로는 그 보금자리에 쳐들어와 사랑하는 자를 때려눕히지 못한다고 느낀다. 이 가운데 어떤 경우에 실망, 부도, 죽음이 실제로 찾아오면 인간 마음 속의 왜곡된 본능은 하나님께 소리치며 대든다. 은혜로 인하여 하나님의 주권을 인정한 자는 이런 투덜거림을 멈춘다. 그 대신에 하나님의 뜻에 굴복하고, 우리가 **마땅히 받아야 하는** 그만큼의 고통은 주시지 않았다고 인정한다.

하나님의 주권을 참으로 인식하면, 하나님이 뜻하시는 대로 우리를 처분하실 완벽한 권리가 하나님께 있음을 천명하게 된다. 전능하신 하나님의 즐거워하심에 굴복하는 자는, 하나님 보시기에 좋은 대로 우리를 처분할 절대적인 권리가 하나님께 있음을 인정하게 된다. 만일 그 마음이 피투성이가 되어 있는 데도 하나님이 가난, 질병, 친지의 죽음을 주시기로 선택하신다면, 온 땅을 심판하시는 하나님이 올바르게 행하였으리라고 말할 것이다. 이 생의 순례길을 마칠 때까지 신자의 마음 속에 육적인 생각이 남아 있기 때문에 종종, 갈등도 생길 것이다. 그러나 이 복된 진리에 실제로 굴복한 자의 가슴에는 갈등이 생길망정, 그 옛날 거친 물결이 일던 게네사렛 호수에게 "잠잠하라! 고요하라!" 고 말씀하셨을 때(막 4:39)와 같은 그 목소리를 듣게 될 것이다. 그래서 내부에서

있기에 "삼가함" 이라는 우리말로 옮겼다. 본래는 동사형이 "삼가다" 이고 명사형은 따라서 "삼감" 이며 "삼가함" 은 잘못된 표현임이 분명하지만 표현과 발음이 어색하기에 "삼가함" 으로 썼다. "삼가다" 는 "존경하고 어려워하는 마음이 있어 조심하는 마음으로 정중하게 처신한다" 는 뜻이다. 독자의 양해를 구한다.

소용돌이치는 물결은 잠잠해 질 것이고 차분히 가라앉은 영혼은, 눈물이 흘러내지만 확신에 가득 찬 눈으로 하늘을 바라보며 "주의 뜻을 이루소서"라고 말할 것이다.

하나님의 주권적 의지에 굴복하는 영혼에 관한 두드러진 사례는, 이스라엘의 대제사장 엘리에 관한 기록이 제공한다. 사무엘 상 3장에, 하나님이 엘리의 두 아들을 그 사악함 때문에 죽이시겠다고 어린 사무엘에게 계시하셨고, 이 메시지를 사무엘은 그 다음날에 늙은 제사장 엘리에게 전해 주는 장면이 있다. 경건한 부모의 마음에 이보다 더 가슴 아픈 소식은 없다. 자기 자녀가 비명횡사를 당한다는 소식은, 어떤 경우에서건 아버지에게는 커다란 시련이다. 자기 두 아들이 하나님의 심판을 받고 한창 때에, 전혀 죽을 준비가 되지 않은 때에 죽어야 함을 안다면 누구라도 압도되고 말 것이 틀림없다. 그러나 엘리는 사무엘을 통해 이 비극적인 통고를 받았을 때 어떻게 되었는가? 엘리는 그 무서운 소식을 접하였을 때 어떤 반응을 보였는가?

> 그러자 엘리가 말하였다. "그는 여호와이시다. 자기 눈에 선하신 것을 하실 것이다."[15]

다른 말은 한마디도 하지 않았다. 정말 놀라운 복종이다. 숭고한 삼가함! 인간의 마음에 있는 가장 강력한 고통을 통제하고 반역적 의지를 가라앉히고 여호와 하나님의 주권적 즐거움에 불평 없이 묵종하게 만드는, 하나님 은혜의 능력에 대한 정말 멋진 모습이다.

마찬가지로 두드러지는 또 하나의 사례를 욥의 삶에서 찾을 수 있다. 잘 알고 있듯이, 욥은 하나님을 경외하고 악을 미워하였다. 만일 하나님의 섭리가 해맑은 웃음을 제공해주어야 마땅하다고 여겨지는 사람을

---

[15] 삼상 3:18, Then Eli said, "He is the LORD; let him do what is good in his eyes."

하나 꼽으라면 욥이 그 사람이었다. 그러나 그가 어떻게 되었는가? 한동안은 유쾌한 일들이 줄을 이었다. 하나님이 아들 일곱과 딸 셋을 주셨다. 하는 일마다 잘되어서 엄청난 부자가 되었다. 그러나 갑작스럽게 인생의 태양이 먹구름 속으로 숨었다. 단 하루만에 욥은 자신의 가축 떼와 자식들을 한꺼번에 잃었다. 강도들이 가축을 탈취해 갔다는 소식과 그의 자녀들이 모두 태풍에 죽었다는 소식을 들었다. 그는 이 소식을 어떻게 받아들였는가? 그의 장엄한 목소리에 귀 기울여라.

주신 자도 여호와요, 가져가신 자도 여호와다.[16]

욥은 여호와 하나님의 주권적인 의지에 굴복하였다. 욥은 자신의 고통들을 그 최초의 원인이신 하나님에게까지 더듬어 올라갔다. 그는 자신의 가축을 훔친 강도들의 배후에 있는, 자기 자식들을 죽인 바람의 저 위쪽에 있는 **하나님의 손**을 바라보았다. 그러나 욥은 하나님의 주권을 인정하는 것으로 멈추지 않고 하나님의 주권을 **즐거워하기**까지 하였다. 그는 "주신 자도 여호와요, 가져가신 자도 여호와"라는 말에 "**여호와의 이름을 찬양하라**"는 말을 덧붙였다. 다시 말하자면, 달콤한 굴복! 장엄한 삼가함!

하나님의 주권을 참으로 인정하면, 우리는 모든 계획을 하나님의 뜻에 맡기게 된다. 본인은 20년 전 잉글랜드에서 일어난 사건을 잘 기억하고 있다. 빅토리아 여왕이 죽자 태자 에드워드의 즉위 날짜를 1902년 4월로 잡았다. 보내진 모든 통지문에 D. V. 두 글자―"하나님의 뜻대로"라는 뜻인 "데오 볼렌테"(Deo Volente)의 머리글자―가 빠졌다. 잉글랜드 역사상 가장 훌륭한 의식을 치루기 위한 계획을 세웠고 모든 일

---

16) 욥 1:21, … The LORD gave and the LORD has taken away; may the name of the LORD be praised.

정을 완성하였다. 세계 각지의 왕과 황제들이 이 대관식에 참석해달라는 초청을 받아들였다. 왕자의 선언문을 인쇄하여 진열하였다. 그러나 본인이 아는 한, 그 어디에도 D. V. 이 두 글자는 없었다. 지극히 훌륭한 계획을 준비하였고 타계한 여왕의 후계자가 정해진 날짜, 정해진 시간에 웨스트민스터 대성당에서 에드워드 7세로 즉위하기로 되어 있었다. **그때 하나님이 개입하셨다.** 인간의 모든 계획이 좌절되었다. "너희는 나를 빼놓았다"는 잔잔한 목소리가 들렸다. 에드워드 왕자는 맹장염에 걸렸다. 그의 대관식은 여러 달 연기되었다.

앞에서 언급한 대로, 하나님의 주권을 참으로 인정하면 우리의 계획을 하나님의 뜻에 맡기게 된다. 거룩한 토기장이는 진흙에 대해 절대적 권능을 가지고 있고 진흙을 자기 자신의 장엄한 즐거우심대로 빚으신다는 사실을 인정하게 만든다.

지금은 일반적으로 무시당하고 있는 성경의 다음 훈계에 유의하게 만든다.

> 자! 들으라! 너희, "오늘이나 내일, 이 도시든 저 도시든 가서 거기에서 일 년을 머물면서 일을 해서 돈을 벌도록 합시다"라고 말하는 자들아! 저런! 너희는 내일 어떻게 될지도 모른다. 너희 인생이 무엇이냐? 너희는 잠깐 보이다가 사라지는 안개이다. 그런데도 너희는 "그것이 주의 뜻이라면 살아서 이런저런 것을 합시다"라고 말하지 않으면 안 된다.[17]

맞다. 우리는 주의 뜻에 굴복하지 않으면 안 된다. 내가 아메리카에서든 아프리카에서든 어디에서 살지를 말하는 것은 주님의 몫이다. 부

---

[17] 약 4:13—15, Now listen, you who say, "Today or tomorrow we will go to this or that city, spend a year there, carry on business and make money." Why, you do not even know what will happen tomorrow. What is your life? You are a mist that appears for a little while and then vanishes. Instead, you ought to say, "If it is the Lord's will, we will live and do this or that."

자로 살든 가난하게 살든, 건강하게 살든 병약하게 살든 내가 어떤 환경 하에 살지를 결정하는 것은 주님의 몫이다. 들꽃처럼 젊어서 죽든 70세까지 살든 내가 얼마나 오래 살지를 말하는 것은 주님의 몫이다. 이 가르침을 실제적으로 배우는 것은, 은혜에 의한 것이며 하나님의 학교에서 높은 단계에 도달하는 것이다. 우리가 이 교훈을 다 배웠다고 생각할 때조차, 다시 배워야 한다는 사실을 거듭, 거듭 발견한다.

4. 깊은 감사와 기쁨을 갖춘 태도

하나님의 주권이라는 이 지극히 복된 진리를 마음으로 파악하면, 어쩔 수 없는 것에 눈물을 머금고 굴복하는 것과는 전혀 다른 결과를 낳게 된다. 이 멸망해 가는 세상이 가르치는 철학은 기껏해야 "참아내라"는 정도만 알고 있다. 그러나 그리스도인들에게는 훨씬 다르다. 하나님의 지상권을 인정하면 우리 안에 경건한 두려움, 절대적 순종, 전적으로 삼가함이 생길 뿐만 아니라, 시편 기자처럼 "내 영혼아! 여호와를 찬양하라! 내 안에 있는 모든 것들아 주의 거룩한 이름을 찬양하라"[18]고 말하게 된다. 바울은 "모든 것으로 인해 하나님 아버지께, 우리 주 예수 그리스도의 이름으로 항상 감사드리라"[19]고 말한다. 바로 **이** 지점에서, 우리 영혼의 상태는 자주 시험받는다. 오호라! 우리 각자에게는 자기의 지가 매우 많다. 만사가 우리가 원하는 대로 돌아갈 때는, 하나님께 매우 감사하는 모습을 보인다. 그러나 만사가 우리 계획과 바램에 역행하는 그런 경우에는 어찌하는가?

---

18) 시 103:1, ···Praise the LORD, O my soul; all my inmost being, praise his holy name.
19) 엡 5:20, always giving thanks to God the Father for everything, in the name of our Lord Jesus Christ.

우리는 진정한 그리스도인이 기차여행을 할 때, 목적지에 도착하자마자 하나님께 경건한 감사를 드리는 것을 당연히 여긴다. 이렇게 하는 것은 하나님이 모든 것을 주관하신다고 주장하는 것이다. 그렇지 않으면 우리는 기관사, 화부, 신호수 등에게 감사해야 한다. 혹은 사업상의 경우라면, 멋진 한 주간을 마무리하면서 모든 좋은 (세속적인) 은사와 모든 완벽한 (영적인) 은사를 주신 자에게 감사를 드린다. 다시 말하지만 이것은 하나님이 모든 고객들을 당신에게로 이끌어 주신다는 주장이다. 여기까지는 괜찮다. 이런 경우들에서는 어려움이 전혀 없다. 그러나 정반대의 경우를 상상하라. 내가 탄 기차가 몇 시간이나 연착하여 초조하고 짜증이 났다고 가정하자. 사업이 잘 안 풀리는 한 주간을 보냈거나, 내 사무실에 벼락이 떨어져 불이 났다거나, 강도가 들어와 총을 들이댔다고 가정하자. 그러면 어찌되겠는가? 나는 **이런** 일들 가운데서 하나님의 손길을 바라보는가?

욥의 경우를 다시 생각해 보자. 그는 연이은 상실 속에서 어떻게 하였는가? 자신의 "불행"을 한탄하였나? 그 강도들을 저주하였나? 하나님께 투덜거렸나? 아니다. 하나님께 굴복하여 경배하였다. 아! 친애하는 독자여! 여러분이 모든 것에서 하나님의 손길을 찾을 줄 알 때까지는 여러분의 불쌍한 마음에 진정한 휴식은 없다. 그러니 그것을 향해서 믿음은 계속해서 움직여야 한다. 믿음이란 무엇인가? 맹목적인 고지식함인가? 운명론적 묵종인가? 아니다. 천만의 말씀이다. 믿음은 살아계신 하나님의 확실한 말씀에 의지하여 쉬는 것이다. 따라서 믿음은, "하나님은 자기를 사랑하는 자들 즉, 하나님의 목적을 따라 부르심을 받은 자들의 선을 위하여 만물 속에서 역사하신다는 사실을 우리는 알고 있다"[20]

---

[20] 롬 8:28, And we know that in all things God works for the good of those who love him, who have been called according to his purpose.

고 말한다. 그러므로 믿음은 "언제나 모든 것들로 인하여" 감사드린다. 활동하는 믿음은, "주 안에서 항상 기뻐"[21]한다.

경건한 두려움, 절대적 순종, 전적인 삼가함, 깊은 감사와 기쁨으로 표현되는, 하나님의 주권에 대한 이러한 인식을 주 예수 그리스도는 어떻게 그렇게 최상으로 완벽하게 본을 보여주었는지 확인할 차례이다.

무엇보다도, 주 예수는 우리가 따라야 하는 모범을 남겨주셨다. 이것은 위에서 언급한 첫 번째 주장과 연결해서도 참인가? "경건한 두려움"이라는 말은 **그의** 비할 바 없는 이름과 연결되어 있는가? "경건한 두려움"은 노예적 공포가 아니라 자녀의 복종과 존경을 가리킨다는 점을 기억할 때, "하나님을 두려워함이 지혜의 시작"이라는 말을 기억할 때, 성육신한 지혜이신 그분과 연결해서 "경건한 두려움"을 일체 언급하지 않는다면, 그러면 오히려 이상하지 않을까?

히브리서 5:7 말씀은 정말 놀랍고 귀한 말씀이다.

> 그가 육체로 계실 때, 자기를 죽음에서 구원하실 수 있는 하나님께 큰 부르짖음과 눈물로 기도와 간구를 드렸고 하나님은 주의 **경건한 두려움** 때문에 들어주셨다.[22]

주 예수가 유년 시절에 마리아와 요셉에게 "복종"하도록 만든 것이 이 "경건한 두려움" 말고 무엇이겠는가? "예수께서 자신이 성장하신 곳인 나사렛에 가셨다. 안식일이 되자 늘 하시던 대로 회당으로 들어가셨다[23]"는 말씀에 "경건한 두려움"—하나님께 드리는 자녀다운 복종과

---

21) 빌 4:4, Rejoice in the Lord always. I will say it again: Rejoice!
22) 히 5:7, Who in the days of His flesh, having offered up prayers and supplications with strong crying and tears unto Him that was able to save Him from death, and having been heard for his godly fear (RV).
23) 눅 4:16, He went to Nazareth, where he had been brought up, and on the Sabbath day he went into the synagogue, as was his custom….

존경―이 펼쳐져 있음을 확인할 수 있다. 사탄이 자기에게 엎드려 경배하라고 유혹하였을 때 성육신 하신 성자가 "성경에, '주 너희 하나님을 경배하고 다만 그를 섬겨라' 고 기록되어 있다" 24)고 대꾸하도록 만든 것이 "경건한 두려움" 이 아니고 무엇인가? 깨끗이 나은 문둥병자에게 "가서, 네 몸을 제사장에게 보이고 모세가 명한 예물을 드려라" 25)고 말씀하시게 된 동기가 "경건한 두려움" 이 아니고 무엇인가? 사례를 더 들어야 할 필요가 있을까?26)

주 예수께서 아버지 하나님께 드린 그 **순종**은 정말 완벽하였다! 이점을 생각하면서, 하나님이신 그가 몸을 낮춰 종의 형상을 취하게 만들고 순종에 적합한 위치에 서도록 만든 저 놀라운 은혜를 시야에서 놓치지 말라. 그는 완벽한 종의 신분으로 하나님 아버지께 완벽한 순종을 드렸다. 그가 "죽기까지, 십자가 위에서 **죽기까지** 순종하였다" 27)는 말씀에서 그 순종이 얼마나 절대적이고 전적인 것이었는지를 알 수 있다. 이 순종이 의식적이고 지적인 것임을 그가 직접 하신 다음 말씀에서 분명히 드러난다.

> 내가 내 생명을 다시 얻기 위하여 버리기 때문에, 내 아버지가 나를 사랑하신다. 내게서 내 생명을 빼앗을 자는 아무도 없다. 내가 스스로 버린다. 나는 내 생명을 버릴 능력도 있고 다시 취할 능력도 있다. 이 계명을 나는 내 아버지에게서 받았다. 28)

---

24) 마 4:10, For it is written: "Worship the Lord your God, and serve him only."
25) 마 8:4, … But go, show yourself to the priest and offer the gift Moses commanded …
26) 구약의 예언이 "주의 영" 즉, "지혜와 총명의 영, 분별과 능력의 영, 여호와 하나님을 알고 두려워하는 영" 이 그의 위에 임할 것이다" (… "The Spirit of the LORD" will "rest on him--Spirit of wisdom and of understanding, the Spirit of counsel and of power, the Spirit of knowledge and of the fear of the LORD--"; 사 11:1-2)라고 선언한 것에도 주의를 기울이라.
27) 빌 2:8, And being found in appearance as a man, he humbled himself and became obedient to death--even death on a cross!

이제, "성자가 성부의 뜻에 대한 절대적 삼가함에 관해서는 무엇이라고 말해야 할까?"라는 문제를 언급하겠다. 두분 사이에는 전적으로 하나 된 조화가 있었다. 주님은 "나는, 내 뜻을 행하기 위해서가 아니라 나를 보내신 분의 뜻을 행하기 위해서 하늘에서 내려왔다"[29]고 말씀하셨다. 주께서 그 주장을 얼마나 충분히 실증하였는지를, 성경에 기록된 주의 행적을 세심하게 추적하는 모든 사람이 확인할 수 있다. 겟세마네 동산에서 보여준 주의 모습을 보라. 성부가 주시는 그 쓴 "잔"을 목전에 두고 있다. 주의 태도에 주의를 기울여라. 온유하고 겸손한 마음을 가진 주의 모습을 **배우라**. 동산에서 말씀이 육화 된 모습―완벽한 인간―을 본다는 사실을 기억하라. 자신을 기다리고 있는 육체적 고난을 생각하며 육신의 온 신경이 떨리고 있었다. 그의 거룩하고 민감한 본성은, 자기 위에 놓이게 될 저 무시무시한 경멸 때문에 움츠러들고 있었다. 그의 마음은 앞에 놓여 있는 무서운 "책망"에 상처 입고 있었다. 그의 영혼은 어둠의 권세와 벌이게 될 무서운 갈등을 미리 보고 크게 괴로워하였다. 무엇보다도, 최종적으로, 하나님으로부터 분리된다는 생각에 무서움으로 가득 차 있다. 따라서 거기에서 성자는 자신의 영혼을 아버지께 쏟아 큰 부르짖음과 눈물을, 말하자면, 큰 핏방울처럼 흘린다. 자! 이제 주목하고 귀를 기울여라. 그대의 심장 박동소리조차 잠잠히 하고, 주의 복된 입술에서 나오는 말씀을 경청하라.

아버지! 아버지가 원하신다면 내게서 이 잔을 치워주십시오. **그러나 내**

---

28) 요 10:17-18, The reason my Father loves me is that I lay down my life--only to take it up again. No one takes it from me, but I lay it down of my own accord. I have authority to lay it down and authority to take it up again. This command I received from my Father.

29) 요 6:38, For I have come down from heaven not to do my will but to do the will of him who sent me.

뜻이 아니고 아버지의 뜻을 이루십시오.30)

인격화된 굴복이란 이런 것이다. 겸손히 삼가하여 주권자 하나님의 즐거워하심에 굴복하는 모습을 여기에서 최상으로 탁월하게 예시하였다. 우리가 주의 발자국을 따라야 한다는 모범을 남겨주셨다. 하나님이 사람이 되어, 지금의 우리처럼 모든 점에서 유혹을 받아 —그러나 죄는 없으셨다— **우리** 피조물의 본성을 어떻게 입으셨는지를 보여주셨다.

앞에서, "성자가 성부의 뜻에 대한 절대적 삼가함에 관해서는 무엇이라고 말해야 할까?"라고 물었다. 우리의 답변은 이렇다. 모든 곳에서와 마찬가지로 여기에서도, 그리스도는 유일무이하고 비할 바가 없었다. 모든 점에서 탁월하였다. 주 예수께는 깨뜨려야 할 반역적 의지가 전혀 없었다. 주의 마음 속에는 억눌러야 할 것도 전혀 없었다. 예언의 말씀에서 "나는 버러지다, 사람이 아니다"(시 22:6)—**벌레는 저항할 능력이 전혀 없다!**—라고 하신 이유의 하나가 아니겠는가? 주님께는 저항할 능력이 전혀 없었기 때문에, "나의 양식은 나를 보내신 이의 뜻을 행하는 것이다"31)라고 말씀하실 수가 있었다. 그렇다. 주는 모든 점에서 아버지와 완벽하게 일치하였기 때문에, "오! 하나님! **나는** 하나님의 뜻을 행하기가 **즐겁습니다**. 그렇습니다. 하나님의 법이 내 마음 속에 있습니다"32)라고 말하셨다. 마지막 절에 유념하라. 주의 비할 데 없는 탁월함을 보라. 하나님이 하나님의 법을 **우리** 마음에 넣어 주셔야 하고, 우리 마음에 써넣어 주셔야 한다(히 8:10을 보라). 그러나 그리스도의 마음 속에는 **이미** 하나님의 법이 있었다!

---

30) 눅 22:42, Father, if you are willing, take this cup from me; yet not my will, but yours be done.

31) 요 4:34, "My food," said Jesus, "is to do the will of him who sent me …"

32) 시 40:8, I delight to do thy will, O my God : yea, thy law is within my heart(KJV).

그리스도의 감사드림과 기뻐하심을 보여주는 아름답고 현격한 실례가 마태복음 11장에 있다. 거기에서 우리가 살펴보아야 할 것은 첫째, 주의 선구자를 믿지 못하는 것(22-23절)이다. 두 번째는, 백성들의 불만족 즉, 그리스도의 복음에도 요한의 엄중한 메시지에도 만족하지 않는 것이다(16-20). 세 번째는, 우리 주님이 강력한 사역을 일으켜 은총을 부어주신 도시들이 회개치 않는 것이다(21-24). 그 다음에 나오는 말씀이 이것이다.

> 그 때에, 예수께서 대답하여 말씀하시기를, "오! 아버지여! 하늘과 땅의 주여! 내가 주께 **감사드립니다**. 주께서 이것들을 지혜롭고 분별력 있는 자들에게는 숨기셨고 아이들에게는 나타내셨기 때문입니다.[33]

누가복음 11장에서 이 진술을 반복할 때 "그 때에 예수께서 성령으로 인해 **기쁨으로 가득 차** '내가 아버지께 감사드립니다…'"[34]는 말로 시작하였음을 주목하라. 아! 가장 순수한 형태의 굴복이었다. 세상을 창조하신 자였지만 비천해진 시기를 맞아 거절당할 처지에서도 "하늘과 땅의 주재"이신 하나님의 뜻에 감사와 기쁨으로 굴복하시는 자!

하나님의 주권에 대한 우리의 태도는 어떠해야 하는가?

5. 존숭의 예배를 갖춘 태도

"참된 예배는 위대하심에 대한 인식에 기초한다, 위대하심은 주권에서 가장 탁월하게 드러난다, 그 외의 다른 어떤 것에 근거해서도 참으로

---

[33] 마 11:25, At that time Jesus answered and said, I thank thee, O Father, Lord of heaven and earth, because thou hast hid these things from the wise and prudent, and hast revealed them unto babes (KJV).

[34] 눅 10:21, In that hour Jesus rejoiced in spirit, and said, I thank thee, O Father … (KJV).

예배드릴 수 없다"고 무디(J. B. Moody)가 바르게 말했다. 보좌에 앉으신 왕이신 하나님의 존전에서는, 심지어 스랍조차 "얼굴을 가린다."

하나님의 주권은 전제군주적 주권이 아니라 무한히 지혜롭고 선하신 자가 발휘한 즐거움이다. 하나님은 무한히 지혜롭기 때문에, 오류를 범할 수 없다. 하나님은 무한히 의롭기 때문에, 잘못 행하지 **않으신다**. 바로 여기에 이 진리의 고귀함이 있다. 하나님의 뜻은 저항할 수도 돌이킬 수도 없다는 사실만으로는 두려움에 사로잡히게 한다. 그러나 일단, 하나님은 오직 선한 것만을 의지하신다는 사실을 깨닫게 되면 마음은 즐거움으로 가득 차게 된다.

바로 여기에 이 장의 질문―하나님의 주권에 대한 우리의 태도는 어떠해야 하는가?―에 대한 최종적인 답변이 있다. 우리가 취해야 할 합당한 태도는 경건한 두려움, 절대적인 순종, 무조건적 삼가함과 굴복의 태도이다. 그러나 그 뿐만 아니라, 하나님의 주권에 대한 인식과, ㄱ 주권자는 내 아버지라는 자각이 마음을 압도할 뿐만 아니라 나로 하여금 하나님 아버지 앞에 존숭의 예배를 드리도록 해야 한다. 나는 언제나, "바로 그렇습니다. 아버지! 그것이 아버지가 보시기에 선하였기에 그렇습니다"라고 말하지 않으면 안 된다.

2백년 전쯤에 고결한 귀용(Guyon) 부인[35]은, 오직 식사 때만 촛불 하나로 불을 밝힐 수 있는 땅 밑 깊숙한 지하감옥에서 10년을 보낸 뒤에 다음과 같이 노래하였다.

---

35) [역자 주] 마담 귀용(Madam Guyon, 1648-1717)은 종교개혁적 신념과 헌신으로 유명하며 여러 편의 저술도 남겼다. 1695년 12월에 체포되어 여러 차례 심리와 투옥을 겪었다. 감시자가 허락할 때만 글을 써서 남긴 그녀의 자서전으로 유명하다.

나는 한 마리 작은 새
사방이 가로막혀 하늘조차 보이지 않는 새장에 앉아
나를 여기에 두신
주님께 노래한다
나는 즐거움으로 가득 찬 죄수
나의 이 모든 것이 나의 하나님을 즐겁게 하기 때문이다

나는 온종일 노래할 뿐
나는 아무것도 하지 못한다
내가 지극히, 즐겁게 해드리고 싶은 주께서
내 노래에 귀 기울이신다
주는 떠도는 나의 날개를 붙잡아 묶으셨다
하지만 오히려 주께서 허리를 구부려 내 노래를 들으신다

새장이 나를 둘러 가두어 놓았기에
나는 멀리 날지 못한다
그러나 내 날개가 꼭 묶여 있어도
내 마음은 자유롭다
내 영혼의 자유로운 비상은
감옥의 담장도 막지 못한다

아! 멋진 솟구침이여!
창살과 빗장 너머 주께로 날아오름이여!
주의 목적을 나는 찬양한다
주의 섭리를 나는 사랑한다
전능하신 주의 뜻 안에서
내 마음의 기쁨, 자유를 찾는다

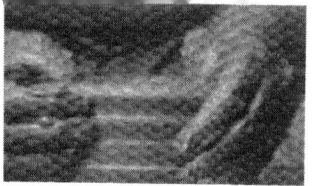

제11장
난제 및 반대의견

그런데 너희는 "여호와 하나님의 길은 공평치 않다"고 말한다. 이스라엘 족속아! 귀를 기울여라! "나의 길이 공평치 않은가? 너희 길이 공평치 않은가?"[1]

지금까지의 주장 때문에 직면하게 되는 난제(難題)와 반대의견들 가운데 몇 가지를 좀더 명확하게 검토해 보겠다. 본인은 이 문제들을 논의를 진행하면서 다루기보다는 별도의 장을 할애하는 것이 훨씬 낫다고 여겼다. 이렇게 하지 않고 논의 도중에 다루었다면 생각의 흐름이 깨뜨려지고 각 장의 엄격한 통일성이 파괴되며 장황한 각주로 가득찼을 것이다.

하나님의 주권이라는 진리를 서술하려는 시도에 어려움이 뒤따른다는 점은 인정하기 쉽다. 진리의 균형을 유지하는 것이 아마도 가장 어려울 것이다. 그것은 대체로, **관점**의 문제이다. 성경은, 하나님은 주권자라고 명백하게 선언하고, 인간은 책임이 있는 피조물이라는 점도 명확하게 단언한다. 이 두 진리의 관계성을 규명하는 것, 이 둘을 나누는 분수령을 확정하는 것, 이 둘이 만나는 정확한 지점을 찾아내는 것, 이 둘 사이에는 모순이 일체 없음을 보여주는 것이 가장 중차대한 과제이다. 인간의 유한한 지성으로는 이 둘을 조화시킬 수 없다고 공공연하게 선언하는 자들이 많다. 그런 시도를 할 필요가 없고 어리석은 짓이라고 말

---

1) 겔 18:25, Yet you say, "The way of the Lord is not just." Hear, O house of Israel: Is my way unjust? Is it not your ways that are unjust?

하는 사람들도 있다. 그러나 앞에서 언급하였듯이, 모든 문제의 해답을 하나님의 말씀에서 찾는 것이 하나님을 훨씬 높일 것이다. 사람에게 불가능한 것이 하나님에게는 가능하다. 유한한 지성은 미칠 수 있는 한계가 정해져 있지만 우리가 기억할 것은, 하나님께 속한 사람에게 "완전하게 공급해 주기" 위하여 성경을 주셨다는 사실이다. 겸손과 확신의 정신으로 성경 연구에 임하면 우리의 믿음을 따라 받게 될 것이다.

위의 언급처럼, 이 맥락에서 가장 곤란한 과제는, 하나님의 주권과 피조물의 책임을 모두 주장하면서 진리의 균형을 유지하는 것이다. 우리처럼 하나님의 주권을 길게 강조하면 인간을 인형으로 전락시킨다고 생각하는 독자도 있을 것이다. 그러므로 이런 생각을 가진 사람들은 이런 오류에 빠지지 않도록 하기 위하여, 하나님의 주권에 대한 정의와 관련 진술들을 **수정**하고 육적인 생각에 매우 거슬리는 날카로운 모서리를 뭉툭하게 만들려고 한다. 우리 주장을 뒷받침하기 위해 인용한 증거를 심사숙고하기를 거절한 채, 주제를 몽땅 날려버릴 만한 반대의견을 제시하는 사람들도 있다. 트집과 시비에서 나온 반대의견을 논박하느라 시간을 낭비하고 싶지는 않다. 그러나 진리를 더욱 충분히 알고자 하는 열정을 가진 사람들이 부딪힌 난제들은 공평하게 대처하고 싶다. 물론, 제기 될 수 있는 모든 문제에 우리가 만족스럽고 최종적인 해답을 줄 수 있다는 말은 아니다. 독자와 마찬가지로 저자도 "부분적으로" 알고 유리를 통하여 보는 것처럼 "희미하게" 볼뿐이다. 이 난제들을 지금 우리에게 있는 빛에 비추어 성령을 의존하여 검토함으로써 하나님을 더욱 잘 알 수 있도록 추구하는 것이 지금 우리가 할 수 있는 전부이다.

우리의 발자국을 돌아보아, 우리의 생각이 이곳까지 이르게 된 그 순서를 추적해 보자. 우리는 하나님의 주권을 정의하면서 다음과 같이 단언하였다.

하나님은 주권적이라고 말하는 것은, 하나님은 전능자 즉, 하늘과 땅의 모든 권세를 소유한 분이시며 따라서 하나님의 생각을 물리치거나 하나님의 목적을 좌절시키거나 그의 뜻을 거역할 수 있는 자가 없다고 선언하는 것이다 … 성경이 말하는 하나님의 주권은 절대적이고 불가항력적이고 무한하다.

가장 강력한 형태로 표현하면, 하나님은 오직 자기 좋은 대로만 그리고 언제나 자기 좋은 대로 행하신다는, 시간 속에서 발생하는 모든 일은 단지 하나님이 영원 속에서 작정한 것에서 나온 것일 뿐이라는 주장이 된다. 이런 주장의 증거로 다음 성경 구절을 제시하였다.

우리 하나님은 하늘에 계시고 원하는 대로 어떤 것이든 다 행하셨다.(시 115:3)

전능하신 하나님이 목적을 세우셨다. 그렇다면 도대체 누가 그것을 취소시킬 수 있겠는가?(사 14:27)

땅 위에 거하는 자들을 아무것도 아닌 것으로 간주한다. 그는 하늘의 천사들과 땅 위의 민족들을 자신의 원하는 대로 처분하신다. 그의 손을 막을 자가 없고 그에게 "네가 무엇을 하느냐?"고 따질 자가 없다.(단 4:35)

만물은 하나님으로부터 나와서, 하나님을 통하고, 하나님에게로 돌아간다. 그 하나님께 영광이 영원토록 있을지어다. 아멘.(롬 11:36)

이 선언들은 너무나 명백하고 적극적이어서 여기에 관한 우리의 어떤 언급도 무식한 말로 어리둥절하게 만드는 결과가 된다. 위에서 인용한 것과 같은 명백한 진술들은 매우 압도적이고 권위가 있어서, 저들이 이 주제를 놓고 벌이는 일체의 논의를 영원히 중단해야 한다. 그렇다. 이 진술들을 액면 그대로 받아들이기보다는 그 설득력을 무효화시키기 위하여, 육적으로 창안해 낸 고안물을 의존한다. 예를 들면 우리에게,

"오늘날 세상에서 우리 눈으로 보는 것이 하나님이 영원히 목적하신 그 결과라고 한다면, 하나님의 생각이 지금 성취되고 있는 것이라면, 어째서 우리의 주님은 제자들에게 '주의 뜻이 하늘에서처럼 땅에서도 이루어지게 하소서' 라고 기도하도록 가르치셨는가?" 라는 질문을 들이댄다. 지금 이 말은, 하나님의 뜻이 이 땅위에서 이루어지고 있지 **않다**는 뜻임이 분명하지 않은가? 이 의문에 대한 대답은 매우 간단하다. 위 구절에서 강조되는 단어는 "처럼"이다. 하나님의 뜻은 오늘날 땅 위에서 이루어지고 **있다**. 그렇지 않다면, 이 땅은 하나님의 통치를 받지 않는 것이다. 만일 하나님의 통치 하에 있지 않다면 하나님은 성경이 선언하는 것처럼 "온 땅의 주"(수 3:13)가 아니다. 그러나 **하나님의 뜻은 하늘에서처럼** 이 땅 위에서 이루어지고 있지는 않다. 하나님의 뜻은 "하늘에서" **어떻게** 이루어지는가? —의식적으로 그리고 즐겁게. "땅 위에서"는 어떻게 이루어지는가? —대부분, 무의식적으로 그리고 심통 사납게. 하늘에서 천사들은 창조주 하나님의 명령을 지적으로 그리고 즐겁게 수행한다. 그러나 땅 위의 구원받지 못한 자들은 하나님의 뜻을 무지 속에서 맹목적으로 성취한다. 앞에서 우리가 언급한 것처럼, 유다가 주 예수를 배반하였을 때, 빌라도가 주 예수를 십자가에 못박으라고 언도하였을 때, 하나님의 작정을 성취한다는 의식적인 의도가 전혀 없었다. 그럼에도 불구하고 자신도 모르게 그렇게 된 것이다.

만일 땅 위에서 발생하는 모든 것이 전능자의 즐거움을 성취하는 것이라면, 만일 하나님이 인류의 역사에 등장하는 모든 것을 —태초에— 미리 정해놓으셨다면, 창세기 6:6의 "하나님이 땅 위에 사람을 만드신 것을 **후회**하셨고, 하나님의 마음은 고통으로 가득 찼다"[2]는 말씀은 무

---

2) 창 6:6, The LORD was grieved that he had made man on the earth, and his heart was filled with pain.

엇 때문인가? 홍수 이전의 인류들은 창조주가 부여한 길을 따르지 않았으며 땅 위에서 자신의 길을 "부패" 시킨 것을 보신 하나님이 이런 피조물을 창조하신 것을 후회하셨다는 뜻이 아닌가? 이런 반대의견도 제시되었다. 그러나 이런 결론을 내리기 전에, 이런 추론에 무엇이 함축되어 있는가를 먼저 살펴보도록 하자. 인간 창조를 후회하셨다는 말을 **절대적인** 의미로 본다면, 하나님의 **전지하심**이 부인될 것이다. 이와 같은 경우라면, 하나님이 인간을 창조하신 그 때에 하나님은 인간이 추구한 길을 미리 보지 못하셨음에 틀림없기 때문이다. 그러므로 모든 경건한 사람이 볼 때 이 말은 틀림없이, 다른 의미를 갖고 있다. 우리는 "후회하셨다"는 이 말을 우리의 유한한 지성에 맞춘 표현이라고 인정한다. 이런 식으로 말함으로써, 어려움을 회피하거나 매듭을 칼로 끊기를 추구하는 것이 아니라, 우리의 해석은 성경 전반의 흐름과 완벽하게 일치한다는 사실을 보여주는 것이다.

하나님의 말씀은 인간을 위한 것이고 그렇기에 인간의 언어를 사용한다. 우리가 하나님의 수준까지 올라갈 수 없기 때문에, 은혜롭게도 하나님이 우리에게 내려오셔서 우리의 언어로 우리와 대화를 나누신다. 사도 바울은 "낙원으로 이끌려 올라가서 사람의 말로 형언할 수 없는 말소리를 들었다"(고후 12:4). 땅 위의 인간들은 하늘의 언어를 알아듣지 못한다. 유한자는 무한자를 파악할 수 없다. 그러므로 전능자는 계시를, 인간이 이해할 수 있는 용어로 표현하여 내려주신다. 이런 이유 때문에, ─하나님을 사람의 형태로 표현하는─ 의인화 표현이 많다. 하나님은 영이다. 그러나 성경은 하나님에게 눈, 귀, 코, 숨, 손 등이 있다고 말한다. 이것들은 분명히, 인간이 이해할 수 있는 수준으로 끌어내린 언어 차용이다.

창 18:20-21을 보자.

그때 여호와가 말씀하셨다. "소돔과 고모라에 대한 항의가 크고 그들의 죄가 매우 심각해서, 그들이 행한 짓이 내게 도달한 원성만큼 나쁜지를 보러 내려가야 겠다."[3]

자! 의인화 표현임—즉, 하나님이 인간의 언어로 말씀하시는 것—이 여실하다. 하나님은, 소돔이 빠진 상태를 아셨다. 하나님의 눈은 그 무서운 죄악들을 보았다. 그러나 하나님은 여기에서, 인간의 언어를 차용하여 사용하기를 원하셨다.

창세기 22:12를 보자.

그(하나님)가 말하였다. "그 아이에게 손 대지 말라, 그에게 아무것도 하지 말라. 네가 네 아들을, 너의 외아들을 내게 아끼지 않는 것을 보고서 네가 하나님을 경외함을 내가 **이제** 알겠다."[4]

여기에서도, 하나님은 인간의 표현 방식을 사용하신다. 하나님이 아브람을 시험하기 **전에** 아브라함이 어떻게 행할지를 정확하게 "알고 계셨기" 때문이다. 예레미야가 하나님을 묘사하면서 그렇게 자주 사용한 표현은 즉, 하나님이 "일찍 일어나서"라는 표현은 분명히 언어 차용이다.

한 가지 더 확인해 보자. 포도원의 비유에서 그리스도는 포도원 주인이 다음과 같이 말한 것으로 묘사한다.

그 때 포도원 주인은, "어떻게 해야 하나? 내가 사랑하는 아들을 보내야 겠다. 아마도 내 아들은 존중해 주겠지"라고 말하였다.[5]

---

[3] 창 18:20–21, Then the LORD said, "The outcry against Sodom and Gomorrah is so great and their sin so grievous that I will go down and see if what they have done is as bad as the outcry that has reached me. If not, I will know."

[4] 창 22:12, And he said, "Lay not thine hand upon the lad, neither do thou any thing unto him: for **now** I know that thou fearest God, seeing thou hast not withheld thy son, thine only son from me" (KJV).

[5] 눅 20:13, Then the owner of the vineyard said, "What shall I do? I will send my son, whom I love; perhaps they will respect him."

하지만 명백한 사실은, "그 포도원 일꾼들"—유대인들—이 그 "아들을 존중하지" 않고 오히려, 하나님의 말씀이 선언하였던 것처럼 그를 "멸시하고 거절" 할 것을 완벽하게 잘 알고 계셨다는 것이다!

창세기 6:6의 "하나님이 땅 위에 사람을 만드신 것을 후회하셨고, 하나님의 마음은 고통으로 가득 찼다"는 표현을 우리는 동일한 방식으로 즉, 인간이 이해할 수 있는 수준과 방식으로 맞추어 표현한 것으로 이해한다. 이 구절은 하나님이 예기치 못한 돌발사태에 맞닥뜨려, 인간을 창조하신 것을 후회하였다고 가르치지 않는다. 오히려 이 구절은 인간이 빠져든 저 무서운 사악함과 부패를 하나님은 **혐오**하신다는 표현이다. 독자들의 마음에 우리 해석의 합법성과 건전성에 관한 의심이 남아 있다면, 다음 성경을 직접 찾아보면 그런 의심은 즉각적이고 전적으로 사라질 것이다.

> 이스라엘의 힘(하나님의 별칭)은 거짓말하지도 후회하지도 않으신다. 그는 사람이 아니기에 후회하지 않으신다.[6]

> 모든 좋은 선물, 모든 완벽한 선물은 위로부터, 빛들의 아버지로부터, 결코 변화도 없고 회전하는 그림자도 없으신 아버지로부터 내려온다.[7]

우리가 위에서 언급한 것에 세심한 주의를 기울이면, 이런 표현들의 비유적 성격을 무시하고, 인간적 표현방식을 하나님이 자기에게 적용한다는 사실에 유의하지 못하는 경우에 모호하고 헷갈리게 되는 다른 무수한 성경구절을 이해할 실마리를 발견하게 될 것이다. 창세기 6:6에

---

[6] 삼상 15:29, And also the Strength of Israel will not lie nor repent : for he is not a man, that he should repent (KJV).

[7] 약 1:17, Every good gift and every perfect gift is from above, and cometh down from the Father of lights, with whom is no variableness, neither shadow of turning (KJV).

관해 이렇듯 길게 언급하였으므로, 같은 성격을 가진 다른 구절들을 상세하게 해석할 필요는 없을 것이다. 그러나 독자들 가운데, 다른 몇몇 구절들을 검토해 주기를 바라는 사람들의 유익을 위해서 한 두 구절을 더 다루겠다.

이 책을 통해서 개진한 교훈을 뒤집기 위해서 종종 인용되는 구절은 우리 주님이 예루살렘을 애도하는 장면이다.

> 예루살렘아! 예루살렘아! 선지자들을 죽이고 네게 파송된 자들을 돌로 치는 자여! 암탉이 자기 병아리를 날개 아래 모음 같이 내가 네 자녀를 모으기를 정말 자주 원하였다. 그러나 너희가 원하지 않았다.[8]

"이 말씀은, 주님은 자기 사역의 **실패**를 인정하였다는 사실 즉, 유대 백성들은 자기들에게 향한 은혜의 전주곡에 전적으로 저항하였다는 사실을 보여주지 않는가?"라는 의문이 제기된다. 이 의문에 대해서는, 우리 주께서 여기에서 주님의 사역의 **실패**를 언급한다기보다는 주님은 **모든 시대**에 하나님의 은혜를 거절한 것으로 인해 유대인들을 책망하고 있는 것이다. 이것은 "선지자들"이라는 언급에서 확실하게 드러난다. 여호와 하나님이 자신의 백성을 얼마나 은혜롭고 인내로써 다루셨는지를, 하나님께로 "모이기를" 이 백성들이 시종일관 얼마나 극단적인 옹고집으로 거부하였는지를, 결국에는 이 백성들 스스로 만들어낸 것들을 따르도록 (일시적으로) 어떻게 내버려두셨는지를 구약성경은 충분히 증언한다. 그러나 성경은, 하나님의 계획은 이 백성들의 사악함에 의해서 **좌절되지 않았다**고 선언한다. 하나님이 그것을 예언하셨다 (따라서 작정하셨다) — 열왕기상 8:33을 예로 들어 살펴보라.

---

8) 마 23:37, O Jerusalem, Jerusalem, you who kill the prophets and stone those sent to you, how often I have longed to gather your children together, as a hen gathers her chicks under her wings, but you were not willing.

마태복음 23:37을 이사야 65:2을 비교해보자. 이사야의 글을 보면 하나님은, "좋지 않은 길로 행하고 자기 자신의 생각을 추구하는 완고한 백성에게 내가 온종일 손을 내밀었다"9)고 말한다. 그러나 "하나님은 자신의 영원한 목적에 반대되는 것을 하려고 노력하였는가?"라는 질문이 나올 수도 있다. 여기에 대해서는 칼빈의 글을 인용하여 대답하겠다.

> 우리는 하나님의 뜻이 다중적이고 다양하다고 이해하지만 하나님 그 자신으로는 서로 불일치하게 의지하지 않으시지만 바울의 표현에 따르면 하나님의 다양하고 "다중적인" 지혜로 우리의 각 기능들을 놀래키신다. 지금은 하나님의 뜻에 반하는 것처럼 보이는 것을 이적적으로 의지하시는 것을 우리가 이해할 수 있게 될 때까지 그렇게 하신다.

동일한 원리를 이사야 5:1-4의 말씀에서 좀더 깊이 확인할 수 있다.

> 나는 내가 사랑하는 자에게 그의 포도원에 관한 노래를 불러 주겠다. 나의 사랑하는 자의 포도원은 기름진 산허리에 있구나. 그가 땅을 파고 돌을 치우고서 최상품의 포도나무를 심었다. 그곳에 망루와 술틀을 세웠다. 좋은 포도가 맺히기를 고대하였으나 나쁜 열매만 맺혔구나. 자! 예루살렘에 사는 사람들아! 유다 사람들아! 나와 내 포도원 사이에 판단하라. 내가 포도원을 위하여 무엇을 더할 수가 있었단 말인가? 내가 좋은 포도 맺히기를 기다렸는데 포도원은 어째서 나쁜 열매만을 맺었단 말인가?10)

하나님은 —인간의 어법대로 하면— 훨씬 더 좋은 보상을 받아도 될 만큼 자신의 할 바를 다하였다고 생각하신 것이 이 구절의 명백한 의미

---

9) 사 65:2, All day long I have held out my hands to an obstinate people, who walk in ways not good, pursuing their own imaginations.

10) 사 5:1-4, I will sing for the one I love a song about his vineyard: My loved one had a vineyard on a fertile hillside. He dug it up and cleared it of stones and planted it with the choicest vines. He built a watchtower in it and cut out a winepress as well. Then he looked for a crop of good grapes, but it yielded only bad fruit. "Now you dwellers in Jerusalem and men of Judah, judge between me and my vineyard. What more could have been done for my vineyard than I have done for it? When I looked for good grapes, why did it yield only bad?"

가 아닌가? 그렇다. 여호와 하나님이 여기에서 "좋은 포도가 맺히기를 고대하였다"고 말할 때 유한한 표현 방식에 자신을 맞추고 있다는 것 또한 분명하지 않은가? 게다가, 하나님이 "내가 포도원을 위하여 무엇을 더할 수가 있었단 말인가?"라고 말씀하실 때 하나님이 하신 것 즉, 울타리를 두르거나 등등의 일을 열거한 것에서, 이스라엘에게 쏟아부어 주셨던 **외적** 특권과 수단과 기회들만을 언급한다는 사실에 주목할 필요가 있다. 물론, 하나님은 그때 만일 자신이 원하기만 하셨더라면 이스라엘에게서 그 돌같은 마음을 제거하고 새로운 마음을 주셨을 수도 있었다.

아마도 우리는 마태복음 23:37에 있는 예루살렘에 대한 그리스도의 애통해하심과 누가복음 19:41의 "예루살렘에 가까이 다가가 보시고는 예루살렘 성 때문에 슬피 우셨다"[11]는 말씀에 기록된 그리스도의 눈물을 연결지어야 할 것이다. 바로 뒷 구절에, 그리스도께서 눈물을 흘리신 원인이 언급되어 있다.

> 말씀하시기를, "만일 네가, 바로 네가 무엇이 네게 평화를 가져다 줄지를 오늘 알았더라면 좋았을 텐데, 그러나 지금 네 눈에는 그것이 숨겨져 있구나. 네 원수들이 너를 사방으로 축대를 둘러 에워싸는 날이 닥칠 것이다"라고 하셨다.[12]

이것은 그리스도께서 알고 계시던, 임박한 무서운 심판에 대한 전망이었다. 그러나 그 눈물은 실의에 빠진 하나님의 모습을 나타낸 것인가? 아니다. 정말 아니다. 오히려, 그 눈물은 완전한 인간상을 나타내었다.

---

11) 눅 19:41, As he approached Jerusalem and saw the city, he wept over it.
12) 눅 19:42-43, and said, "If you, even you, had only known on this day what would bring you peace--but now it is hidden from your eyes. The days will come upon you when your enemies will build an embankment against you and encircle you and hem you in on every side."

인간 그리스도 예수는 무감각한 금욕주의자가 아니었다. "연민으로 가득 찬" 사람이었다. 그 눈물들은 그리스도의 실제적이며 순수한 인간성에서 나오는 죄 없는 공감을 표명하였다. 만일 그리스도가 "슬피 울지" 않았더라면 덜 인간적이었을 것이다. 그 "눈물"들은 "**모든** 점에서 자기 형제들과 같이 되심이 마땅하였다"[13)]는 많은 증거 가운데 하나였다.

제 1 장에서 우리는, 하나님은 사랑을 주권적으로 발휘하신다고 단언하였다. 그리고 이렇게 말할 때 많은 사람들이 이 진술에 대해 강한 반감을 가질 것을 충분히 알고 있었다. 그리고 위에서 방금 언급한 내용에 대해서도 이 책의 다른 어떤 것 이상으로 비난을 받으리라는 것도 잘 알고 있다. 그럼에도 불구하고 우리는, 성경의 가르침이라고 믿는 것에 대한 우리의 확신에 참되지 않으면 안 된다. 그리고 독자들의 주위를 끌어 모은 우리의 주장을 하나님의 말씀에 비추어 착실하게 검토해 주기를 독자들에게 촉구할 수 있을 따름이다.

하나님은 모든 사람을 사랑하신다는 신념은 현대의 가장 인기 있는 신념 가운데 하나이다. 모든 계층에게 그토록 인기가 있다는 바로 그 사실은, 진리의 말씀을 따르는 사람들로부터 의심을 사기에 충분함에 틀림없다. 자신의 **모든** 피조물을 향한 하나님의 사랑이라는 말은 보편구원론자들, 일신론자들, 신지학파, 크리스챤 사이언스주의자들, 신령주의자들, 러셀주의자들 등등의 근본적이고 가장 좋아하는 강령이다. 사람이 어떻게 살든지 간에 —하늘에 공공연히 반항하며, 하나님의 영광은 말할 것도 없고 자기 영혼의 영원 문제에 관해서는 도무지 관심도 없이 죽어가며, 아마도 입술로만 맹세하는— 그럼에도 불구하고 하나님은 모든 사람을 사랑한다고 말한다. 이 신조는 정말 광범위하게 퍼졌고,

---

13) 히 2:17, ···in all things it behoved him to be made like unto his brethren··· (KJV).

하나님과 적대관계에 있는 심령에게 정말 위안을 주고 있어서 그들의 오류를 깨우쳐 줄 소망이 우리에게는 별로 없다고 느낄 정도이다. 하나님이 모든 사람을 사랑한다는 신념은 매우 **현대적인** 것이라고 말할 수 있다. [초대교회의] 교부들, [종교개혁 시대의] 개혁가들, [잉글랜드의] 청교도들의 저술을 샅샅이 훑어봐도 이런 개념은 나오지 않을 것이다. 아마도 —드루먼드(Drummond)의 "세상에서 가장 위대한 것"에 매혹된— 무디(D.L. Moody) 선생이 지난 세기에 누구못지 않게 이 개념을 대중화시키는 일에 공헌하였다.

하나님은 비록 죄를 미워하시지만 죄인을 사랑하신다[14]고 말하는 관습이 생겼다. 그러나 이것은 무의미한 구별이다. 죄인 안에 죄말고 무엇이 있는가? 그의 "머리 **전체**가 병들었"고 그의 "마음 전체가 쇠약해"졌으며, "발바닥에서 머리 꼭대기까지 **성한 곳이 하나도 없다**"[15]는 말이 사실이 아닌가? 하나님은 성자를 경멸하고 거부하고 있는 자를 사랑한다는 말이 맞는가? 하나님은 사랑이신 동시에 빛이시다. 그러므로 하나님의 사랑은 **거룩한** 사랑임에 틀림없다. 그리스도를 거절하는 자에게 하나님은 당신을 사랑하십니다 라고 말하는 것이 그의 양심을 마비시키는 것이며 죄 중에 머물러도 안전하다는 생각을 부여하는 것이다. 하나님의 사랑은 오직 성도들에게만 해당되는 진리인 것이다. 이 진리를 하나님의 원수들에게 준다는 것은, 자녀들의 양식을 개에게 주는 것이다. 완전한 선생이신 주 예수께서 죄인들에게 하나님이 너희를 사랑하신다는 말씀을 주시는 장면은 요한복음 3:16을 빼놓고는 사복음서에 한번도 나오지 않는다. 사도들의 복음 전도와 메시지를 기록한 사도행전에서도 하나님의 사랑을 전혀 언급하지 않는다. **성도들**에게 보낸 서

---

14) 롬 5:8은 **성도들에게** 준 말씀이고 "우리"는 8:29-30에서 언급된 동일인물들이다.

15) 사 1:5-6, Why should you be beaten anymore? Why do you persist in

신서에 이르러서야 이 고귀한 진리의 완전한 표현 즉, **자기 백성들을 향한** 하나님의 사랑이라는 표현이 나온다. 하나님의 말씀을 **바르게** 분별하도록 합시다. 그래서 신자들에게 주신 진리를 불신자들에게 **잘못** 적용하는 일이 없도록 합시다. 죄인들이 직면해야 하는 것은 하나님의, 이루 형언할 수 없는 거룩하심, 엄격한 의로우심, 단호한 정의로우심, 무서운 진노이다. 오해받을 위험을 무릅쓰고서라도 말하지 않을 수 없는 것은 —그리고 이 나라의 모든 전도자와 설교자에게 말해 줄 수 있기를 소원하는 것은—, 오늘날 (건전한 믿음을 가진 사람들이) 죄인들에게 그리스도를 너무나 지나치게 제시하고 있으며 죄인들에게 그리스도가 필요하다는 사실을 즉, 죄인들이 절대적으로 파탄된 상태에 있으며 죄인들은 다가올 진노를 겪게 될 무서운 위험이 임박하며 죄인들은 하나님 앞에서 무서운 죄책을 끌어안고 있다는 사실을 너무나 적게 말해 주고 있다는 것이다. 자신들이 그리스도를 필요로 한다는 사실을 깨달은 적도 없는 자들에게 그리스도를 제시한다는 것은, 진주를 돼지에게 던져주는 죄를 짓는 것과 같다. 16)

하나님이 인류의 모든 사람을 사랑하시는 것이 사실이라면, 우리 주님께서 제자들에게 "내 계명을 받아 순종하는 자는 누구든지 나를 사랑하는 자다. 나를 사랑하는 자를 내 아버지가 사랑하실 것이고 … '만일 어떤 사람이 나를 사랑하면 그는 나의 가르침을 따를 것이고 내 아버지가 그를 사랑하실 것이다'" 17)라고 말씀하신 까닭은 무엇인가? 만일 성

---

16) 그리스도께서 사랑하신 젊은 부자 관원은(막 10:21), 하나님의 택자이며 주님을 만난 뒤에 "구원" 받았다고 생각한다. 이 생각이 멋대로 세운 가설적 주장이며 복음서에서 실증적 근거를 찾을 수 없다고 이의를 제기한다면, "나에게 나오는 자를 내가 결코 내어 쫓지 않는다"는 말씀과 이 사람은 분명히 주님께 "나왔다"는 것으로 응수하겠다. 니고데모의 경우와 비교하라. 니고데모 역시 그리스도께로 나왔지만 요한복음 3장 어디에도 그리스도와의 대화를 마칠 당시에 그가 구원받은 사람이었다는 암시가 없다. 그럼에도 불구하고 그 이후의 삶을 보면, 그는 "내쫓긴" 자가 아니다.

부 하나님이 **모든 사람**을 사랑하신다면 "나를 사랑하는 자를 내 아버지가 사랑하실 것이"라는 말씀은 무엇 때문에 하셨는가? 잠언 8:17의 "나는, 나를 사랑하는 자들을 사랑한다"[18]는 말씀에서도 동일한 제한이 있다. 시편에는, 악 그 자체뿐만 아니라 "악을 행하는 모든 자들을 미워하신다"[19]는 말씀이 있다. 바로 이 말씀은, 하나님은 악을 미워하시지만 죄인을 사랑하신다는 작금의 가르침을 정면으로 반박하고 있다. 성경은 말한다.

(하나님은) 악을 행하는 모든 자들을 미워하신다.

하나님은 사악한 자들에게 매일 분노하신다.[20]

아들을 믿지 않는 자는 생명을 보지 못할 것이다. 오히려 하나님의 진노가 미칠 것이다.[21]

하나님은 자신의 "진노"가 미칠 자를 "사랑"하실 수 있을까? 다시 말하자면, "**예수 그리스도 안에 있는** 하나님의 사랑"[22]이라는 표현이 하나님의 사랑의 범위와 대상 양쪽에 한계점을 설정하는 것이 확실하지 않은가? 또, "내가 야곱을 사랑하고 에서를 미워하였다"[23]는 말씀을 볼 때, 하나님은 모든 사람을 사랑하지 않는 것이 분명하지 않은가? "주께

---

17) 요 14:21-23, Whoever has my commands and obeys them, he is the one who loves me. He who loves me will be loved by my Father … "If anyone loves me, he will obey my teaching. My Father will love him …"
18) 잠 8:17, I love those who love me …
19) 시 5:5, … you hate all who do wrong.
20) 시 7:11, … God is angry with the wicked every day (KJV).
21) 요 3:36, … he that believeth not the Son shall not see life; but the wrath of God abideth on him (KJV).
22) 롬 8:39, … the love of God that is in Christ Jesus our Lord.
23) 롬 9:13, … "Jacob I loved, but Esau I hated."

서 사랑하시는 아들을 단련하시고, 주께서 받으시는 모든 아들을 채찍질하신다"24)는 말씀도 있다. 이 구절은, 하나님의 사랑은 하나님의 자녀들에게 제한되어 있다고 가르치지 않는가? 만일 하나님이 예외 없이 모든 사람을 사랑하신다면, 여기에서 언급되는 구별과 제한은 매우 무의미하다. 마지막으로, "정죄받고 영원한 유황불 못에 던져질 자들을 하나님이 사랑한다고 상상할 수 있겠는가?"라는 질문을 던지고 싶다. 하지만, 만일 하나님이 지금 그런 자들을 사랑하실지라도 하나님의 사랑이 아무런 변화를 일으키지 못한다는 사실을 알면서도 그때도 그렇게 하실 것이다 ─하나님은 "변화도 회전하는 그림자도 없으시다!"

이제 요한복음 3:16을 다뤄보자. 방금 위에서 인용한 구절을 볼 때, 이 구절은 대개의 경우에 부과되는 구조를 견디지 못할 것이다. "하나님이 **세상을** 그토록 사랑하셨다." 많은 사람들은 이 말이 인류 전체를 의미한다고 가정한다. 그러나 "인류 전체"는 아담으로부터 세상 역사의 마지막 때까지의 모든 인류를 포함한다. 즉, 미래와 과거를 포함한다. 그렇다면, 그리스도가 탄생하기 **이전의** 인류 역사를 생각하자. 셀 수 없이 많은 사람들이 구세주가 세상에 오시기 전에 살고 죽었으며, 세상에 오신 하나님 없이 그리고 소망도 없이 이 땅 위에서 살다가 영원한 고통 속으로 건너갔다. 만일 하나님이 **그들을** "사랑"하셨다면, 그 최소한의 증거는 어디에 있는가? 성경은, "(하나님이) 과거에는(바벨탑 사건 이후부터 오순절 사건 이후까지) **모든** 족속이 자신의 길로 다니도록 허용하셨다"25)고 선언한다. "저들이 하나님을 알아둘 가치가 없다고 생각하였기 때문에, 하나님은 그들을 타락한 마음에 내버려 두어 좋지

---

24) 히 12:6, For whom the Lord loveth he chasteneth, and scourgeth every son whom he receiveth (KJV).
25) 행 14:16, In the past, he let all nations go their own way.

않은 일들을 행하도록 하셨다"[26]고도 선언한다. 또한 하나님은 이스라엘에게 "나는 땅의 모든 족속 가운데 너희만을 선택하였다; 그러므로 나는 너희 모든 죄악들을 처벌하겠다"[27]고 말씀하셨다. 이 명명백백한 구절들에도 불구하고 도대체 누가, 하나님이 과거에 모든 인류를 사랑하셨다는 바보 같은 주장을 하려는가! 미래에 대해서도 마찬가지이다. 계시록을 특히, 8장에서 19장에 이르는 부분에 유념하면서 잘 읽어보라. 하늘에서 이 땅 위에 쏟아붓는 심판이 묘사되어 있다. 사악한 자들에게 부어질, 저 무시무시한 화, 소름끼치는 천재지변, 하나님의 진노의 보복에 관해서 읽어 보라. 마지막으로, 계시록 20장의 크고 흰 보좌에 관해 읽으면서 최소한의 **사랑**을 거기에서 찾아볼 수 있는지 보라.

그러나 반대론자는 요한복음 3:16에 의지하여 "세상은 **세상이라는 뜻이다**"라고 말한다. 맞는 말이다. 하지만 (이 구절에 나오는) "세상"은 인류 전체를 뜻하지 않음을 우리는 입증하였다. (이 구절에서는) "세상"이라는 단어를 일반적인 방식으로 사용하고 있다. 그리스도의 형제들이 "세상에 자신을 드러내라"[28]고 말할 때 "인류 전체에게 자신을 드러내라"는 뜻이었는가? 바리새인들이 "보라! 세상이 그를 좇는다"[29]고 말할 때 "인류 전체가 그에게로 몰려들고 있다"는 뜻이었는가? 사도가 "너희 믿음이 **온 세상**에 알려지기 때문에"[30]라고 말할 때에, 로마 성도의 믿음이 지상의 모든 남녀노소가 벌인 대화의 주제가 되었다는 뜻이

---

26) 롬 1:28, Furthermore, since they did not think it worthwhile to retain the knowledge of God, he gave them over to a depraved mind, to do what ought not to be done.
27) 암 3:2, You only have I chosen of all the families of the earth; therefore I will punish you for all your sins.
28) 요 7:4, … show yourself to the world.
29) 요 12:19, … behold, the world is gone after him (KJV).
30) 롬 1:8, … because your faith is being reported all over the world.

었는가? 계 13:3에서 "온 세상이 놀라며 그 짐승을 따랐다"[31]고 말할 때 예외가 전혀 없을 것이라고 이해해야 한다는 말인가? 굴복하기보다는 죽임을 감수할, 경건한 남은 자는 어떻게 된 것인가? 인용할 수 있는 이런 저런 구절들에 따르면, "세상"이라는 용어는 절대적이라기 보다는 상대적인 의미를 가지는 경우가 종종 있다.

요한복음 3:16에 관련하여 언급해야 할 첫 번째 사실은, 그 구절에서 주님은 니고데모에게 말씀하신다는 것이다. 니고데모는 하나님의 자비는 유대인들에게만 한정되어 있다고 믿었다. 거기에서 그리스도는, 자기 아들을 내어주시는 하나님의 사랑은 더욱 커다란 대상을 염두에 두고 있으며 팔레스틴이라는 지역적 "경계를 뛰어넘는다"는 점을 밝혀주었다. 다른 말로하면, 하나님은 유대인들뿐만 아니라 이방인들을 향한 은혜의 목적을 세우셨다는 그리스도의 발표였다. 따라서 "하나님이 이토록 세상을 사랑하셨다"는 말은 하나님의 사랑은 그 범위에 있어서 **민족을 초월한다**는 뜻이다. 그러나 이것이, 이방인 모든 개인을 사랑하신다는 뜻인가? 전혀 그렇지 않다. 우리가 확인하였듯이, "세상"이라는 단어를 특수한 용법이라기보다는 일반적인 용법, 절대적이라기보다는 상대적으로 사용하였다. 하나님의 사랑을 받는 대상이 누구인지를 확인하기 위해서는, **하나님의 사랑**을 언급하는 다른 구절들을 참조하지 않으면 안 된다.

베드로 후서 2:5에 "**경건치 않은 자들의 세상**"[32]이라는 표현이 있다. **경건치 않은 자들의** 세상이 존재한다면, **경건한 자들의** 세상도 존재하지 않으면 안 된다. 이 구절에서는 후자를 염두에 두고 있다는 점을 간

---

31) 계 13:3, ···The whole world was astonished and followed the beast.
32) 벧후 2:5, And spared not the old world, but saved Noah the eighth person, a preacher of righteousness, bringing in the flood upon the world of the ungodly (KJV).

략하게 언급하겠다.

> 하나님의 양식은, 하늘에서 내려와 세상에 생명을 주시는 그분이다.[33]

여기에서 그리스도는 "세상에 생명을 **제안한다**"가 아니라 "준다"고 말씀하시는 것에 특히, 유의해야 한다. 이 두 단어의 차이점은 무엇인가? 바로 이것이다. "제안"되는 것은 거절해도 된다. 그러나 "주어지는" 것은 반드시, **받아들임**을 의미한다. 그것을 받아들이지 않는다는 것은 그것이 "주어지는" 것이 아니라 단지, 제안되는 것일 뿐이다. 그리스도가 "세상에게" 생명(영적이며 영원한 생명)을 주신다고 적극적으로 진술하는 성경구절이 있다. 이제, 여기에서는 그리스도는 "경건치 않은 자들의 세상"에 영생을 **주시지** 않는다. 그들은 그것을 받지도 원하지도 않을 것이기 때문이다. 그러므로 우리는 요한복음 3:16에 있는 언급을 "경건한 자들의 세상" 즉, 하나님의 백성을 가리키는 것으로 이해**해야 한다**.

고린도 후서 5:19에 있는 "하나님이 그리스도 안에서 세상을 자기와 화목하게 하신다"[34]는 표현을 다시 보자. 이것이 무슨 뜻인지는 바로 뒤따르는 말씀 즉, "**저희의** 죄를 저희에게 돌리지 않고"라는 말씀에서 명확하게 규정된다. 여기에서도, "세상"은 "경건치 않은 자들의 세상"이라는 뜻이 **될 수 없다**. 백보좌 심판이 보여줄 것처럼 이들의 "죄"는 이들에게 "돌려질" 것이기 때문이다. 그러나 고린도 후서 5:19은, 자신들의 죄악들이 자신들의 대속자가 대신 짊어짐으로써 자기들에게로 돌려지지 **않기** 때문에 "화목을 이룬," 하나님과 화목한 "세상"이 **존재한**

---

33) 요 6:33, For the bread of God is he who comes down from heaven and gives life to the world.

34) 고후 5:19, To wit, that God was in Christ, reconciling **the world** unto himself, not imputing **their** trespasses unto them … (KJV).

다고 명쾌하게 가르친다. 그들은 누구란 말인가? 오직 단 하나의 대답만이 가능하다. 하나님의 백성들로 구성된 세상!

마찬가지로, 요한복음 3:16에 있는 "세상"은 최종적으로, 하나님의 백성들로 구성된 세상을 가리킨다. 그렇게 말하지 않으면 안 된다. 다른 어떤 대안적 **해답**이 존재하지 않기 때문이다. 그것은 인류 전체를 뜻하지 않는다. 그리스도가 오셨을 때 이미 인류의 절반쯤은 지옥에 있기 때문이다. 현재 생존해 있는 모든 사람이라는 뜻이라고 주장해도 온당치 못하다. 신약성경의 다른 모든 구절에서도 하나님의 사랑을 **하나님의 백성들에게로 제한**하기 때문이다. 찾아서 살펴보라! 요한복음 3:16에서 하나님의 사랑의 대상은 요한복음 13:1에 있는 그리스도의 사랑의 대상과 정확하게 일치한다.

> 유월절을 앞 둔 때에, 예수님은 자신이 이 세상을 떠나 성부에게로 돌아가셔야 할 때가 왔음을 아셨다. 세상에 있는 **자기 백성을 사랑**하셨기에 **그들에게** 자기 사랑의 넓이를 충분히 보여주셨다.35)

요한복음 3:16에 대한 우리의 해석은 우리가 새롭게 발명한 것이 전혀 아니다. 개혁가들과 청교도들 그리고 그들 이후의 많은 사람들이 거의 일관되게 제시한 해석이다.36)

제 4 장―구원에 있어서의 하나님의 주권―을 읽을 때 무수한 의문이 제기될 것이다. 물질 세계에 대한 하나님의 주권을 인정하는 많은 사람들이 영적 세계에 대한 하나님의 주권에 대해서는 트집을 잡고 억지를 부린다는 것은 이상하기는 하지만 실제로 있는 일이다. 그러나 이들은

---

35) 요 13:1, It was just before the Passover Feast. Jesus knew that the time had come for him to leave this world and go to the Father. Having **loved his own** who were in the world, he now **showed them** the full extent of his **love**.
36) 요 3:16에 관한 더 이상의 논의는 부록 3을 참고할 것.

우리에게가 아니라 하나님께 덤벼드는 것이다. 우리는 여기에서 개진한 모든 것을 뒷받침하는 성경구절들을 제시하였다. 여기에 만족하지 못하는 그런 독자들에게는 확신을 불어넣어 주려는 더 이상의 노력은 부질없다. 이 책은, 성경의 권위에 굴복하는 사람들을 위한 것이다. 이런 사람들의 유익을 위하여, 여러 성경 구절들을 이 장 전반에 걸쳐 검토하라는 것이다.

성경구절들이 제한된 수의 사람들을 구원에 이르도록 선택하심을 가르친다고 알고 있는 사람들에게 가장 큰 어려움을 제기하는 성경구절은, "아무도 멸망치 않고 모든 사람이 회개에 이르기를 원한다"[37)]는 표현이 있는 베드로 후서 3:9이다.

이 구절에서 가장 먼저 언급해야 할 것은, 다른 모든 성경과 마찬가지로 문맥에 비추어 이해하고 해석해야 한다는 점이다. 앞 문단에서 인용한 말은 그 구절의 일부이며 끝 부분일 뿐이다. 구절의 전반부를 고려할 필요가 있다고 인정해야 한다. 많은 사람들이 가정하는 대로, 이 구절의 "아무도"와 "모든"이라는 단어를 무조건적으로 받아들여야 한다는 것을 사실로 확정하기 위해서는 그 **문맥**이 **인류 전체**를 가리키고 있음을 입증하지 않으면 안 된다. 입증하지 못한다면, 이 주장을 정당화시켜 줄 **전제**가 존재하지 않는다면, 그런 결론을 내려서는 안 된다. 이 구절의 전반부를 살펴보겠다.

"주님은 자신의 약속을 지키는 일에 더디지 않다." 여기에서 "약속"은 복수 "약속들"이 아니라 단수로 되어 있다. 그렇다면, 어떤 약속을 염두에 두고 있는가? 구원의 약속인가? 성경 전체 어디에서, 하나님이

---

37) 벧후 3:9, The Lord is not slow in keeping his promise, as some understand slowness. He is patient with you, **not wanting anyone to perish, but everyone to come to repentance.**

인류 전체를 구원하시겠다고 약속하셨는가? 실제로 어디란 말인가? 아니다. 여기에서 언급된 "약속"은 **구원**에 관한 것이 **아니다**. 그러면 무엇에 관한 것인가? 문맥이 말해준다.

> 너희가 무엇보다 먼저 알아야 하는 것은, 말세에는 조롱하는 자들이 와서 조롱하며 자기 자신의 악한 욕구를 따를 것이라는 사실이다. 이들은 "그가 약속한 '강림'이 어디에 있느냐? 우리 조상들이 죽은 이후에도, 모든 것이 창조가 시작된 이후와 마찬가지로 계속된다."고 말한다.[38]

문맥은 **성자의 재림**에 관한 하나님의 약속을 가리킨다. 그러나 오랜 세월이 흘렀고 아직 이 약속은 성취되지 않았다. 맞다. 그러나 이 지체됨은 우리에게는 오래인 것처럼 보이지만 하나님에게는 짧은 것이다. 이에 대한 증거로 삼아야 하는 말씀은 "그러나 사랑하는 자들아! 주님께는 하루가 천년 같고 천년이 하루 같다는 사실을 잊지말라"[39]는 8절 말씀이다. 시간에 관한 하나님의 감각을 고려하면, 그리스도의 재림을 약속한지 이틀도 안 지났다.

게다가, 성부 하나님이 성자를 다시 보내기를 지체하는 것은 하나님 쪽에서의 "꾸물거림" 때문만은 결코 아니다. 하나님의 "오래 참으심" 때문이다. 누구를 향하여 오래 참으시는가? 지금 분석중인 구절에서는 우리 즉, **"우리를 대하여** 오래 참으신다"고 말한다. 여기에서 말하는 "우리를 대하여"는 누구인가? 인류인가 아니면, 하나님의 백성들인가? 문맥에 비추어 볼 때, 이것은 사상의 자유를 주장할 그런 문제가 아니

---

38) 벧후 3:9, First of all, you must understand that in the last days scoffers will come, scoffing and following their own evil desires. They will say, "Where is this 'coming' he promised? Ever since our fathers died, everything goes on as it has since the beginning of creation."

39) 벧후 3:8, But, beloved, be not ignorant of this one thing, that one day is with the Lord as a thousand years, and a thousand years as one day (KJV).

다. 성령이 정의를 내렸다. 베드로 후서 3장은 "사랑하는 자들아! 내가 지금 너희에게 이 두 번째 편지를 쓴다"는 말로 시작한다. 그리고 바로 위에서 인용한, 8절에서 "그러나 사랑하는 자들아! … 잊지말라"고 선언한다. "우리를 대하여"는 하나님의 "사랑을 받는 자들"을 가리킨다. 이 서신서의 수신자는, 하나님과 우리 구세주 예수 그리스도의 의를 통하여 우리의 고귀한 믿음처럼 획득한 ("발휘" 한 것이 아니라 하나님의 주권적 은사로 "획득" 한) 자들이다(벧후 1:11). 그러므로 의심이나 트집 혹은 억지를 부릴 여지는 전혀 없다. "우리를 대하여"는 하나님의 택자들이다.

이제 이 구절 전체를 인용해보자.

> 주님은, 어떤 사람들이 꾸물거림이라는 것을 이해하는 식으로, 자신의 약속을 지키는 일에 꾸물거리지 않으신다. 주님은 너희에 대해 인내하시는데 아무도 멸망치 않고 모두 회개에 이르기를 원하신다.

더 이상 명확해질 수 있는가? 멸망치 않기를 하나님이 원하시는 그 "아무도"는 앞 구절에서 언급된, 하나님이 오래 참으시는 그 "우리를 대하여"이고 "사랑하는 자들"을 가리킨다. 따라서 베드로 후서 3:9의 의미는, 하나님은 "이방인들의 수가 충분히 찬 뒤에야" 성자를 다시 보내신다는 것이다 (롬 11:25). 하나님은 "이방인들 가운데서 불러내고 있는" 백성들을 모은 뒤에야 그리스도를 다시 보내실 것이다. 하나님은 그리스도의 몸이 완전해진 뒤에서야, 이 때에 구원을 주시기로 선택하신 자들을 자기에게로 모으신 다음에서야 성자를 다시 보내실 것이다. "우리에 대하여" 오래 참으시는 하나님께 감사하라. 그리스도께서 20년 전에 재림하셨더라면 필자는 죄 가운데 멸망하였을 것이다. 그러나 그리 될 수 없었다. 하나님이 은혜스럽게도 재림을 미루셨다. 똑같은 이유로 여전히 강림을 미루시고 계신다. 그렇게 작정하신 목적은, 하나님의 택하신 백성 모두가 회개에 이르도록 하는 것이며 그들은 회개할 것이다. 현재의 은혜로운 공백은 요한복음 10:16의 "다른 양들"의 마지막 하나까지 안전하게 우리에 들어갈 때까지 지속될 것이다. 그 다음에, 그리스도가 돌아오신다.

구원에 있어서 성령 하나님의 주권을 해설할 때 확인한 사실은, 성령의 능력은 저항할 수 없는 것이며 하나님이 택하신 자들에게 그리고 그들 안에서 성령이 은혜롭게 활동하심에 의하여 그들을 그리스도에게로 억지로 몰아댄다는 것이었다. 성령의 주권은 요한복음 3:8의 "바람은 자기가 원하는 대로 분다 … 성령으로부터 태어난 모든 사람이 그렇다"는 말씀에 표현되어 있을 뿐만 아니라, 다른 구절들에서도 확인된다. 고린도 전서 12:11에 따르면, "이 모든 일은 동일한 한 분 성령의 사역이며, 성령이 스스로 **결정하신 대로** 그것들을 각자에게 주신다."[40] 사도행전 16:6-7도 다음과 같이 말하다.

> **성령이** 아시아 지방에서 말씀을 전하지 **못하게 하였기** 때문에 바울과 그 동료들은 브리기아와 갈라디아 지역을 통과하였다. 무시아 경계에 이르렀을 때 비두니아로 들어가려고 했지만 **성령이 허락지 않았다**.[41]

성령이 사도들의 결심에 반대되는 자신의 최고 의지를 어떻게 부과하였는지가 나타나 있다.

그러나, 사람들은 성령의 의지와 능력은 주권적이라는 주장에 반대하고, 이와 같은 결론을 완화시켜 주는 구절들을 신구약 성경에서 각각

---

40) 고전 12:11, All these are the work of one and the same Spirit, and he gives them to each one, just as he determines.

41) 행 16:6-7, Paul and his companions traveled throughout the region of Phrygia and Galatia, having been kept by the Holy Spirit from preaching the word in the province of Asia. When they came to the border of Mysia, they tried to enter Bithynia, but the Spirit of Jesus would not allow them to.

하나씩 골라 제시한다. 하나님이 "나의 신이 언제나 사람과 함께 하지 않을 것이다"[42]라고 옛날에 하신 말씀과 스데반이 유대인들에게 "너희, 목이 곧고 마음과 귀에 할례를 받지 못한 사람들아! 너희는 너희 조상들과 똑같다. 너희는 항상 성령에 저항한다! 너희 조상들이 선지자를 핍박하지 않은 적이 있느냐? 그들은 의로운 자의 오심을 예언하는 자들을 죽이기까지 하였다. 지금 너희는 그 의인을 배반하고 죽였다"[43]고 한 말씀이 그것들이다. 만일 유대인들이 성령에 "저항"하였다면 어떻게 성령의 능력은 저항할 수 없는 것이라고 말할 수 있단 말인가? 이 의문에 대한 대답은 느헤미야 9:30에 있다.

> 여러해 동안 주께서 그들을 참으셨다. 주께서는 성령에 의하여, 선지자들을 통하여 그들을 타이르셨다. 하지만 그들은 주의를 기울이지 않았고 따라서, 주께서 그들을 주변 민족들에게 넘겨주셨다.[44]

이스라엘이 "저항"한 것은 성령의 **외적** 활동에 대해서였다. 그 선지자들에 의하여, 선지자들을 통하여 말씀하시는 성령에게 그들은 귀를 기울이지 않았다. 성령이 그들 가운데에서 이루어 놓으시는 어떤 것에 대해서 저항하였던 것이 아니라, 선지자들의 영감받은 메시지에 의하여 제기되는 동기에 저항하였던 것이다. "그때 예수께서 이적의 대부분을 행하셨던 고을들이 회개하지 않았기 때문에 이 고을들을 책망하기 시작하셨다…"는 말씀으로 시작되는 마태복음 11:20-24과 비교해 보면

---

42) 창 6:3, … My spirit shall not always strive with man …
43) 행 7:51-52, You stiff-necked people, with uncircumcised hearts and ears! You are just like your fathers: You always resist the Holy Spirit! Was there ever a prophet your fathers did not persecute? They even killed those who predicted the coming of the Righteous One. And now you have betrayed and murdered him.
44) 느 9:30, For many years you were patient with them. By your Spirit you admonished them through your prophets. Yet they paid no attention, so you handed them over to the neighboring peoples.

우리의 생각을 훨씬 더 잘 이해하게 될 것이다. 우리 주님께서는 여기에서 이 고을들이 회개하지 않는 것에 대해 화를 선언하시는데 이 고을들이 은혜의 **내적** 활동 때문이 아니라, 주께서 저들의 눈앞에서 행하신 "강력한 사역(이적)들" 때문이었다. 창세기 6:3도 마찬가지다. 베드로전서 3:18-20과 비교할 때, 하나님의 영이 홍수 이전 시대의 사람들과 "다툰 것"은 노아에 의해서 그리고 노아를 통해서 였다는 사실을 알게 된다. 여기에서 언급한 구별을 앤드류 풀러가 다음과 같이 잘 요약해 주었다.

> 하나님은 두 가지 종류의 영향력에 의하여 사람의 마음에 작용하신다. 첫 번째 것은, 일반적인 것으로써 동기를 일반적으로 사용하여 생각을 불러일으키도록 하는 것이다. 두 번째 것은, 특별하고 초자연적인 것이다. 첫 번째 것은 신비로운 것을 전혀 포함하지 않으며 우리의 말과 행위가 서로에게 미치는 영향력을 가리킨다. 두 번째 것은 신비로운 것으로써 우리는 그 자체는 모르고 다만 그 결과들만을 알뿐이다. 전자가 효과적임에 틀림없고 후자도 그렇다.

사람들에게 혹은 사람들을 향한 성령의 [외적] 사역은 언제나, 사람들로부터 "저항"을 받는다. 성령의 **내적** 사역은 언제나 성공적이다. 성경은 무엇이라 말하는가? 이렇게 말한다. "너희 안에서 선한 일을 시작하신 이가 … 완성하실 것이다."45)

고찰해야 할 다음 문제는, "**모든 피조물에게 복음을 전해야 하는 이유는 무엇인가?**"이다. 만일 성부 하나님이 제한된 소수의 사람들만을 구원하시기로 예정하셨다면, 만일 성자 하나님이 성부께서 자기에게 주신 자들만을 구원하기 위하여 죽으셨다면, 만일 성령 하나님이 하나님의 택하신 자들만을 살리신다면, 무작정 세상에 복음을 제시하는 것이 무슨 소용이 있으며, 죄인들에게 "그리스도를 믿는 자마다 멸망치

---

45) 빌 1:6, … he who began a good work IN you **will** carry it on to completion …

않고 영원한 생명을 얻을 것이다"라고 말하는 것은 무엇 때문인가?

첫째, 복음의 성격 그 자체를 명확히 이해하는 것이 대단히 중요하다. 복음은 그리스도에 관한 하나님의 좋은 소식이다. 죄인들에 관한 것이 아니다.

> 바울은 예수 그리스도의 종이며 부르심을 받아 사도가 된 자이며 하나님의 복음을 위하여 구별된 자 … **하나님의 아들 예수 그리스도 우리 주에 관하여**…46)

하나님은 성자가 "죽기까지, 십자가 위에서의 죽음까지도 순종하였다"는 놀라운 사실을 널리 선포하기를 원하셨다. 그리스도의 인격과 사역의 그 비할 바 없는 가치를 보편적으로 증거하지 않으면 안 된다. 마태복음 24:14의 "증거"라는 단어에 주목하라. 복음은 성자의 완전하심을 하나님이 "증거하시는 것"이다. 바울의 말을 살펴보자.

> 우리는 하나님께 드리는, 그리스도의 향기로서 구원받는 자들과 멸망하는 사람들 틈에 존재한다.47)

복음의 성격과 내용에 관한 혼란은 오늘날 극단에까지 이르렀다. 복음은, 전도꾼들이 돌아다니며 퍼뜨리는 "제안"이 아니다. 복음은 단지 **초청**에 그치는 것이 아니라 **선포** 즉, 그리스도를 선포하는 것이다. 사람들이 이렇게 믿든지 말든지 이것이 사실이다. 어떤 누구에게도, 그리스도가 특별히 자신을 위하여 죽으셨음을 믿으라고 요구하지 않는다. 복음은 간단히 말하자면 이런 것이다. "그리스도는 죄인들을 위하여 죽으

---

46) 롬 1:1-3, Paul, a servant of Jesus Christ, called to be an apostle, separated unto the gospel of God, (Which he had promised afore by his prophets in the holy scriptures,) **Concerning his Son Jesus Christ our Lord**, which was made of the seed of David according to the flesh;

47) 고후 2:15, For we are to God the aroma of Christ among those who are being saved and those who are perishing.

셨다. 당신은 죄인이다. 그리스도를 믿어라. 그러면 구원받을 것이다." 하나님은 복음에서, 사람들이 구원받을 수 있는 조건들 (즉, 회개와 믿음)을 알려주시고 이 조건들을 이행하라고 차별없이 모든 사람에게 명령을 주신다.

둘째, 회개와 죄용서를 주 예수의 이름으로 "모든 나라에" 전해야 한다(눅 24:47). 하나님의 택자들이 모든 나라에 "흩어져 있고"(요 11:52), 복음을 전하고 들음에 의하여 이들이 부르심을 받아 세상으로부터 나오기 때문이다. 복음은 하나님이 택하신 자들을 구원하실 때 하나님이 사용하시는 수단이다. 하나님의 택자들은 본성적으로는 "다른 사람들과 마찬가지로" 진노의 자녀들이다. 그들도 파멸한 죄인으로서 구속자가 필요하다. 그리스도 없이는 그들도 구원받지 못한다. 그들도 죄가 사해졌다는 사실을 알고 즐거워 할 수 있게 되기 위해서는 먼저, 복음을 믿어야 한다. 복음은 하나님의 선별기이다. 이것은 알곡과 쭉정이를 나누고 알곡을 모아 하나님의 곳간에 들이게 한다.

셋째, 복음 선포에는 하나님의 택하신 자들을 구원한다는 것말고도 다른 목적이 있다는 사실에 유념해야 한다. 말씀은 택자들을 위하여 존재하지만 그 밖의 다른 사람들도 이 말씀에서 혜택을 얻는다. 그래서 택자들을 위하여 말씀을 선포하지만 다른 사람들도 외적 소명의 혜택을 받는다. 비록 맹인이 못 보더라도 태양은 빛난다. 비옥한 땅뿐만 아니라 바위산과 황무지에도 비가 내린다. 그렇게 하나님은 택함 받지 못한 사람들의 귀에도 복음이 들리도록 하신다. 복음의 능력은 세상의 사악함을 억제하기 위한 하나님의 섭리 가운데 하나이다. 결코 복음에 의하여 구원받지 못하는 많은 사람들이 개선되고, 그들의 정욕이 억제되고, 더욱 악해지지 않게 된다. 더욱이 택함 받지 못한 사람들에게 전하는 복음은 그들의 성격에 대한 탁월한 시금석이 된다. 복음은 그들의 고질적인 죄악을 드러낸다. 그들의 마음이 하나님과 적대적이라는 사실을 드러내준다. "사람들은 그 행위가 악하기 때문에 빛보다 어둠을 사랑한다"는 그리스도의 선언이 맞다고 증명해 준다.

마지막으로, 우리는 모든 사람에게 복음을 전하라는 명령을 받았다는 사실을 아는 것으로도 충분하다. 이 사실과, "선택받은 사람이 적다"는 사실 사이의 **논리적 일관성**을 추론하는 것은 우리 몫이 아니다. 순종이 우리가 할 일이다. 어떤 유한한 존재도 충분히 헤아릴 수 없는 하나님의 방법에 관한 질문을 제기하는 것은 어리석은 짓이다. 우리는 반대론자들에게 우리 주님의 다음과 같은 선언을 생각해 보라고 권하면 될 것이다.

> 내가 너희에게 진리를 말해 주겠다. 인간의 모든 죄악들과 신성모독 행위들은 용서받는다. 그러나 성령을 모독하는 어떤 누구도 용서받지 못한다. 그는 영원한 죄를 짓는 것이다.[48]

유대인들이 바로 이 죄를 저질렀다는 것은 의심의 여지가 없다(마 12:24 이하를 보라). 그러므로 유대인들의 파멸은 피할 수 없었다. 그럼에도 불구하고 불과 두 달도 안 지났을 때 주님은 제자들에게 모든에게 복음을 전하라는 명령을 주셨다. 유대인들이 결코 용서받지 못할 죄를 저질렀다는 사실과, **그들에게** 복음을 전해야 한다는 사실 사이의 논리적 일관성을 반대론자가 우리에게 입증해 줄 수 있을 때 우리는, 구원을 일으키는 능력을 오직 하나님이 자기 아들의 형상을 갖도록 예정하신 자들에게만 **제한**한 것과 복음의 **보편적** 선포 사이의 조화에 대하여 위

---

48) 막 3:28-29, I tell you the truth, all the sins and blasphemies of men will be forgiven them. But whoever blasphemes against the Holy Spirit will **never be forgiven**; he is guilty of an eternal sin.

에서 제기한 것보다 훨씬 더 만족스러운 대답을 제시하자.

다시 한번 더 말하자면, 복음에 **관하여 추론하는 것**은 우리가 할 일이 아니다. 복음을 **전하는 것**이 우리 일이다. 하나님이 아브라함에게 아들을 번제물로 드리라고 명령하셨을 때 아브라함은 이 명령은 "이삭에게서 네 자손이 나올 것이다"라는 약속과 **모순**된다고 이의를 제기할 수도 있었을 것이다. 그러나 아브라함은 반대주장을 전개하는 대신에 순종하였고, 약속과 명령을 조화시키는 일은 하나님께 맡겼다. 하나님이 예레미야에게 "그러므로 네가 이 모든 말을 그들에게 해주어도 그들은 **네 말에 귀기울이지 않을 것이다**, 네가 그들을 불러도 그들은 **네게 대답하지 않을 것이다**"⁴⁹⁾라고 하신 말씀과 전적으로 조리에 맞지 않는 것을 하라는 명령에 예레미야가 이의를 제기할 수도 있었을 테지만 오히려 순종하였다. 에스겔의 경우를 보자.

> 인자야, 이스라엘 족속에게 가서 내말을 전해주어라. 너를 모호하고 어려운 언어를 사용하는 민족에게 보내는 것이 아니라 이스라엘 족속에게 보내는 것이다. 네가 알아듣지 못하는 모호하고 이상한 언어를 사용하는 많은 민족들에게 보내는 것이 아니다. 만일 내가 너를 그들에게 보냈더라면 분명히 그들은 네 말에 귀기울였을 것이다. 그러나 이스라엘 족속은 내 말을 듣지 않으려 하기 때문에 네 말도 듣지 않을 것이다. 이스라엘 족속 전체가 강퍅하고 완고하다.⁵⁰⁾

---

49) 렘 7:27, Therefore thou shalt speak all these words unto them; but they will not hearken to thee: thou shalt also call unto them; but they will not answer thee (KJV).

50) 겔 3:4-7, ⋯ Son of man, go now to the house of Israel and speak my words to them. You are not being sent to a people of obscure speech and difficult language, but to the house of Israel--not to many peoples of obscure speech and difficult language, whose words you cannot understand. Surely if I had sent you to them, they would have listened to you. But the house of Israel is not willing to listen to you because they are not willing to listen to me, for the whole house of Israel is hardened and obstinate.

이렇게 말씀하시면서도 이 힘든 일을 하라고 요구하시는 것에 대해 마찬가지로 불평할 수도 있었다.

> 그러나 오! 내 영혼아! 진리가 그토록 밝아 네 눈을 현란하게 할지라도
> 주의 기록된 말씀에 순종하라.
> 그리고 저 위대한 결정적인 날을 기다려라 —왓트(Watts)

복음은 옛적의 능력을 조금도 상실하지 않았다. 처음 선포될 때와 마찬가지로 오늘날도 여전히, "구원에 이르게 하는, 하나님의 능력"이다. 복음은 동정도, 원조도, 하녀도 필요치 않다. 모든 장애물을 극복할 수 있고 모든 장벽을 깨뜨릴 수 있다. 죄인이 복음을 받아들일 준비를 하기 위한 어떤 인간적인 장치도 필요치 않다. 하나님이 복음을 보내신 것이라면 어떤 능력도 복음을 막지 못한다. 하나님이 보내신 것이 아니라면 어떤 능력도 그것을 효과적인 것으로 만들어주지 못한다. (불링거)

이 장을 더 길게 쓸 수도 있지만 이미 지나치게 길어졌기 때문에 한두 마디 말이면 충분하다. 뒤에서도 많은 질문들을 다루겠지만 독자들에게 충분히 해명되지 못하는 것들은 주님께로 가져가라. 주님께서 말씀하셨다.

> 너희 가운데 지혜가 부족한 사람이 있거든 하나님께 구하라. 하나님은 모든 사람에게 후하게 주시고 책망치 아니하시는 분이다.[51]

---

51) 약 1:5, If any of you lacks wisdom, he should ask God, who gives generously to all without finding fault …

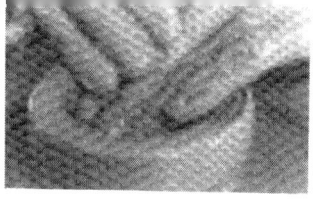

제12장
이 교리의 가치

모든 성경은 하나님의 감동으로 된 것이며, 하나님의 사람이 모든 선한 일을 할 수 있도록 철저히 채비를 갖출 수 있도록 교훈하고 책망하고 바르게 하고 의로 연단하기에 유용하다.[1]

이 구절에서 "교훈"(교리)[2]은 "가르침"을 뜻한다. 하나님과 그 하나님에 대한 우리 관계―그리스도, 성령, 구원, 은혜, 영광―의 위대한 실체들을 우리에게 알려주는 수단은 바로 이 교훈 즉, 교리이다. (성령의 능력을 통한) 교훈에 의하여, 신자들은 양육 받고 자란다. 교리를 무시하는 곳에서는, 은혜 안에서 성장함과 그리스도를 효과적으로 증거하는 일이 필연적으로 중단된다. 실제로 교리는 실천적 삶의 기초인데도, 교리를 "비실천적"이라고 비난하는 오늘날의 풍조는 참으로 슬프다. 신념과 실천은 불가분리적으로 연결되어 있다.

  사람은 그 마음에 생각하는 대로 그 됨됨이가 형성된다.[3]

하나님의 진리와 그리스도인의 품성 사이에는 인과관계가 존재한다. "진리를 알아라, 그러면 진리가 너희를 자유롭게 해준다."[4] 즉, 무지,

---

1) 딤후 3:16-17, All Scripture is God-breathed and is useful for teaching, rebuking, correcting and training in righteousness, so that the man of God may be thoroughly equipped for every good work.
2) [역자주] 저자는 이 부분에서 "doctrine"이라는 용어를 사용한다. 이 용어를 좁은 정의로 사용하면 "교리"라는 용어로 번역되지만 넓게 보면 "교훈"(teaching)과 동의어이다. 저자는 대체로 이렇게 사용한다.
3) 잠 23:7, For as he thinketh in his heart, so is he … (KJV).
4) 요 8:32, And ye shall know the truth, and the truth shall make you free (KJV).

편견, 오류, 사탄의 농간, 악의 능력으로부터 자유롭게 된다. 진리를 모르면 이런 자유를 누리지 못할 것이다. 이 장의 첫머리에 인용한 성경구절에서 언급된 **순서**에 주목하라. 모든 성경은 먼저, "교훈(교리)"에 유익하다. 바울의 서신 전체에 특히, 교리서에서 동일한 순서가 나타난다. 로마서를 읽어보라. 첫 다섯 장에는 훈계가 전혀 나타나지 않는다는 사실을 발견할 것이다. 에베소서에도 제 4장에 이르러서야 훈계가 나타난다. 먼저 교리 해설이 나온 뒤에 일상생활을 규율하기 위한 권고 혹은 훈계가 나오는 순서로 되어 있다.

소위 "실천적" 가르침이 교리 해설을 대체하고 그 위상을 빼앗은 것이, 오늘날 하나님의 교회에 고통을 가하는 많은 악한 폐해의 근본 뿌리이다. 기독교의 근본 진리에 관한 깊이와 지성과 이해가 그토록 천박한 이유는, 은혜 교리에 관한 강론을 듣고 스스로 공부하여 믿음에 든든히 선 신자가 그토록 적은 탓이다. 하나님의 —완전히 문자적으로— 영감 받은 성경의 교훈으로 세워지지 않는다면, 신앙이 의존할 확고한 기초가 존재하지 않는 것이다. 이신칭의 교리를 모른다면 성자 안에서 하나로 받아들여진다는, 실질적이고 지적인 확신이 존재할 수 없다. 성화에 관하여 말씀이 가르치는 바를 알지 못하면 완전주의자들 혹은 성결주의의 모든 조잡한 오류를 받아들일 여지가 있는 것이다. 신생에 관한 성경의 가르침을 모른다면 신자 안에 있는 두 본성을 적절하게 파악하지 못하며, 불가피하게 무지 때문에 평화와 기쁨을 상실하게 된다. 기독교 교리에 관한 이런 목록을 계속 나열할 수 있다. 교리에 관한 **무지** 때문에, 교회는 맹위를 떨치며 일어나는 불신 풍조에 대처할 능력을 상실하게 된다. 교리에 관한 **무지**가, 그리스도인임을 자처하는 수많은 사람들이 시대의 잘못된 주의주장에서 헤어나오지 못하게 만든 큰 책임이 있다. 우리의 수많은 교회가 "건전한 교리를 견뎌내지" 못하는 그런 시대가 도래하였기 때문에(딤후 4:3), 잘못된 교리들을 그토록 쉽게 받아들인다. 물론 교리를, 성경에 있는 다른 모든 것들과 마찬가지로 단지 냉랭한 지적 관점으로부터 연구할 수도 있다. 이런 식으로 접근하면 교리 교육과 연구는 마음과 상관없게 되고 당연히 "메마르게" 되고 무익하게 된다. 그러나 교리를 적절하게 받아들여 마음을 다하여 연구하면 하나님을, 그리고 그리스도의 측량할 수 없는 풍부함을 더욱 깊이 알게 될 것이다.

하나님의 주권 교리는 실제적 가치가 없는 단지 형이상학적인 도그마에 불과한 것이 아니다. 기독교인의 품성과 매일의 행함에 강력한 영향력을 미칠 수 있는 것이다. 하나님의 주권 교리는 기독교 신학의 기초를 이루고, 성경의 신적 영감 다음으로 중요한 위상을 차지한다. 기독교 진리 체계의 무게 중심이다. 즉, 행성 궤도들의 중심을 이루는 태양과 같은 것이다. 모든 지식 고속도로의 목표점인 동시에 출발점이다. 수많은 진주들을 엮어 제자리에 있도록 묶어주는 줄처럼 다른 모든 교리들을 꿰어준다. 하나님의 주권 교리는 모든 신조를 평가하는 다림줄이고, 인간의 모든 도그마를 가늠하는 균형추이다. 하나님의 주권 교리는, 인생의 폭풍이 몰아칠 때 마지막으로 의존할 수 있는 닻이다. 하나님의 주권 교리는 우리 심령을 다시 새롭게 해 주기 위해 하나님이 주신 강장제이다. 마음의 성향을 형성하고 올바른 행동방향을 부여하도록 만들어진 것이다. 이 교리는 번성할 때에는 감사를, 역경 중에는 인내를 낳는다. 현세에 대해서는 위로를, 알지 못하는 미래에 대해서는 안심을 제공한다. 이 교리는 삼위일체 하나님께 마땅히 드려야 하는 영광을 드리게 하고 피조물을 하나님 앞에서의 그 적절한 위치—땅바닥—에 두게 하기 때문에, 위에서 언급한 모든 것을 그리고 그 이상의 것이며 또 그렇게 제공한다.

이제 이 교리의 가치를 상세하게 검토해 보자.

1. 이 교리는 하나님의 성품을 더욱 존경하도록 만들어 준다

하나님의 주권 교리는 성경이 보여주는 것처럼 하나님의 완전하심을 크게 존중하는 시각을 갖게 한다. 이 교리는 **하나님의 창조주로서의 권리**를 주장한다. 주된 교리는, "하지만 우리에게는 오직 한 분 하나님 곧 아버지가 계신다. 이 아버지로부터 만물이 나왔으며 우리는 이 아버지를 위하여 산다. 그리고 오직 한 주님 곧, 예수 그리스도가 계신다. 이 주님을 통하여 만물이 나왔고 우리는 이 주님을 통하여 산다[5]고 주장한다. 이 교리는, 하나님의 권리는 흙으로 자신의 원하는 모양과 용도의 그릇을 빚는 "토기장이"의 권리라고 선언한다. 이 교리는, "주께서 만물을 지으셨습니다, 만물은 **주의 뜻에 의해** 창조되었고 존재합니다"[6] 라고 증언한다. 이 교리는, 하나님께 "말대꾸" 할 권리를 가진 존재가 없고 피조물이 취할 유일하게 합당한 태도는 하나님께 경건하게 굴복하는 태도라고 주장한다. 이처럼 하나님의 절대 우위권에 대한 이해는 대단히 실제적으로 중요하다. 만일 우리가 하나님의 높으신 주권을 적절히 존중하지 않는다면 우리의 생각 속에서 하나님을 존귀하게 높이지 않게 되며 하나님은 우리의 마음과 삶 속에서 합당한 자리에 계시지 않게 될 것이다.

---

[5] 고전 8:6, yet for us there is but one God, the Father, **from whom all things came** and for whom we live; and there is but one Lord, Jesus Christ, **through whom all things came** and through whom we live.

[6] 계 4:11, ··· you created all things, and **by your will** they were created and have their being.

이 교리는 **하나님의 지혜의 불가해성**을 보여준다. 이 교리가 보여주는 사실은, 하나님은 흠 없이 거룩하시지만 악이 하나님의 공정한 창조에 끼어들도록 허용하셨다는 것이며, 하나님은 전능하시지만 적어도 6천년 동안 사탄이 덤벼들도록 허용하셨다는 것이며, 하나님은 사랑의 완벽한 화신이지만 독생자를 아끼지 않으셨다는 것이며, 하나님은 모든 은혜의 하나님이시지만 수많은 사람들이 불구덩이 속에서 영원히 고통을 받으리라는 것이다. 이것들은 몹시 신비로운 것들이다. 성경은 이 사실들을 부인하지 않는다. 오히려 인정한다.

> 오! 하나님의 지혜와 지식의 풍부함이 깊도다! 하나님의 판단은 정말 헤아릴 수 없고, 하나님이 다니시는 길은 찾아낼 수 없구나!7)

이 교리는 **하나님의 뜻은 바뀌지 않는다**는 사실을 가르쳐준다.

> 하나님은 세상이 시작할 때부터 이 모든 것을 아셨다.8)

하나님은 "교회 안에서, 그리스도 예수 안에서, 세세토록 영원히"9) 영광 받겠다는 목적을 처음부터 세우셨다. 이 목적을 위하여 세상을 창조하고 인간을 만드셨다. 인간이 타락하였을 때 전적으로 지혜로운 하나님의 계획은 손상을 입지 않았다. 세상을 창조할 때 이미, 죽임을 당한 어린양 안에서 타락이 예기되었기 때문이다(계 13:8). 하나님의 목적은, 타락 이후 인간의 사악함에 의해서 좌절되지 않는다. 이 사실은 "분

---

7) 롬 11:33, Oh, the depth of the riches of the wisdom and knowledge of God! How unsearchable his judgments, and his paths beyond tracing out!
8) 행 15:18, Known unto God are all his works from the beginning of the world the gospel of God, (Which he had promised afore by his prophets in the holy scriptures,) Concerning his Son Jesus Christ our Lord, which was made of the seed of David according to the flesh;
9) 엡 3:21, … in the church and in Christ Jesus throughout all generations, for ever and ever …

명히, 사람의 분노는 주님을 찬양 받게 할 뿐이다. 주께서는 그 남은 분노를 억제하실 것이다"[10]라는 시편 기자의 말에서 확실히 드러난다. 하나님은 전능하시기 때문에 그 뜻을 막을 수 없다.

> 하나님의 목적은 영원 속에서 세워졌고 일체의 변경 없이 영원으로 향해 나아간다. 하나님의 목적은 하나님의 모든 일에 미치고 모든 사건을 통제한다. 하나님은 모든 것을 자신의 뜻대로 이루신다 (라이스).

사람도 사탄도 하나님께 성공적으로 저항할 수 없다. 그러므로 시편에 아래와 같은 말씀이 있다.

> 여호와 하나님이 다스리신다. 모든 나라여! 떨지어다. 여호와 하나님이 천사들 사이에 보좌를 두고 앉으신다. **땅이여! 떨지어다.**[11]

이 교리는 **하나님의 은혜**를 찬양한다. 은혜는 공로 없이 받는 것이다. 받을 자격이 없을 뿐만 아니라 지옥에 던져져야 마땅한 자들에게, 하나님께 어떤 권리주장도 할 수 없는 자들에게 은혜를 베푸시기 때문에 은혜는 **값이 없으며** 죄인의 괴수에게 주어질 수 있는 것이다. 그러나 은혜는 가치 혹은 공로가 없는 사람들에게 주어지기 때문에 **주권적**이다. 즉, 하나님은 자신이 원하는 자에게 은혜를 베푸신다. 하나님의 주권은, **어떤 사람들**을 불 못에 던져넣어 **모든 사람들**이 이런 운명에 처해져야 마땅함을 보여주실 것이다. 그러나 은혜는 그물처럼 내려와, 하나님의 이름을 위하여 파멸된 인류 가운데서 한 백성을 이끌어내어 하나님의 측량 못할 은총을 상징하는 기념물로 영원토록 존재하게 할 것이다. 주권적 은혜는 하나님이 인간 마음의 반대를 깨뜨리고 그 육적 마음

---

10) 시 76:10, Surely the wrath of man shall praise thee: the remainder of wrath shalt thou restrain (KJV).

11) 시 99:1, The LORD reigns, let the nations tremble; he sits enthroned between the cherubim, let the earth shake.

의 적개심을 억누르고, 하나님이 먼저 우리를 사랑하셨기 때문에 우리로 하나님을 사랑하도록 만든다.

2. 이 교리는 모든 참된 종교의 견고한 기반이다

앞에서 첫 번째 주제로 다룬 것으로부터 자연스럽게 나오는 주제이다. 오직 하나님의 주권 교리만이 하나님께 그 올바른 위상을 부여한다면, 실제적 종교를 세울 수 있는 견고한 유일한 기초를 제공할 수 있다는 것 또한 사실이다. 하나님이 최고 주권자이며 하나님을 경외하고 경배해야 하며 하나님을 **주님으로** 영접하고 섬겨야 한다는 인격적 인식이 생길 때까지는 영적 진보는 결코 존재할 수 없다. 만일 우리를 향하신 하나님의 뜻을 더 잘 알려는 열망을 가지고 성경을 읽지 않는다면 읽어야 헛일이다. 그 외의 어떤 동기도 이기적이며 전적으로 부적절하고 무가치하다. 하나님께 올리는 모든 기도를 "하나님의 뜻에 따라" 하지 않는다면 육적인 뻔뻔스러움에 불과한 것이다. 조금이라도 부족한 기도는 "잘못" 구하는 것이며 그 구하는 것은 우리 자신의 탐욕에 따라 소모하기 위한 것이 되고 만다. 우리의 모든 섬김을 하나님의 영광을 위하여 행하는 것이 아니라면 단지 "죽은 행위"에 불과하다. 체험적 종교는 주로, 하나님의 뜻을 지각하고 실행하는 것에, 적극적인 동시에 수동적인 실행에 있다. 우리는, 자기를 보낸 자의 뜻 행하기를 양식으로 삼는 "하나님의 아들의 형상에 일치되도록" 예정되었다. 각 성도가 매일의 삶에서 실제적으로 "일치를 이룬" 그 분량은 대체로, "내 멍에를 매고 내게서 배우라, 나는 온유하고 겸손하다"고 하신 우리 주님의 말씀에 대한 각자의 대답에 의해 결정된다.

3. 이 교리는 행위에 의한 구원이라는 이단설을 반박한다

"사람이 보기에는 옳지만 결국 사망에 이르는 길이 있다." [12] "보기에는 옳지"만 "사망" 즉, 영원한 죽음으로 끝장나는 길이란, 인간의 행위와 공로에 의한 구원을 가리킨다. 행위에 의하여 구원받는다는 신조는 인간 본성에 공통적인 것이다. 이 신조는 언제나, 교황주의적 참회 혹은 심지어 개신교 "회개" 즉, 죄를 슬퍼하는 것을 말하며 성경에서 가르치는 회개를 의미하지 않는 그런 회개의 보다 조잡한 형태를 취하지 않을 수도 있다. 이런 것 즉, 조금이라도 인간에게 위상을 부여하는 것은, 동일한 악의 변형에 불과한 것이다. 많은 설교자들이 "자기가 할 바를 다 하면 하나님도 자기 몫을 다해 주실 것이다"라고 떠드는 말은, 하나님의 은혜의 복음을 비참하고 변명의 여지없이 **부인**하는 것이다. 하나님은 스스로 돕는 자를 도우신다는 선언은, 성경에서 그리고 오직 성경만이 가르치는 가장 고귀한 진리 가운데 하나를 즉, 스스로 도울 **수 없고** 거듭해서 실패하기만 하는 자들을 도우신다는 진리를 포기한다는 것이다. 죄인의 구원은 인간 의지의 행위에 좌우된다고 말하는 것은 하나님을 능멸하는 도그마 즉, 인간적 노력에 의한 구원이라는 도그마의 또 다른 형태이다. 결국, 의지의 어떤 움직임도 행위인 것이다. 그것은 **나에게서 나오는** 어떤 것이며, **내가 행하는** 어떤 것이다. 그러나 하나님의 주권 교리는 "**사람의 바램이나 노력이 아니라** 하나님의 자비에 좌우된다"[13]고 선언함으로써, 이러한 악한 나무의 뿌리에 도끼를 올려놓는다. "이따위 교리는 죄인을 절망의 구렁텅이에 몰아넣는다"고 말하는 사람이 있는가? 여기에 대해서는, "그렇게 되어야 한다. 이러한 절망이야말

---

12) 잠 14:12, There is a way that seems right to a man, but in the end it leads to death.
13) 롬 9:16, It does not, therefore, depend on man's desire or effort, but on God's mercy.

로, 필자가 퍼뜨리기를 간절히 원하는 것이다"라고 대답한다. 죄인이 자기에게서 나오는 여하한 도움에 대해서 절망하고 나서야, 주권적 은혜의 팔에 안기게 된다. 일단 성령이 죄인에게 자기 스스로는 어쩔 수 없다는 확신을 주시고나면, 죄인은 자신의 파멸 상태를 인정하고 "하나님이여! 이 죄인에게 자비를 베푸십시오!"라고 울부짖게 된다. 그리고 이와 같은 울부짖음은 응답을 받는다. 필자가 개인적인 간증을 한다면, 인간의 부패, 죄인 스스로는 어떤 것도 행할 수 없는 그 절망적 상태, 구원이 하나님의 주권적 자비에 좌우됨에 관한 설교가 영혼 구원에서 가장 수확이 많고 복된 설교였다는 사실을 선교 사역 과정에서 확인하였다. 전적으로 **무력함**을 인정하는 것이 건전한 개종의 첫 번째 전제조건이다. 자신으로부터 다른 것으로 즉, 자기 **바깥에** 존재하는 누군가에게로 시선을 돌릴 때까지는 구원은 결코 존재하지 않는다.

4. 이 교리는 피조물에게 깊은 겸손을 부여한다

하나님의 절대 주권 교리는 인간의 자존심을 크게 파괴한다. "사람들의 교훈"에 날카롭게 대립한다. 우리 시대의 정신은 본질적으로, 육체를 자랑하고 영광스럽게 만드는 것이다. 인간의 업적, 인간의 발전과 진보, 인간의 위대함과 자기 충족성은 현대 세계의 종교적 전당이다. 하나님의 주권 교리와 이 교리의 모든 추론들은 인간을 자랑하기 위한 모든 근거를 제거하고 그 대신에, 겸손의 정신을 불어넣는다. 이 교리는, 구원은 —구원의 시작과 실행과 완성에 있어서— 주님께 속한다고 선언한다. 주님께서는 그 구속 사역을 제공하고 적용해야 한다는 것을, 시작하고 완성해야 한다는 것을, 선포하실 뿐만 아니라 우리를 끝까지 붙들어주고 지탱해 주셔야 한다는 것을 이 교리는 주장한다. 이 교리는, 구원은 믿음을 통한 은혜에 의한 것이라고, (회개 이전의) 우리의 모든 행위는 선한 행위이든 악한 행위이든 우리의 구원에 아무 소용없는 것이라고 가르친다. 이 교리는 우리에게, 우리는 "육신의 즉, 사람의 의지로부터가 아니라 하나님의 뜻으로 난다"(요 1:13)고 말해준다. 이 교리는, 자신의 구속에 대한 대가를 어느 정도나마 지불하기를 원하고 자랑과 자기만족의 근거를 확보하게 할 무엇인가를 하고 싶어하는 사람의 마음을 지극히 겸손하게 만들어준다.

그러나 이 교리가 **우리를** 겸손하게 만들어준다면, 하나님을 찬양하는 결과로 나타난다. 하나님의 주권에 비추어 우리의 무가치함과 무력함을 발견하였다면, 시편 기자와 함께 "나의 모든 것이 주님께로부터 나온다"14)고 외치게 될 것이다. 우리가 본래 진노의 자녀이며 하나님의 통치권에 대해 실제로 반역하여 율법의 "저주"를 받아 마땅할지라도, 하나님은 그 격렬한 보응으로부터 우리를 구원해 주셔야 할 의무가 전혀 없을지라도, 그럼에도 불구하고 하나님은 사랑하시는 독생자를 **우리** 모두를 위하여 내어주셨다면, 이와 같은 은혜와 사랑이 어찌 우리 심령을 녹이지 않겠으며, 그것을 깨달았을 때 어찌 "오! 여호와 하나님이여! 그 **영광을 우리에게 돌리지 마십시오**, 우리에게 돌리지 마십시오, **오직 주의 이름에** 돌리십시오, 주의 사랑과 신실함 때문에 그렇습니다"15)라고 외치지 않겠는가! 우리 각자가 "하나님의 은혜에 의하여, 지금의 내가 되었습니다"라고 기꺼이 인정하지 않겠는가! 정말 훌륭한 찬양으로 다음과 같이 외치자.

---

14) 시 87:7, ⋯ All my fountains are in you.
15) 시 115:1, Not to us, O LORD, not to us but to your name be the glory, because of your love and faithfulness.

어찌하여 주의 목소리를 듣고 들어오도록 만드셨습니까
아직 여유가 많은데
허다한 이들이 잘못된 선택을 하는 때에
향연을 베풀어주는 바로 그 사랑이었습니다
그것이 우리를 부드럽게 몰아들였습니다
그렇지 않았더라면 우리는 여전히 맛보기를 거절하였을 것입니다
그래서 우리 죄 가운데에서 멸망하였을 것입니다

5. 이 교리는 절대적 안심을 제공한다

하나님의 능력은 무한하시다. 그러므로 하나님의 뜻을 가로막거나 하나님의 작정의 실행에 저항하는 것은 불가능하다. 그러한 진술은 죄인에게 경종을 울려주기에 적절하다. 하지만 성도들에는 오직 찬양을 불러일으킬 뿐이다. 여기에 말을 한마디씩 덧붙인 뒤에, 어떤 차이가 생기는지 살펴보자. **내** 하나님의 능력은 무한하다! **그래서** "사람이 내게 행할 수 있는 어떤 것도 두렵지 않다." 내 하나님의 능력은 무한하다, **그래서** "내가 두려움에 빠질 때에 나는 주를 신뢰할 것이다." 내 하나님의 능력은 무한하다, 그래서 "나는 평화롭게 누워 잠들 것이다; 오직 주님만이 나를 안전하게 거하도록 만들기 때문이다" (시 4:8). 모든 시대를 관통하여 **이 교리**는 성도들에게 확신을 부여하는 근거였다. 이 교리가 모세의 확신이기도 하였다는 사실은 모세의 고별사에서 확인할 수 있다.

여수룬(이스라엘)의 하나님과 같은 이가 없다. 그는 너를 도우려고 위엄 속에서 하늘을 타고 달리고 구름을 타고 달린다. 영원한 하나님이 너의 피난처이며 그 영원한 팔로 받쳐준다. 그가 네 원수를 쫓아내시며 "저를 멸망시켜라!"고 말하신다.[16]

시편 기자가 성령의 감동을 받아서 다음과 같이 쓰도록 만든 것이 이 안도감이 아니고 무엇이었는가?

> 지극히 높으신 하나님의 보호를 받고 있는 자는 전능자의 그늘 속에서 쉴 것이다. 내가 여호와 하나님에 관하여 "**그는 내가 신뢰하는, 나의 피난처, 나의 요새, 나의 하나님이시다**"라고 말할 것이다. 분명히, 그는 너를 사냥꾼의 올무에서, 치명적인 역병에서 구원해 주실 것이다. 그는 자기 깃털로 너를 덮으실 것이고, 너는 그의 날개 아래로 피난할 것이다. 그의 신실하심이 너의 방패요 성채가 될 것이다. **너는** 밤의 공포도, 낮에 날아다니는 화살도, 어둠 속을 활보하는 역병도, 백주에 파괴하는 염병도, **겁내지 말라**. 천 명이 네 곁에서, 만 명이 네 오른쪽에서 쓰러지지만 네 가까이에는 오지 않을 것이다. 너는 사악한 자들이 받는 형벌을 바라만 볼 뿐이다. 지극히 높으신 하나님을 **너의 거처로** 삼는다면 ─ 여호와 하나님을 피난처로 삼는다면 ─, 어떤 해도 받지 않을 것이며 (오히려 모든 것이 합력하여 **선**을 이룰 것이며, 어떤 재앙도 네 거처에 가까이 오지 못할 것이다.[17]

우리는 경이로움으로 가득찬 찬양을 하게 될 것이다.

---

16) 신 33:26-27, There is no one like the God of Jeshurun, who rides on the heavens to help you and on the clouds in his majesty. The eternal God is your refuge, and underneath are the everlasting arms. He will drive out your enemy before you, saying, "Destroy him!"

17) 시 91:1-10, He who dwells in the shelter of the Most High will rest in the shadow of the Almighty. I will say of the LORD, "**He is my refuge and my fortress, my God, in whom I trust.**" Surely he will save you from the fowler's snare and from the deadly pestilence. He will cover you with his feathers, and under his wings you will find refuge; his faithfulness will be your shield and rampart. **You will not fear** the terror of night, nor the arrow that flies by day, nor the pestilence that stalks in the darkness, nor the plague that destroys at midday. A thousand may fall at your side, ten thousand at your right hand, but **it will not come near you**. You will only observe with your eyes and see the punishment of the wicked. If you make the Most High **your dwelling**--even the LORD, who is my refuge-- then no harm will befall you, no disaster will come near your tent.

나를 둘러싸고 있는 사망과 역병들아 날아가라
주께서 명령하실 때까지는, 나는 죽을 수 없다
단 한 대의 화살도 나를 맞추지 못한다
사랑의 하나님이 허락하실 때까지는.

오! 이 진리의 고귀함이여! 나는 하찮고 무기력하고 무감각한 한 마리 "양"에 불과하지만 그리스도의 손 안에서 안전하게 거한다. 내가 **그곳에서** 안전하게 거하는 **까닭은** 무엇인가? 나를 붙잡고 있는 손은 성자 하나님의 손이며 하늘과 땅의 모든 능력이 다 **그의 것**이기 **때문에** 어떤 누구도 거기에서 나를 빼앗아내지 못한다. 다시 말해서, 나 자신은 아무런 힘이 없다. 세상과 육체와 사탄이 나를 대적하면 나는 주님의 돌보심과 지켜주심 속으로 피하면서 바울과 함께 "나는 내가 누구를 믿어왔는지를 알고 있으며, 그는 내가 의탁한 것을 그 날을 위하여 지켜주실 수 있는 분임을 확신하고 있다"[18]고 말한다. 내 확신의 근거는 무엇인가? 내가 그에게 맡긴 것을 지켜 줄 수 있는 분임을 **내가 어떻게 알고 있는가?** 하나님은 전능자, 만왕의 왕, 만주의 주이기 때문에 내가 그렇게 알고 있는 것이다.

6. 이 교리는 슬플 때에 위로를 준다

하나님의 주권 교리는, 위로로 가득 차 있으며 기독교인들에게 커다란 평화를 나누어주는 교리이다. 하나님의 주권은, 어떤 것도 흔들지 못하는 기초이며 하늘과 땅보다 훨씬 견고하다. 하나님의 손이 미치지 못하는 곳이 우주에는 존재하지 않는다는 사실을 안다는 것은 정말로 커다란 축복이다. 시편 기자가 말하였다.

---

[18] 딤후 1:12, … I know whom I have believed, and am convinced that he is able to guard what I have entrusted to him for that day.

내가 주의 신(성령)을 떠나 어디로 가겠습니까? **내가 주의 얼굴을 피해 어디로 달아나겠습니까?** 내가 하늘로 올라갈지라도 **거기에 계십니다.** 내가 죽음 속으로 내려갈지라도 **거기에 계십니다.** 내가 새벽 날개를 타고 달려갈지라도, 바다 끝에 가서 앉을 지라도, **거기에서조차 주의 손이 나를 인도하실 것이고** 주의 오른손이 나를 견고히 붙잡으실 것입니다. 내가 "분명코, 어둠이 나를 숨기고 **내 가까이에서 둘러싸고 있는 빛이 밤이 될 것이다**" 라고 말할지라도 주님께는 어둠도 어둡지 않을 것이며, 밤이 낮처럼 빛을 발할 것입니다. 주님께는 어둠도 빛과 같기 때문입니다.[19]

모든 사람, 모든 것 위에 하나님의 강한 손이 있다는 사실을 알고있다는 것은 정말 커다란 축복이다. 참새 한 마리가 땅에 떨어지는 것까지도 다 아신다는 사실을 알고있다는 것은 정말 커다란 축복이다. 우리의 고통이 우연에 의한 것도 사탄으로부터 오는 것이 아니라, 하나님이 정하고 통제하신다는 사실을 안다는 것은 정말 커다란 축복이다.

아무도 이러한 고통에 의하여 흔들리지 않도록 하기 위한 것이다. 너희는 우리가 이렇게 되도록 정해졌다는 사실을 잘 알고 있다.[20]

그러나 우리 하나님의 능력은 무한하실 뿐만 아니라, 지혜로우심과 선하심도 마찬가지로 무한하시다. 이 진리의 고귀함은 바로 여기에 있다. 하나님은 오직 선한 것만을 의지하시고 하나님의 의지는 철회할 수도 저항할 수도 없는 것이다. 하나님은 너무나 지혜로우서서 오류를 일으키지 못하고, 너무나 사랑이 많으셔서 자기 자녀가 쓸데없이 눈물을

---

19) 시 139:7-12, Where can I go from your Spirit? Where can I flee from your presence? If I go up to the heavens, you are there; if I make my bed in the depths, you are there. If I rise on the wings of the dawn, if I settle on the far side of the sea, even there your hand will guide me, your right hand will hold me fast. If I say, "Surely the darkness will hide me and the light become night around me," even the darkness will not be dark to you; **the night will shine like** the day, for darkness is as light to you.

20) 살전 3:3, so that no one would be unsettled by these trials. You know quite well that we were destined for them.

흘리도록 하시지 못하신다. 그러므로 하나님이 완벽한 지혜요 완벽한 선이시라면, 모든 것이 하나님의 손 안에 있고 하나님의 영원한 목적에 따라 자신의 의지에 의하여 만들어진다는 확신은 정말로 커다란 축복이다.

> 하나님이 빼앗으시면, 누가 막을 수 있을까? 누가 그에게 "뭐하고 계십니까?"라고 말할 수 있을까?[21]

사탄이 아니라 하나님이 우리가 사랑하는 것들을 빼앗아간다는 사실이 정말 위로가 된다. 우리의 날짜 수가 하나님께 있다는 말을 들을 때 우리 비참한 약한 심령은 정말 평화를 얻는다 (욥 7:1, 14:5). 질병과 죽음이 하나님의 심부름꾼이며 언제나 하나님의 명령대로 움직인다는 말을 들을 때, 주시는 분도 빼앗아 가는 분도 하나님이시라는 말을 들을 때 우리 마음은 정말 평화를 얻는다.

7. 이 교리는 즐거이 삼가는 심령을 낳는다

하나님의 주권적 의지 앞에 꿇어 엎드리는 것은, 평화와 행복을 얻는 위대한 비결 가운데 하나이다. 우리 심령이 깨어질 때까지는 즉, 주님이 우리를 마음대로 처분하시는 것을 우리가 원하고 **기뻐**할 때까지는 만족스럽고 실질적인 복종은 존재할 수 없다. 우리는 숙명론적 묵종의 정신을 주장하고 있는 것이 아니다. 결단코 아니다. 성도들은, "하나님의 뜻이 무엇인지를—하나님의 **선하시고 기뻐하시고 완전하신** 뜻이 무엇인지를— **분별하라**"[22]는 훈계를 받는다.

---

21) 욥 9:12, If he snatches away, who can stop him? Who can say to him, "What are you doing?"

22) 롬 12:2, … you will be able to **test** and **approve** what God's will is--his **good, pleasing** and **perfect** will.

하나님의 주권에 대한 우리의 태도를 다룬 장(제 10 장)의 한 절에서 이 주제를 다루었다. 거기에서, 최고의 모범이신 그리스도에 덧붙여 엘리와 욥의 사례를 인용하였다. 이제 몇 가지 사례를 보충하고자 한다. 레위기 10:3에 "아론이 평정을 유지하였다"[23)]는 말이 있다. 그 정황을 살펴보자.

> 아론의 아들 나답과 아비후가 각기 향로를 가져다가 불을 담아 향을 피웠다. 이들의 불은 하나님께서 인정하시지 않은, 하나님의 명령에 거슬리는 불이었다. 그러자 하나님으로부터 불이 나와 그들을 불살랐고, 그들은 하나님 앞에서 타 죽였다… **아론이 평정을 유지하였다.**[24)]

대제사장의 아들 둘이 하나님의 심판을 받아 한꺼번에 죽었다. 이들은 당시에 **흥분의 도가니에** 빠져 있었던 것 같다. 이 시련은 아론에게 갑자기, 준비할 틈도 없이 닥쳐왔다. 하지만 아론은 "평정을 유지하였다." 하나님의 전적으로 충분한 은혜의 능력에 대한 고귀한 표본이다!

이제 다윗의 입술로 나온 말을 보자.

> 왕이 사독에게 말하기를, "법궤를 성 안으로 들여라. 하나님이 내게 은총을 주시면 나를 다시 받아주시고 법궤와 주의 거처를 다시 내게 보여주실 것이다. 그러나 만일 주께서 '내가 너를 기뻐하지 않는다' 고 말씀하시면 내가 여기 준비하고 있습니다. **주께서 선하게 여기시는 어떤 것이라도 내게 행하십시오**" 라고 하였다.[25)]

---

23) [역자 주] NIV에는 "Aaron remained silent" (아론이 잠잠하였다)로 되어 있지만 핑크의 본문과 KJV에는 "And Aaron held his peace" (그러자 아론은 평정을 유지하였다)로 되어 있다.

24) 레 10:1-3, Aaron's sons Nadab and Abihu took their censers, put fire in them and added incense; and they offered unauthorized fire before the LORD, contrary to his command. So fire came out from the presence of the LORD and consumed them, and they died before the LORD…. Aaron remained silent.

25) 삼하 15:25-26, Then the king said to Zadok, "Take the ark of God back into the city. If I find favor in the LORD'S eyes, he will bring me back and let me see it and his dwelling place again. But if he says, 'I am not pleased with you,' then I am ready; let him do to me whatever seems good to him."

여기에서도 역시, 화자(다윗)가 직면한 상황은 사람의 마음에 몹시 쓰라린 것이었다. 다윗의 마음은 비탄에 잠겼다. 다윗 자신의 아들(압살롬)이 자신을 왕위에서 밀어내고 있고 자신의 목숨마저 노리고 있었다. 다윗은 자신이 예루살렘과 성전을 다시 보게 될지조차 몰랐다. 하지만 다윗은 하나님께 굴복하였다. **하나님의** 뜻은 가장 좋은 것이라는 확신으로 가득 차 있었으며, 비록 자신의 보좌와 생명을 잃는다할지라도 하나님이 뜻대로 행하시는 것으로 만족하였다 — "주께서 선하게 여기시는 어떤 것이라도 내게 행하십시오."

사례를 더 찾을 필요는 없다. 단지 바로 위의 사례를 깊이 숙고하는 것이 적절하다. 구약성경이 보여주는 그림 중에서 다윗은 하나님이 뜻대로 행하시는 것으로 만족하였다면, 하나님의 마음이 십자가에서 충분히 계시된 이 때에는 하나님이 자기 뜻을 성취하는 것을 우리는 얼마나 많이 기뻐해야 하는가! 분명히, 우리는 주저없이 다음과 같이 노래해야 한다.

> 하나님이 축복하신 악은 **우리의** 선이다
> 하나님이 축복하지 않으신 선은 악이다.
> 가장 나쁘다고 여겨지는 모든 것이 만일 하나님의 기쁘신 뜻이라면
> 그것은 좋은 것이다

8. 이 교리는 찬송을 이끌어낸다

이렇게 되지 않을 수 없다. 주위를 둘러싸고 있는 부주의하고 불경한 수많은 군중들과 본성적으로 전혀 다를 바 없는 내가 세상이 창조되기 전에 그리스도 안에서 택함을 받았고 이제는 그리스도 안에서 하늘에 있는 모든 영적인 축복들로 복 받았다니! 한때 이방인이며 반역자였던

내가 선택받아 이처럼 놀라운 은총을 받다니! 아, 그것은 내가 결코 헤아릴 수 없는 것이다. 이런 은혜, 이런 사랑은 "지식을 뛰어넘는 것"이다. 내 마음이 이유를 찾아내지 못할지라도, 찬양과 경배로 감사를 드릴 수 있다. 과거에 나에게 베푸신 하나님의 은혜를 감사해야 할 뿐만 아니라, 지금 나를 돌보시는 것들로 인하여 내 마음에 감사가 차고 넘친다. "**항상 주님을 기뻐하라**"26)는 말은 어떤 설득력이 있는가? 이 말은 "**구세주를** 기뻐하라"가 아니라는 점에 주의하라. 우리는 "주님을 기뻐" 해야 한다. "주" 즉, 모든 환경을 지배하는 분이기 때문이다. 사도가 이 말을 쓸 때, 로마 정부의 손에 붙잡혀 있는 죄수의 신분이었다는 사실을 기억하라. 고뇌와 고통을 오래 겪고 있던 중이었다. 지상과 바다 위에서의 위험들, 배고픔과 목마름, 채찍질과 돌팔매질을 모두 겪었다. 교회 안팎의 사람들로부터 핍박을 받았다. 바울의 편을 들었어야 하는 그런 사람들이 바울을 저버렸다. 그런 와중에서 "**항상 주님을 기뻐하라**"고 쓰고 있다. 바울이 누리는 평강의 비결은 무엇이었나? 아! 바로 이 사람 바울이 "하나님을 사랑하는 자들에게는, 하나님의 목적에 따라 부름을 받은 모든 사람에게는 모든 것이 합력하여 선을 이룬다는 사실을 우리는 알고 있다"27)는 글을 썼지 않은가? 그러나 **모든 것**이 합력하여 **선**을 이룬다는 사실을 바울은 어떻게 알았으며, 우리는 어떻게 아는가? **모든 것**이 최고 주권자의 통제를 받고 규제받기 때문이라는 것 이 그 정답이다. 최고 주권자이신 하나님은 자신의 자녀를 향해서는 오직 사랑만을 간직하시기 때문에, "모든 것"을 통제하여 **우리의 궁극적 선에 기여하도록 만드신다**. 바로 이런 이유 때문에 우리는, "항상 모든 것으로 인

---

26) 빌 4:4, Rejoice in the Lord always. I will say it again: Rejoice!
27) 롬 8:28, And we know that all things work together for good to them that love God, to them who are the called according to his purpose (KJV)

해, 우리 주 예수 그리스도의 이름으로 하나님 아버지께 감사를" 드려야 한다(엡 5:20). 그렇다. "모든 것으로 인해" 감사를 드려라. "우리의 실망은 하나님의 실망이다"는 말이 맞다. 하나님의 주권을 기뻐하는 자에게, 구름은 "밝은 희망"을 가질 뿐만 아니라 빛을 도드라지게 할 뿐인 어둠을 통하여 모든 것을 은빛으로 찬란하게 빛나게 한다.

> 너희, 두려움이 가득한 성도들아, 용기를 새롭게 하라
> 그토록 무서워 보이는 저 구름은
> 자비로 가득 차 있기에 커다란 것이다
> 너희 머리 위에 축복을 쏟아 부을 것이다

9. 이 교리는 선의 최종적 승리를 보장한다

가인이 아벨을 죽인 그 날 이후 지상에서 벌어지는 선과 악의 갈등은 성도들을 고통스럽게 만드는 문제였다. 모든 시대에 의인들은 미움과 박해를 받았지만 불의한 자들은 하나님을 경멸하며 도전하였다. 하나님의 백성들 대부분은 궁핍하게 살았지만 악한 자들은 풍성하게 번영을 누렸다. 사방을 둘러보면, 신자들은 박해받지만 불신자들은 세속적 성공을 누리고, 신자의 수는 정말 적지만 불신자의 수는 정말 많다. 의로운 자는 명백하게 패배자의 모습이고 악한 자는 의기양양한 모습이다. 전쟁의 굉음, 상처 입은 자들의 울부짖음, 친지를 잃은 자들의 애도 소리가 들린다. 지상의 거의 모든 것이 혼란과 혼돈과 파멸의 상태에 있다. 마치 사탄이 모든 갈등에서 이기고 있는 것처럼 보인다. 그러나 주변을 둘러보지 말고 위를 올려다 보아라. 믿음의 눈을 가진 자는 보좌가 거기에 있는 것을 명백히 볼 수 있다. 지상의 어떤 돌풍에도 까딱도 하지 않는 보좌, 확고하고 흔들림이 전혀 없는 보좌, 그 보좌 위에는 전능

자라는 이름을 가지신, "모든 것을 자기가 세운 목적대로 움직이시는" (엡 1:11) 이가 앉아 계신다. 이것이, "**하나님이 보좌 위에 계신다**"는 이것이 우리의 확신이다. 지배권이 그의 손에 있고, 그는 전능하신 자이기에 그의 목적은 결코 실패할 수 없다. "주의 생각은 한결같다, 누가 주를 돌이키게 할 수 있을까? 주는 자신이 원하는 **바로 그것을 행하신다**."[28] 하나님의 그 통치하시는 손길을 육신의 눈으로는 볼 수 없을지라도 믿음 즉, 확고한 마음으로 주의 말씀을 의지하므로 하나님은 실패할 수 없다고 확신하는 그런 믿음에게는 실질적인 것이다. 우리 형제 개블라인(Gaebelein)이 쓴 다음 글로 마무리짓겠다.

> 하나님께 실패란 있을 수 없는 것이다. "하나님은 사람이 아니기에 거짓말하지 못하신다. 사람의 자식이 아니기에 후회도 없으시다. 주님께서 말씀하셨으면 반드시 행하신다. 주가 말씀하셨으면 반드시 이루신다"(민 23:19). 모든 것을 성취하신다. 주께서 사랑하신 백성들을 위하여 오셔서 영광으로 이끌어주시겠다고 이들에게 하신 약속은 틀림없는 것이다. 주는 분명히 오실 것이며 이들을 자기에게로 불러모으실 것이다. 선지자들이 세상 족속들에게 한 엄숙한 말씀도 역시, 틀림없을 것이다. "열국들아, 너희는 가까이 다가와 귀를 기울여라. 민족들아 주목하라. 땅이여 들으라. 땅 곧 세상에 있는 모든 것들과 세상에서 나오는 모든 것들아! 여호와 하나님은 모든 나라에 대해 화를 내신다. 하나님의 진노가 세상의 모든 군대 위에 있다. 하나님은 그들을 전적으로 파괴하실 것이며, 그들을 도살자에게 넘겨주실 것이다."[29] "사람의 높은 눈을 비천케 하고 거만함을 굽히고 오직 주님만이 높아지실" 그런 날이 틀림없이 올 것이다 (사 2:11). 주께서 나타나 주의 영광으로 하늘을 덮고 주의 발이 지상을

---

[28] 욥 23:13, But he is in one mind, and who can turn him? and what his soul desireth, even that he doeth (KJV).

[29] 사 34:1-2, Come near, you nations, and listen; pay attention, you peoples! Let the earth hear, and all that is in it, the world, and all that comes out of it! The LORD is angry with all nations; his wrath is upon all their armies. He will totally destroy them, he will give them over to slaughter.

다시 밝을 그 날은 틀림없이 올 것이다. 주의 나라는 실패하지 않을 것이다. 종말과 연결된 약속된 사건도 틀림이 없을 것이다.

어둡고 힘겨운 이 시대에 기억해 두어야 하는 사실은, 주는 보좌 위에, 결코 흔들리지 않는 보좌 위에 계시고, 주께서 말씀하시고 약속하신 모든 것을 반드시 행하실 것이라는 사실이다. "여호와 하나님의 책을 자세히 읽어 보라. 이 가운데 어느 것 하나 빠지지 않을 것이고 짝이 맞지 않는 것도 전혀 없을 것이다. 주의 입이 명령을 내렸고 주의 영이 이것들을 모을 것이기 때문이다."[30] 주의 말씀과 주의 뜻이 성취될 영광의 때를, 평화의 왕자가 오심으로써 마침내 의와 평화가 도래할 영광의 때를 믿음 즉, 복된 기대 속에서 바라보아야 한다. 우리에게 주신 주의 약속이 실현되는 그 최고의 축복된 순간을 기다리는 동안에 우리는 주님을 신뢰하고 주와 교제를 나누는 삶을 산다. 그리고 주님은 우리가 다니는 모든 길에서 틀림없이 우리를 붙들어 지켜 주신다는 사실을 날마다 새롭게 확인한다.

10. 이 교리는 마음의 안식처를 제공한다

이곳에서 다루어야 할 내용의 대부분이 앞에서 이미 예기되었다. 하늘 보좌에 앉으신 이, 모든 나라를 다스리고 모든 사건을 정해 놓으셨고 조절하시는 이는 능력뿐만 아니라 지혜와 선에 있어서도 무한하시다. 모든 피조물의 주되신 이는, "육신으로 나타나셨다"(딤전 3:16). 이것은, 인간의 필설로는 공정하게 다루지 못하는 주제다. 하나님의 영광은, 하나님은 지극히 높으시다는 사실에 있을 뿐만 아니라 높이 계신 하나님이 죄악된 피조물들의 짐을 지기 위하여 몸을 낮게 굽혀 사랑하셨다는 사실에 있다. 성경에 따르면, "하나님이 그리스도 안에서, 세상을 자

---

30) 사 34:16, Look in the scroll of the LORD and read: None of these will be missing, not one will lack her mate. For it is his mouth that has given the order, and his Spirit will gather them together.

기와 화목하게 하셨다."31) 하나님은 자기 자신의 교회를 자기 피로 사셨다(행 20:28). 왕 자신의 은혜로운 겸손 위에, 자신의 왕국을 세우셨다. 오! 놀라운 십자가! 십자가 위에서 고난을 받은 주님이, 십자가에 의하여 우리 운명의 주인(전에는 그랬다)이 아니라, 우리 마음의 주가 되셨다. 그러므로, 우리가 최고 주권자 앞에 비참한 공포 속에 끓어 엎드리는 것이 아니다. 우리는 찬양과 경배 속에서 큰 음성으로, "죽임을 당한 그 어린양은 능력과 부와 지혜와 힘과 존귀와 영광과 찬양을 받으시기에 합당하다"32)고 외친다.

이 교리가 하나님께 대한 지독한 중상모략이며 하나님의 백성들에게 가르쳐 주기에는 위험스러운 것이라는 사악한 혐의에 대해서는 이렇게 반박한다. 하나님을 하나님의 참된 자리에 두고, 하나님의 권리를 주장하고, 하나님의 은혜를 높이고, 모든 영광을 하나님께 드리고, 피조물이 자랑스러워 할 모든 근거를 제거해 주는 교리가 "지독하고 위험스러울" 수가 있을까? 성도들이 위험 속에서도 안도감을 얻고, 슬픔 속에서도 위로를 얻고, 역경 속에서도 인내하고, 항상 찬양하도록 만들어 주는 교리가 "지독하고 위험스러울" 수가 있을까? 우리에게 선이 악을 분명히 이긴다는 확신을 주고, 우리 마음이 쉼을 얻을 수 있는 확실한 안식처를 제공하고, 주권자 하나님의 완전하심을 드러내는 교리가 "지독하고 위험스러울" 수가 있을까? 아니다. 결단코 아니다. 하나님의 주권 교리는, "지독하고 위험스럽기"는커녕, 영광스럽고 교훈적인 것이다. 이 교리를 제대로 이해하면, 모세와 더불어 힘차게 "오! 여호와여! 신 중에 누가 주와 같습니까? 거룩함 속에서 위엄이 있으며, 영광 속에서 장엄

---

31) 고후 5:19, God was reconciling the world to himself in Christ …
32) 계 5:12, in a loud voice they sang: "Worthy is the Lamb, who was slain, to receive power and wealth and wisdom and strength and honor and glory and praise!"

하며 이적을 행하시는 주와 같은 자가 누구입니까?"³³⁾라고 외치게 될 뿐이다.

---

33) 출 15:11, "Who among the gods is like you, O LORD? Who is like you--majestic in holiness, awesome in glory, working wonders?

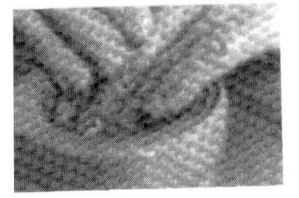

결론

할렐루야! 우리 주 전능하신 하나님이 다스리신다.[1]

제 2판 서론에서, 진리의 균형을 유지할 필요성에 관해 언급하였다. 하나님에게는 주권이 있고 인간에게는 책임이 있다는 이 두 가지 사실은 논란의 여지가 없다. 이 책에서는 전자를 해설하고자 노력하였다. 다른 책들을 통해서는 후자를 강조하는 경우가 많았다. 한쪽을 지나치게 강조하면서 그 반대쪽을 경시하는 실질적인 위험이 존재한다는 사실을 기꺼이 인정한다. 그렇다. 각각의 경우에 관한 무수한 사례를 역사 속에서 찾을 수 있다. 하나님의 주권을 강조하면서 인간의 책임을 주장하지 않으면 숙명론에 빠질 위험이 있다. 인간의 책임을 주장하는 것에 마음을 쏟다가 하나님의 주권을 망각하면 피조물을 높이고 창조주를 낮추기 십상이다.

실제로는, 거의 모든 교리적 오류는 진리를 왜곡하거나, 진리를 잘못 나누거나, 진리의 균형을 잘못 잡아 가르치는 것이다. 세상에서 가장 잘난 용모를 가진 가장 멋진 얼굴도, 어느 한쪽 부분이 계속해서 커지는데 다른 것들은 성장하지 않고 그대로 머물러 있다면 즉시 추하고 볼쌍사납게 될 것이다. 일차적으로 아름다움은, 균형의 문제이다. 하나님의 말씀도 마찬가지다. 하나님 말씀의 아름다움과 복됨은 그 다양한 지혜

---

1) 계 19:6, … Hallelujah! For our Lord God Almighty reigns.

가 참된 균형에 맞춰 표출될 때 가장 잘 지각된다. 바로 이점에서 과거의 수많은 사람들이 실패하였다. 하나님의 진리의 단일한 국면이 이런 저런 사람에게 깊은 감동을 주었기에 다른 모든 것을 배제한 채 그 부분에만 관심을 집중하였다. 하나님의 말씀 가운데 어떤 부분은 [사람들의] "총애를 받는" 교리가 되었고, 종종 어떤 종파의 식별 표지가 되었다. "하나님의 **모든** 경륜을 선포하는 것"(행 20:27)은 하나님의 모든 종이 져야 할 의무이다.

    모든 곳에서 사람을 드높이고 "초인"이라는 말이 흔하게 사용되는, 우리가 처한 이 타락한 시대에는 하나님이 주권자라는 은혜로운 사실을 **특별히** 강조해야 할 실질적인 필요성이 있다. 이 교리를 명백히 부정하는 그런 곳일수록 그럴 필요는 더욱 커진다. 우리의 열정이 "지식을 따라" 나오도록 하기 위해서는 바로 이 지점에서 많은 지혜를 필요로 한다. "양념이 적절하게 밴"이라는 말을 하나님의 종은 늘 명심해야 한다. 어떤 교회가 일차적으로 필요로 하는 것을 다른 교회에서는 특별히 필요로 하지 않을 수도 있다. 아르미니우스주의적 설교자들이 사역한 곳에서 일하도록 소명을 받았다면 저들이 무시한 하나님 주권 교리를 강론해야 한다. 하지만, 갓난아이들에게 너무 질기고 큰 고기 덩어리를 주지 않도록 세심한 주의를 기울여야 한다. 요한복음 16:12의 "너희에게 해 줄 말이 아직 많다. 그러나 지금은 너희가 감당하지 못한다"[2]는 말씀에서 그리스도가 보여준 모범을 늘 명심해야 한다. 반면에, 명확하게 칼빈주의적인 강단을 맡도록 소명을 받았다면, 인간의 책임이라는 진리를 (다양한 방면으로) 적절하게 제시하면 된다. 설교자가 제시해야 하는 주장은, 청중이 가장 듣고 싶어하는 것이 아니다. 그들에게 가장

---

2) 요 16:12, I have yet many things to say unto you, but ye cannot bear them now (KJV).

필요한 것 즉, 진리 중에서 그들에게 가장 익숙치 않은 측면들, 혹은 그들의 삶에서 가장 적게 나타나는 것이다.

 우리가 위에서 가르친 대로 실행하는 설교자는, 변절자라는 혐의를 뒤집어 쓸 가능성이 있다. 그러나 어떤 것을 해야 자기 주인으로부터 인정받느냐가 중요하다. 설교자는 자기 자신의 뜻에 맞게 행하도록 소명을 받은 것이 아니다. 사람이 작성한 어떤 규칙에 맞게 행하도록 소명을 받은 것도 아니다. **성경**과 일치하도록 하는 것이 소명 받은 자의 본분이다. 성경에서 진리의 각 부분 혹은 측면은 진리의 또 다른 측면에 의해 균형잡혀야 한다. 모든 것에는 두 가지 측면이 존재한다. 심지어 하나님의 경우도 마찬가지이다. 하나님은 "빛"(요일 1:5)인 동시에 "사랑"(요일 4:8)이시다. 그러므로 우리는 "하나님의 인자하심**과** 엄격하심을 보라"(롬 11:22)는 요구를 받는다. 언제가지나 한쪽을 배세한 채 다른 쪽만을 가르치게 되면, 하나님의 성품을 희화화하게 된다.

 성자 하나님이 육신을 입을 때, "종의 형상"(빌 2:6)으로 오셨음에도 불구하고 구유에 누우신 그는 "주 그리스도"(눅 2:11)이셨다. 하나님께는 모든 것이 가능(마 19:26)하지만 "거짓말을 할 수 없다"(딛 1:2). 성경은 "너희가 서로의 짐을 지라"(갈 6:2)고 말하지만 바로 그 장에서 "모든 사람이 자기 짐을 져야 한다"(갈 6:5)고 선언한다. 우리는 "내일 일을 생각하지 말라"(마 6:34)고 권면을 받지만 "만일 어떤 사람이 가족을 특히, 자기 집에 속한 자들을 돌보지 않으면 믿음을 부인한 것이며 불신자보다 더 나쁘다"(딤전 5:8). 그리스도께 속한 양은 하나도 망하지 않지만(요 10:28-29) 자신의 "소명과 선택을 확실한 것으로 만들라"는 명령을 받았다(벧후 1:10). 이런 예를 계속해서 찾을 수 있다. 이러한 것들은 서로 모순을 일으키는 것이 아니라 보완해주는 관계에 있다. 한쪽이 "반대쪽과 균형을 이룬다." 이와 같이, 성경은 하나님의 주권과 인간의 책임 이 두 가지 모두를 가르친다. 따라서 하나님의 모든 종도 그렇게, 적절한 균형을 맞춰 그렇게 해야 한다.

이제 우리의 이 주제에 관하여 몇 가지 사실을 고찰함으로써 마무리를 지어야 한다.

> 여호사밧이 여호와의 성전, 새 뜰 앞에 모인 유다와 예루살렘 회중 앞에 서서, "오! 여호와, 우리 조상들의 하나님! 주는 하늘에 계시는 하나님이 아니십니까? 모든 족속의 모든 왕국들을 다스리십니다. 능력과 권세가 주의 손에 있습니다. 아무도 주를 막지 못합니다…."라고 말하였다.[3]

그렇다. 주는 하나님이시며, 인간의 모든 왕국을 통치하시고 주권적 위엄과 힘으로 다스리신다. 그러나 우리 시대에, 계몽과 진보를 자랑하는 이 시대에, 모든 사람이 이 교리를 부인한다. 유물론적 과학과 무신론적 철학은 하나님을 하나님의 세계로부터 밀어냈다. 그리고는 (비인격적인) 자연법칙이 모든 것을 통제한다. 인간사에서 그렇다. 기껏해야 하나님은 멀리 떨어져 구경하고 있으며 그럼에도 어찌지 못하는 무기력한 존재이다. 하나님은 참혹한 전쟁이 시작되는 것을 어찌지 못하였다. 하나님은 전쟁을 막고 싶었지만 그렇게 하지를 못하였다. 역대기상 5:22, 역대기하 24:24에도 불구하고 이렇게 여긴다. 하나님은 "자유 능력"을 인간에게 부여하셨기 때문에, 하나님은 인간이 선택권을 행사하고 자기 뜻대로 행하도록 허용하고 간섭하지 말아야 한다. 그렇지 않으면 인간의 도덕적 책임이 파괴될 것이다. 이와 같은 것이 오늘날 대중적인 신념이다. 이러한 말이 독일 합리주의자들에게서 나와도 사람들은 놀라지 않는다. 하지만 많은 신학교에서 이런 것들을 배우고 많은 강단

---

[3] 대하 20:5-6, Then Jehoshaphat stood up in the assembly of Judah and Jerusalem at the temple of the LORD in the front of the new courtyard and said: "O LORD, God of our fathers, are you not the God who is in heaven? You rule over all the kingdoms of the nations. Power and might are in your hand, and no one can withstand you…"

에서 이런 것들을 퍼뜨리고 수많은 기독교인들이 이런 것을 받아들이는 것은 정말 슬픈 일이다.

우리 시대의 가장 악독한 죄악 가운데 하나는 불경스러움 즉, 존엄한 하나님께 합당한 영광을 드리지 않는 것이다. 사람들은 하나님의 존재와 성품을 깎아내리는 개념들로 주의 능력과 활동을 제한한다. 본래 인간은 하나님의 형상으로 만들어졌다. 그러나 현대인들은 인간의 형상을 따라 만든 신을 신봉한다. 창조주를 피조물의 수준으로 격하시켰다. 하나님의 전지성에 의문을 던지고, 하나님의 전능성을 더 이상 믿지 않고, 하나님의 절대 주권을 거침없이 부정한다. 인간이 자신의 운명을 개척하고 결정한다고 주장한다. 이들은 자기 목숨이 전적으로 하나님의 처분에 달려있다는 사실을 알지 못한다. 이들은 자신들이 하나님의 내밀한 작정들을 좌절시키는 것은 벌레가 코끼리의 발을 막는 것만큼이나 힘든 일이라는 사실을 알지 못한다. 이들은 "주께서 자신의 보좌를 하늘에 두셨고 하나님의 왕권은 **모든 것을 다스린다.**"[4)]는 사실을 알지 못한다.

이제까지 우리는 이런 이교도적 관점을 논박하면서, 하나님은 보좌 위에 앉으신 하나님이시며 최근에 벌어졌던 전쟁은 하나님이 통치권을 잃었다는 증거가 결코 아니고 오히려 하나님은 여전히 살아 계시고 통치하실 뿐만 아니라 하나님이 예정하셨고 미리 통보하신 일이 발생하고 있다는 증거임을 입증하고자 하였다(마 24:6-8). 육적인 마음은 하나님께 적대적이라는 것, 중생치 못한 사람은 하나님의 통치를 거부하는 반역자라는 것, 죄인은 자신의 창조주를 영화롭게 하는 일에 관심이 없고 하나님의 계시된 의지를 거의 혹은 전혀 존중하지 않는다는 것, 이

---

4) 시 103:19, The LORD has established his throne in heaven, and his kingdom rules over all.

런 사실들은 기꺼이 인정된다. 그러나 무대의 뒤쪽에서는, 하나님은 통치를 수행하시면서 원수들에도 불구하고 뿐만아니라 원수들에 의하여, 자신의 영원한 목적을 성취하신다.

인간이 하나님의 권리주장에 맞서서 정말 열심히 자기 주장을 한다. 인간이 권력도 지식도 없이 그러면 어쩌자는 말인가? 하나님은 의지도 능력도 지식도 없으신가? 인간의 의지와 하나님의 의지가 갈등을 일으킨다고 상상해 보라 어떤 일이 어찌 되겠는가? 진리의 성경으로 돌아가 답을 찾아보라. 인간은 시날 평원에서, 하늘에까지 도달하는 탑을 건축하기로 뜻을 세우고 결심하였다. 그들의 목적은 어떻게 되었나? 바로는 마음을 단단히 먹고 여호와 하나님의 백성이 광야로 나가 하나님을 경배하는 것을 허용하지 않기로 하였다. 바로의 반역은 결국 어떻게 되었나? 가나안 족속들은 이스라엘이 가나안 땅에 정착하지 못하게 막기로 결의하여 뜻을 세웠다. 그들은 얼마나 성공하였는가? 사울은 다윗을 향하여 창을 던졌을 때 뜻을 품었던 것이다. 하지만 창이 벽에 박혔을 뿐이었다. 요나도 니느웨 사람들에게 가서 말씀을 전하라는 명령을 거부하기로 뜻을 세웠다. 그러나 결국 어떻게 되었는가? 느부갓네살은 세 명의 히브리 청년을 죽이려는 뜻을 세웠지만 하나님도 뜻을 세우셨다. 그래서 불은 이 청년들을 해치지 못하였다. 헤롯은 아기 예수를 죽이려는 뜻을 세웠다. 만일 살아계시고 통치하시는 하나님이 없었더라면 헤롯의 악한 욕망은 충족되었을 것이다. 하지만 헤롯의 보잘 것 없는 의지가 감히 전능자의 저항할 수 없는 의지에 대항할 때 헤롯의 노력은 수포로 돌아갔다. 그렇다. 독자여! 여러분도 먼저 주님의 뜻을 구하지 않고 자신의 계획을 수립하면서 뜻을 세웠었다. 그러므로 주님은 여러분의 계획들을 **뒤집어 엎으셨다**!

사람의 마음에 계획을 많이 세워도 성취되는 것은 여호와의 뜻이다.[5]

계시록 17:17— "**하나님은 그들의 마음 속에 하나님의 뜻을 성취할 마음을 넣어주셨다.** 그래서 그들은 그 짐승에게 자신들의 통치권을 주는 데에 동의하였다. 하나님의 말씀이 성취될 때까지 그렇게 하였다"[6]—에서 발견되는 놀라운 진술은, 하나님의 저항할 수 없는 주권을 보여준다.

어떤 예언의 성취도 하나님의 주권이 작동한 것이다. 그것은 하나님이 작정하신 것을 또한 성취할 수 있다는 것을 증명한다. 그것은 어떤 누구도 하나님의 뜻이 실행되는 것을, 하나님의 즐거워하심이 성취되는 것을 막을 수 없다는 증거이다. 그것은 하나님이 사람의 마음을 움직여, 하나님이 작정하신 것을 실행하도록 하고 하나님이 미리 결정하신 것을 성취하도록 한다는 증거이다. 만일 하나님이 절대 주권자가 아니라면 하나님의 예언은 무가치할 것이다. 하나님이 주권자가 아니라면 하나님이 예언하신 것이 분명히 일어날 것이라는 보증도 사라지게 된다.

"하나님은 그들의 마음 속에 하나님의 뜻을 성취할 마음을 넣어주셨다. 그래서 그들은 그 짐승에게 자신들의 통치권을 주는 데에 동의하였다. 하나님의 말씀이 성취될 때까지 그렇게 하였다"(계 17:17). 사탄이 땅으로 내쫓기고(계 12:9), 적그리스도가 통치권을 장악하고(계 13), 인간의 가장 천박한 욕구가 고삐 풀린(계 6:4) 그 무서운 때에조차도 하나님은 모든 것 위에 높으시며, "**모든 것을 통하여**" 일하시고,[7] 사람의 마음을 통제하고 사람의 생각을 이끌어 하나님의 목적을 성취하도록 하신다. 이 구절에 관해서는 저 유명한 월터 스콧(Walter Scott)의 탁월한

---

5) 잠 19:21, Many are the plans in a man's heart, but it is the LORD'S purpose that prevails.

6) 계 17:17, **God has put it into their hearts to accomplish his purpose** by agreeing to give the beast their power to rule, until God's words are fulfilled.

7) 엡 4:6, one God and Father of all, who is over all and **through all** and in all.

언급을 인용하는 것이 가장 좋을 것이다.

> 하나님이 일하시는 모습은 보이지 않는다. 그러나 시대의 모든 정치적 변화 속에 분명히 존재한다. 빈틈없는 정치가, 명석한 외교가는 하나님의 심부름꾼에 불과하다. 물론 그는 그 사실을 모른다. 자신의 정치적 의지 및 동기들이 행동에 영향을 미칠 수는 있다. 그러나 하나님은, 성자의 천상적 및 지상적 영광을 펼쳐 보인다는 목표를 향하여 꾸준히 일하신다. 따라서 왕들과 정치가들은 하나님의 목적을 좌절시키기는커녕 무의식적으로 하나님의 목적을 위한다. 하나님은 무관심하신 것이 아니라 인간 행동의 무대 뒤편에 계신다. 장차 바벨론과 짐승에 연관될 열 명의 왕들─교회와 세속의 권력가들─의 행위들은 하나님의 직접적인 통제 하에 있을 뿐만 아니라 그 모든 것들은 하나님의 말씀을 성취하는 것이다.

계시록 17:17과 깊은 관련이 있는 것을 미가 4:11-12이 제시해 준다.

> 이제 많은 국가들이 너를 반대하여 모인다. 그들은 "시온을 더럽히자, 우리 눈으로 시온을 고소한 듯이 바라보자!"라고 말한다. 그러나 그들은, 자신들을 곡식 단치럼 타작마당에 모으신 여호와 하나님의 생각을 보느고 있다. 그들은 그 하나님의 계획을 이해하지 못한다.[8]

하나님이 세상 모든 나라를 절대적으로 통제하신다는, 하나님은 자신의 내밀한 계획 혹은 작정들을 세상 모든 나라들을 통하여 그리고 이들에 의하여 성취하시는 능력을 소유하신다는, 비록 사람들이 맹목적으로 부지불식 간에 행동하지만 하나님은 사람들의 마음을 기울여 자신의 선하신 뜻을 실행하도록 하신다는 진리를 입증해 또 하나의 사례이다.

사례를 하나 더 들겠다. 주 예수께서 빌라도 앞에서 하신 말씀을 보

---

[8] 미 4:11-12, But now many nations are gathered against you. They say, "Let her be defiled, let our eyes gloat over Zion!" But they do not know the thoughts of the LORD; they do not understand his plan, he who gathers them like sheaves to the threshing floor.

자. 누구라도 그 장면을 묘사할 수 있다! 로마 관리와 여호와의 종이 마주 섰다. 빌라도가 "너는 어니에서 왔느냐?"고 물었다. 성경에 따르면, 예수는 그에게 대답하지 않자 빌라도가 다시 말하였다.

> 빌라도가, "너는 내게 말하기를 거부하는가? 너를 풀어주든지 십자가에 못박든지 할 권세가 내게 있다는 것을 알지 못하느냐?"고 말하였다.[9]

그것이 빌라도의 생각이었다. 다른 많은 사람들의 생각은 그런 것이다. 빌라도는 인간들이 공통적으로 마음에 품고 있는 신념을 단지 말로 드러냈을 뿐이다. 인간이 마음에 품고 있는 확고한 신념이란, **하나님**을 밖으로 밀쳐내겠다는 것이다. 그러나 주 예수께서 빌라도의 말을 **바로 잡아주는** 동시에 대개의 인간들이 품고 있는 그 자부심을 **반박하시는** 말씀에 귀를 기울여라.

> 예수께서는, "만일 나를 관할 할 권세를 위에서 너에게 내려주시지 않다면 너에게 그럴 권세가 없을 것이다…"[10]

정말 한 마디로 일축해 버리는 주장이다. 인간은 —비록 자기 시대에 가장 영향력 있는 제국의 유력한 관직에 몸담고 있을 지라도— 위에서 부여하지 않으면 어떤 권세도 누리지 못한다. 심지어 악을 행하거나 자신의 악한 계획을 실행할 능력조차도 없다. 만일 하나님이 그 인간에게 능력을 부여하여 하나님의 목적을 향하도록 하시지 않는다면 말이다. 하나님의 사랑하시는 독생자에게 사형을 언도할 권세를 빌라도에게 주신 이는 하나님이셨다. 하나님은 단지 악을 **허용**하실 뿐이라고 주장하는 자들의 궤변과 추론은 이렇게 논박된다. 인간의 타락 이후에 여호와

---

9) 요 19:10, "Do you refuse to speak to me?" Pilate said. "Don't you realize I have power either to free you or to crucify you?"

10) 요 19:11, Jesus answered, "You would have no power over me if it were not given to you from above…."

하나님이 인간에게 주신 첫 번째 말씀으로 되돌아가 보자!

> 내가 너와 여자를, 너의 후손과 여자의 후손을 원수가 되게 할 것이다. 그가 네 머리를 박살내고 너는 그의 발꿈치를 칠 것이다.[11]

단지 죄를 허용할 뿐이라는 관점은, 이 신비에 관하여 성경에 계시된 모든 사실들을 담지 못한다. 칼빈이 간결하게 언급하였듯이, "하나님의 뜻이기 때문에 허용하셨다라는 것말고 도대체 어떤 근거를 대겠는가?"

채 다루지 못한 다른 난제들 가운데 한 두 가지를 다루어 주겠다는 약속을 제 11장의 말미에서 하였다. 그것들을 다루어 보자. 만일 하나님이 하나님의 자녀들의 구원을 미리 결정하였을 뿐만 아니라 그들이 해야 할 선한 행위들도 예정하였다면(엡 2:10), 실제적 경건을 추구해야 할 동기가 남아있는가? 만일 하나님이 구원받을 자의 수를 확정하셨고 나머지 다른 사람들은 멸망에 합당한 진노의 그릇들이라면 저 멸망받을 자들에게 복음을 전할 용기가 나셌는가? 이 문제들을 순서대로 언급하겠다.

1. 하나님의 주권과, 신자들이 은혜 가운데 성장함

만일 하나님이 발생할 모든 사건을 미리 정해놓으셨다면 **우리가** "경건에 이르도록" 연습해서 무슨 소용이 있는가?(딤전 4:7) 만일 하나님이 우리가 해야 할 선행을 미리 정해놓으셨다면(엡 2:10), "선행에 힘쓰도록"(딛 3:8) 주의를 기울여야 하는 까닭은 무엇인가? 이 질문은 인간의 책임 문제를 다시 한번 더 제기할 뿐이다. 하나님이 우리에게 그렇게 하라고 명령하셨다는 것으로 사실상 충분한 답이 된다. 성경 어디에서

---

[11] 창 3:15, And I will put enmity between you and the woman, and between your offspring and hers; he will crush your head, and you will strike his heel."

도, 숙명론적 무관심의 정신을 가르치거나 부추기지 않는다. 우리가 지금 성취해 놓은 것들로 만족하는 것을 결코 허용하지 않는다. 모든 신자에게, "하나님이 그리스도 예수 안에서 나를 부르신 상을 얻기 위하여 목표점을 향하여 달려가"라는 말씀을 주셨다(빌 3:14). 이것이 사도가 품고 있던 목표였고 이제는 우리의 것이 되어야 한다. 하나님의 주권을 적절히 파악하고 이해하면, 그리스도인의 품성 함양이 저해되는 것이 아니라 반대로, 증진 될 것이다. 죄인이 자기 안에서는 어떤 도움도 끌어내지 못한다는 **절망**이 올바로 회개하기 위한 전제조건인 것과 마찬가지로, 자기 자신에 대한 일체의 확신을 상실하는 것은 신자가 은혜 가운데 성장하기 위한 첫 번째 본질적인 조건이다. 죄인이 자기 안에서는 어떤 도움도 끌어내지 못한다는 절망 때문에 [하나님의] 주권적인 자비의 품안으로 뛰어드는 것과 마찬가지로, 그리스도인이 자신의 연약함을 자각할 때 주님께로 돌아서서 능력을 달라고 할 것이다. 우리가 연약한 때 바로 그 때에, 우리는 강하다(고후 12:10). 즉, 도움을 구하기 위하여 주님께로 돌이키기 전에, 우리의 연약함을 자각해야 한다. 그리스도인이 자기 스스로도 충분하다는 생각을 품고 있을 때에는, 의지력만으로 유혹을 물리칠 수 있을 것이라고 상상하는 동안에는, 베드로가 모든 사람이 주님을 버릴지라도 자기는 그렇게 하지 않겠다고 자랑할 때처럼 육체를 신뢰하고 있는 동안에는, 우리는 분명히 실패하고 넘어진다. 우리는 그리스도로부터 떨어져서는 **아무것도** 할 수 없다(요 15:5). 하나님은, "쇠약해진 자에게 능력을 주시고, 힘이 없는 자에게 힘을 더해 주신다"고 약속하였다(사 40:29).

지금 우리가 다루고 있는 문제는 실제적으로 몹시 중요하다. 우리는 단순명쾌하게 진술하려고 노력하고 있다. 그리스도인의 품성 함양의 비결은 우리 자신의 무능력함을 깨닫고 인정하는 것이며 그 결과, 주님께로 돌이켜 도움을 청하는 것이다. 분명한 사실은, 우리 스스로는 성경에서 우리에게 제시되는 명령을 단 하나라도 순종하지 못하고 단 하나의 계명도 실천하지 못하는 전적으로 무능력한 존재라는 것이다. 예를 들어보자. "네 원수를 사랑하라"는 명령이 있지만, 우리는 이 명령을 행하거나 우리 자신을 이렇게 행하도록 만들지 못한다. "아무것도 염려하지 말라"는 명령이 있지만, 일이 잘못되어 갈 때 염려를 피하거나 막을 수 있는 사람이 있는가? "의에 대하여 깨어있고 죄를 짓지 말라"는 명령이 있다. 하지만 도대체 누가 죄짓기를 피할 수 있을까? 이것들은 무수한 사례 가운데 몇 가지만 열거한 것이다. 우리가 할 수 없다는 것을 하나님은 뻔히 알면서도 우리에게 명령하심으로써 우리를 조롱하시는가? 이 질문에 대해 우리가 찾아볼 수 있는 대답 중에서 가장 좋은 것은 아우구스티누스의 다음과 같은 대답이다.

> 하나님은 우리가 실행할 수 없는 명령을 주신다. 그것은 우리가 하나님께 무엇을 요청해야 하는지를 우리에게 알려주시기 위해서다.

우리의 무능력함을 자각하게 되면 모든 능력을 소유하시는 하나님께 뛰어들게 될 것이다. 하나님의 주권을 바라볼 때 바로 이점에서 도움을 얻게 된다. 이 교리는 하나님의 충분성을 계시하고 우리에게 우리의 불충분성을 드러내 준다.

2. 하나님의 주권과 그리스도인의 섬김

만일 하나님이 구원받을 자의 정확한 수를 세상을 창조하기 전에 확정해 놓으셨다면 우리가 접촉하는 사람들의 영원한 운명을 염려해야 하는 이유는 무엇인가? 그리스도인들이 열정을 다해 섬겨야 할 영역이 있는가? 하나님의 주권 교리 그리고 이 교리에서 비롯되는 예정 교리는, 주의 종들의 충실하게 전도하려는 **용기를 꺾지는** 않을까? 아니다. 주의 종들의 기개를 꺾는 대신에, 하나님의 주권을 인정함으로써 용기를 크게 북돋아준다. 예를 들어, 여기에 어떤 사람이 있다고 치자. 이 사람은 복음전도 사역을 수행하라는 부름을 받고, 죄인은 그리스도를 영접할 의지의 자유와 능력을 가지고 있다는 신념을 갖고 나선다. 그는 자신이 알고 있는 만큼 신실하고 열정적으로 복음을 전한다. 그러나 거의 대부분의 청중들은 전적으로 냉담하고 그들의 마음은 그리스도에게로 조금도 기울어지지 않는다. 그는 대부분의 사람들이 세상 속에 푹 빠져 있고 다가올 세상에 대해 마음을 기울이는 사람도 거의 없다는 사실을 발견한다. 그는 사람들에게 하나님과 화목하라고 간청하고 영혼 구원을 받으라고 외친다. 그러나 전혀 소용이 없다. 그는 철저히 낙심하고는 "이게 무슨 소용이 있는가?"라고 반문하였다. 그는 자신의 사역과 메시지를 중단해야 할까 아니면, 좋게 바꾸어야 할까? 사람들이 복음에 응답하려들지 않는다면, 세상이 더욱 받아들이기 쉽고 대중적인 것에 좀더 마음을 쏟아야 할까? 인본주의적 노력에, 사회 개선 작업에, 순결 운동에 몰두하면 안될까? 저런! 한때 복음을 전했던 많은 사람들이 이제는 이러한 활동에 전념하고 있구나!

하나님은 자신의 풀죽은 종에게 어떤 치료책을 베푸시는가? 첫째, 하나님은 지금 세상을 개종시키려고 애쓰시는 것이 아니라 "이방 족속들로부터" 하나님의 이름을 위하여 한 백성을 "뽑으신다"는 사실을 성경으로부터 배울 필요가 있다(행 15:14). 하나님의 그 다음 치료책은 무엇인가? 이 시대를 향한 하나님의 계획을 적절하게 이해하는 것이다. 다시 묻자! 우리의 수고가 명백히 실패하여 풀이 죽어 있을 때 하나님의 치료책은 무엇인가? 하나님의 목적은 실패할 수 없다, 하나님의 계획은 실패할 수 없다, 하나님의 뜻은 틀림없이 성취된다는 확신이다. **하나님**

이 작정하지 않으신 것을 성취하는 것이 **우리의** 수고가 가진 목적이 아니다. 다시 묻자! 자신의 호소에 응답이 없고 자신의 수고에 열매가 없어서 철저히 상심한 자를 유쾌하게 만들어 주기 위하여 하나님이 주신 말씀은 어떤 것인가? 결과에 책임을 지는 것은 우리가 아니라 **하나님** 자신이며, 그것은 **하나님의** 일이라는 말씀이다. 바울은 "씨뿌리고" 아볼로는 "물을 준다." 그러나 "자라게 하시는" 이는 하나님이다(고전 3:6). 그리스도께 순종하고 모든 사람에게 복음을 전하는 것, "누구든지 믿기만 하면"이라고 강조한 뒤에 성령이 여호와 하나님의 확실한 약속에 의지하여 성령이 원하는 자에게 말씀을 적용하여 살아나게 하는 일은 그 성령의 주권적 활동에 맡기는 것, 그것이 우리가 할 일이다.

> 비와 눈이 하늘에서 내려서는 땅을 적시고 싹이 돋고 자라게 한 뒤에 다시 올라가는 것처럼, 씨뿌리는 자에게 씨를 내주고 먹는 자에게 양식을 준다. 내 입에서 나가는 내 말도 그와 같다. 내게 헛되이 돌아오지 않고, 내가 바라는 것을 성취하고 내가 부여한 목적을 성취할 것이다.[12]

바로 이것이, 바울이 "그러므로 나는 택함받은 자들을 위하여 모든 것을 견딘다"[13]고 선언할 때 품고 있던 확신이 아니었나? 그렇다. 주 예수의 축복된 모범에서 배워야 하는 교훈이 아닌가! 주 예수가 사람들에게 **"너희가 나를 보았으나 믿지 않는구나!"** 라고 하신 말씀을 읽을 때 자신을 보내신 하나님의 주권적 즐거움에 의존하여 "아버지가 내게 주시는 자는 모두 내게로 나온다. 그리고 내게 오는 자를 내가 결코 내어쫓

---

12) 사 55:10-11, As the rain and the snow come down from heaven, and do not return to it without watering the earth and making it bud and flourish, so that it yields seed for the sower and bread for the eater, so is my word that goes out from my mouth: It will not return to me empty, but will accomplish what I desire and achieve the purpose for which I sent it.
13) 딤후 2:10, Therefore I endure everything **for the sake of the elect** …

지 않겠다"14)고 말씀하셨다. 자신의 수고가 결코 헛되지 않을 것을 알았다. 하나님의 말씀이 하나님께로 "헛되이" 돌아가지 않을 것을 알았다. "하나님의 택자들"은 자기에게로 나와서 믿을 것임을 알았다. 하나님의 주권이라는 축복된 진리를 알고 의존하는 모든 종의 심령을 바로 이 확신으로 채워주신다.

아! 동료 기독교 사역자들이여! 하나님은 "되는 대로 하라"고 우리를 파송하신 것이 아니다. 하나님이 우리 손에 맡기신 사역의 성공 여부는, 우리의 전도를 듣는 자들 속에 있는 의지의 변덕에 달려 있지 않다. 우리 주님의 말씀은, 단순한 믿음으로 의지하기만 정말 은혜롭게 용기를 북돋아주고 영혼을 지탱해 준다. 요한복음 10:16에, "내게는 이 우리(당시에 존재하던 유대인이라는 우리)에 속하지 않은 다른 양들도 있다 ('있다'라는 말씀에 주의하라! '있을 것이다'라고 말씀하시지 않으셨다. 창세 전에 성부께서 그에게 주셨기 때문에 '있다'는 것이다), 나는 그 양들도 이끌지 않으면 안 된다. 그들은 내 목소리를 따를 것이다"라는 말씀이 있다. "그들은 내 목소리를 따르지 않으면 안 된다"라거나, "그들은 내 목소리를 따를지도 모르겠다"라거나, "그들이 원한다면 그렇게 할 것이다"라고 하시지 않았다. "만일"도 없고 "아마도"라는 말도 없고 일체의 불확실성도 없다. "그들은 내 목소리를 따를 것이다"라는 말은 주님 자신의 적극적이고 무제한적이며 절대적인 약속이다. 믿음이 의존해야 하는 것은 바로 이것이다. 친구여! 그대는 그리스도의 다른 양들을 계속해서 찾으시오! 그대가 복음을 전할 때 "염소"들이 주의 목소리를 청종하지 않는다고 해서 기죽지 마시오! 신실하시오, 성경적이되시오, 끝까지 견디시오, 그러면 그리스도가 자신의 잃어버린 양을 자

---

14) 요 6:36-37, ···You have seen me and still you do not believe. All that the Father gives me will come to me, and whoever comes to me I will never drive away.

기에게로 이끄실 때 그대를 자기 대변자로 삼으실 수도 있다오.

그러므로 내 사랑하는 형제들아! 굳세게 서라. 아무것도 너희를 흔들게 하지 말라. 언제나 주의 일에 전념하라. 주 안에서 너희 수고가 헛되지 않은 줄을 네가 알고 있기 때문이다.15)

이제 몇 가지 생각을 제시하면서 우리의 이 행복한 과업을 마무리짓겠다.

어떤 사람들을 구원으로 인도하시는, 하나님의 주권적 예정은 자비를 베푸시는 것이다. 예정 교리는 잔인하고 무시무시하고 불공정하다는 일체의 사악한 비난에 대한 충분한 답변은, 만일 하나님이 어떤 사람들을 선택하여 구원으로 이끌지 않았다면 구원받을 사람은 하나도 없었을 것이라는 것이다. 하나님을 찾는 이가 하나도 없기 때문이다(롬 3:11). 이것은 우리의 추측에 불과한 것이 아니다. 성경의 분명한 가르침이다. 바울이 이 주제를 충분히 논의한 로마서 9장을 면밀히 살펴보라.

이스라엘 자녀의 수가 바닷가 모래같이 많아도 오직 남은 자들만 구원받을 것이다… 만일 만군의 여호와가 우리에게 씨를 남겨두시지 않았더라면 우리는 소돔처럼 되었을 것이고 고모라처럼 되었을 것이다.16)

이 구절의 가르침은 명백하다. 하나님의 간섭이 없었더라면 이스라엘은 소돔과 고모라처럼 되었을 것이다. 하나님이 이스라엘을 마음대로 하도록 내버려두었더라면, 인간의 부패성은 그 자체의 비극적인 결말로 뛰어들었을 것이다. 그러나 하나님은 이스라엘에게 "남은 자" 즉,

---

15) 고전 15:58, Therefore, my dear brothers, stand firm. Let nothing move you. Always give yourselves fully to the work of the Lord, because you know that your labor in the Lord is not in vain.

16) 롬 9:27-29, … Though the number of the Israelites be like the sand by the sea, **only the remnant** will be saved… . Unless the Lord Almighty had left us descendants, we would have become like Sodom, we would have been like Gomorrah.

"씨"를 남겨주셨다. 옛적의 소돔과 고모라는 죄악으로 인해 멸절되어 아무도 살아남지 못하였다. 하나님이 씨를 "남겨두시지" 않았더라면 이스라엘의 경우도 그렇게 되었을 것이다. 인류의 경우가 그렇다. 하나님의 주권적 은혜가 남은 자를 살려두지 않았다면 아담의 후손 **전부**가 죄 중에 멸망하였을 것이다. 그러므로 우리는, 하나님이 어떤 사람들을 구원에 이르도록 주권적으로 선택하신 것은 **자비**를 베푸시는 것이라고 말한다. 하나님이 택자들을 골라내실 때 간과하시는 그 나머지 사람들을 **불공정**하게 다루시는 것은 아니라는 점을 유념하라. 구원받을 **권리**를 가진 사람은 **아무도** 없기 때문이다. 구원은 **은혜**에 의한 것이며, 은혜를 **발휘**하는 것은 순전히 **주권**의 문제이다. 모든 사람을 구원하든 아무도 구원하지 않든, 많은 사람을 구원하든 극소수를 구원하든, 한 사람을 구원하든 만 명을 구원하든 하나님이 가장 좋다고 여기시는 대로 하실 일이다. 그러나 만일 "**모든 사람**을 구원하는 것이 '가장 좋은 일'이 아니냐?"고 반문한다면, "**우리**는 판단할 수 없다"는 말이 그 답변일 것이다. 사탄을 창조하신 것은, 죄가 세상에 들어오도록 허용하신 것은, 그래서 이때껏 선악이 갈등을 일으키게 된 것은 결코 "최선"이 아니라고 **우리**는 생각할 수도 있겠다. 아하! 하나님의 길은 우리와 다르다. 하나님의 길은 도저히 찾아낼 수 없는 것이다.

하나님은 발생하는 모든 것을 미리 정하신다. 하나님의 주권적 통치는 우주 전체에 미치고 모든 피조물에게 이른다.

> **모든 것이** 하나님께 **속하고** 하나님을 **통하고** 하나님에게로 돌아간다(롬 11:36).

하나님은 모든 것을 시작하시고, 모든 것을 통제하신다. 그리고 모든 것은 하나님의 영원한 영광을 위하여 움직이고 있다.

그러나 우리에게는 오직 한분이신 하나님 아버지가 계신다. 이 아버지로부터 모든 것이 나왔고 이 아버지를 위하여 우리가 살고 있다. 오직 한분이시 주 예수 그리스도가 계신다. 이 주님을 통하여 모든 것이 나왔고 우리가 살고 있다.[17)]

"모든 것을 자기 마음의 원대로 행하시는 자의 목적을 따라"[18)]라는 말씀도 있다. 분명히, 어떤 것을 우연 탓이라고 할 수 있다면 그것은 제비뽑기이다. 하지만 하나님의 말씀은 "[사람들이] 주사위를 던진다, **그러나 그 모든 결정은 여호와 하나님으로부터 나온다**"[19)]고 선언한다.

우리 세계를 다스림에 있어서 하나님의 지혜는 모든 지성적 존재들 앞에서 완벽하게 확증될 것이다. 하나님은 멀리 떨어져 있는 세계에서 이 땅위에서 벌어지는 일들을 관망하는 한가로운 구경꾼이 아니다. 모든 것을 직접 다루어서 자신의 영광이 극한에까지 이르도록 하신다. 바로 지금 하나님은 인간과 사탄의 반대에도 불구하고 오히려 이것들을 수단으로 삼아 자신의 영원한 목적을 성취하신다. 하나님의 뜻에 저항하는 모든 노력이 얼마나 사악하고 부질없는 짓인지는, 옛날에 반역을 저지르는 바로와 그 군대를 홍해에서 뒤엎으셨을 때처럼 단 하루면 충분히 입증될 것이다.

그랜트(F. W. Grant)의 말을 빌리자.

> 모든 것의 목적 및 목표는 하나님 영광이다. "하나님은 일어나는 모든 일을 자신의 영광을 위하여 정해두셨다"는 말은 완벽하고 거룩한 진리이

---

17) 고전 8:6, yet for us there is but one God, the Father, from whom all things came and for whom we live; and there is but one Lord, Jesus Christ, through whom all things came and through whom we live.

18) 엡 1:11, In whom also we have obtained an inheritance, being predestinated **according to the purpose of him who worketh all things after the counsel of his own will** (KJV).

19) 잠 16:33, The lot is cast into the lap, but its every decision is from the LORD.

다. 일체의 실수할 가능성으로부터 이 진리를 보호하기 위하여서는, 이 하나님이 누구이시며 이 하나님이 추구하는 영광은 어떤 것인지를 기억하기만 하면 된다. 이 하나님은 우리 주 예수 그리스도의, 자신의 영광을 구하기 위해서가 아니라 섬기기 위하여 거룩한 사랑을 보여주신 주의 아버지 하나님이시다. 그 자신으로 충분하시기에 피조물로부터 나오는 어떤 영광을 취하지 않으시는 분이다. ―"빛" 이신 것처럼― 사랑이신 이 하나님으로 모든 선한 것과 모든 완전한 것이 나온다. 그리고 이 하나님에게는 일체의 변화도 회전하는 그림자도 없으시다. 오직 하나님께 속하는 피조물만이 하나님께로 나올 수 있다.

이와 같으신 분의 영광은, 하나님 자신의 선하심과 의로우심과 거룩하심과 진실하심에 펼쳐져 있다. 하나님은 그리스도 안에서처럼 자신을 드러내심으로써, 자기 자신과 의지를 영원히 드러내셨다. 이 하나님의 영광은, **반드시 모든 것**―다른 모든 것들과 마찬가지로 원수들과 악한 것들도―**이 섬기지 않으면 안 되는 것이다. 하나님이 그렇게 정해두셨다.** 하나님의 능력이 그것을 확실하게 만든다. 눈에 보이는 모든 구름과 방해물들이 제거되면 하나님은 휴식을 취하실 것이다. 하나님의 사랑 안에서 영원히 쉬실 것이다. 비록 이 계시를 이해하기 위해서는 영원이라는 시간이 필요하겠지만 말이다. "**하나님은 모든 것 가운데 모든 것이 되실 것이다**"라는 말은 말로 형언할 수 없는 결과를 낳는다 (F. W. Grant, 「속죄론」).

지금까지 서술한 것은, 슬픔으로 가득찬 마음으로 고백하지 않을 수 없는 가장 중요한 이 주제를 단지 완전치 못하고 완벽하지 못하게 진술한 것에 불과하다. 그럼에도 불구하고, 하나님의 위엄과 주권적 자비를 좀더 명료하게 이해하도록 만들었다면 필자는 충분한 보상을 받은 것이다. 만일 독자가 이 책을 숙독하여 축복을 받았다면 반드시, 선하고 완벽한 모든 은사를 주신 하나님께 감사를 드리고, 추종을 불허하는 주권적인 은혜에 모든 찬양을 돌려야 한다.

주 우리 하나님은 능력으로 옷 입으셨다
바람도 물결도 주의 뜻에 순종한다
주께서 말씀하시니 태양은 저 높은 곳에서 빛을 발하고
요란하던 세상도 잠자코 입을 다문다
너희! 물결들아! 대지를 쳐라
주께서 명령을 내리셨다
땅 위에 네 분노를 쏟으라고
너희! 한 밤의 바람들아! 너희 힘을 모으라
주의 거룩하고 높은 명령도 없이는
산 위 나무에 있는
자그마한 새의 둥지조차 어지러이 흔들지 말라
주의 위엄어린 목소리가 멀리까지 울려 퍼진다
머나먼 곳에서 희미하게 사라진다
주는 돌개바람을 엮어 수레로 삼으신다
울부짖는 어둑한 하늘을 휩쓸고 지나가신다.
위대하신 하나님! 무한히시도다!
우리는 허약하고 무가치한 벌레!
모든 피조물이여! 꿇어 엎드려라
주님께 구원을 구하라
영원토록, 세세토록
주 앞에 한결같이 서있다
주님께 옛 것은 존재하지 않는다
위대하신 하나님! 새로운 것 또한 존재하지 않는다
우리네 인생은 이곳저곳을 헤메이며
하찮은 근심에 둘러싸여 어찌할바 모르는데
주의 영원한 생각은 둘러싸고 있다
주의 확실하고 흔들리지 않은 일들을

"할렐루야! 주 우리 하나님 곧 전능하신 이가 통치하신다!" (계 19:6)

부록 1

하나님의 의지

하나님의 의지를 **작정적** 의지와 **허용적** 의지로 구별해서 다루는 신학자들도 있다. 이렇게 해서, 하나님이 적극적으로 예정하신 것들이 있고 단지 존재하거나 발생하도록 내버려 두시는 일들도 있다고 주장한다. 하나님은 자신의 의지에 따라서만 허용하시기 때문에 이런 구별은 실제로는 전혀 무의미하다. 이 신학자들은 만일 하나님이 죄의 저자가 되지 않으시면서 죄의 존재와 활동을 작정하셨을 수도 있다는 사실을 인식하였더라면 이런 구별을 창안하지 않았을 것이다. 개인적으로 볼 때, 옛 칼빈주의자들의 방식처럼 숨겨진 의지와 계시된 의지로 혹은, 다른 방식으로 진술하자면 임의적 의지와 명령적 의지로 구별하는 것이 훨씬 낫다.

하나님의 계시된 의지는 하나님의 말씀 속에 있다. 그러나 하나님의 숨겨진 의지는 하나님 자신의 내밀한 생각 속에 있다. 하나님의 계시된 의지는, 우리 의무를 규정해 주고 우리 책임의 기준이 된다. 내가 어떤 길을 따르거나 어떤 것을 행하는 일차적이고 기본적인 이유는, 그것이 내가 그렇게 해야만 하는 하나님의 뜻 즉, 하나님의 말씀 속에서 내게 명확하게 드러난 하나님의 뜻이기 때문이다. 내가 어떤 길을 따라가서는 안 되는 것은, 내가 어떤 것을 하지 말아야 하는 것은, 그것이 하나님의 계시된 뜻에 **거슬리기** 때문이다. 그러나 내가 하나님의 말씀에 **불순종**하면, 하나님의 뜻을 거역하는 것인가? 그렇다면, 하나님의 뜻은 **항**

상 성취되고 하나님의 생각은 **언제나** 이루어진다는 말이 여전히 진리가 될 수 있는가? 이와 같은 질문 때문에, 여기에서 옹호하는 구별이 분명히 필요하다. 하나님의 **계시된** 의지를 거역하는 일이 자주 일어난다. 그러나 하나님의 **숨겨진** 의지는 **결코** 방해받지 않는다. 하나님의 의지를 이런 식으로 구별하는 것이 타당하다는 것이 분명히 성경적이다. 다음 두 구절을 보자.

> 너희가 거룩해 지는 것, 그것이 하나님의 뜻이다…[1]

> 도대체 누가 주의 뜻에 저항하였는가?[2]

사려 깊은 독자라면, 하나님의 "뜻"은 이 두 구절에서 모두 똑같은 의미라고 선언하겠는가? 우리는 분명히 그렇지 않을 것이라고 생각한다. 첫 번째 구절은 하나님의 계시된 의지를 가리키고 후자는 숨겨진 의지를 뜻한다. 첫 번째 구절은 우리의 의무에 관심을 두고, 두 번째 구절은 하나님의 숨겨진 목적은 불변적이며 피조물의 불복종에도 불구하고 틀림없이 발생한다고 선언한다. 우리 가운데 결코 어떤 누구도 하나님의 계시된 의지를 완벽하고 충분하게 실행하지 않는다. 그러나 하나님의 숨겨진 의지는 그 특정한 세부사항까지 틀림없이 성취된다. 하나님의 숨겨진 의지는 주로 **미래** 사건에, 하나님의 계시된 의지는 우리의 **현재적** 의무에 관련되어 있다. 전자는 하나님의 불가항력적 목적을, 후자는 하나님의 드러난 즐거움을 다룬다. 전자는 우리에게서 이루어지고 우리를 통하여 성취된다. 후자는 우리에 의하여 성취될 것이다.

하나님의 숨겨진 의지는 하나님이 모든 피조물에 관하여 세우신 영원불변한 목적이며 정해놓으신 수단에 의하여 발생하여 정해놓으신 목

---

1) 살전 4:3, It is God's will that you should be sanctified …
2) 롬 9:19, … For who hath resisted his will? (KJV)

적을 성취할 것이다. "내가 하고자 한 것은 반드시 이루어질 것이며 나는 내가 즐거워하는 모든 것을 이룰 것이다"[3]라는 말씀은 이 하나님에 관한 선언이다. 이것은 하나님의 절대적이며 유효적인 의지이며, 항상 결과를 낳을 것이고 항상 성취될 것이다. 하나님의 계시된 의지는, 하나님의 목적 및 작정이 아니라 우리의 의무에 즉, **하나님이** 자신의 영원한 계획에 따라 행하실 것이 아니라 우리가 하나님을 기쁘게 하기를 원한다면 마땅히 해야하는 것에 관련되어 있다. 그리고 이것은 하나님 말씀의 계명들과 약속들에 표현되어 있다. 하나님 스스로 행하시든지 다른 사람들이 행할 것이든지, 자신의 가슴에 간직해 두고 다른 어떤 섭리적 사건에 의해서든 계명에 의해서든 예언에 의해서든 알려주시지 않은 동안에 성취되도록 하시든지, 하나님이 스스로 결정하신 모든 것은 하나님의 숨겨진 의지이다. 이런 것들이 하나님의 깊은 것들이며, 하나님의 마음에 담겨있는 생각들이며, 하나님이 모략들로써, 모든 피조물이 알 수 없는 것이다. 그러나 이러한 것들이 알져지게 되면 계시된 의지가 된다. 계시록의 거의 전체가 이런 것이다. 계시록에서 하나님은 우리에게 "반드시 속히 될 일"을 우리에게 알려주셨다. (계 1:1의 "반드시"는 이 일들이 일어나도록 하나님이 영원히 작정하셨기 때문이다.)

아르미니우스주의 신학자들이 제기한 반대는, 하나님의 의지를 숨겨진 의지와 계시된 의지로 나누면 하나님이 서로 상반되는 두 개의 서로 다른 의지를 갖는 것이 되기 때문에 이치에 닿지 않는다는 것이다. 그러나 이 관점은 틀렸다. 이들은 하나님의 숨겨진 의지와 계시된 의지가 각각 전적으로 상이한 목적에 관련되어 있다는 사실을 알지 못하였기 때문이다. 만일 하나님이 동일한 것을 하라고 명령하는 동시에 금지

---

[3] 사 46:10, … My purpose will stand, and I will do all that I please.

명령을 내린다면 혹은, 만일 하나님이 동일한 것이 존재케 하는 동시에 존재하지 못하도록 작정한다면, 하나님의 숨겨진 의지와 계시된 의지는 모순관계에 있으며 무의미한 것이다. 하나님의 숨겨진 의지와 계시된 의지가 비일관적이라고 이의를 제기하는 자들이 자신들도 다른 많은 경우에 이런 식으로 구별한다면, 외면상의 비일관성은 그 즉시 해소될 것이다. 사람들이 **본질적으로** 바람직한 것과, 모든 점을 고려해 볼 때 바람직하지 않은 것을 날카롭게 구별하는 경우가 정말 많다. 예를 들면, 정이 많은 부모는 잘못을 범하는 아이를 단순하게 생각해서 처벌하기를 바라지 않는다. 그는 모든 것을 고려하는 것이 자신의 당연한 본분임을 알고 있고 그래서 아이를 바로잡는다. 그는 아이에게 처벌하기를 바라는 것이 아니라 그렇게 하는 것이 **모든 것을 고려해 볼 때** 가장 좋은 것이라고 확신한다고 말해주지만 영특한 아이라면 아버지의 말과 행위는 일관성을 잃지 않았다고 이해할 것이다. 전적으로 지혜로운 창조주 하나님도 마찬가지로 자신이 미워하고 금지하고 정죄하는 그런 것들이 발생하도록 작정해도 일관성을 잃지 않는다. 하나님은 자신이 철저히 싫어하는 어떤 것들이 생겨나도록 선택하신다. 또한 하나님이 완벽하게 사랑하는 (그 고유한 본성에서) 어떤 것들은 생겨나지 않도록 선택하시기도 한다. 예를 들면, 바로에게 하나님의 백성들을 내보내라고 명령하셨다. 이 명령은 본질적으로 옳은 것이었다. 그러나 하나님은 바로가 이스라엘을 내보내지 않을 것이라고 은밀히 선언하셨다. 이것은 바로가 거절하는 것이 옳기 때문이 아니라, 바로가 이스라엘을 내보내지 않는 것이 모든 것을 고려해 볼 때 최선이었기 때문이다. 즉, 하나님의 좀더 커다란 목적에 기여하기 때문에 최선이었다.

다시 말해, 하나님은 우리에게 이 생에서 완벽하게 거룩하라고 명령하셨다(마 5:48). 이것이 본질적으로 옳기 때문이다. 그러나 하나님은 어떤 인간도 이 생에서는 완벽하게 거룩해지지 않도록 작정하셨다. 인간이 이 세상에 머무는 동안에는 (경험적으로) 완벽하게 거룩해지지 않는 것이 모든 것을 고려해 볼 때 최선이기 때문이다. 거룩과, 거룩이 발생하는 것, 이 둘은 서로 별개이다. 죄와, 죄가 발생하는 것 이 둘도 서로 별개이다. 하나님이 거룩을 요구하실 때, 하나님의 명령적 혹은 계시된 의지는 거룩의 본성 혹은 도덕적 탁월성에 관련된 것이다. 그러나 하나님이 거룩이 (충분하고 완벽하게) 발생하지 않도록 작정하실 때에는, 하나님의 숨겨진 혹은 작정적 의지는 그 사건의 미발생에만 관련된 것이다. 마찬가지로, 하나님이 죄를 금지하실 때 하나님의 명령적 혹은 계시된 의지는 죄의 본성 혹은 도덕적 악만을 고려한 것이다. 그러나 죄가 발생하도록 작정하실 때에 하나님의 숨겨진 의지는 하나님의 선하신 목적에 기여하는 그 실제적 발생만을 고려한다. 이와 같이 하나님의 숨겨진 의지와 계시된 의지는 전적으로 상이한 목적에 관련되어 있다.

 하나님의 작정적 의지는 명령적 의지와 동일한 의미를 갖지 않는다. 그러므로 서로 모순을 일으킬 수 있다는 가정에는 전혀 어려움이 없다. 그 각각의 의미에서, 하나님의 의지는 하나님의 성향이다. 하나님의 계시된 의지에 관련된 모든 것은, 하나님의 본성에 완벽하게 호응한다. 하나님이 피조물에게 사랑과 순종과 섬김을 명령하시는 경우가 그런 것이다. 그러나 하나님의 숨겨진 의지에 관련된 것은 하나님의 궁극적인 목적, 모든 피조물이 지향하고 있는 최종 목적을 염두에 두고 있다. 따라서, 하나님의 거룩한 본성은 모든 죄를 무한한 혐오감으로 미워하지만 자신의 우주에 죄가 들어오도록 작정하셨다. 이것은 하나님이 정하신 목적을 성취하기 위한 수단 가운데 하나이기 때문에 들어오도록 허용하신 것이다. 하나님의 계시된 의지는, 우리 책임의 척도이며 우리 의무의 결정인자이다. 하나님의 숨겨진 의지에 대해서는 우리가 관여할 수 없다. 그것은 하나님이 신경 쓰실 일이다. 그러나 하나님의 계시된 의지를 우리는 완벽하게 실행하지 못하리란 것을 아시는 하나님은 자신의 영원한 계획을 그에 알맞게 배려하셨다. 하나님의 숨겨진 의지를 구성하는 이 영원 계획은 비록 우리에게는 알려져 있지 않을지라도, 비록 무의식적일지라도, 우리 안에서 그리고 우리를 통하여 성취된다.

독자가 하나님의 의지에 관한 이상의 구별을 기꺼이 받아들이든지 아니든지 반드시 인정해야 하는 사실은, 성경의 명령은 하나님의 계시된 의지를 선포한다는 것이다. 또한 독자는 때때로 하나님은 그러한 명령을 위반하는 것을, 그것을 실제로 **방해하지 않기 때문에** 그렇게 의지하지 않으신다는 사실도 인정하지 않으면 안 된다. 분명히, 하나님은 죄를 허용하시기를 원하신다. 하나님이 죄를 허용하시기 때문이다. 분명히 어느 누구라도 하나님은 자신이 하고 싶지 않은 것을 행하신다고 말하지 않을 것이다.

마지막으로, 하나님의 의지에 관련한 나의 책임은 하나님이 말씀 속에서 밝히신 것에 의해서 측정된다는 사실을 다시 언급하겠다. 하나님이 제공하시는 수단을 **사용**하는 것, 하나님은 그러한 수단들을 나에게 복주시기를 즐거워하시기를 겸손히 **간구**하는 것이 나의 본분이라는 사실을 나는 말씀에서 배운다. 나에 관한 하나님의 숨겨진 계획들이 어떨지 모른다는 근거에 입각하여 그렇게 하지 않기로 하는 것은, 불합리할 뿐만 아니라 매우 주제넘은 짓이다. 반복해서 말하자면, 하나님의 숨겨진 의지는 우리가 상관할 바가 아니다. 우리의 책임을 평가하는 것은 하나님의 **계시된** 의지이다. 하나님의 숨겨진 의지와 계시된 의지 사이에는 전혀 갈등의 여지가 없다는 것은, 계시된 의지에서 제시된 수단을 사용하여 숨겨진 의지를 성취한다는 사실에서 분명하게 드러난다.

부록 2

아담의 경우

하나님의 주권과 인간의 책임을 논한 장에서는 타락한 피조물로서의 인간의 책임만을 다루었다. 그리고 그 논의를 마무리지을 때 그 책임의 정도와 범위는 각자가 받은 혜택과 각자가 누린 특권에 따라 개인마다 어떻게 다른지를 지적하였다. 이 관점은 누가복음 12:47-48에 기록된 우리 구세주의 선언에 의하여 명확하게 확증된다:

> 자기 주인의 뜻을 알고도 준비하지 않거나 주인이 원하는 것을 행하지 않는 종은 매를 많이 맞을 것이다. 처벌받아 마땅한 짓을 모르고 행하는 종은 매를 적게 맞을 것이다. 많이 받은 자에게 많이 달라고 하실 것이고, 많이 받은 자에게는 훨씬 더 많은 요구를 받을 것이다.[1]

엄밀하게 말해서, 충분하고 완전한 책임을 부여받고 이 세상을 산 사람은 단 두 사람뿐이다. 첫째 아담과 마지막 아담이다. 아담의 후손들 그 각각의 책임은 실제적이고 충분하여 창조주 하나님께 대한 책임을 피할 수 없지만 타락의 결과로 인하여 손상을 입었기 때문에 그 정도에 제한이 있다.

아담의 후손 그 각자의 책임은 그 자신을 인격적으로 책임을 져야 하는 피조물로 만들기에 (즉, 바르게 행해야 하고 나쁘게 행하지 말도록

---

1) 눅 12:47-48, "That servant who knows his master's will and does not get ready or does not do what his master wants will be beaten with many blows. But the one who does not know and does things deserving punishment will be beaten with few blows. From everyone who has been given much, much will be demanded; and from the one who has been entrusted with much, much more will be asked."

만들어진 자이기 때문에) 충분할 뿐만 아니라 본래 우리 각자는 우리 자신 안에서가 아니라 아담 안에서 충분하고 완전한 책임을 사법적으로 부여받았다. 아담은 **근본적으로** 인류의 조상이었을 뿐만 아니라 **법적으로** 인류의 머리였다는 사실을 명심해야 한다. 아담이 에덴에 두어졌을 때 **우리의 대표자** 신분이었다. 그래서 그의 행위는 그가 대표한 각자의 책임이 된 것이다.

아담의 연방적 대표권을 길게 논하는 것은 우리의 목적에 부합하지 않는다. 성령이 이 진리를 다룬 곳이 로마서 5:12-19이라는 것만을 언급하겠다. 이 가장 중요한 구절의 핵심은, 아담이 "오실 자 즉, 그리스도의 **표상**"이었다고 한다(14절). 어떤 의미에서, 아담은 그리스도의 표상이었는가? 그가 연방적 머리였다는 점에서, 그가 인류를 대표하여 행동하였다는 점에서, 생명뿐만 아니라 법률적으로 그와 연결된 모든 사람들에게 영향을 미쳤다는 점에서 그렇다. 이런 이유 때문에, 첫 번째 아담이 옛 창조의 머리였던 것처럼 주 예수는 고린도 전서 15:45에서 "마지막 아담" 즉, 새로운 창조의 머리라는 명칭이 주어진다.

우리 각자는 아담 안에 있었다. 그 최초의 인간은 인류를 대표하는 자격으로 행동하였다. 아담이 충분하고 완전한 즉, 아담 안에는 악한 본성이 전혀 없었기에 손상없이 완전한 책임을 지닌 상태로 창조되었기 때문에, 우리 모두가 "아담 안에" 있었기 때문에, 우리 모두는 충분하고 완전한 책임을 **본래적으로** 부여받았다는 결론에 도달하지 않을 수 없다. 그러므로 에덴에서, 한 개인으로서의 아담의 책임을 시험받았을 뿐만 아니라 인간의 책임, 인류의 책임이 전체적으로 및 부분적으로 시험을 받은 것이다.

웹스터 사전은 책임을 우선, "감당할 수 있음"이라고 정의하고 두 번째로는 "책무를 이행할 수 있음"이라고 정의한다. 아마도 책임이라는 이 용어의 의미와 범위는 "**해야함**"이라는 말에 표현되고 요약될 것이다. 하나님 편에서 보면, 책임은 피조물이 창조주에게 드려야 마땅한 것, 피조물은 져야 할 도덕적 책무를 갖고 있는 것과 관련된다.

위의 정의에 비춰볼 때, 책임은 심사받아야 하는 어떤 것이라는 사실이 즉각적으로 명백해 진다. 사실상 바로 이것이, 영감의 기록인 성경에서 가르치는 것처럼 에덴에서 발생한 일이다. 아담은 시험받았다. 하나님께 져야 할 아담의 책무가 시험받았다. 창조주에 대한 그의 충성이 시험받았다. 이 시험은 창조주의 명령에 대한 순종으로 구성되었다. 어떤 나무의 열매를 먹지 말라는 금지명령을 받았다.

그러나 바로 여기에서 우리는, 매우 강력한 어려움에 직면한다. 하나님의 입장에서 볼 때, 아담에 대한 검증의 **결과**는 불확실한 것이 아니었다. 하나님은 흙으로 아담을 빚어 그 코에 생기를 불어넣기도 전에 그 예정된 시험에서 어떤 결과를 낳을지 이미 정확하게 아셨다. 모든 그리스도인은 이 진술에 동의하지 않으면 안 된다. 하나님의 미리 아심을 부정하는 것은 하나님의 전지성을 부인하는 것이며 하나님의 근본적인 속성의 하나를 거부하는 것이기 때문이다. 그러나 우리는 한 걸음 더 내디뎌야 한다. 아담이 받는 시험의 결과를 하나님은 완벽하게 미리 아셨을 뿐만 아니라, 모든 것을 아시는 하나님의 눈은 아담이 그 금지된 열매를 먹는 것을 보셨을 뿐만 아니라, 아담이 그렇게 **하도록 미리** 작정하셨다. 이 사실은, 우주의 창조주요 통치자이신 하나님이 영원히 결정하신 것 **오직 그것만이 발생한다**는 일반적인 사실로부터 뿐만 아니라, **어린양이** 신 그리스도가 "참으로 창세 전에 미리 정해졌다"(벧전 1:20)는 성경의 명백한 선언으로부터 볼 때 분명한 사실이다. 그리스도가 적당한 때에 속죄제물로 드려지도록 하나님이 창세 전에 미리 정해놓으셨다면, 죄가 세상에 들어오도록 하나님이 미리 정해놓으신 것도 틀림없이 분명한 사실이다. 만일 그렇다면 아담이 범죄하여 타락하는 것도 마찬가지다. 이 사실과 완벽하게 조화하도록, 하나님 자신이 에덴에 선악을 알게 하는 나무를 두셨고 저 뱀이 들어와 하와를 속이도록 허용하셨다.

바로 여기에서도 다음과 같은 어려움이 제기된다. 만일 하나님이, 아담이 그 나무의 열매를 따먹도록 영원히 작정하셨다면, 그것을 먹지 말아야하는 책임을 어떻게 아담에게 물을 수 있을까? 이 문제가 몹시 어려워 보임에도 불구하고 해답을, 더구나 유한한 지성을 가진 인간조차도 파악할 수 있는 해답을 찾을 수 있다. 그 해답을, 하나님의 숨겨진 의지와 계시된 의지의 구별에서 찾을 수 있다. 부록 I에서 진술한 것처럼, 인간의 책임은 하나님의 계시된 의지에 대한 우리의 지식에 의하여 그 분량이 달라진다. 하나님이 우리에게 말씀해주신 것인가 말씀해 주시지 않은 것인가라는 점이 우리 의무를 규정해 준다. 아담의 경우가 그런 것이다.

인간의 첫 조상의 불순종을 통하여 죄가 이 세상에 들어오도록 하나님이 작정하셨다는 것은 하나님의 흉중에 숨겨진 비밀이었다. 아담은 이것을 전혀 몰랐다. 그리고 이것은 아담의 책임에 관한 한 전적인 차이를 만들어냈다. 아담은 창조주의 숨겨진 계획을 전혀 몰랐다. 그에게 관련된 것은 하나님의 **계시된** 의지였다. **그리고 그것은 명백하였다.** 하나님은 아담에게 그 나무의 열매를 먹지 말라는 **금지명령**을 내리셨고 그것으로 충분하였다. 그러나 하나님은 좀더 나가셨다. 하나님은 아담이 불순종하게 되면 뒤따르게 될 무서운 결과를 경고하셨다. 죽음의 형벌을 받게 될 것이었다. 아담 입장에서 볼 때, 범법은 전적으로 **변명의 여지가 없었다.** 악한 본성이 전혀 없이 완벽하게 균형 잡힌 의지를 가진 존재로 창조되어, 가장 공평한 환경에 둘러쌓여, 하등한 모든 피조물들을 지배할 권세를 부여받고, 단 하나의 제한 조건을 제외한 완전한 자유를 허용받고, 하나님께 불순종하면 어찌 될 것인가에 관한 명백한 경고를 받았기 때문에 아담은 자신의 무죄상태를 보전하기 위한 모든 가능한 동기를 갖고 있었다. 그러므로 만일 그가 실패하고 타락한다면 모든 의로운 원리에 의하여 그 피를 자기가 책임져야 하고 그 죄책을 그가 대표한 모든 사람에게 돌려야 한다.

죄가 세상에 들어오고 아담은 그 금지된 열매를 먹도록 정해놓았다는 하나님의 작정을 아담에게 알려주었더라면, 분명히 아담은 그 열매를 먹은 것에 대해 책임을 질 수가 없었을 것이다. 하나님이 자신의 계획을 알려주시지 않았기 때문에, 아담의 책임은 발생하지 않았다.

다시 말하자면, 하나님이 만일 아담을 악에 기울어진 성향을 갖도록 창조하셨더라면 인간의 책임은 줄있을 것이고 인간에 대한 시험은 단지 명목적인 것에 불과하였을 것이다. 그러나 아담은 하나님이 창조의 여섯 번째 날에 "매우 선하다"라고 선언하신 것들 가운데 포함된 존재이기 때문에, 사람은 "정직하게" 창조되었기 때문에(전 7:29), 모두 입을 다물어야 하고 "온 세상"은 "하나님 앞에서 **죄지은**" 존재라는 사실을 인정해야 한다.

다시 한번 더 말하자면, 하나님은 자신의 작정을 수행하기 위하여 아담이 죄짓도록 작정하시지 않았고 **아담에게 악한 성향을 주입**하시지 않았다는 사실을 주의 깊게 마음에 새겨야 한다. 그렇다. 하나님은 유혹 당할 수도 없고 어떤 사람도 유혹할 수도 없으신 분이다(약 1:13). 대신에, 사탄이 하와를 유혹하러 왔을 때 하나님은 그녀에게, 그 선악을 알게 하는 나무의 열매를 먹지 말라는 금지명령과 이 명령에 대한 불순종에 뒤따르는 형벌을 상기시켜주셨다. 따라서 하나님이 타락 사건을 작정하셨을지라도, 하나님은 결코 아담이 지은 죄의 저자가 아니었다. 그리고 아담의 책임은 결코 어떤 점에서도 줄어들지 않았다. 하나님이 자신의 영원한 작정을 성취하시면서도 피조물의 책임은 온전히 남아 있도록 하는 방법을 창안하실 때의 "하나님의 많은 지혜"를 찬양하자.

하나님의 작정적 의지에 관하여 특히, 악에 대한 그 관계에 관하여 한 마디 덧붙여야겠다. 무엇보다도, 하나님이 하시거나 허용하시는 것은 무엇이든지 하나님이 하시거나 허용한다는 바로 그 이유 때문에 올바르고 정당하고 선하다고 주장할 근거는 충분하다. 루터가 "아담이 타락하고 모든 후손을 부패시키도록 허용된 이유는 무엇이었는가; 그때 하나님은 아담이 타락하지 않도록 막을 수 있었지 않은가 등등"의 질문에 답하면서 다음과 같이 말하였다.

> 하나님은 일체의 원인을 알지 못하는 의지를 가지신 존재이다. 우리는 하나님의 주권적 즐거움에 규칙을 부여할 수도 없고, 하나님이 하시는 것에 대해 설명해 달라고 요구할 수도 없다. 하나님보다 더 우월한 존재도 동등한 존재도 없다. 하나님의 의지가 만물의 규칙이다. 따라서 하나님은 이러이러한 것들을 이것들이 옳기 때문에, 그래서 그것들을 의지해야만 하기 때문에, 의지하지 않으셨다. 오히려 하나님이 이런 것들을 의지하시기 때문에 그렇기 때문에 이런 것들이 정당하고 올바른 것이다. 사실상, 인간의 의지는 영향을 받고 동기를 부여받기도 한다. 그러나 하나님의 의지는 결코 그렇게 될 수 없다. 반대로, 하나님이 그렇게 될 수 있다고 주장하는 것은 하나님을 하나님의 자리에서 쫓아내는 것이다 (「노예의지론」, c/153).

하나님이 자신의 우주에 죄가 들어오도록 작정하셨으며 그 모든 결과들과 행위들을 예정하셨다는 주장은, 처음에는 독자들에게 충격을 줄 수도 있는 그런 주장이다. 그러나 깊이 생각해보면, 죄가 하나님의 의지에 반하여 하나님의 지배영역 속에 침투하였으며 죄의 활약은 하나님의 관할 영역 밖에 있다는 주장이 훨씬 더 충격적이다. 이런 경우라면 하나님의 전능성은 어떻게 되겠는가? 그렇다. 하나님이 악의 모든 활동조차 예정하였다고 인정하는 것은, 하나님은 죄를 다스리시는 분임을 즉, 하나님의 의지가 죄의 활동을 결정하고 하나님의 능력이 그 한계를 규정한다는 사실을 인정하는 것이다. 하나님은 결코 피조물 속에 죄를 불어넣거나 주입하시는 분이 아니다. 하지만 죄를 지배하신다. 이 말은, 사악한 자들에 대한 하나님의 다루심은 완전하여서 사악한 자들은 단지, 영원 전부터 하나님의 손과 지혜가 결정하신 것만을 행할 수 있을 따름이라는 뜻이다.

거룩과 의로움에 상반되는 어떤 것도 하나님에게서 나올 수 없지만 하나님은 자신의 지혜로운 목적을 이루기 위하여 자신의 피조물들이 죄에 빠지도록 작정하셨다. 만일 죄를 허용하지 않으셨더라면, 어떻게 하나님의 정의가 죄를 처벌하심 속에서 펼쳐질 수 있었겠는가? 그토록 경이로운 다스리심에서 어떻게 하나님의 지혜가 드러났겠는가? 죄를 억누르심에서 어떻게 하나님의 능력을 발휘하셨겠는가? 죄에 관한 하나님의 명령을 그리스도께서 인정하셨다는 매우 엄숙하고 인상적인 증거가 그리스도가 유다를 처리하신 것에서 나타난다. 그리스도께서는 유다가 자신을 배반하리란 것을 매우 잘 알고 계셨다. 그러나 그리스도가 유다를 타이르셨다는 말은 없다. 그 대신에, 그리스도는 유다에게 "네가 하는 일을 빨리 하라"(요 13:27)고 말씀하셨다. 그러나 이 말씀은 유다가 뇌물을 받아들이고 사탄에게 마음을 빼앗긴 뒤에 나온 말임을 주의하라. 유다의 마음은 이미 정해져서 자신의 길을 가기로 하였다. 그러므로 그리스도는 유다가 마음먹은 일을 하라고 허용적으로 (성부 하나님의 정하신 뜻에 따라) 명령하였다.

이처럼, 하나님은 죄의 저자가 아니다. 죄는 하나님의 거룩한 본성에 상반된다. 그러나 죄의 존재와 활동은 하나님의 뜻에 상반되지 않고 오히려 종속적이다. 하나님은 결코 인간에게 죄짓도록 유혹하지 않으신다. 그러나 하나님은 자신의 (지금 실행하고 있는) 영원한 계획에 의하여, **그 경로를 정해놓으셨다.** 더욱이, 우리가 8장에서 살펴보았듯이, 하나님이 사람의 죄를 작정하셨을지라도 사람은 죄를 범하지 말아야 할 책임이 있다. 사람이 죄를 범하기 때문에 비난의 여지가 있는 것이다. 이 무서운 주제가 가지고 있는 이 두 가지 측면을 그리스도는 다음 구절에서 함축적으로 진술하셨다.

> 사람들이 죄를 범하도록 만드는 것들로 인하여 세상에게 화가 있도다! 이러한 일들이 없을 수는 없지만 이런 일들이 생기게 만든 그 사람에게 화가 있도다.[2]

마찬가지로, 갈보리 [십자가] 위에서 일어난 모든 일이 "하나님이 정하신 계획과 미리 아심"(행 2:23)에 의한 것일지라도 영광의 주님을 십자가에 못박은 것은 "사악한 손"들이다. 결국 주님의 피를 흘리게 한 죄는 그들과 그들의 자녀들이 짊어져야 마땅하다. 이것들은 커다란 신비이다. 하지만 하나님이 진리의 말씀 가운데서 이러한 신비를 계시하시기를 원하시는 것은 무엇이든지 겸손하게 받아들이는 것은 우리의 행복한 특권인 동시에 짊어져야 할 의무이다.

---

2) 마 18:7, Woe to the world because of the things that cause people to sin! Such things must come, but woe to the man through whom they come!

부록 3

요한복음 3:16에서 언급된 "세상"[1]의 의미

제 11 장(난제 및 반대의견)에서 요한복음 3:16에 관한 우리의 해석은, "세상"이라는 용어에 대한 정의가 다른 구절에서 사용된 의미 및 범위와 조화하지 않는 것처럼 보이기 때문에 부자연스럽고 무리한 것이라고 느끼는 독자들이 있는 것 같다. 다른 구절들에서처럼, **신자들**(하나님의 택자들)**의 세상**을 "세상"에 대한 정의로 제시하는 것은 무의미할 것이다. "분명히, 세상은 세상 즉, 너와 나 그리고 모든 사람이라는 뜻이다"라고 말하는 사람들이 많았다. 이 말에 대해 우리는 이렇게 대꾸하고 싶다. 우리가 경험적으로 알고 있는 사실은, "인간의 전통"을 제치고 어떤 한가지 방식으로 수십 번 되풀이하여 설명된 구절로 돌아가 **편견을 버리고** 독자적으로 주의깊게 연구하는 것이 정말 힘들다는 것이다.

많은 사람들은 요한복음 3:16의 단순한 의미를 이미 알고 있다고 가정한다. 그러므로 그들은 **이** 구절의 정확한 의미를 찾기 위한 착실한 연구는 필요 없다고 결론 내린다. 말할 나위 없이, 이런 태도는 이 구절에 대해 눈을 감아버려 더 이상 아무것도 얻지 못하게 만든다. 하지만, 성구사전을 펼쳐 ("코스모스"를 번역한) "세상"이라는 단어가 등장하는

---

1) [역자 주] 우리말 성경에는 "세상"으로 번역되어 있기에 이 번역을 그대로 옮겼다. 하지만 저자 핑크의 본문에는 "코스모스(kosmos)"로 되어 있다.

여러 성경구절을 찾아 주의 깊게 읽어본다면, 어떤 구절에서는 "세상"의 정확한 의미가 흔히 생각되는 것만큼은 쉽게 드러나지 않는다는 사실을 금방 알아차릴 것이다. "코스모스"라는 단어와 그 대응어인 "세상"은 신약성경에서 **획일적**으로 사용되지 않는다. 전혀 그렇지 않다. 무수하리만치 **다양하게** 사용된다. 아래에, 이 단어가 등장하는 몇몇 구절을 언급하고 그 각각에 임시적인 정의를 제시하였다.

1. "코스모스"를 우주 전체를 가리키기 위해 사용한 경우(행 17:24)

우주와 그 가운데 있는 만유를 지으신 신께서는 **천지**의 주재시니 손으로 지은 전에 계시지 아니하시고(개역한글)

The God who made **the world** and everything in it is the Lord of **heaven and earth** and does not live in temples built by hands (NIV).

2. "코스모스"를 땅을 가리키기 위해 사용한 경우(요13:1, 엡 1:4 등)

요 13:1 유월절 전에 예수께서 자기가 **세상**을 떠나 아버지께로 돌아가실 때가 이른 줄 아시고 세상에 있는 자기 사람들을 사랑하시되 끝까지 사랑하시니라

It was just before the Passover Feast. Jesus knew that the time had come for him to leave **this world** and go to the Father. Having loved his own who were in the world, he now showed them the full extent of his love.

"이 세상을 떠나"라는 말은 [죽는다는 뜻이 아니고] 지상을 떠난다는 뜻이다.

엡 1:4 곧 **창세 전에** 그리스도 안에서 우리를 택하사 우리로 사랑 안에서 그 앞에 거룩하고 흠이 없게 하시려고

For he chose us in him **before the creation of the world** to be holy and blameless in his sight. In love

이 표현은 땅을 만드시기 전이라는 뜻이다. 욥 38:4 등과 비교하라.

3. "코스모스"를 세계체제를 가리키기 위해 사용한 경우(요 12:31 등)

이제 이 **세상의 심판**이 이르렀으니 이 **세상 임금**이 쫓겨나리라
Now is the time for **judgment** on this **world**; now **the prince of this world** will be driven out.

마태복음 4:8, 요한일서 5:19과 비교하라.

4. "코스모스"를 인류 전체를 가리키기 위해 사용한 경우

롬 3:19 우리가 알거니와 무릇 율법이 말하는 바는 율법 아래 있는 자들에게 말하는 것이니 이는 모든 입을 막고 **온 세상**으로 하나님의 심판 아래 있게 하려 함이니라
Now we know that whatever the law says, it says to those who are under the law, so that every mouth may be silenced and **the whole world** held accountable to God.

5. "코스모스"를 신자들을 제외한 [나머지] 인류를 가리키기 위해 사용한 경우(요 15:18, 롬 3:16)

요 15:18 **세상**이 너희를 미워하면 너희보다 먼저 나를 미워한 줄을 알라
If **the world** hates you, keep in mind that it hated me first.

신자들은 그리스도를 "미워"하지 않는다. 따라서 여기에서 언급되고 있는 "세상"은 그리스도를 사랑하는 신자들과 대척관계에 있는 불신자들의 세상을 가리키는 것임에 **틀림없다**.

롬 3:6 결코 그렇지 아니하니라 만일 그러하면 하나님께서 어찌 **세상**을

> 심판하시리요
> Certainly not! If that were so, how could God judge **the world**?

이것 역시, "세상"을 "너와 나 그리고 모든 사람"이라고 볼 수 없는 구절이다. 왜냐하면 신자들은 하나님의 "심판"을 받지 않는다. 요한복음 5:24을 보라. 따라서 불신자들의 세상을 염두에 두고 한 말임에 틀림없다.

6. "코스모스"를 유대인들과 대척관계에 있는 이방인들을 가리키기 위해 사용한 경우(롬 11:12 등)

> 저희(이스라엘)의 넘어짐이 **세상의 부요함**이 되며 저희(이스라엘)의 실패가 **이방인의 부요함**이 되거든 하물며 저희(이스라엘)의 충만함이리요
> But if their transgression means **riches for the world**, and their loss means **riches for the Gentiles**, how much greater riches will their fullness bring!

첫 번째 이탤릭 부분이 두 번째 이탤릭 부분에 의하여 그 뜻이 규정된다는 점에 주목하라. 여기에서도, "세상"은 이스라엘을 **배제한** 것이기 때문에 인류 전체를 가리킨다고 볼 수 없다.

7. "코스모스"를 오직 신자들만을 가리키기 위하여 사용한 경우 (요 1:29, 3:16-17, 6:33, 12:47; 고전 4:9; 고후 5:19)

이 구절들을 살펴보는 것은 독자들의 몫으로 남겨두겠다. 다만 각각의 경우에 "세상"이라는 단어를 정확하게 무엇을 가리키고 서술하고 있는지를 주의깊게 헤아릴 것을 당부한다.

신약성경에는 "코스모스"에 대해 최소한 7개의 서로 다른 명확한 정의가 존재한다는 사실을 알았을 것이다. "하나님은 한 단어를 이런 식

으로 사용하여 성경을 읽는 사람들에게 혼란을 초래하셨는가?"라고 반문할 수도 있다. 하지만 그렇지 않다. 결코 그런 것이 아니다. 하나님은 자신의 말씀을, 이 세상일에 너무나 열심히 매달리고, 너무나 바빠서 혹은 마르다처럼 "섬김"에 너무나 몰두해 있어서 성경을 "면밀히 살피고 연구"할 시간도 마음의 여유도 없는 **나태한** 사람들을 위해 써주신 것이 아니다. 만일 또다시, "어떤 구절에 나타난 '세상'이라는 단어가 위에 열거한 의미 가운데 어떤 것인지를 어떻게 알 수 있겠는가?"라고 질문한다면 우리는, "문맥을 주의 깊게 연구함으로써, 각각의 구절에서 '세상'이 가리키는 것을 찬찬히 살펴봄으로써, 기도하면서 다른 병행 구절들을 참조함으로써 확인하면 된다"라고 대답하겠다.

요한복음 3:16의 중심 주제는 **하나님의 선물이신 그리스도**이다. 첫 번째 부분은, 하나님이 자신의 독생자를 내어주도록 **동기를 부여한 것이 무엇인지**를 밝힌다. 그것은 하나님의 크신 "사랑"이었다. 두 번째 부분은 하나님이 독생자를 **누구에게** "내어주셨는지"를 말해준다. 그것은 "믿는 자마다"(믿음을 갖는 "모든 사람"으로 보는 것이 더 좋을 수 있다)이다. 마지막 부분은 하나님이 독생자를 "주신" **이유**를 알려준다. 그것은 믿음을 갖는 모든 사람이 "멸망치 않고 영원한 생명을 얻도록" 하기 위해서이다.

요한복음 3:16의 "세상"은 **"경건치 못한 자들의 세상"**(벧후 2:5)과 대척관계에 있는 **신자들의 세상**(하나님의 택자들의 세상)을 가리킨다는 사실은, 하나님의 "**사랑**"을 언급하는 다른 구절들을 비교함으로써 확증, 명확하게 확증된다.

> 우리가 아직 죄인 되었을 때에 그리스도께서 **우리를 위하여** 죽으심으로 하나님께서 우리에게 대한 자기의 사랑을 확증하셨느니라(롬 5:8; 여기에서 우리는 **성도들**이다).[2]

주께서 그 **사랑하시는 자를 징계**하시고 그의 받으시는 아들마다 채찍질 하심이니라 하였으니(히 12:6; 여기에서 징계받는 자는 하나님의 아들이다).[3]

우리가 사랑함은 그가 먼저 **우리를** 사랑하셨음이라(요일 4:19; 여기에서 우리는 신자들이다).[4]

하나님은 사악한 자들을 "불쌍히 여기신다"(마 18:33). 감사치 아니하는 자들과 악한 자들에게 "친절"을 베푸신다(눅 6:35). 진노의 그릇에 대하여는 "오래 참으신다"(롬 9:22). 그러나 하나님은 "자기 자녀들을 **사랑**하신다!"

---

[2] 롬 5:8, But God demonstrates his own love for us in this: While we were still sinners, Christ died for us.

[3] 히 12:6, because the Lord disciplines those he loves, and he punishes everyone he accepts as a son."

[4] 요일 4:19, We love because he first loved us.

부록 4

요한일서 2:2

보편속죄론을 주장하는 사람이 특히 좋아하는 구절이 있다. 이 구절을 겉으로 보면, 그리스도가 온 인류를 위해 죽으셨다고 가르치는 것처럼 보인다. 그래서 이 구절을 상세히 검토하고 해석하기로 하였다.

> 저는 우리 죄를 위한 화목 제물이니 우리만 위할 뿐 아니요 온 세상의 죄를 위하심이라(개역한글)[1]

이 구절은 아르미니우스주의적 속죄관을 가장 잘 옹호하는 것처럼 보인다. 그러나 주의 깊게 살펴보면 **단지 겉으로만** 그렇게 보일 뿐이지 실제로는 그렇지 않다는 사실을 발견하게 된다. 이 구절은 그리스도가 모든 인류의 모든 죄를 위하여 하나님께 속죄제를 드렸다고 가르치지 않는다는 것을 확인해 주는 결정적인 증거들을 아래에 열거해 놓았다.

첫째, 이 구절이 "그리고"라는 말로 시작한다[2]는 점이 선행하는 1절과 필연적으로 결부시켜 준다. 그러므로 박스터(Bagster)의 대조성경에서 요한일서 2:1의 축어적 번역을 찾아보면 다음과 같이 되어 있다.

---

1) 요일 2:2, He is the atoning sacrifice for our sins, and not only for ours but also for the sins of the whole world (NIV).
And he is the propitiation for our sins : and not for ours only, but also for the sins of the whole world (KJV).
2) [역자 주] KJV가 그렇다. NIV에서는 문장 접속사를 사용하지 않았지만 문맥은 자연스러운 연결 관계에 있다.

아이들아 나의, 이것들을 내가 쓴다 너희에게, 너희가 죄짓지 않도록 하기 위해서; 그리고 만일 어떤 사람이 죄를 짓는다면, 대언자 아버지와 함께 있는 우리의, [즉,] 예수 그리스도 (저) 의로운 [자].[3]

그러므로 사도 요한은 여기에서 하나님의 **성도들에게** 그리고 **성도들에 관하여** 편지를 쓰고 있다. 요한의 일차적인 목적은 이중적이다. 첫째, 하나님의 자녀들은 죄를 멀리해야 한다는 메시지를 전달하는 것이고; 둘째, 죄를 짓고 결국에 그 죄가 치명적인 것이어서 내어쫓길지 몰라 두려워 떠는 자들에게 위로와 확신을 제공하는 것이다. 그러므로 요한은 그들에게, 바로 이러한 위기 상황에 대비하여 하나님이 준비해 두신 조처를 알려주고 있다. 이것을 1절 끝에서 그리고 2절 전체에서 찾을 수 있다. 위로의 근거 역시 이중적이다. 즉, 통회자복하는 신자(요일 1:9)는 첫째, "대언자가 아버지와 함께" 있으며 둘째, 이 대언자는 "우리 죄를 위한 속죄제물"이라는 사실을 확신하자. 자! **오직 신자들만이 이 사실로부터** 위로를 얻을 수 있다. 그 대언자는 오직 신자들만을 위한다. 본문은 그 속죄제물을 "대언자"와 **연결**하고 있다는 사실에서 확증된다.

둘째, "속죄"를 언급하는 신약성경의 다른 구절들을 요한일서 2:2과 비교하면, 그 범위가 **엄격하게 제한된다**는 사실이 드러난다. 예를 들어 로마서 3:25에 따르면, 하나님은 그리스도를 그 피를 믿는 믿음으로 말미암는 화목제물로 삼았다. 만일 그리스도가 "믿음으로 말미암는" 화목제물이라면, 믿음이 없는 자들에게는 "화목제물"이 **아니다**. 히브리

---

[4] [역자 주] 핑크의 본문에는 다음과 같이 인용되어 있다: "Little children my, these I write to you, that ye may not sin; and if any one should sin, a Paraclete we have with the Father, Jesus Christ (the) righteous."

서 2:7을 다시 보자. "[그] 백성[자기 형제들]의 죄를 속죄하기 위하여."[4]

셋째, 사도 요한이 "**우리 죄를 위한 화목 제물**"이라고 언급할 때 그 "우리"는 누구를 가리키는가? **유대계 신자들**이다. 이 주장을 뒷받침하기 위해 제시하는 근거의 일부를 독자들은 주의해서 살펴보기 바란다.

갈라디아서 2:9에 따르면, 요한은 야고보와 게바와 더불어 "할례받은 자"들(즉, 이스라엘)을 위한 사도였다. 야고보서는 이 사실에 부합하게, 흩어져 있는 "열두 지파"에게 보낸 편지였다(1:1). 마찬가지로 베드로전서도 "흩어져 나그네로 지내는 택자들"에게 쓴 편지였다(벧전 1:1). 요한도 구원받은 이스라엘 족속에게 그러나 구원받은 유대인들과 구원받은 이방인들에게 보내는 편지를 쓰고 있는 것이다.

요한이 구원받은 유대인들에게 편지를 쓰고 있다는 사실을 확인해주는 증거는 다음과 같다. (a) 첫 구절에서 그리스도를 언급하면서 "우리 눈으로 보았고 … 우리 손으로 만진 …"이라고 진술하였다. 사도 바울이 이방인들에게 보낸 어떤 서신에서도 이런 말로 시작하는 것은 정말 불가능하였을 것이다!

(b) "사랑하는 자들아 내가 새 계명을 너희에게 쓰는 것이 아니라 너희가 **처음부터** 가진 옛 계명이니 이 옛 계명은 너희의 들은 바 말씀이거니와"(요일 2:7, 개역한글). 여기에 언급된 "처음"은 그리스도의 공적 사역의 처음이다. 1:1, 2:13 등이 그 증거이니 비교해 보라. 자! 요한이 염두에 두고 있는 이 신자들은 "옛 계명"을 **처음부터** 가지고 있었다. 이것은 **유대계** 신자들의 경우에나 맞는 말이다. **이방인** 신자의 경우는 아니었다.

---

4) 히 2:17, For this reason he had to be made like his brothers in every way, in order that he might become a merciful and faithful high priest in service to God, and that he might make atonement for the sins of **the people**.

(c) "아비들아 내가 너희에게 쓰는 것은 **너희가** 태초부터 계신 이를 **앎이요** …"(2:13, 개역한글). 여기에서도 유대인 신자들을 염두에 두고 있음이 분명하다.

(d) "아이들아 이것이 마지막 때라 적그리스도가 이르겠다 함을 **너희가 들은 것**과 같이 지금도 많은 적그리스도가 일어났으니 이러므로 우리가 마지막 때인 줄 아노라. **저희가 우리에게서** 나갔으나 우리에게 속하지 아니하였나니 … ."(2:18-19, 개역한글). 요한의 편지를 수신한 이 형제들은, 적그리스도가 올 것이라는 말을 그리스도로부터 직접 "들었었다"(마 24장을 보라). 요한이 "우리에게서 나간" 자들이라고 선언한 "**많은 적그리스도**"는 모두가 **유대인**들이었다. 첫 세기 동안에는 오직 유대인들만이 메시아를 자처하였다. 그러므로 요한이 그는 "우리 죄를 위한 속죄 제물"이라고 말할 때 단지 유대인 신자들만의 죄를 가리킨다.[5]

넷째, 요한이 "우리만 위할 뿐 아니요 온 세상의 죄를 위하심이라"는 말을 할 때 그리스도는 이방인 신자들의 죄를 위한 속죄제물이기도 함을 가리킨다. 전에 입증하였던 것처럼, "세상"은 이스라엘과 대조를 이루는 용어이다. 요한일서 2:2과 요한복음 11:51-52을 면밀히 비교하면 명백하게 확인되는 사실이다.

> 이 말은 스스로 함이 아니요 그 해에 대제사장이므로 예수께서 그 민족을 위하시고 또 그 민족만 위할 뿐 아니라 흩어진 하나님의 자녀를 모아 하나가 되게 하기 위하여 죽으실 것을 미리 말함이러라(요 11:51-52, 개역

---

[5] 실제로는, 요한 서신의 많은 것들이 유대인 신자들과 이방인 신자들에게 똑같이 적용된다. 그리스도는 이 양자의 대언자이다. 공동 혹은 일반 서신이라고도 불리우는 야고보서의 수신자를 흩어져 있는 열두 지파라고 명백히 밝히지만 야고보서에 있는 많은 것들도 유대인 신자들과 이방인 신자들 모두에게 똑같이 적용할 수 있다.

한글)6)

여기에서 가야바는 예수가 누구를 위하여 죽을 것인지를 영감을 받아 밝히고 있다. 가야바의 예언과 요한의 선언이 서로 호응하고 있다는 사실에 주목하라.

> 그는 우리(믿음을 가진 이스라엘) 죄를 위한 화목 제물이다
> [가야바는] 예수께서 그 민족을 위하여…죽으실 것이라고 예언하였다.

> 우리만 위할 뿐 아니요 …
> 또 그 민족[우리] 만 위할 뿐 아니라 …

> 온 세상(즉, 지상에 흩어져 있는 이방인 신자들)의 죄를 위하심 …
> 흩어진 하나님의 자녀를 모아 하나가 되게 하기 위하여 …

다섯째, 기타의 다른 어떤 해석은 일관성이나 설득력이 없다는 사실이, 위의 해석을 확증해 준다. 만일 "온 세상"이 인류 전체를 가리킨다면 첫 번째 부분과, 두 번째 부분의 "뿐 아니요"[다른 말로 하면, "또한"]라는 말은 절대적으로 무의미하다. 그리스도가 **모든 사람**을 위한 화목제물이라면 "우리만 위할 뿐 아니요 온 세상의 죄를 위하심"이라는 말은 쓸데없는 동어반복에 불과하다. 만일 그가 전 인류를 위한 속죄제물이라면 "뿐 아니요"는 존재할 필요가 없었을 것이다. 요한의 의도가 그리스도는 보편적 속죄제물이라는 사실을 주장하는 것에 있었다면 2절의 첫부분을 생략하였을 테고 단지 "그리스도는 온 세상의 죄를 위한 화목제물이다"라고 말하였을 것이다. "우리(유대인 신자들)를 위할 뿐만 아니라 온 세상(이방인 신자들)을 위한" 속죄제물임을 확증해 준다.

---

6) 요 11:51-52, He did not say this on his own, but as high priest that year he prophesied that Jesus would die for the Jewish nation, and not only for that nation but also for the scattered children of God, to bring them together and make them one.

요한복음 10:16, 17:20 등과 비교해 보라.

여섯째, "온 세상"에 관한 우리의 정의는 신약성경의 다른 구절들과 완벽한 조화를 이룬다. 골로새서 1:5-6을 예로 들면, "너희를 위하여 하늘에 쌓아둔 소망을 인함이니 곧 너희가 전에 복음 진리의 말씀을 들은 것이라 이 복음이 이미 너희에게 이르매 너희가 듣고 참으로 하나님의 은혜를 깨달은 날부터 너희 중에서와 같이 또한 **온 천하**에서도 열매를 맺어 자라는도다"(개역한글). 여기에서 "온 천하"는 절대적으로 무제한적으로 인류 전체를 가리키는가? 사도의 명확한 의도는, 복음은 유대 땅에 한정되는 대신에 제한없이 널리 퍼져 **이방인의 땅**에까지 이르렀다는 것이다. 로마서 1:8에서도 그렇다. "첫째는 내가 예수 그리스도로 말미암아 너희 모든 사람을 인하여 내 하나님께 감사함은 너희 믿음이 **온 세상**에 전파됨이로다"(개역한글). 여기에서도 사도는 로마 성도들의 믿음[이 전파됨]을 가리키며 **칭찬**하고 있다. 분명히 모든 인류가 자신들의 믿음을 전파하지 않았다. 사도가 언급하고 있던 것은 신자들의 온 세상이었다. 계시록 12:9에서도 사탄을 "**온 천하**를 속인다"고 한다. 그러나 다시 말해서, 이 표현을 보편적인 것으로 이해해서는 안 된다. 마태복음 24:24에 따르면, 사탄은 하나님의 택자들을 "속이지" 않고 또 그럴 수도 없기 때문이다. 여기에서도 온 천하는 불신자들의 천하를 말한다.

일곱째, 요한일서 2:2의 "온 세상"은 인류 전체를 가리킨다고 주장하는 것은, 우리 믿음의 근본 기초를 훼손하는 것이다. 만일 그리스도가 구원받는 자들뿐만 아니라 멸망받는 자들을 위해서도 속죄하였다면, 신자들도 멸망받지 않는다는 보장은 어디에 있는가? 육신을 입으신 성자의 피흘림은 사람이 지옥에 가지 않을 수 있도록 만들어주는 유일한 것이다. 그런데 만일 그 고귀한 피로 속죄 받은 많은 사람들이 저주받는 자가 된다면 그 피가 나에게도 무익한 것이 아닌가! 하나님에게 치욕을 안기는 이따위 생각일랑 치워버려라!

  사람들이 아무리 성경을 가지고 말장난하고 어거지로 꿰어 맞출지라도 한 가지 사실은 분명하다. 속죄는 결코 실패가 아니다. 하나님은 저 고귀하고 값진 희생이, 그 목표하였던 것을 완벽하게 성취하지 못하도록 허용하지 않으실 것이다. 저 거룩한 피는 단 한방울도 헛되이 흘러내리지 않았다. 저 위대한 종말의 날에 구세주는 결코 실망하거나 패배한 얼굴로 나타나지 않으실 것이다. "자기 영혼의 수고한 것을 보고 **만족하실**" 것이다(사 53:11). "나의 모략이 설 것이니 내가 나의 모든 기뻐하는 것을 이루리라"(사 46:10)는 선언은 우리가 한 말이 아니라 하나님의 무오한 주장이다. 우리는 결코 흔들리지 않은 이 견고한 바위 위에 서있다. 다른 사람들은 자기 소원대로 인간의 추측, 20세기적 이론이라는 모래 위에 서 있으라고 하라. 그것은 그들이 상관할 일이다. 그러나 그들은 하나님 앞에서 책임져야 할 것이다. 우리는, 하나님이 성취하신 속죄를 한낱 꾸며낸 이야기로 전락시킴으로써 하나님의 진리를 거부한 자가 되기보다는 차라리 편협한, 구닥다리, 고등 칼빈주의자라고 비난 받는 편을 택하겠다.

주요성구 색인
본문에서 검토한 주요성경 구절

창 6:3 … 314	암 4:7-10 … 66	롬 9:17-23 … 135
창 6:6 … 294		롬 11:5 … 87
창 20:6 … 181, 224	욘 2:9 … 80	
		고전 1:26-29 … 88
출 4:21 … 190	마 23:37 … 298	고전 4:7 … 83
출 34:24 … 183	마 25:41 … 161	고후 5:14 … 110
민 23:12-20 … 228	눅 14:16-23 … 125	엡 1:3-5 … 90
삼상 3:18 … 279	요 3:8 … 115	살후 2:13 … 118, 121
삼상 6장 … 68	요 3:16 … 305	
	요 6:38 … 100	딤전 2:5-6 … 112
대하 20:5-6 … 347	요 6:44 … 231	딤전 5:21 … 56
	요 8:36 … 228	딤후 1:9 … 92
시 110:3 … 82, 106	요 11:49-52 … 108	
시 147:15-18 … 65	요 16:8-11 … 122	히 2:9 … 114
	요 19:10 … 352	
잠 16:1 … 72		벧전 1:2 … 93, 121
잠 16:9 … 72	행 7:51 … 314	벧후 2:12 … 154
잠 19:21 … 72	행 13:48 … 83	
잠 21:1 … 72	행 17:28 … 71	유 8 … 29
사 10:5-7 … 187	행 17:30 … 161	
사 46:9-10 … 171		계 4:11 … 173
		계 17:17 … 350

• 설교사전 시리즈 •

설교사전 시리즈 ❶
4차원 영해설교사전
편집부 엮음

성경에 숨겨진 444의 비밀

444편의 설교가 가나다라 순으로 정리되어 필요한 내용을 뽑아 쓸 수가 있으며, 책을 펼친 한 면에 설교가 한 편씩 들어가도록 편집하였다. 신구약 성경에서 네 가지와 연관된 것만 뽑았으며, 각각 다른 4개의 대지가 관계 성경 구절과 함께 명시되어 있다.

설교사전 시리즈 ❷❸
새설교사전 상/하
윤도중 편저

각종 설교자료의 노하우를 총망라한 대작

각 주제별 가나다라 순으로 총 500여편의 설교가 들어있다. 한 편의 설교마다 각종 십계명, 예화, 해설, 명상 등의 자료들이 풍성하게 들어있다.

설교사전 시리즈 ❹❺
주제별용어설교사전 상/하
편집부 엮음

주제별로 분류된 신개념 설교사전!

이 책은 성경에 나타난 용어를 풀이하여 설교에 도움이 되도록 기획된 설교사전이다. 주제별로 나누어진 설교 제목과 본문을 기본 틀로 하여 다양하게 설교에 활용할 수 있도록 많은 자료와 용어 해설이 들어있다.